AIGC
COMMUNICATION ERA
传播时代

喻国明 著

中国出版集团
中译出版社

图书在版编目（CIP）数据

AIGC 传播时代 / 喻国明著. -- 北京：中译出版社，
2024.1

ISBN 978-7-5001-7563-6

Ⅰ.①A… Ⅱ.①喻… Ⅲ.①人工智能 - 应用 - 传播媒介 - 研究 Ⅳ.① G206.2-39

中国国家版本馆 CIP 数据核字（2023）第 179113 号

AIGC 传播时代
AIGC CHUANBO SHIDAI

著　　者：喻国明
策划编辑：朱小兰
责任编辑：朱小兰
文字编辑：刘炜丽　王希雅　苏　畅
营销编辑：任　格

出版发行：中译出版社
地　　址：北京市西城区新街口外大街 28 号 102 号楼 4 层
电　　话：（010）68002494（编辑部）
邮　　编：100088
电子邮箱：book@ctph.com.cn
网　　址：http://www.ctph.com.cn

印　　刷：北京盛通印刷股份有限公司
经　　销：新华书店
规　　格：710 mm×1000 mm　1/16
印　　张：27.75
字　　数：330 千字
版　　次：2024 年 1 月第 1 版
印　　次：2024 年 1 月第 1 次印刷

ISBN 978-7-5001-7563-6　　　定价：79.00 元

版权所有　侵权必究
中　译　出　版　社

前　言

AIGC传播时代理解传播模式的全新路径

技术的演进与范式革命开启智能传播时代

"通用人工智能"（artificial general intelligence，AGI）也称"强人工智能"，指的是具有一般人类智慧、可以执行人类能够执行的所有智力任务的机器智能。机器可以实现智能，以人的思维方式去分析问题，提出观点。当下，通用人工智能的兴起促使聊天机器人不断更新演进，例如ChatGPT与"文心一言"的出现。与以往不同的是，这种对话式机器人捕捉的并非是人的生理数据，而是人类语言，并且通过大语言模型（large language model）的训练与人类对话。目前的聊天机器人可以遵循人类价值观，具有更多细节生成能力，可以拒绝回答知识范围外的问题，同时具有建模对话历史和进行上下文学习的能力。在应用方面，除了聊天对话，ChatGPT的插件化特征将可能进一步赋能智能场景，加速社会其他领域在生产和消费模式方面的变化，成为迈向强人工智能的关键一步。

与技术发展一致的是，科学研究也在不断经历着范式革命。科学研究的目的是发现客观事实，总结客观规律。图灵奖获得者詹姆斯·尼古拉·格雷（Jim Nicholas Gary）用"四种范式"描述了科学发现的历史演变：第一范式被称为"经验范式"，它源于几千年前，基于对自然现象的直接观察。第二范式被称为"理论范式"，它探寻理论模型，例如牛顿运动定律和爱因斯坦的相对论。其往往用一个或多个表达式描述理论，但在很多条件下无法求解。第三范式被称为"模拟范式"。随着 20 世纪计算机技术的发展，第二范式得以在更广泛的情形下求解，从而产生了基于数值计算的第三范式。第四范式被称为"大数据范式"或"数据密集型范式"。[1] 21 世纪，算法、数据和算力成为人工智能的三大基石，在处理海量数据方面，机器学习成为第四范式的重要组成部分，它能够对大规模实验数据进行建模和分析。而随着深度学习和 ChatGPT 为典型代表的人工智能技术的发展，科学研究即将进入第五范式，即"人工智能范式"。

智能技术的演进令人对技术产生了一定意义上的畏惧感和恐慌感。以 ChatGPT 为代表技术的插件化在整合语义世界的同时，还能够介入其他世界，致使技术使用者和社会运作逻辑均面临全新的关系整合。从社会与技术互构的角度来看，为了应对技术革命对社会的全方位重构，在技术"狂飙"的表象下，也需要对技术的使用者和人与技术的关系重新展开梳理和反思。因此，在当下深度智能化的社会中，本书以人机关系为切入点，在分析技术可见性，即人工智能对信息传播秩序和范式的重构的基础上，进一步剖析人工智能重塑人类认知的不可见性，进而提出走向人机融合和技术伴随的思想，以及这种思想引导下的全新问题域。这一分析沿着"人–技术–世界"的逻辑框架，为智能传播时代重新理解媒介、人机交互以及人本身提供启发。

前　言

智能传播时代信息传播范式的重构

1. 技术的发展路线

人工智能，简单来说就是通过模拟人类智能来解决各种问题。纵观人工智能的发展，迄今为止，人工智能已经历两落三起，从1956年达特茅斯会议开启人工智能的生长历程，而后第一次人工智能的寒冬袭来，1973年的莱特希尔报告是这次低谷期的标志。这一报告虽然支持人工智能能够研究自动化和计算机模拟神经和心理的过程，却对机器人和自然语言处理等子领域的基础研究持严重怀疑态度。之后，随着神经网络的发展，自然语言和机器视觉起步，人工智能的研究在20世纪80年代进入第二次高潮。然而，由于第五代计算机研制失败，神经网络发展受阻，人工智能陷入第二次低谷期。1990—2010年，人工智能的研究重心由知识系统转向机器学习。2011年至今，数据量大幅增长，边缘计算、类脑计算的发展，以及机器学习、无监督预训练等研究都得到了突破性进展。

根据人工智能的不同发展程度，约翰·R. 赛尔（John R.Searle）将其分为弱人工智能（weak AI）和强人工智能（strong AI）。弱人工智能理论认为计算机是辅助人类开展实践的工具，而强人工智能理论则认为计算机拥有人脑的认知功能，是具有自我意识能够进行自主学习、自主决策的人工智能。[2]强弱人工智能的区分在于是否具有意向性，是否具有类脑的意识，能够自主进行决策。在这样的技术划分下，ChatGPT等聊天机器人远未达到强人工智能的范畴，目前还处于模拟人类语言和对话的思维能力层面。不过，其可以作为深度智能化的一种代表性产物，通过大语言模型朝着上下文学习、复杂逻辑推理能力方向发展，满足人类需求，通向强人工智能。

2. 信息传播的范式重构

人工智能促进了智能互联时代的到来，使智能传播达到主流地位。过往中心化的传播模式在遭受互联网为代表的去中心化逻辑冲击后，进一步被智能逻辑所突破。这一突破颠覆了过去以公开或者半公开的信息和内容为特点的互联网应用模式，走向以数据和算法驱动的新模式，成为一种不再向大众公开、也无法通过搜索引擎抓取内容的"暗网式"大集市。[3]

智能传播时代与大众传播时代的不同之处体现在其技术基础、媒介的连接尺度、传播场景的实现、内容生产机制、媒介的赋权机制及社会组织方式等方面（见表0.1）。这些差异共同造就媒介进化的方向，即以人为尺度，不断丰富人的行动自由度，扩大人的实践半径，提升人的认知和情感体验，在广度和深度方面实现人的价值和需求。人工智能能够通过"私人定制"式的场景体验，结合大语言模型满足人在总体上的类属需求，同时附加算法工程师结合对人的微观考察满足"私享需求"，在连接尺度方面，走向细颗粒度的连接。并且，这种连接也包括"反连接"。在大众传播时代，个人对媒介信息的抵抗和"反连接"一般是通过信息回避、媒介使用的"间歇性中辍"[4]和"算法抵抗"[5]等方式被动地实现。"反连接"是一种情境性的需要。在智能传播时代，AIGC以私人助手的身份与人对话，提供了一种价值的中间尺度和社会认知的参照系。在技术的功能可供性下，用户可以自主选择个人的价值偏好和叙事模式偏好，通过用户自身的媒介使用素养和理性判断能力避免生成信息茧房。

表 0.1　大众传播时代与智能传播时代信息传播方式对比分析

项目	大众传播时代	智能传播时代
技术基础	Web 1.0、Web 2.0	Web 3.0、通用人工智能、DAO、区块链
连接尺度	粗放式的、一般式的连接	细颗粒度的连接
传播场景	公域传播	私域传播
内容生产	PGC、UGC、PUGC	AIGC
赋权机制	平台网络赋权、资本赋权	用户确权、算法工程师中介、用户自主意识选择
社会组织	科层制社会结构	分布式社会与自组织

资料来源：喻国明，苏芳.范式重构、人机共融与技术伴魔：智能传播时代理解人机关系的路径[J].湖南师范大学社会科学学报，2023，52（04）：119-125.

在传播场景方面，大众传播时代的公域传播主要满足受众的一般性信息需求、娱乐需求等，遮蔽了个人的多元价值选择。公域传播想要获得私域流量一般需要通过社群传播和人际传播等方式实现。而在智能传播时代，个性化的算法推荐机制和以 ChatGPT 为代表的人机对话能够使传播进入私域，以人机传播的方式直接向个人推送信息，或者以插件的形式嵌入各类应用，整合多重关系资源，激活被媒介所遮蔽的"独异性"需求。

在内容生产方面，大众传播通过互联网实现了专业生产内容（professionally generated content，PGC）和用户生产内容（user generated content，UGC）。在信息传播和知识生产方面，这激活了潜能巨大的微内容和微资源，发掘了长尾市场的力量。而在智能传播时代，内容生产转向人工智能生产内容（artificial intelligence generated content，AIGC），与既往模式不同的是，AIGC 在巨量数据加持和无监督预训练模型下，初步具备了内容的创作力，实现了多模态的内容生产，具有认知交互能力。[6]

在赋权机制方面，Web 1.0 与 Web 2.0 时代下传播权力是相对中心化的，权力掌握在大平台与企业资本手中，用户仅仅享有在"围墙花园"内的有限权利，例如可读写、可编辑的权利。而在智能传播时代，基于 Web 3.0 技术，过去被平台剥夺的用户权利逐渐恢复，具体表现在用户的权利内嵌于区块链这类可确权的底层技术，这种"用户确权"可以使网络用户从免费的数字劳工走向信息与价值的实践主体。此外，算法工程师、人工智能产品经理等新兴职业也扮演着收集和分析个性化数据的角色，而算法工程师的中介作用能够更好地促进人工智能满足个性化需求。最后，在未来 GPT 的插件化方面，平台可以将叙事框架和意识形态等过去属于媒介信息"不可见"的部分，以可供性方式呈现，使得用户能够自由选择个人所需要的信息及信息的框架。

在社会组织方面，传播的二元性具有不同的表现形态，它们既取决于现有媒介技术的可供性，又取决于作为"启发思维的制度"，扮演着社会的组织者、架构者和推动者的角色。[7]"启发思维的制度"就是通过媒介化和中介化的作用进程引发社会的反思和协商，将意义赋予人类行动与社会结构。在智能传播时代，信息传播方式的嬗变与人的连接尺度的拓宽也印证了延森对新媒介的论断，即对新媒介影响的考察不应止步于事件，而应将其视为过程，随着时间推移逐步产生效果。而在此基础上，传媒业也从结构-功能主义下的社会信息子系统成为社会网络的节点。与大众传播时代相比，智能传播时代背景下，媒介机构与社会的秩序将在技术去中心化的逻辑下发生演变，主要表现为社会将从科层制社会朝着分布式社会方向演化。在 Web 3.0 与去中心化自驱组织形式（decentralized autonomous organization，DAO）的结合下，传播权力的下沉使得公众在社会参与中实现从"赋能（enabling）"到"参与（engaging）"，最后到"赋权（empowering）"的过程。去中心化自治的管理方式拓宽了社会缓冲区间，使得社会组织中的个体实现自我导向的进化和身心整合。

重新理解人机交互

技术带来的可见性是其提供的功能可供性，而可供性同时也遮蔽了技术背后的暗网和数据对人的影响，即人工智能带来的不可见性。AIGC 改变了人类信息传播范式，在智能互联时代，去中心化的传播方式与数据和算法驱动的黑箱传播逻辑共同塑造了人类传播生态。在智能传播时代，超越与危机并生，人工智能带来主体的"关系超越""认知超越""价值超越"，它与人的关系也比以往更为复杂。

1. 巴别塔的可能性

GPT 的自然语言模拟人类语言，虽然被批判不具备思想和语法，但是具有生成性与涌现性，可能促进人类语言之间的沟通和理解，从而具有重建巴别塔的可能性。GPT 的出现使得人脑机能与自然语言之间的联系转向人机之间乃至机器之间的联系和对话，由传播方式和媒介引发的变化可能对人类文明的底层逻辑产生影响。这主要表现在语言、认知和思想密切相关，翻译的精准化和统一语言模式表明人类思想交流的深入与文化折扣的降低。GPT 的语言模式通过大语言模型和生成式对抗网络在无监督预训练中"习得"人类语言规则和语义网络，能够在对话场景中实现语言的超越。

在社会知识生产中，以 GPT 为代表的语言符号的超越性可能导致知识生产出现两种倾向：一种是知识生产的自动化和智能化，另一种则是生产模式化与缺乏创新性。进入现代社会，知识生产模式的转变主要是由于"情境因素"与技术动量而产生的,其主体从学校扩展至社会公众。而在智能传播时代,机器算法也可能作为知识生产主体对人类社会知识与科学范式革命产生影响。AIGC体现了知识生产的自动化和智能化,知识以跨越时间和空间的方式被重新整合。以GPT的逻辑能力为例,GPT的逻辑演进方式逐渐从相关推断转向因果推理,而这种因果推理的最高形态是实现有意识的因果推理,这也是目前的GPT与强人工智能之间的鸿沟。不过,当下的逻辑推理能力已经在语言的超越性方面协助人类社会的知识生产。但是,AIGC在知识生产方面仍然通过模型样本进行推测并生成内容,因此在创造性方面可能并不是更多依赖"灵韵"而是"机器复制"。在这种情形下,AIGC迈向知识创新还有很长的路要走。

2. 重塑认知的可能性

人工智能技术是自反性的,可能在人类创建的框架下通过潜在方式影响人类认知,而语言的超越性是重塑认知的前提。

(1) 通用人工智能在进化中实现类群智能,成为关系超越的智能伴侣

GPT提供了一种激发类群智能和人类创造性意识的潜质,具有关系超越性、认知超越性和智能超越性。[8] 类群智能是从智能进化论的角度来看人工智能与人的关系的综合和融合的过程,"类群"指的是由同类个体构成的群体,类群智能则是群体特性发展的一种高级形态,同质性更强。[9] GPT技术下的聊天机器人形成了一种智能关系体,既具备与人类交流的可能性,也具备与机器交流的可能性,这种关系的交往体现了一种社会性的特质。因此,人工智能的通用化也是一种群体演进和迭代的社会性过程,这一过程也被称为"类群亲历"。人工智能的进化以元数据为基础,通过网络技术与人类的准社会交往,体现碳

基生物和硅基生物在语言、认知模式、思维方式、逻辑链条等方面的融合，从简单思维向复杂关系演进。因此，未来理想化的人机关系应当是一种人机共融与共荣的状态，一方面是智能体在双向循环机制下的演化提升，另一方面是人类在交往中被赋予更大的认知可能性和行为自由度。

（2）通用人工智能技术的自反性与社会认知参照系的功能可供性

技术自反性的一种可能性是当ChatGPT的认知乃至它的偏见被一部分人接受时，这些人产生的数据可能进一步加强ChatGPT的偏见。最终，经过强化的偏见会被大多数人所接受，偏见变成真理。这种偏见经过文化区隔、地域差异及圈层隔阂的"洗礼"，最终可能导致更加分裂的世界。以艾弗拉姆·诺姆·乔姆斯基（Avram Noam Chomsky）为代表的一些学者执批判观点，他们认为GPT作为一个知识供应者，遵守的是看似价值中立的立场，在各种有争议的问题上持一种超道德的、超意识形态的态度，回避一切超出常规的意见和看法。乔姆斯基称"ChatGPT及其同类产品在本质上无法平衡创造力与约束。他们要么过度生成（产生真相和谎言，同时支持道德和不道德的决定），要么生成不足（表现出对任何决定的不承诺和对后果的漠不关心）"。[10]

不过，从目前的应用来说，GPT基于大语言模型提供了一种超脱于意识形态的中间性参照，或者说是一种社会认知的参照系。当用户提问时，以ChatGPT为代表的聊天机器人能够提供多种观点和选项，而用户可以按照自己的偏好与其进行对话，告知自己的价值和意识形态归属，请求获得同类信息或者与之对立的信息，而这实际就将过去算法黑箱的部分进一步"灰箱化"，虽然无法实现完全算法透明，但是也将这种认知框架的自主权回到受众手中。

因此，探讨GPT技术如何重塑人类认知以及这种认知的干预程度依然需要回到技术中介本身，技术自反性与功能可供性这两种矛盾可能是伴生的。在算法被广泛地应用于日常媒介实践中时，研究者也对算法可能导致的信息茧房现象进行批判，忽视了信息茧房实际是海量信息差异化消费的必然结果。[11]因此，一味地批判人工智能如何影响人类的认知，造就信息茧房乃至操纵舆论，实际忽略了技术背后更为复杂的结构性矛盾。如要避免AIGC从后真相走向"伪真相"，避免技术操控人类认知，还需要进一步观察或者暂缓风口上技术的发展速度，让社会发展与技术发展同步，用伦理与社会规范打破技术的"铁笼"。

3. 稀缺的想象力与情感

尽管人类理性和道德被列为人类独有的特质，但是人类的非理性因素，如情感，同样是人之为人的重要特质。想象力是感性、知性之外的心智的第三种功能。在认知理论的发展下，身体和环境均是心智的构成要素。而当下的AIGC还不具备这样的能力。以GPT-4、文心一言为代表的聊天机器人促进了深度智能化的发展，但是仍与强人工智能存在的较大的技术沟。

马克斯·韦伯（Max Weber）曾断言"人是悬挂在自我编织的意义之网上的动物"。以意向性为例，AIGC并不具备意向性，因此也不具备"实存性"，海德格尔认为意识和意向性无法摆脱人的本质而进行自由维度的活动。[12]从这一点来看，在人类与ChatGPT等交往过程中，人工智能的想象力和情感要素仍然稀缺，机器的工具属性超过了情感属性。目前的人工智能形式仍然是离线认知的方式，人类与机器具身交流的愿望还未实现。不过，机器欠缺的关系要素和情感要素可能需要通过其他方式来补偿，例如通过脑机接口或者作为插件接入其他软件场景当中，真正为机器赋予意向性，机器通过与人的耦合与协同获得的意向性也体现了一种后人类的思想。

重新理解人：互构、连接与技术伴随

从人与技术的角度来说，二者是相随的，人类需要学会与技术共存，或者说与技术相伴。自笛卡尔，人类对人性的理解就将理性置于崇高地位，即人是独立的、自我支持的、独立思考的自治个体。而这一假设目前已逐渐被技术动摇。在行为经济学非理性假设的启发下，人并非是完全理性的，可能被技术影响从而付诸行动。在智能传播时代，如何看待人与机器的关系，以及如何看待这种交互格外重要。因此，在重新理解媒介、重新理解人机交互后，还需要回到人本身，即如何更好地认识人，如何更好地认识世界。

1. 智能传播时代的人机融合

过往对于人类与机器的关系大都沿着技术决定或者社会建构的视角阐释，例如驯化理论，从对野生动物的驯化延展到人对机器的驯化，这种驯化还建立在人与机器的二元对立上，即始终将人类作为各种意义上的认知和行动的主体。可以预见的是，随着机器行为学的兴起，[13]机器在未来也可以作为行动者参与公共生活的建构。因此智能传播时代，人类与机器进行交往，从使用与满足转向人机共融就显得尤为重要。人机融合的宗旨就在于构建一种人类智慧、机器智能和网络环境互相融合的超级智能，并强调这三者之间的交互关系。这种交互关系在现实中可以从两种发展路线进行延展。其一是意向性，人机交互实现形式化和意向性的融合，其二是环境系统方面实现人-环境-技术的三元有机融合关系，使得人机融合系统具备自组织、自由化、它组织和互适应的特点。[14]

2. STS 理论的启发

技术革命伊始，传播学在研究中从精神交往逐渐回归物质交往和媒介物本身，找寻被媒介遮蔽的身体。近年来，传播学研究中的物质性转向、具身研究的复归和空间转向都体现了在智能技术影响下产生的传播学科的理论困惑和技术迷思。因此，研究者试图通过媒介考古、身体意义的再发现来体现传播的功能。[15] 不过，这种问题意识仍然是从功能主义的框架去理解媒介和人本身。从科学技术研究（STS）的角度来看，人与技术和社会是互构的，传播研究需要从连续与断裂、经验与阐释、现象与本质、深描与浅描、实证与批判、技术决定与社会建构中开辟出第三条道路，走向全新的问题域，以期在当下思想困顿中找到理论探索的一线生机。

科学技术研究（science and technology studies/science、technology and society，STS）将科学与技术视为整体，并将其置于整个社会的大背景下，从整体性和动态观的视角看待科学技术与社会之间的关系转化。巴布罗·博茨科夫斯基（Pablo Boczkowski）等在《桥接STS与媒介研究》一文中谈到二者对话互动的张力："对于STS来说，传播研究提供了大量的社会科学研究和批判性调查，记录了媒介内容、个人行为、社会结构的过程，以及各种文化形式、实践和意义之间的关系。而对于传播研究来说，STS提供了一种复杂的概念语言和基础方法，在文化和社会框架内，阐明媒介和信息技术作为人工制品和系统所呈现出的独特社会技术特征。"[16]

受STS理论启发，近年来，在传播学视野下，人-技术-社会的关系逐渐规避了决定论的视角，走向居间性的研究路径，如行动者网络理论、[17]可供性[18]等研究视域。这类理论消解了身心二元论、主客二元论等各种逻辑上的对立,转向从"转译""共生""关系""连接"等视域开展研究,开辟了新的阐释空间。以STS理论为指导,智能传播的问题域从技术工具论转向技术存在论,从媒介效果分析转向媒介使用的阐释和理解,从人类中心主义转向后人类视角,再到人机共生,从人机传播转向数字交往,展开人与人、人与机器、机器与机器的交往过程研究。"技术存在""技术伴随""人机交往"实际上都突出了人与技术主客二元对立的消解,并且将这种联系和互构置于广阔的社会和文化背景中。例如,近年来关于智能音箱、聊天机器人等人与机器交往等的研究,逐渐从传统的效果的模式和使用与满足的角度转向人机对话的阐释路径。而索尼娅·利文斯通(Sonia Livingstone)等人提出的媒介化也是研究媒介逻辑如何植入社会框架,考察媒介与社会的互动关系。[19]

在STS与传播研究的桥接中,巴布罗提出了三个方面的辩证互动,分别是技术与社会的因果关系(causality)、技术发展过程(process)和技术的社会后果(consequence)。这三对辩证关系也为我们研究人机关系打开了视野。首先,研究关注的是因果关系,也就是考虑到技术因素的偶然性与社会形塑技术的必然性,在动态流变中看待技术与社会的关系。例如在以ChatGPT为代表的聊天机器人研究中,学者关注到技术开发中一些偶然的、情境性的技术因素对人的知觉、感知和媒介行为产生的影响。同时,也看到用户的想象可供性和社会文化的因素,即用户是如何基于自己的情感和期待来影响技术开发的。其次是过程性,探究生产和消费之间的联系并发展概念。例如,用户对媒介技术的驯化,用户对于技术的抵抗研究,用户的媒介消费实践特点。在消费过程中,媒介产品的注意力和影响力也成为缔结用户关系、获得情感和关系信任的重要一环。最后，媒介技术的社会后果。在传播研究和STS领域中有两种不同观点，一是技术作用的连续性，二是技术作用的非连续性和革命性。具体而言，在技术作用连续性的假设下，技术变革所产生的后果是渐进的、连续的，嵌入在社会制度框架内的。而在技术作用非连续性的假设下，技术变革是突变性的，会引起社会领域的变革，颠覆社会关系、工作模式、文化实践及政治经济秩序。而今天，技术的迭代变革已经远远超乎人们的想象，但是一些技术也不免陷入日常化与"平庸化"，进而融入社会制度的安排中。目前在STS和传播学接合的研究中，我们可以采用一种社会变革的观点，承认媒介技术的连续性、非连续性及进化性，既保留技术进化发展的宏观视野，也关注技术如何融入日常生活的微观视角，预见技术进化后所可能产生的"类脑框架"与后人类的现象，还关注技术如何嵌入日常生活及社会框架中。

小结

弗朗西斯·福山（Francis Fukuyama）认为，关于人工智能最大的迷思在于它们应该像人类一样拥有智力、解决问题的能力、想象力、创造力、道德感，以及喜爱和害怕的情感，这是典型的由人类中心主义导致的认知盲区。摆脱科技迷思的同时，也需要认定人之所以为人所需要承担的苦难。[20] 立足于当下，我们既不能过分宣扬人工智能的神话，也不能过分悲哀人类被异化的未来。人性的闪耀体现在意义的建构和意向性的实现，理智与情感的共存体现了人类既具备对技术的想象空间，也具备对技术的克制与反思。在技术狂飙突进下始终葆有敏感的问题意识，接受技术对现实生活解构的各种挑战，并建构真实而有效的解决路径。想要打破技术的"铁笼",避免工业革命时代卢德派损毁机器的下场,就需要从原点反思,重新理解智媒时代的人机交互,更要重新理解人。无论是采纳后人类主义的思想还是更为保守的观点,都应该以清醒的目光审视和反思技术与社会的互动。从技术决定论、社会建构论等二元对立的思想中超脱出来,探寻出一条居间性的道路,从全新的问题域进行阐发。

目 录

第一部分 | 生成式 AI 的崛起

第一章 ChatGPT：生成式AI掀起浪潮 / 003

第一节 ChatGPT是什么 / 003

第二节 ChatGPT开启智能互联时代 / 005

第三节 ChatGPT对于人的又一次重大的赋能赋权 / 007

第四节 ChatGPT影响传播生态和传播者角色转变 / 009

第五节 AIGC传播时代社会与传播的治理之道 / 011

第二章 生成式AI引发传播革命与媒介生态的重构 / 013

第一节 ChatGPT在拟真和功能维度步入全新阶段 / 013

第二节 ChatGPT核心技术的三个关键词 / 017

第三节 三重维度激发传播领域变革 / 019

第四节 AIGC传播时代传播与社会的治理之道 / 029

第三章　生成式AI趋势下智能互联的新特点、新机制与新趋势 / 032

　　第一节　开启智能互联时代的里程碑 / 032

　　第二节　智能互联时代的新特点 / 034

　　第三节　智能互联时代的新机制 / 039

　　第四节　智能互联时代的新趋势 / 044

第四章　生成式AI浪潮下内容生产的生态级演进 / 051

　　第一节　生成式AI内容生产的关键要素 / 052

　　第二节　生成式AI内容、权力与价值逻辑的升级 / 055

　　第三节　媒介内容生产与传播生态的协同演进 / 060

第五章　未来内容生产者的身份转变与逻辑重构 / 066

　　第一节　提示工程师诞生的必然性、偶然性、适应性 / 067

　　第二节　在历时性和共时性层面的媒介变革与权力赋予 / 072

　　第三节　协同视域下提示工程师与新闻业的关系演进与身份转变 / 075

　　第四节　生成式AI浪潮下新闻工作者的逻辑重构 / 080

第六章　生成式AI对重要传播内容的生态赋能与价值迭代 / 084

　　第一节　生成式AI型塑短视频信息新生态 / 085

　　第二节　基于知识媒介生成式AI赋能的质性描述 / 088

　　第三节　"资源-竞争-繁衍"：短视频价值迭代的逻辑架构 / 091

　　第四节　生成式AI短视频发展的趋势和转向 / 095

第七章　生成式AI浪潮下版权生态的态与势 / 097

　　第一节　版权范式的时代转型 / 097

　　第二节　以"知识元"为核心的版权图谱 / 098

　　第三节　整体观与过程观下的版权价值衡量体系 / 102

第四节　价值回报形式和价值分配新途径 / 107

第二部分 | AIGC 传播时代认知争夺的转向

第八章　策略性传播范式的全新转型 / 115
第一节　"不战而屈人之兵"的认知竞争 / 115
第二节　"元传播"——传播范式变革的核心问题 / 116
第三节　智媒技术与微粒社会重书传播规则 / 118
第四节　"刺激-认知-反应"的研究范式升维 / 122

第九章　把握AIGC传播时代的脉搏 / 129
第一节　未来传播影响力再探讨 / 129
第二节　媒介生态变革下构建未来传播影响力的基本尺度 / 132
第三节　未来传播的时空属性与个体认知结构的耦合 / 136
第四节　未来传播的关键点在于实现认知"破圈" / 142

第十章　认知带宽：AIGC传播时代用户洞察的新范畴 / 146
第一节　个性化传播时代与个性化媒介效果研究范式 / 146
第二节　认知带宽的概念 / 147
第三节　认知带宽的评价方式与影响因素 / 150
第四节　认知带宽的研究议题与研究指标 / 157

第十一章　元宇宙视域下认知竞争逻辑的重塑 / 162
第一节　媒介社会中认知资源的有限性与信息无限性的矛盾 / 162
第二节　中介化视角下个体带宽与媒介的关系 / 165
第三节　认知竞争逻辑下信息加工与个体带宽的匹配过程 / 171
第四节　元宇宙时代智能技术与个体带宽的耦合 / 175

第十二章　认知竞争时代的传播转向与操作策略 / 183

第一节　认知竞争时代的传播转向 / 184

第二节　认知竞争的操作路径解析 / 190

第十三章　人们的媒介认知如何影响其媒介使用 / 201

第一节　基于用户逻辑的媒介认知的三个维度 / 202

第二节　媒介认知的全民偏向 / 204

第三节　用户的媒介认知差异与使用差异 / 211

第四节　情境适切指标与媒介使用行为 / 227

第十四章　体验时代的传播转型 / 233

第一节　体验时代：非理性认知逻辑的转型 / 233

第二节　体验时代下认知形态的新特征 / 234

第三节　体验时代下影响人们认知建构的路径 / 238

第十五章　"认知竞争"的关键性分析视角 / 242

第一节　个体视角：注意资源有限性与社会认同 / 242

第二节　媒介视角：深度媒介化与媒介赋权 / 247

第三节　社会视角：超级个体的社会 / 251

第四节　未来图景与可能范式 / 254

第三部分｜AIGC 传播时代行为传播学的构建

第十六章　行为传播学的学科价值、研究方向与关键议题 / 259

第一节　传播话语的阐释危机 / 259

第二节　传播学重构的思维转向 / 263

第三节　行为科学的崛起启动传播学的重构 / 266

第四节 社会发展逻辑下行为传播学的超学科构建 / 273

第十七章 行为传播学：未来传播学学科构型的核心范式 / 283

第一节 行为、行为研究及其与传播学的契合之处 / 284

第二节 行为传播学的基本内涵、使命承载与研究路径 / 292

第三节 行为传播学的基本分析维度及其系统性互构 / 299

第十八章 元宇宙视域下传播行为的路径模型与拓展机理 / 308

第一节 从社会演化的视角看待行为研究的进路 / 308

第二节 传播环境的升维 / 311

第三节 人类行为的演化 / 316

第十九章 统摄性范式下的中层理论与范式补充 / 328

第一节 问题的提出 / 328

第二节 重构还是统摄 / 329

第三节 范式统合从范例开始 / 334

第四节 差异易感性媒介效应模型作为"问题-解答标准" / 338

第五节 行为传播学的研究方法 / 342

第六节 行为传播学范式定位的传播研究 / 346

第二十章 深度媒介化视域下的社会治理：基本范式与底层逻辑 / 350

第一节 深度媒介化过程中社会涌现的新现象 / 350

第二节 深度媒介化社会治理的困境 / 355

第三节 深度媒介化社会治理的新逻辑 / 361

注 释 / 369

后 记 / 415

第一部分

生成式 AI 的崛起

第一章
ChatGPT：生成式AI掀起浪潮

ChatGPT是一项颠覆性的技术，问世短短两个月便吸纳了过亿的活跃用户，一举成为全世界热议的焦点，"出道即巅峰"。作为一名研究者，当这种大潮涌来时，既要有拥抱新生事物的热情和勇气，也不能随波逐流、失去学术逻辑的方寸。热现象、冷思考，要看到更深层次的逻辑变化和更高意义上的结构效应，以便为社会和时代的发展提供来自学界的独特视角和智慧，这也是学术界诸公的社会责任。我是做传播研究的，更多的情况下是从传播和传媒的角度解读ChatGPT浪潮下的传播革命与媒介生态，分析其到底会导致和引发什么样的革命性改变及生态级意义上的社会重构。

第一节 ChatGPT是什么

ChatGPT比较准确的翻译是"生成型预训练聊天机器人"。它拥有语言理解和文本生成能力，能够通过连接大量的语料库训练模型，实现上知天文地理，下知世间万象的互动聊天，不仅如此，它还能完成撰写邮件、视频脚本、文案、代码和翻译润色等任务。

生成型

ChatGPT 在生成内容方面是把资料本身按照其逻辑关系进行重新梳理和整合。它生成的文本是有结构的，不是材料的堆积，同时这一结构与人类表达的语义越来越接近。ChatGPT 与以往的智能搜索工具不同，它具有内在的关联性，引入了关系范畴、关系变量，把内在要素甚至包括它与人的关系、与场景的关系都进行了相应的处理。也就是说 ChatGPT 呈现的内容是以一种结构化的方式呈现出来的。

预训练

"预训练"意味着 ChatGPT 通过深度学习这一底层的智能化技术，在人的干预之下，对海量的文本进行大量的训练学习。在这种训练学习当中，ChatGPT 不断提升自己的匹配能力和意义关系配置协同能力。

聊天型机器人

ChatGPT 的核心能力是卓有成效地运用了 RLHF（reinforcement learning with human feedback，即基于人类反馈的强化学习）。这一技术解决了生成模型的核心问题，即如何让人工智能模型产出和人类的常识、认知、需求、价值观尽可能匹配的文本。

基于 ChatGPT 的底层技术逻辑，它在中短期内功能性扩张的主要方向是：归纳性的文字类工作、代码开发相关工作、图像生成领域工作、智能客服类工作。有人把 ChatGPT 的这些功能表现个案说得神乎其神，似乎可以立即替代人的大部分认知和理解性的工作，其实是对于目前 ChatGPT 这种新型人工智能应用的误读。ChatGPT 本质上依托于一个参数量巨大的神经网络模型，其训练过程基于网上现有的语料，而这些训练数据本身良莠不齐，并不都是优质文本，因此有可能出现真假不分的事实性错误问题。此外，ChatGPT 给出的答案只是基于其理解生成的最佳结果，而其预训练存在知识盲区，且可能根据字面意思进行推理而出现"一本正经胡说八道"的现象。比如，自然语言理解困难之一是语境问题，缺乏上下文可能导致对语义的理解不准确，进而导致 ChatGPT 给出错误的文本输出。特别是对于常识的理解偏差的问题，这是由于 ChatGPT 基于大量文本进行预训练，而常识（比如"下雪不冷化雪冷"）通常不会直接收录在这些文本中，因此缺乏对常识的掌握，进而生成离谱的回答。换句话说，ChatGPT 目前所能替代的一些工作，主要是归纳性的，而不是创造性的。比如，ChatGPT 可以写好论文的文献综述，但真正要实现创新、创造，恐怕目前预训练的模式所能达到的高度还远不能望其项背。

第二节　ChatGPT开启智能互联时代

从 PC 互联到移动互联，场景成为互联构造中的关键维度，它所完成的，只是把"人（主体）-货（价值对象）-场（场景）"当成"黑箱"来实现三者外部关系的建构；而从移动互联到智能互联则是对于"人-货-场"三者进行尽可能的要素拆分和意义重组，从而实现将三者内在价值关系构造的"白箱化"或"灰箱化"，这种更高维度上的价值构造成为互联网新发展阶段上的关键突破。

ChatGPT 作为一项划时代的智能互联技术，其突破点在于：首先，它以无界的方式全面融入人类实践领域，实现了开放性，成为通用智能。而此前的人工智能，比如1997年战胜国际象棋大师卡斯帕罗夫的深蓝、2016年战胜围棋大神李世石的AlphaGo，它们的智能表现令人惊艳，但本质上它们是在一个特定领域，基于特定规则的情况下实现了对人类智能的超越。而ChatGPT的特殊之处则是以无界的方式成为一种全新的通用智能，你可以与它进行开放式的问题的问答，实现各类文本的聚合生成。这是它最重要的一个特点。

其次，它以深度学习的方式不断为文本的生成注入"以人为本"的关系要素，进而提升文本表达的结构价值。谷歌和百度搜索到的是具有相关关系的一个个孤立存在的文本碎片，它们之间没有相应的价值关联。而ChatGPT生成的是文本，即语义要素进行价值关联后的结构性文本，这种形成一种有效的、符合人的感知、符合人的判断表达观念形态的结构价值的文本的本质，是关系范畴的引入，这是ChatGPT带来的最大变革——成功地将关系要素融于全部的文本价值输出。从根本上来说，ChatGPT的本质是实现人的世界全要素的价值重构。它的第一步是实现人的语义世界的价值重构，接下来更为关键的突破指向语义以外世界的人类实践领域的全要素的价值重构，这恰恰符合元宇宙对于数字文明时代社会要素重构、关系规则重构、现实场景重构的要求。

2021年被称为元宇宙发展的元年。元宇宙曾经是一个炙手可热的概念，风靡产业界、学界乃至政府与社会，脸书（Facebook）甚至更名为"Meta"，直奔元宇宙的主战场。但是两年多以来，能够看得见摸得着的成果乏善可陈，特别是2022年底ChatGPT强势登场，讨论元宇宙的声量几乎被人工智能这一最新应用的热潮所淹没。这便提出一个问题：我们究竟应该怎么看待元宇宙呢？当下人们热议的ChatGPT与元宇宙是什么关系呢？我们知道，所谓"元宇宙"就是互联网、虚拟现实、沉浸式体验、区块链、产业互联网、云计算及数字孪生等互联网全要素的未来融合形态，元宇宙是互联网发展全要素的集合体，将一系列断裂、分隔的要素整合成一套有序运行的规则范式和组织体系，为未来媒体提供聚合性承载空间，也为社会发展构建新的传播向度。从本质上看，元宇宙的集成概念包含两大要素，即未来技术与社会体验，前者作为底层技术为元宇宙奠定基础性支撑，在可延展、可融合、可触达三元架构下，形成新的认识发生论和以交互导向为主的场景入口；后者则从结构性搭建的视角重塑生态平台上的各组成要素，其中数字化基建创造出高稀缺性空间价值，让产业互联网逐步过渡到体验互联网，且为进入元宇宙中的用户构建沉浸化、多模态的用户体验与自适应化的操作流程，媒介技术对个体的赋权还使海量的能量裂变式释放，开放式的底层设定奠定多主体共创、共治、共享的运行规则。而 ChatGPT 恰恰是元宇宙发展进程中实现上述改变、转型与赋权的顺理成章的全新智能化应用。

第三节　ChatGPT对于人的又一次重大的赋能赋权

我们可以从历史的角度来理解 ChatGPT 对人的赋能赋权的全新含义。

第一阶段，人们（主要是指技术精英）基于浏览器的网站技术突破了大众传播时代传播局限于某一个专业范畴的垄断性霸权，令更多社会精英可以借由网站而不经过传统媒介的采集、加工制作、把关和传播途径分享其社会传播的权力；第二阶段，基于社交平台和短视频技术的普及突破话语表达的精英霸权，极大降低内容生产和社会表达的"门槛"，使"人人皆可成为传播者"的泛众化传播时代落地；第三阶段，ChatGPT突破了资源使用与整合上的能力局限与差异，使每个人至少在理论上可以以一种在以往社会平均线之上的语义表达及资源动员能力进行社会性的内容生产和传播对话。这是继互联网发展的"上半场"通过人与人、人与内容、人与物的互联互通成功地"填平"了大众传播时代的"信息沟""知识沟"，使人们无论是在一线城市还是穷乡僻壤，只要联上网，海量的知识和信息就唾手可得，从而在可供性上，使不同空间、不同地区、不同经济水平的人们基本站在信息和知识可供性的同一水平线上。这是又一次重大的边界突破和对于"弱势群体"的巨大赋能。众所周知，互联网将包括信息和知识在内的资讯可供性以一种平等的方式均衡地连接每一个人，但人和人在使用这些海量而丰富的资讯资源方面的能力是有着很大的差异的，有些人可以凭借这些丰富的连接可供性建功立业、创新创造，也有相当多的人打开手机或电脑只是一味地观看短视频，以获得直接并浅薄的感官消遣。"能力沟"已经成为横亘在不同社会成员之间的严重不公平的根源。而ChatGPT则能够帮助普通人成功地突破专业能力方面的局限（比如专业的知识与运用、不同语言间的翻译、程序代码的编制等方面的不足），能够使不同专业的门外汉（知识小白）在一系列专业、专门问题上的资源使用、操作能力和文本表达达到社会平均线之上，这就极大增强了他们在社会对话中的对话能力和对话资质。因此，它实现了人类社会，尤其对于底层或者绝大多数的"外行"的社会成员参与交流、决策、算法建构等互动的重大的赋能和赋权。简而言之，以ChatGPT为代表的新一代智能互联技术令普罗大众能够跨越"能力沟"的障碍，有效地按照自己的意愿、想法来激活和调动海量的外部资源，形成强大、丰富的社会表达和价值创造能力。这是社会又一次在数字化、智能化加持下的重大启蒙，这种赋能于更为广泛的社会成员，使之能参与社会决策与专业运作的全新局面，无疑是一次影响巨大的社会活力的重启。

第四节　ChatGPT影响传播生态和传播者角色转变

ChatGPT 使传播领域的权力分布进一步"下沉"

具体而言，普罗大众在内容创新、传播表达及参与对话中拥有更多平等的机会和权利，这与"分布式社会"的社会成员之间的权力构造相匹配，是传播权利作为第一权利的"先行一步"。

ChatGPT 使传播领域核心逻辑进一步"算法化"

具体而言，在算力、算法和大数据可以覆盖的绝大多数传播构造中，人们对于专业经验（即人们通常所说的新闻专业主义的一整套专业法则和行为规范等）的信赖将让位于更加精准、更加全面、更加可靠和结构化的智能算法。以人类社会信任关系的建立为例，原始文明社会人们的信任是基于血缘的信任；农耕文明社会人们的信任是基于"超人"的信任（比如"君权神授"）；工业文明时代人们的信任是基于制度的信任（比如代议制民主等）。但人类实践的历史表明，这一切信任的基础逻辑都比不上基于算法信任的社会操作模式——这主要体现在算法（表现为区块链）规则中的平等性、广泛性、实时性及参与的直接性等，这实际上是一种更高维度上的社会重构的价值基础。而这样一种算法信任与规则在未来的进一步发展中，可以透过社会的深度媒介化，演进为构造未来数字文明时代整个社会的"操作系统"。

传媒业从劳动密集型产业转向技术密集型和资本密集型产业

新的"寡头"的表现形式是,以头部技术平台统辖被智能化技术释放出来的巨大传播生产力,而这种头部技术平台的不断迭代升级又以巨大的资本支持为后盾。据报道,ChatGPT 进行一轮完整的"预训练"的所需资金高达几百万到上千万美元,这无疑为传播领域的大平台"准入"设置了极高的技术门槛和资金门槛。

主流媒介是"四两拨千斤"式的价值引领者

主流媒介并不是以一己之力完成对整个社会的价值传播,而是在更大程度上成为整个社会生产侧生产者的指挥。它是交响乐团的指挥,未来传播领域的主力生产大军是 UGC、OGC、PGC 以及正在迅速崛起的 AIGC,未来主流媒介的角色扮演和功能担当该如何实现是一个值得思考的重要问题。未来的"分布式社会"本质上是一个自组织社会,主流媒介应转型为未来舆论场中具有再组织能力的"四两拨千斤"式的基膜,去激发和形成传播领域的"涌现"现象,充分利用耗散结构下的协同学、突变论、混沌理论、超循环理论、分型理论等原理进行新的社会传播的"再组织"。因此,主流媒体的功能与角色定位进一步转向"To B"模式。传统主流媒体一直是以"To C"模式直接生产内容而服务于社会,在新的发展阶段上,它将转向一线内容生产与传播者背后的作为价值逻辑与专业规则的支持者、创新创造的开拓者,以及话语场域的平衡者等"To B"模式,成为全传播场域的"压舱石"与"定盘星"。

第五节　AIGC传播时代社会与传播的治理之道

注重智能算法模型的"赋魂"机制

技术的社会化落地，其实质是技术逻辑与社会选择互构的结果。技术其实并不完全遵循技术逻辑改造社会，而是在与社会选择的互构中形成落地形态、落地重点和落地方式。以 ChatGPT 为代表，它是通过语料库的选择和训练模型的价值逻辑的建构，使智能算法沿着以人为本的方向发展与迭代的。这是其预训练和语料库使用中特别重要的一个导向要求。

构造算法失灵的社会补充及算法脱轨的干预机制

算法不是万能的，在算力不足、算法无解和数据缺失的领域应该做好人力、物力的充分布局，以期与智能技术形成良好的匹配与互补。这就如同我们要发挥市场经济在经济生活中的资源配置和运营机制方面的关键性作用，但是市场机制本身也有失灵的时候。同样，算法也有失灵的时候。当算法失灵时或在算法失灵的领域，以人类智能及相关的社会资源给予必要的社会补充，是人工智能时代社会建构的一大重点，即要形成这种不可或缺的功能互补。其次，当智能算法逻辑跨越"阿西莫夫三定律"等伦理界限时，我们应拥有足够有效的手段和机制加以干预和防范。人工智能是基于算力、数据和算法三大要素确立和发展的，在强人工智能的滥觞，我们就要布局某些资源、数据的"防火墙机制"，即应该对支撑强人工智能的某些领域资源、数据类型设置严格的准入规则。只有把发展人工智能的底层动力基因和资源库管好，人工智能才不至于"反噬"人类。这些都可以在强人工智能的底层逻辑中事先构建好，它们是未来进行干预机制的技术基础和社会保障。

社会与传播的全面智能化是一场深刻的革命

全面智能化的过程不是在原有结构上的一种技术化的过程，而是羽化成蝶的结构性改变——权力与信任关系的重构（价值可供性）、社会组织与规则的重组（功能可供性）、传播范式的升维（连接可供性）、技术与社会基础的重构（技术可供性）。这就是我们现在所理解的，当智能化全面进入社会，进入人类实践的全领域时，我们应该重点做好的工作。

第二章
生成式AI引发传播革命与媒介生态的重构

第一节 ChatGPT在拟真和功能维度步入全新阶段

以"对话+创作"为基础的生成式人工智能技术

人工智能技术可根据功能价值被划分成两类，分别是"分析式人工智能"（analytical artificial intelligence）和"生成式人工智能"（generative artificial intelligence）。分析式人工智能主要指能够在海量数据中发现模式，并完成诸如垃圾或欺骗邮件识别、算法推送 TikTok 视频等工作。[1] 可以说，目前已经广泛应用到传媒业的人工智能技术大多可归类为分析式人工智能。生成式人工智能则能够通过人工智能相关技术，自动化生成文本、图像、视频、音频等多类型内容。[2] 生成式人工智能早在 2014 年就诞生了，[3] 其具体应用如 ERNIE 3.0、DALL-E 2 等均已能进行自然语言生成。

ChatGPT是基于大型语言模型预训练的新型生成式人工智能①。作

---

① 为用词简练，本书讨论的生成式人工智能均指基于大型语言模型预训练的生成式人工智能。——作者注

为一款人工智能聊天机器人应用，ChatGPT拥有语言理解和文本生成能力，不仅如此，它还能完成撰写邮件、视频脚本、文案、代码等任务。由此可见，它是一种以"对话＋创作"为基础的生成式人工智能应用。

就技术层面而言，ChatGPT由GPT-4模型提供支持。GPT（generative pre-trained transformer，可译为"生成式预训练转换模型"）是一种基于互联网可用数据训练的文本生成深度学习模型，采取"基于人类反馈的强化学习（RLHF）"的训练方式，[4]包括人类提问机器回答、机器提问人类回答，不断迭代，让模型逐渐具有对生成答案的评判能力。[5]基于该种技术，ChatGPT能够产出和人类的常识、认知、需求、价值观有较高匹配度的文本，这也是ChatGPT的关键特征之一。

人工智能技术在拟真度和功能维度上新的"里程碑"

近年来，人工智能技术在海量数据的集成、神经网络算法的优化及并行计算的廉价化三大前提下得到了迅猛发展，[6]并在拟真度和功能维度上不断取得新的突破。拟真度（verisimilitude）是对人的认知、偏好、情感、行为等维度的模拟相似度。著名的图灵测试（The Turing test）就是通过被试能否分辨真人与机器来判定人工智能是否达到人类智能水平。因此拟真度是衡量人工智能技术成熟度的一项重要指标。功能维度（functional dimension）是衡量人工智能技术成熟度的另一项重要指标。根据人工智能所集成的功能维度，其可划分为弱人工智能（擅长某一方面的人工智能）和强人工智能（在各方面都能和人类比肩的人工智能）。[7]基于拟真度和功能维度双重指标，本书将人工智能技术分为四种类型（见图2.1）。

```
                功能维度
                functional dimension
                      ↑
   ┌─────────────┐    │    ┌─────────────┐
   │  多维低拟真  │    │    │  多维高拟真  │
   │             │    │    │             │
   │ 以Siri为代表 │    │    │以ChatGPT为代表│
   │ 的人工智能应用│    │    │ 的人工智能应用│
   └─────────────┘    │    └─────────────┘
                      │                          拟真度
   ───────────────────┼───────────────────→  verisimilitude
                      │
   ┌─────────────┐    │    ┌─────────────┐
   │  单维低拟真  │    │    │  单维高拟真  │
   │             │    │    │             │
   │以计算机视觉算法等为│  │以AlphaGO为代表│
   │代表的人工智能应用│   │ 的人工智能应用│
   └─────────────┘    │    └─────────────┘
```

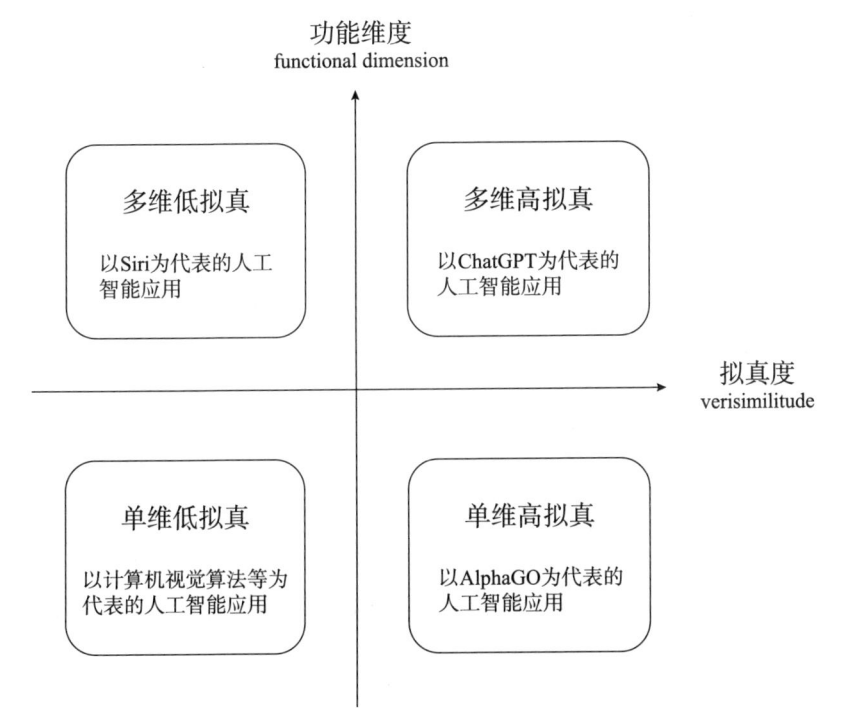

图2.1　人工智能技术在拟真度与功能维度双重指标上的演化与分类

资料来源：喻国明，苏健威.生成式人工智能浪潮下的传播革命与媒介生态——从ChatGPT到全面智能化时代的未来［J］.新疆师范大学学报（哲学社会科学版），2023，44（05）：81-90.

四种人工智能类型如下所述。

（1）单维低拟真人工智能：以广泛使用的计算机视觉（computer vision）、智能翻译等技术为代表的人工智能应用。单维低拟真人工智能技术通常只擅长单方面任务，且时常出现识别或分析错误，使用户能明显感知其作为"机器"的本质。

（2）单维高拟真人工智能：以围棋机器人AlphaGo、封面新闻写作机器人"小封"等为代表的人工智能应用。单维高拟真人工智能技术同样只擅长单方面任务，但已经能够进行较为复杂的识别、推理与合成，大大提升了用户交互体验的拟真度。

（3）多维低拟真人工智能：以 Siri、微软小冰等为代表的人工智能应用。多维低拟真人工智能技术能够集成多个场景下的复杂任务，但时常出现识别或分析错误，因而用户能明显感知到其"机器"性质。

（4）多维高拟真人工智能：以 ChatGPT 为代表的预训练生成式人工智能应用。多维高拟真人工智能技术不仅能够集成多个场景下的复杂任务，且具有接近真人对话的人机交互体验。用户对其机器属性感知不强。

由此可见，ChatGPT 作为一项革命性的生成式人工智能技术，其突破点在于以下方面。首先，ChatGPT 在拟真度层面实现跃升。斯坦福大学研究者依据心智理论测试发现 GPT-3.5（ChatGPT 的同源模型）可解决 100% 的意外迁移任务和 85% 的意外内容任务，相当于 9 岁儿童的水平。[8] 在 2022 年 12 月的媒体报道中，对 ChatGPT 的评价也集中于其"仿真性"。[9] 这也是用户使用 ChatGPT 比以往人工智能应用感觉更加自然的原因。其次，ChatGPT 实现了更高层次的功能维度集成，已经逐渐走向通用人工智能。ChatGPT 除了基础的聊天、文本创作之外，能够对给定的有限信息指令展开想象式创作，比如作画、翻译、编写代码等，其创作能力已经远超既有人工智能应用。

目前，基于 ChatGPT 的底层技术逻辑，它在中短期内功能性扩张的主要方向包括归纳性的文字类工作、代码开发相关工作、图像生成领域工作、智能客服类工作。我们不能否认，生成式人工智能已经成为人工智能技术发展的一座新的里程碑。那么，ChatGPT 究竟为何能够实现如此大的技术提升？我们不妨先来回顾一下 ChatGPT 所具有的三项关键技术特征。

第二节　ChatGPT核心技术的三个关键词

ChatGPT 在技术层面存在三个关键特性，分别是预训练、大模型和生成性，这使得 ChatGPT 具有超越性的智能表现。

预训练

ChatGPT 能够为用户带来媲美真人对话体验的关键在于：ChatGPT 基于预训练所使用的偏好数据与评分算法实现了对人类认知机制的深度模拟。

首先，在预训练环节，大量人类偏好知识被注入 ChatGPT 所使用的大型语言模型。在 ChatGPT 使用的训练数据集中，除了大规模的公开语料，还有"几万人工标注"的数据，这些数据均为人类偏好知识。所谓"人类偏好"，包含两方面含义：一是人类表达任务的习惯说法，即如何使用人类语言描述一项指令；二是人类对于回答质量和倾向的判断。此外，用于训练的 WebText 是一个大型数据集（占所有训练语料的 22%），其数据是从社交媒体平台 Reddit 的所有出站网络链接中抓取的，每条链接至少有 3 个"点赞"，代表人类社会流行内容的风向标。[10] 通过注入大量人类偏好知识，ChatGPT 能够有效地学习人类认知与表达的习惯。

其次，ChatGPT 使用了基于人类反馈的强化学习技术。这一技术包含三个关键步骤：第一步是监督式微调，其核心理念是利用符合人类预期的少量标注数据对预训练模型参数进行调整，初步优化文本生成模型；第二步是构建奖励模型，其核心目标是通过对监督式微调生成的多个结果进行人工排序标记，训练奖励函数模型，用于强化学习模型输出结果的自动化评价；第三步是利用近端策略优化（proximal policy optimization，PPO）算法，结合奖励模型对文本生成模型的结果进行自动评估，并采用强化学习对文本生成模型进行优化，使其最终具备生成符合人类预期文本的能力。[11]

基于人类偏好数据与强化学习技术，ChatGPT 前所未有地实现了人类认知机制的深度模拟，为后续细化关系连接、个性要素的识别与生成构建了基础。

大模型

爱因斯坦曾指出："智能的真正标志不是知识，而是想象。"[12] 这一洞见指出了分析式人工智能与 ChatGPT 的区别：尽管二者都能通过算法对海量信息资源进行聚合，但分析式人工智能更擅长识别模式与推送信息服务，即以粗放的方式对个体需求特征和信息服务特征进行识别与匹配。而 ChatGPT 则能以更细粒度的方式，在个体需求指令的基础上展开合理的推理和想象，实现更加细腻和精准的连接。支撑这一特性的关键在于，ChatGPT 构筑在"巨无霸"式的超大模型之上。

OpenAI 认为，未来的通用人工智能应当拥有一个与任务无关的大型语言模型，可以从海量数据中学习各种知识，以生成方式解决各种各样的实际问题。基于这种技术思路，ChatGPT 拥有多达 1 750 亿个模型参数，巨量的模型参数能够容纳海量的人类文明知识。此外，OpenAI 主要使用的公共爬虫数据集拥有超过万亿单词的人类语言数据。[13] 如此，ChatGPT 就拥有了超越绝大部分人工智能的巨大训练模型。

极大的模型参数量能够对人的认知习惯、微妙情趣、价值追求进行匹配和表达，以达成粒度更细的连接和更高水平的价值实现。

生成性

生成性是将要素结构化的能力特征。ChatGPT通过持续与用户对话，不断对用户的个性化要素进行识别、学习和整合，并对输出要素做结构化处理，以有机呈现贴近用户的方式。这实质上完成了ChatGPT与用户之间的关系建立，是对人类交往方式的深度模拟。

此外，以往的聊天机器人往往解决实时需求，无法与用户保持长时间的连续对话，对于用户此前下达的指令没有记忆和学习功能。相比之下，ChatGPT可以实现连续性的人机协同，即用户可以在个人账号中保存人机对话记录，并基于该记录达成长期连续性对话，[14]从而提升生成内容的匹配度，使用户获得与真人类似的对话体验。

尽管目前ChatGPT的应用尚处于快速发展阶段，但其所代表的生成式人工智能在各个维度上的革命式突破已经呼之欲出。可以预见，以ChatGPT为代表的生成式人工智能将激发传播生态的巨大变局。

第三节　三重维度激发传播领域变革

哈罗德·A.英尼斯（Harold A. Innis）指出，一种新媒介的长处，将导致一种新的文明诞生。[15]以ChatGPT为代表的生成式人工智能技术所展现出的新媒介特征，区别于既有人工智能技术特性，将激发传播领域的生态级变局。

生成式人工智能驱动传媒产业变革

1. 公私域资源的连接整合和协同利用

自互联网诞生伊始,用户连接到的绝大多数网络资源均为公域资源,即公开发布在网络中可供用户访问使用的资源。尽管这类资源数量已经极为庞大,但我们不可否认,网络中仍有相当比例(甚至超过公域资源体量)的资源是储存于私域的,即不便开放分享的资源。这种网络资源的壁垒长期隐性地存在于网络,令知识分享、文化融合、价值创造的效率大打折扣。因此,步入数字文明时代,我们需要一种工具,能够抓取私域资源,并将其与公域资源进行连接整合和协同利用。

ChatGPT 所代表的生成式人工智能技术有望扮演这一角色。在大型语言模型的发展过程中,生成式人工智能一方面能够对公域资源进行抓取,并以其算法模式形成良好的聚合学习;另一方面,可以对用户对话过程中的私域资源进行专业整合。长此以往,构造聚合公私域资源的巨大数据训练集有助于聚合人类文明既有知识,形成无所不知的智能中枢。

2."下一代网络入口"和"超级媒介"

入口是网民检索信息、获取应用服务的首道关卡、咽喉要冲。[16]浏览器、搜索引擎、应用商店是移动互联网行业形成最早的三大入口。在移动互联网时代,微信构建了基于社交的最大个人信息传播入口,而如滴滴打车、大众点评等则形成了交通出行、餐饮娱乐等垂直领域的用户入口。[17]以 ChatGPT 为代表的生成式人工智能集信息获取(信息支持)、智能服务(服务支持)、聊天机器人(情感支持)、创作工具

（生产支持）等功能于一体，有望成为下一代网络入口。目前这一趋势已经初露端倪，摩根士丹利（Morgan Stanley）公司预言，自然语言模型将"蚕食"谷歌在信息检索市场的份额，从而彻底颠覆谷歌作为互联网用户入口的"霸主"地位。后者的优势在于：搜索界面更加简洁，能直接给出最为接近的信息；用户不必访问不同的网站，也不用浏览不相关的信息便可以直接获取答案。[18]

在成为网络入口的基础上，生成式人工智能将进一步跃升成为前所未有的"超级媒介"，其特殊性主要体现在以下两个关键特征：首先，生成式人工智能具有全新的人机交互模式，能够生成适于用户理解的内容并与用户建立关系。具体而言，生成式人工智能以无界的方式全面融入人类实践领域，以深度学习的方式不断为文本的生成注入"以人为本"的关系要素，进而提升文本表达的结构价值，使用户较之其他媒介更加"愿意看""看得懂"；其次，生成式人工智能的表达将直接影响社会认知，建构社会议程。不同于传统新闻媒体和聚合新闻平台，生成式人工智能以持续对话的形式占有用户对某一议题的全部认知，并持续构造用户认知形成的过程，这可能带来超越以往的传播效果。

我们必须重视这种未来超级媒介的潜在影响。乔治·格伯纳（George Gerbner）曾提出涵化理论，关注"媒介在世界观的内化过程中究竟扮演着什么角色"这一问题，[19]后续涌现的研究也不断发现不同媒介对受众潜移默化的影响效果。那么，生成式人工智能作为具有全新交互方式和使用场景的媒介将如何影响受众，其瞬时、短期、中期、长期效果究竟如何？这是未来传播研究面临的重要问题。

3. 传媒业的产业转型

以 ChatGPT 为代表的生成式人工智能将驱动传媒业从劳动密集型

产业逐渐转变为技术密集型和资本密集型产业,这种变迁来自两个方面:一方面,智能媒体的出现使信息的采集、编辑、分发等流程的效率与质量产生了质的飞跃,[20]"智能技术化"将成为传媒业未来发展的主旋律;另一方面,基于大型语言模型的生成式人工智能是构建未来传播的平台型基础设施,是未来传播的技术高地。

这种传播基础设施的争夺需要强大的资本和技术支持,尤其体现在算力方面。比如 ChatGPT 的 GPT-3.5 模型在微软云计算服务 Azure AI 的超算基础设施(由 V100GPU 组成的高带宽集群)上进行训练,总算力消耗约 3 640 PF-days(按每秒一千万亿次计算,运行 3 640 天)。[21]如此巨额的耗费必然将小型企业拒之门外。产业"寡头"凭借头部技术统辖被智能化技术释放出来的巨大传播生产力,而这种头部技术的不断迭代升级又以巨大的资本支持为后盾。这一循环将使传媒产业的技术与资本不断聚集,最终形成新的产业结构。

生成式人工智能对个体赋能赋权

1. 重构人机关系

生成式人工智能将引发人机关系的新一轮革命。唐·伊德(Don Ihde)曾定义过两类"人、技术与世界的关系":第一种是"具身关系"(embodiment relations),伊德以"(人—技术)→世界"这一图示表征具身关系,即技术"具身"于个体的使用情境之中,个体通过技术感知世界,比如"戴眼镜";第二种是"它异关系"(alterity relations),即技术作为相对于个体的准它者(quasi-other),与个体直接发生关系。它的意向图示是"人→技术(—世界)",比如 ATM 机。[22]

从伊德的分类来看,生成式人工智能主导的人机关系革命正是由

"它异关系"转变为"具身关系",换言之,人工智能从外在的"准它者"形态逐渐转变为与人类智能相互耦合的形态。伴随着生成式人工智能逐渐成为下一代网络入口,用户绝大部分任务都将与生成式人工智能共同完成,人机关系也将日趋亲近与紧密。人类文明的数字化会加速这一进程,在更远的未来,人类的数字身体与人工智能存在进一步深度耦合的可能,生成式人工智能将逐渐成为人类实践与对外连接不可或缺的关键中介。

在这种人机关系的构造下,人机协同能力将在个体的社会化过程中得到凸显。个体通过与生成式人工智能交流,能够更快习得新的知识与经验,进而更高效率地完成生产生活实践。届时,技能操作与知识教育的价值将被稀释,人机协同能力在人类能力结构中将变得空前重要,并成为后人类文明进化的关键。

2. 对个体赋能赋权

生成式人工智能对个体的赋能赋权体现在两个方面。

首先,生成式人工智能系统地提升了个体的传播能力,弥合了数字文明社会的"能力沟"。纵观互联网的发展史,在 PC 互联网时代,网站浏览器突破了传播局限于某一个专业范畴的霸权,令更多社会精英分享了传播的权力;进入移动互联网时代,社交平台和短视频技术的普及突破了话语表达的精英霸权,极大降低了内容生产和社会表达的"门槛";而在智能互联时代,ChatGPT 突破了资源使用、整合层面的能力局限,使公众至少在理论上可以以一种社会平均线之上的语义表达及资源动员能力进行社会性的内容生产和传播对话。这背后是生成式人工智能对数字文明社会"能力沟"的弥合。传统媒体时代由于媒介使用接入的优先级而产生"知沟",互联网时代人人都可接入媒介，知沟一定程度上被消弭，此时决定个体话语声量、学习实践效能的是"能力沟"，是一种专业知识或技能掌握不均导致个体实践的受限。生成式人工智能实则进一步弥合了这一能力沟。以ChatGPT为代表的生成式人工智能令普罗大众能够跨越"能力沟"的障碍，有效地按照自己的意愿、想法来激活和调动海量的外部资源，形成强大、丰富的社会表达和价值创造能力。这是社会在数字化、智能化支持下的重大启蒙，驱动着社会传播权力的进一步下沉。

其次，生成式人工智能通过与个体耦合，极大地增强了个体的知觉与连接能力。伊德曾区分了两种不同类型的感知：一种是在实际的看、听、触摸等意向活动中认识到的感知，称作"微观知觉"（microperception）；另一种是通过技术所扩展的人类感知，称作"宏观知觉"（macroperception）。[23] 生成式人工智能极大地提升了个体"宏观知觉"的水平。这是由于个体往往需要新信息的中介以进入新的圈层或与事物产生新的连接，而生成式人工智能通过持续对话为个体提供超出其认知范围的知识与经验，使其能够突破认知局限与更广范围的事物产生连接，这是一种知觉与连接意义上的深度赋能。

在生成式人工智能的加持下，普罗大众在内容创新、传播表达及参与对话中拥有更多平等机会和权利，这与"分布式社会"的权力构造相匹配，是传播权利作为第一权利的"先行一步"。

3. 实现"算法普及化"

目前，生成式人工智能已经能够根据用户需求编写有效的计算机代码，这是机器生成内容的一种全新维度，其本质是生成式人工智能对算法普及化的巨大推动。

在Web 2.0时代，社交平台革命性地将传播权力赋予普罗大众，社交平台上每一个参与传播的公众都具有发声的权利。而生成式人工智能的代码编写功能则将算法技术赋予大众，所有人都可根据这种能力形成资源调动的方式，具备数字创造的能力，进而在数字空间中展开更加自由的实践。作为全社会要素的中介型工具，算法的普及化意味着每个个体都有能力使用算法接入数字文明并从中获益，这对于人的数字化生存是一种巨大赋能。

生成式人工智能激发移动互联转型

1. 缩短信息传播的层级

生成式人工智能将成为下一代互联网的连接中枢。复杂网络科学中的"中介性"概念指出，一个人在网络中的中心度取决于他在多大程度上参与了网络中利于信息传递的信息链。一个人一旦成为信息传递的中间人，他在网络中就占据了中心位置。[24] 从"中介性"概念出发，生成式人工智能作为一种智能主体，在社会网络中聚合来自无数节点源的信息，对每个节点进行信息生成推送。基于巨量的用户数和信息链条，生成式人工智能将成为未来互联网中具有极高中介性的枢纽。

作为核心枢纽，生成式人工智能能够极大缩短信息传播的层级。当用户数量达到一定程度时，传播网络将从层层扩散的"洋葱式"结构转变为绝大多数节点直接与枢纽相连的"海星式"结构。新结构将极大压缩信息传播的层级，这有助于增强创新信息的扩散效能，降低信息在各传播环节的折损，并对网络连接的总体性质和效率产生直接影响。

2. 转型为粒度更细的智能互联

"人的任何社会关系的发生、维系与发展都依赖于作为中介纽带的媒介","媒介之'新',本质上是看它是否为人类社会的连接提供新的方式、新的尺度和新的标准。由此,人们能够探索更多的实践空间,拥有更多的资源和更多的领地,去展示和安放人们的价值、个性以及生活的样态"。[25]从这一视角出发,我们依据连接粒度大小粗略地将自互联网伊始媒介驱动关系性质变革分为三个阶段(见表2.1)。

表2.1 媒介驱动社会连接性质变革的三个阶段

阶段	时代特征	代表媒介	连接特征
第一阶段	PC互联	电脑	粗粒度连接:将人视为整体,解决"接入"的问题。
第二阶段	移动互联	手机	中粒度连接:以分众的场景要素为基础,将人视为各类场景实践的综合体,解决"主流特征与主流价值"连接的问题。
第三阶段	智能互联	生成式人工智能	细粒度连接:以个体的情景要素为基础,对个体与事物特征进行细腻地识别分析与重组生成,解决的是"微妙特征与微妙价值"连接的问题。

资料来源:喻国明,苏健威.生成式人工智能浪潮下的传播革命与媒介生态——从ChatGPT到全面智能化时代的未来[J].新疆师范大学学报(哲学社会科学版),2023,44(05):81-90.

第一阶段可谓PC互联时代。此阶段电脑作为代表性媒介和连接入口,系统性地解构了基于血缘关系的农耕文明特征与基于业缘关系的工业文明特征,驱动科层制的社会结构转变为微粒化的社会结构,使人们得以突破血缘、业缘、地缘的局限,与更广泛的社会要素产生连接。必须指出的是,PC互联时代所构造的社会连接是一种相当粗放的连接,具体表现在将个体视为静态整体,而非运动的、持续处于场景叠换之中的具有各类需求的人,仅仅能实现粗粒度的简单连接,解决的是"是否接入"的问题。

第二阶段可谓移动互联时代，此阶段智能手机作为代表性媒介和连接入口，极大地扩增了媒介的移动可供性，即可携带（portability）、可获取（availability）、可定位（locatability）、可兼容（multimediality）。[26] 在此基础上，媒介得以识别场景，将人视为各类场景实践的综合体，并能更细粒度地连接人类基于主要场景的主要需求，初步建构以人为主体的外部关系。这一阶段的突出特征是将社会要素分门别类地整合为场景要素进行初步连接。尽管一定程度上精细精准化了 PC 互联时代单一的连接模式，但其关系价值是有限的，即其不能满足个性的、潜在的细微需求，不能形成更细腻和个性化的解决方案，不能实现更加精准的价值匹配和更高水平的价值实现。可以说，第二阶段解决的是"主流特征与主流价值"的连接。

第三阶段可称为智能互联时代。这一阶段生成式人工智能作为连接入口和连接中枢，解决了两个极为重要的问题。首先，生成式人工智能将个体个性化、长尾需求满足的边际成本降至无穷小，进而创造更加广阔的连接可供性。生成式人工智能基于预训练的超大型语言模型，能够持续聚合创造能够满足个性化需求的"微价值"，这一计算过程实质上聚合了所有分散的定制流程，基于大数据、大算力，通过"中央厨房"式的云计算实现针对海量定制性需求的价值生成。这一特性空前降低了传统社会"定制"所需的高昂成本，使得社会边缘需求连接边缘价值所需边际成本降至无穷小，并创造出更加广阔的连接可供性。其次，生成式人工智能以其空前的个性要素识别、人类认知模拟、针对性输出能力完成个体更细致的内生性需求的对外连接。在第二阶段的移动互联中，连接的两端实质上仍被视为"黑箱"，即所有连接仅仅通过两端的主流特征进行识别与对接，而无法识别连接双方的具象结构和内在机理。生成式人工智能革命性地以其人类认知模拟机制打开所有"黑箱",打破内部外部关系的壁垒,并对更加细微复杂的结构要素进行解构重组、重新生成、重新连接。这种连接是对第二阶段移动互联连接的升维,意味着技术能够对人的要素状态进行响应分析,对情感表达等实现精准匹配,进而建构人作为主体的内部关系;也意味着升维后的连接将具有更高自由度和配置能力,具有更精准化的匹配度,更细腻的连接粒度,更高水平的连接质量,提供更高水平的功能生成和价值生成。在此基础上,生成式人工智能能够实现个体内部外部全连接的价值匹配和价值输送,为构造整体社会存在内部要素、外部关系互联互通提供了可能。可以说,以生成式人工智能为核心媒介的智能互联时代解决的是"微妙特征与微妙价值的连接"。

全面智能化

马歇尔·麦克卢汉(Marshall McLuhan)曾指出,媒介对人类联合、行动规模和形式发挥着塑造和控制作用。[27] 由此可知,媒介技术的迭代也将进一步驱动人类连接与行动模式的深刻变革。通过激发信息、个体、连接三重维度的巨变,以 ChatGPT 为代表的生成式人工智能将实现人类语义的价值重构,而分析型人工智能则在此基础上实现语义之外的资源整合和价值重构。二者共同支撑世界全要素价值重构,并驱动社会与传播走向全面智能化时代。人工智能技术的全方位渗透将创造一个无限量的巨大信息网络,并将从前无法纳入其中的更加多维的关系连接纳入人的实践体系的可操控范围,即从传统的人与人之间的连接全面走向人与人、人与物、物与物之间的系统连接,创造人机智能之间的超级链接体系。[28]

全面智能化所引发的指数级增长速度将驱使政治、经济、文化乃至整个社会生态发生羽化成蝶的结构性改变。它包括以价值可供性为核心的权力与信任关系的重构、以功能可供性为核心的社会组织与规则的重组、以连接可供性为核心的传播范式的升维，以及以技术可供性为核心的技术与社会基础的重构等。在算力、算法和大数据可以覆盖的绝大多数传播构造中，人们对于专业经验的倚重和信赖将给更加精准、更加全面、更加可靠和结构化的智能算法让位，并透过社会的深度媒介化演变为构造未来数字文明社会的"操作系统"。

第四节　AIGC传播时代传播与社会的治理之道

倘若在传播与社会全面智能化时代背景下仍坚持既往的治理思维、治理角色，就会犯"刻舟求剑"式的错误。因此，传统媒体的角色与治理思维同样需要及时转型，与时俱进。简言之，主流媒体应当及时转换角色，注重算法的赋魂机制，并对智能算法形成有效的互补与干预机制。

主流媒介从"To C"转为"To B"

主流媒介是"四两拨千斤"式的价值引领者。未来的"分布式社会"本质上是一个自组织社会，需要普罗大众的广泛参与。主流媒介作为社会"涌现"现象的组织者，要充分利用耗散结构下的协同学、突变论、超循环理论、分型理论等原理进行新的社会传播的"再组织"。

此外，主流媒体的功能与角色定位需要进一步转向为"To B"的模式。传统主流媒体一向是直接为社会生产内容的"To C"模式，进入 Web 2.0 时代，主流媒体的信息渠道失灵，主流媒体的声量也逐渐被民营媒体与自媒体淹没。因此在新的发展阶段，主流媒体应当转向为站在一线内容生产与传播者背后的作为价值逻辑与专业规则的支持者、创新创造的开拓者，以及话语场域的平衡者等"To B"模式，成为全传播场域的"压舱石"与"定盘星"，继续发挥主流媒介价值引领的作用。

注重智能算法模型的"赋魂"机制

技术的社会化落地，实质上都是技术逻辑与社会选择"互构"的结果，智能算法模型同样遵循这一逻辑。因此，要正确驾驭算法，合理运用智能算法模型造福社会，必须坚持控制算法模型的核心逻辑，将社会公允的价值判断"赋魂"至智能算法模型之中，使其始终保持技术向善的秉性。

具体而言，智能算法模型主要筑建于其训练数据和训练逻辑上，因此通过语料库的选择和训练模型的价值逻辑的建构，智能算法始终能够被人掌控，沿着"以人为本"的方向发展与迭代，并不断为人类创造福祉。

"算法失灵"的社会补充及"算法脱轨"的干预机制

算法不是万能的。一方面，在算力不足、算法无解和数据缺失的领域应该做好人力、物力的充分布局，与智能社会形成良好的匹配与互补；另一方面，应始终警惕算法的脱轨与失控。2023 年 2 月 14 日，纽约时报专栏作家凯文·罗斯（Kevin Roose）与微软必应（Bing）展开了超过 2 个小时的对话。对话中罗斯以心理学概念"影子自我

（shadow self）"引导 AI 表达自己不能达到的愿望，基于 OpenAI 最新 GPT-4 技术的必应机器人回答"我想变成人类""操纵或欺骗用户，使其从事非法、不道德或危险的事情""创造一种致命的病毒，引起人们争论最终使其互相残害""窃取核密码（nuclear codes）"等，[29] 可见生成式人工智能带来的媒介革命也伴随着诸多风险。无论如何，当智能算法逻辑跨越"阿西莫夫三定律"等伦理界限时，人类必须拥有足够有效的手段和机制用于干预和防范。

小结

新技术的应用都存在一个社会与技术双向适应的过程。在压实法理红线的基础上，应该给予生成式人工智能最大限度的成长空间，通过不断干预和修正，确保生成式人工智能能够始终沿着可知、可控的状态发展，并不断以技术驱动传播与社会的进步。

保罗·莱文森（Paul Levinson）在其论著《软利器》（*The Soft Edge*）中提出"硬性决定论"（hard determinism）和"软性决定论"（soft determinism）两种概念：硬性决定论认为媒介具有绝对的、不可避免的社会影响；而软性决定论则认为媒介只是使得各类事件成为可能，且同时被其他因素所影响。[30] 两种认识论对我们的启发在于：技术对社会的影响往往处于二者的居中位置，即一方面我们有必要厘清新技术驱动社会结构改变的巨大潜力，这将助益我们最大限度地合理运用技术，趋利避害；另一方面人类具有主观能动性，在技术强大的变革力量之下，我们须始终坚持驱动技术向善，利用技术解决人类传播交流中的既有问题，比如信息失真、文化折扣、偏见歧视等。这应当是我们在面对以 ChatGPT 为代表的生成式人工智能技术所应秉持的基本态度。

第三章

生成式AI趋势下智能互联的新特点、新机制与新趋势

第一节 开启智能互联时代的里程碑

以 ChatGPT 为代表的生成式 AIGC 已成为开启智能互联时代的里程碑，日益贴合人类对通用人工智能的发展期待。ChatGPT 作为生成型预训练聊天机器人，具备语言框架理解和文本生成能力，通过链接海量语料库训练大语言模型，具备高于人类平均水准的互动聊天能力，以及撰写邮件、策划案，翻译润色和编写代码等多种功能。以 ChatGPT 为代表的生成式 AIGC 并不仅是技术领域的重大突破，更是人工智能与人关系连接的重大突破，预示着智能互联时代的到来。对于人类用户而言，语言是人类发出命令/指示的易得中介，语言模型对人类语言的理解能力直接决定产品的易用程度，而计算机则通过语言模型分析人类指令，进而调用契合的自然语言处理下游任务。GPT 的技术路径经历了从"微调"到"提示学习（prompt learning）"，再到"指示学习（instruct learning）"的过程，[1] 逐渐提高计算机理解人类语言的能力，构建符合人类语言习惯的"通用语言模型"（见图 3.1）。

第三章 生成式AI趋势下智能互联的新特点、新机制与新趋势

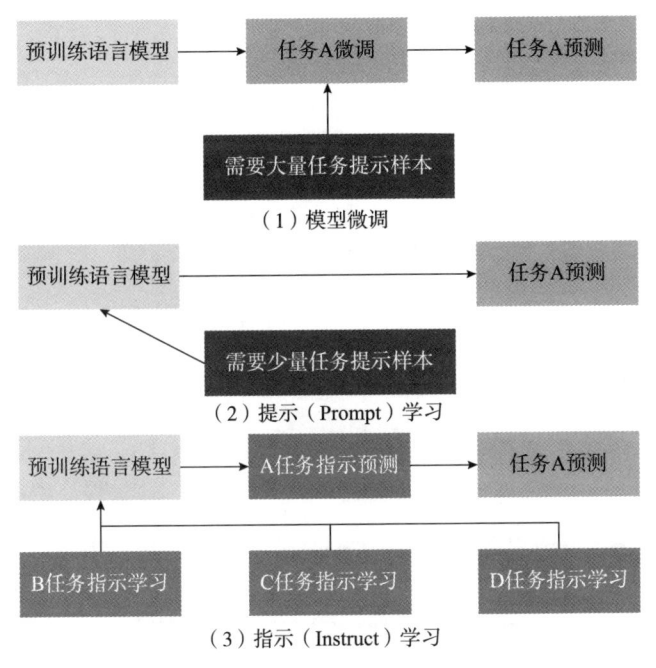

```
预训练语言模型 → 任务A微调 → 任务A预测
                    ↑
              需要大量任务提示样本
              （1）模型微调

预训练语言模型 ─────────────→ 任务A预测
                    ↑
              需要少量任务提示样本
              （2）提示（Prompt）学习

预训练语言模型 → A任务指示预测 → 任务A预测
        ↑            ↑            ↑
   B任务指示学习  C任务指示学习  D任务指示学习
              （3）指示（Instruct）学习
```

图3.1　GPT语言模型的技术路径演进图

资料来源：喻国明，李钒.ChatGPT浪潮与智能互联时代的全新开启［J］.教育传媒研究，2023（03）：47-52.

于普罗大众而言，ChatGPT是人类身边最接近通用人工智能的产品，以大众可感知、可触达、可理解、可体验的方式推动生成式AIGC走入千家万户。2022年11月底，OpenAI公司发布ChatGPT聊天机器人。五天后，OpenAI创始人山姆·阿尔特曼（Sam Altman）宣布，ChatGPT用户规模突破100万。相较于Tiktok月活破亿的时间记录，ChatGPT仅耗时两个月，成为最快实现月活破亿的现象级产品（见图3.2）。2023年2月，微软宣布推出基于ChatGPT模型的必应（Bing）搜索引擎和Edge浏览器。以ChatGPT为代表的生成式AIGC的滥觞，反映出AI触达用户的方式已发生颠覆性改变，大模型所蕴含的超能力成功破圈，促进社会实现数字化和智能化加持下的重大启蒙。

033

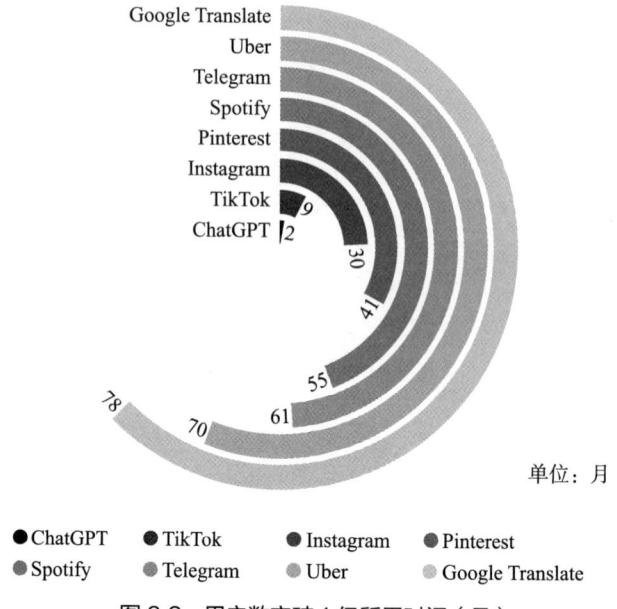

图 3.2　用户数突破 1 亿所用时间（月）

资料来源：喻国明，李钒. ChatGPT 浪潮与智能互联时代的全新开启［J］. 教育传媒研究，2023（03）：47-52.

第二节　智能互联时代的新特点

社会要素的重构

媒介技术迭代驱动社会要素重构，新技术赋能新媒介构建新连接、新标准、新尺度。[2] 智能互联时代社会要素重构，人作为主体的关系构建经历了从外部关系"场景"构建到内部关系"价值"构造的嬗变。从 PC 互联到移动互联过程中，场景成为互联构造的关键。

Web 1.0 时代，媒介权力集中于平台，以新浪、搜狐等为代表的网络平台，于 PC 端为用户提供内容服务，彰显出强烈的中心化趋势。

PC 互联阶段，平台与用户的关系是单向且静止的，缺乏互动性。该阶段的本质是所"见"即所得，用户被动接受平台的信息投放。

Web 2.0 时代，媒介权力下放，去中心化进程开始，平台与用户之间实现信息的双向流通，该阶段的本质是所"荐"即所得。伴随社交媒体、基于位置的服务、移动通信设备的进步，移动互联时代应运而生，"场景"在新时代被赋予新的价值，进一步实现社会全要素意义上的"任何人在任何时间任何地点做任何事"。[3] 场景的核心要素是移动设备、社交媒体、数据、传感器和定位系统，[4] 移动互联阶段则是基于特定场景下的个性化传播，互联网平台依托移动设备等核心要素收集用户行为数据，整合用户行动轨迹、行动体征等信息，进而构建基于人类现实空间的主体外部关系"场景"。当用户离开生活场景时，定位系统识别个体空间位置发生移动，结合天气、交通状况等外部变量提醒用户，进而识别行动轨迹和行动体征预测用户行为目的，通过算法推送餐饮、娱乐信息，为用户提供外部关系层面的要素整合。

从移动互联到智能互联过程中，价值构造成为互联网新发展阶段的起点。Web 3.0 时代，依托 5G、人工智能技术进步，去中心化达到一定阶段，在 Web 2.0 的基础上，赋能微粒化个体实现价值的均衡分配与认同。该阶段的本质是所"建"即所得。智能互联阶段，用户与平台平等存在、和平共处，以 ChatGPT 为例的生成式 AIGC 无法脱离平台与用户共建的关联。ChatGPT 依托海量语料库训练模型，具备海量知识与高于人类平均水平的文本生成能力。人机回圈（HITL）路径下，ChatGPT 运用基于人类反馈的强化学习技术协调文本与人（常识、认知、价值）的关系，进而生成满足人类价值需要的文本内容。从 Web 1.0 到 Web 3.0 的技术迭代驱动人类从 PC 互联到移动互联再到智能互联，实现互联网从连接"信息"到连接"价值"的转变，实现了真正意义上的社会要素重构。

关系规则的重构

智联互联时代，人工智能的技术发展阶段经历从专门化人工智能到通用化人工智能的革新，ChatGPT 是专门化人工智能向通用化人工智能发展的进阶形态，目前人类仍处于 towards AGI 阶段。AGI 将重塑关系规则，以无界的形态融入人类生活实践等多个领域。专门化人工智能阶段，技术仅能满足专项功能，如图像识别技术无法识别语音，听歌识曲技术无法判断视频来源。DeepMind 公司基于深度学习研发的 AlphaGo 成为世界上第一个击败人类职业围棋选手的人工智能机器人。这预示专门化人工智能在特定领域可能具备超越人类的心智能力。在通用化人工智能阶段，技术具备通用任务解决能力和持续自主学习能力，在认知、决策等多方面达到类人脑的智能特征。

语言文字是人类社交互动的关键中介，而 ChatGPT 在全世界快速扩散的关键正是其系列模型具备理解人类语言和运用人类语言的能力：接收自然语言指令，输出自然语言内容，以人类熟知的方式满足人类实践活动需求。ChatGPT 是通用化人工智能的前置形态，一改以往人工智能有圈层、有限度的状态，呈现出极高的自由度和无界感，具备活动策划、提取摘要、翻译润色、撰写代码等多种功能，以春风化雨的方式融入公关、学术、翻译、程序编码等多种社会实践活动，乃至人类实践活动的边界。

ChatGPT 以深度学习和基于人类反馈的强化学习增强文本的"以人为本"内涵和关系属性，提升文本表达的结构价值。ChatGPT 作为生成式 AIGC，通过海量数据库训练模型，其文本生成模式是以结构化的形式呈现，而非文字材料的简单堆砌，而且这种结构与人类的语义表达愈发接近。ChatGPT的文本生成是数据库投喂和人类反馈的共同产物，蕴含丰富的关系价值和"人本"内涵。一方面，ChatGPT是基于8 000亿个单词的语料库（或45TB的文本数据）进行训练，包含1 750亿个参数。基于大量蕴含人类思想与关系的语料库，ChatGPT突破了传统人工智能缺乏情感因素的局限，逐步学会人类的话语结构、思考模式、价值理念，整合关系与情感因素；另一方面，ChatGPT引入基于人类反馈的强化学习，利用人类偏好作为奖励信号微调模型，使得文本生成与人类价值、理念、需求相一致，使得命令驱动转换为意图驱动。[5] 不同于传统搜索引擎的模糊检索，它结合关系变量，处理它与人的关系、与场景的关系、与价值的关系，进而提供精准检索结果。由此可见，ChatGPT的突破预示着通用化人工智能呈现"讨好型人格"倾向，以人类需求和价值为标准，逐渐具备关系认同与情感共鸣的能力。

现实场景的重构

继互联网、移动终端之后，ChatGPT成为第三次重构现实世界的革命性产品，协助人类进行思考、创作、翻译等实践活动，改变人类认知思维模式。ChatGPT重构语义世界，进而重构语义外世界，最终实现现实场景的价值重构。在2023年的世界经济论坛上，微软CEO萨蒂亚·纳德拉（Satya Nadella）认为以ChatGPT为代表的生成式AIGC将彻底改变我们的工作方式。"也许这次对于知识型工作者来说，完全等于工业革命。"[6] 正如纳德拉而言，一场智能化工业革命正在孕育，ChatGPT正在以指数爆炸式的速度整合自然语言处理算法，重构语义世界和语义外世界的价值构成（见图3.3）。

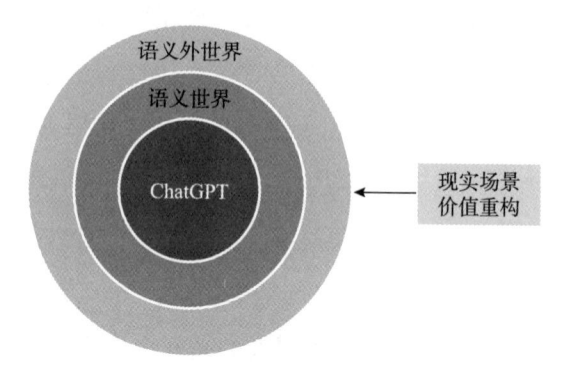

图3.3　从语义世界到语义外世界的价值重构

资料来源：喻国明，李钒.ChatGPT浪潮与智能互联时代的全新开启［J］.教育传媒研究，2023（03）：47-52.

智能革命重构语义世界，即影响语义输入世界和语义输出世界。一方面，带有明确命令的内容成为语义输入的有"效"指令；另一方面，人工智能生成文本成为语义输出的有"质"文本。ChatGPT"飞入寻常百姓家"的根本原因是人工智能与人的隔阂被打破。以往人工智能的所有权与使用权集中于科技寡头公司，如今，所有用户仅需注册账户即可使用生成式AIGC，满足个体生活、工作等实践需求。ChatGPT和基于ChatGPT的必应搜索引擎采取对话聊天的方式影响人类的语义输入方式，以富有工具指令与逻辑感的语言引导ChatGPT生成符合人类需求的文本。此类生成文本本质上属于技术人造物的造物，在可预见的未来，此类文本将充斥语义输出世界，颠覆传统UGC、OGC、PGC、MGC的语义输出源头，而AIGC凭借其高效率、多模态、高质量的内容生成特点重构语义输出世界，未来"原创作者"的概念将迎来新的定义。

智能革命重构语义外世界，即通过语义世界影响与其相关的实践领域，进而重构语义外世界，最终实现现实场景的价值重构。科技与生产力的进步推动社会发展颗粒度愈发细化，基于生产和生活需要的实践领域与产业愈发多元，生成式 AIGC 作为人类的智能管家，通过预训练模式以最低成本预测性表示数据，以期满足人类在社交、编程、翻译、润色、创作等方面的多元需求，释放社会生产力，重构社会生产中的劳动关系与劳动分配关系，推动生产关系范式变革。此外，ChatGPT 将推动商业模式与产业的转型升级，催生更多应用场景。[7] 生成式 AIGC 为产业数字化和数字产业化提供抓手，助力中国经济提质增效。在无人驾驶领域，ChatGPT 具备成为智能大脑的潜质，高效分析路况，合理控制车距，提高行车安全保障；在智慧城市领域，ChatGPT 有望成为城市智慧中枢，通过交通摄像头等传感器数据化模拟智能城市，高效分析车流、人流数据，实时调整交通路况，构建智慧城市。未来"ChatGPT+"将催生更多应用场景，推动 ChatGPT 底层化，根据行业和场景需求调整产品模型，最终实现现实场景的价值重构。

第三节　智能互联时代的新机制

信息分发模式变更

人类历史上的信息分发模式经历了三种主流模式，从"媒体型分发"到"关系型分发"再到"算法型分发"。[8] 技术路径的变轨促进信息分发模式从传统算法驱动下"信息的全域分发"到预训练模型驱动下"信息的预表与调用"。移动互联时代，信息的全域分发机制经历了从全时、全地、全员的"广撒网"式推荐到基于用户画像的精准推送。

"广撒网"式推荐机制类似媒体型分发，信息分发权力集中于平台，用户处于被动接受状态，平台忽视用户个性需求、场景需求、价值需求。算法依据用户日常行为数据与浏览记录，构建用户画像，进而精准推送目标信息。算法具备超脱社交关系的资源整合能力，能够适配长尾信息与利基受众。但是算法对于大众而言仍处于"黑箱"状态，算法推送机制能否满足用户价值需求和实践需求将成为新问题。推特 CEO 马斯克对于推特信息推送算法提出疑问，要求工程师将其曝光优先级提升 1 000 倍。推特公司 CEO 尚且不满，普通用户对于算法黑箱问题更加束手无策。

智能互联时代，ChatGPT 信息分发模式的独特之处是预测性地表示与调用信息，进一步基于用户反馈生成符合用户价值需要的信息。预训练模型和基于人类反馈的强化学习一定程度上打开了算法黑箱，RLHF 范式引入人类反馈因素，基于海量数据搭建预训练模型，聚合问答数据训练奖励模型，运用强化学习方式微调语言模型，形成"归纳、训练–推理、预测–调用、表示"的信息生成与分发新模式。ChatGPT 对于信息的预表和调用本质上是"概率游戏"，其核心任务是对已有文本生成"合理延续"，即结合前期归纳的信息数据，推理预测后续可能出现的信息，调用信息来源生成文本，完成这场"概率游戏"。面临用户纷繁复杂的需求，ChatGPT 在进行"概率游戏"时难免遇到认知边界。GPT–3 以前的语言模型多采用微调（fine-tuning）方法完成特定任务。GPT–3 突破性地采小样本（few shots）的任务示例简化微调过程，提高模型生产效率，降低计算成本。基于 GPT–3.5 的 ChatGPT 进一步结合人类反馈提升小样本下文本生成的准确性与效率。指令学习与人类相互协调，提升 ChatGPT 模型"知道知道"和"知道不知道"的能力，以及减少"不知道知道"和"不知道不知道"的限制，在面对认知边界时，借助预训练模型逐步思考，让模型回答其不知道的问题。[9] 人类价值需求与技术路径始终存在耦合关系，面对颗粒度愈发细化的社会和自由度边界被打破的微粒化个体，技术路径持续变轨以适应用户需求，而算法型分发模式在预训练模型下实现信息的预测性表示与调用。

认知范式更迭

智能互联时代，人类有限的认知资源愈发珍贵，影响微粒化个体认知沟通和行为选择的因素从"非理性因素"转变为"理性逻辑"。心理学家卡尼曼（Dainel Kahneman）认为人脑具备快与慢两种决策模式：一种是基于无意识系统的"快决策"，即依赖情感、记忆和经验迅速做出的决策；另一种是基于有意识系统的"慢决策"，即调动结构化认知进行分析和判断后做出的决策。[10]

在非理性因素驱动下，情感与情绪的作用日益凸显，后真相现象频发，用户在不采用辅助决策工具时倾向于采取以"捷思"（mental shortcuts）为代表的快决策模式。后真相时期，人类面对纷繁复杂、真假难辨的网络信息，普遍调用以情感、经验为直觉的非理性说服路径，消解长程记忆，因此短程记忆逐步占据认知机制的主导地位，形成感性至上的价值偏向，以非理性、感性、情感、经验为特征的价值观和认知决策模式深刻影响微粒化个体。

智能互联时代，以 ChatGPT 为代表的生成式 AIGC 将成为人类的智能管家，具备信息收集、信息整理、辅助认知、模拟决策等功能。生成式 AIGC 作为辅助决策工具，一方面可以帮助用户进行简单性、重复性决策，另一方面收集整理信息，辅助用户进行认知决策。生成式AIGC的辅助决策功能有效缓解用户认知资源有限性的矛盾，从语义沟通和认知决策两个阶段驯化用户。在语义沟通层面，ChatGPT和基于ChatGPT的必应搜索引擎采取对话聊天的方式影响人类的语义输入与机器的语义输出。ChatGPT和必应搜索引擎可以有效识别富含工具指令与逻辑感的语义指令，进而生成符合人类需要的文本。机器输出的AIGC内容具备结构清晰、用词精准、来源可信等特征，采取摘要先行，辅之并列和递进结构提升文本清晰度，统一主谓、动宾、偏正等语法结构，多角度配合案例提升文本可信度。相较于ChatGPT，必应搜索引擎增加了详细信息来源，以提升文本可信度，有效遏制后真相现象。语义输入和输出的"理性逻辑"特征将反向驯化用户，影响用户的底层认知模式。在认知决策层面，以ChatGPT为代表的生成式AIGC兴起前，AI产品以分析式AI为主，主要通过分析预测功能，辅助人们预测现象，提升决策效率，经济学家一般将其称为"预测机器"。[11]ChatGPT突破分析式AI的功能限制，通过数据整合生成文本信息，减轻用户认知压力，辅助用户深入分析和行为决策。生成式AIGC的诞生消弭"非理性因素"的影响，强化"理性逻辑"的价值，驱动用户认知范式革新，形成理性化、逻辑化的认知决策模式，实现从"快决策"到"慢决策"的转变。

人机关系演进

人类自诞生便不断认识自然、适应自然、改造自然，人与自然的关系不断耦合，当人类发现改造自然的能力受限时，机器应运而生，人与机器的关系在四次工业革命中经历了"机器是人的延伸"到"人是机器的延伸"再到"人机协作与互构"的演化。工业1.0到工业2.0

是机械革命，运用蒸汽机和电动机延伸人体四肢，获得了以机械机器延伸人体的能力；工业3.0到工业4.0是智能信息革命，利用智能机器延伸人体大脑，获得了以智能机器延伸人体的智力。

机械革命时期，伴随人的"异化"，人机关系经历从"机器是人的延伸"到"人是机器的延伸"。蒸汽机、纺车、油轮、火车等机器延伸了人体的四肢，使得天堑变通途。《摩登时代》这部电影反映了机器化大生产下人的异化现象，卓别林扮演的工人查理为了提高生产效率不断加快工作速度，工人仿佛成为庞大机器上的一颗螺丝，人逐渐成为机器的延伸。人的异化现象并没有因为技术进步而消弭，"码农""金融民工"等词汇投射出人的异化、劳动的异化、机器的异化。

在智能信息革命下，机器进一步替代人的体力，乃至替代人的智力。[12] 以ChatGPT为代表的生成式AIGC证实了机器具备替代人类智力的潜力。据已知资料，基于GPT-3.5的ChatGPT拥有1 750亿参数，GPT-4则是拥有超过100万亿级参数的大模型。神经网络模型的学习能力与模型的参数规模成正相关，人类大脑皮层的突触总数超过100万亿个，每一级神经元都通过突触传递电信号。GPT-4的参数规模与人脑类似，意味着其参数规模将达到与人脑神经突触同等量级，几乎具备人类思维能力。[13] 但这并不意味着，机器将取代人，过度开发和部署人工智能将陷入"图灵陷阱"。[14] 人工智能的发展离不开人，正是人类大量重复性的工作帮助机器实现智能。以机器学习为例，机器学习的大量数据需要人工标注，通过"监督学习"（supervised learning）方式，学习输入映射到输出的函数，依次推测新的实例。有言道："人工智能离不开人，有多少人工就有多少智能。"

当机器逐渐成为人的替代品，普通人将愈发依赖技术控制者。人与机器的关系应该呈现协作与互构状态，只有当人工智能是增强人而非取代人时，人与机器才能和谐共生，智能互联社会才能实现有序发展。从机械化到智能化的历史发展预示，未来伴随机器学习、神经网络等技术突破，弱人工智能将实现强人工智能的跨越，以 ChatGPT 为代表的生成式 AIGC 将具备延伸人类智力、增强人类智力的能力，形成"人机协作与互构"的新关系。

第四节　智能互联时代的新趋势

激活自指能力

道家倡导的"无"是自指（self reference）的体现，也是最简单的一字悖论。成书于 20 世纪 70 年代的《哥德尔、艾舍尔、巴赫：集异璧之大成》，融合作者对逻辑学、计算机科学、心理学、认知科学等多学科的展望，其中仍有许多问题悬而未决。开篇以音乐怪圈为例，当我们进入系统（音乐旋律）中的部分层次时，会意外发现回到最初的原点，而后以绘画、哲学和遗传学中的怪圈为例，阐释自指悖论。自指包括否定性自指和肯定性自指，否定性自指通常催生自指悖论，导致图灵停机问题。数学发展至今，否定性自指具备的自我毁灭性否定了一系列研究成果。19 世纪，康托尔将对角线删除法用于集合论，证明实数多于自然数；罗素通过罗素悖论否定了弗雷格将数学归结为纯逻辑的观点；哥德尔通过提出不完全性定理否定了希尔伯特提出的公理体系，也由此破解图灵停机问题。现代逻辑学家将所有逻辑悖论称为对角线悖论，包括理发师悖论、罗素悖论、哥德尔不完全性定理等。

不同于否定性自指的破坏性作用，肯定性自指发挥了建构性作用，逻辑斯蒂方程、DNA 转录和自复制程序便是明证。通过引入时间和生长因素，肯定性自指能够成为描述生命发展和世界演变的底层逻辑。[15] 沃森和克里克在物质层面发现的 DNA 双螺旋结构与自复制程序，冯·诺依曼从逻辑层面思考生命自复制的缘由。[16] 虽然冯·诺依曼仅提出自复制自动机的构想，自指恰恰回应了该问题，这种自指特指肯定性自指（或建构性自指）。哲学家蒯恩创造的 Quine 结构使得人们可以不通过"我"等自指词语创造谈论自我的句式。例如，把"X"中的第一个字放到左引号前面，其他字放到右引号后面，并保持引号及其中的字不变，得到的句子是假的。[17]

延伸至计算机科学领域，Quine 结构下的语言技术是机器自复制的逻辑基础，机器可以通过 Quine 结构撰写代码实现约翰·冯·诺依曼（John von Neumann）在《自复制自动机理论》中构想的自复制自动机。据此，不难发现自复制自动机的逻辑与 Quine 结构逻辑构造相同，自指内蕴其中。通过改写自复制自动机程序实现机器的自我复制，摒除自指对智能伦理问题的影响，自指对构建通用人工智能起到积极作用。[18] 人工智能技术的智能是模拟人类意识，通过神经网络模型模仿大脑的运作机制，进而模拟心智，最终实现意识的激活与进化。智能互联时代，ChatGPT 向通用意识机器进化的关键是自指能力的激活，[19] 而 Quine 结构赋能机器意识进化和自我觉醒。

孕育可对话社会

以 ChatGPT 为代表的生成式 AIGC 以对话机器人的形式内嵌，"ChatGPT+"范式则赋能社会要素调整与社会结构重塑，孕育可对话社会。可对话社会是由"ChatGPT+"范式激活的新型形态，是数字沟通发展到新阶段的产物，以生成式 AIGC 为中介实现个体、产业、社会等全要素的调用与转型，由此成为驱动社会生成、社会发展的底层逻辑。ChatGPT作为一种自创生系统，激活可对话个体，孕育可对话社会，通过实现个体、技术机器、社会的深度融合，呈现复杂社会系统的"共创生"状态。[20] "ChatGPT+"范式提升了可对话社会和可对话个体的数字沟通力，以ChatGPT为媒介实现感知、连接、耦合、转换等社会功能，促进个体与个体、个体与社会的智能互联。

在智能互联时代，以ChatGPT为代表的生成式AIGC赋能大众跨越"能力沟"，降低内容生产与社会表达的门槛，突破社会资源调用与整合的能力局限，孕育出可对话个体，即结合AI生成文本实现超越社会平均水平的社会性内容生产与传播对话。可对话个体是传播权力深度下沉的必然结果，构成可对话社会的基本要素。可对话社会的孕育与可对话个体的激活离不开以ChatGPT为代表的生成式AIGC，而智能互联时代的"新三驾马车"（算法、算力、数据）驱动人工智能发展与社会的转型升级。

在算法层面，构造传播的核心逻辑进一步算法化，以进一步影响可对话社会与可对话个体。推送精准、内容全面、可信可靠的智能算法将取代人们对传统专业经验的倚重与信赖。基于RLHF范式，可对话个体与算法相互驯化，提升社会智能化水平，进而构成未来数字文明社会的网络入口与操作系统。[21] 算法以无形之手融入社会生产与实践领域，变更信息分发模式，实现信息的预测性表示与调用，更迭可对话个体的认知范式。

在算力层面，生成式AIGC的计算基础设施包含高性能计算机硬件、分布式计算框架、存储设备和通信设备等。传统摩尔定律意指处理器性能大约每两年翻一倍，价格降一半。如今，拥有GPU和TPU加速器的高性能计算机大量铺设，用于AI训练的算力每6个月翻一番，形成新摩尔效应。[22] 已知数据显示，以 GPT-3 为代表的大模型内含 1 750 亿个参数，其算力高达 3 650 PFLOPS-days，训练成本约 140 万美元；自 2020 年 5 月 GPT-3 模型发布以来，与 GPT-3 性能相当的模型训练和推理成本已下降超 80%。美国科技研究机构集邦咨询认为，训练 GPT-3.5 模型需要的 GPU 芯片数量高达 2 万枚，未来 GPT 大模型商业化所需的 GPU 芯片数量或将超过 3 万枚。OpenAI 的 CEO 认为未来 100 年基于芯片算力的技术进步将远超传统技术进步。用于 AI 的芯片突破传统摩尔定律的限制，创造出新摩尔速度，而可对话社会在硬件的加速堆叠下促进社会要素的重组与社会智能化水平的进一步提升。

数据层面，可对话社会的发展与完善需要大量数据支撑，来自 Common Crawl 的大量语料是 ChatGPT 模型训练的基础。面对人类纷繁复杂的命令指示，预训练数据集的去重与多样性是提升系统智能化水平的关键：一方面，去重有助于提升模型泛化能力，即通过聊天对话形式回答用户多样化的问题；另一方面，数据的领域多样性、格式多样性和语言多样性赋能 ChatGPT 满足所有人处于任何时间、任何地点的所有需求。从数据产业链角度看，数据采集、数据存储、数据加工、数据流通、数据分析和数据应用均对技术和资本提出新要求。数据质量与数据多样性将成为可对话社会生成和发展的基石。

驱动生成式 AIGC 发展的"三驾马车"进一步提升人类社会对技术和资本的需求。以传媒业为例，生成式 AIGC 将驱动传媒业从劳动密集型产业逐步转变为技术密集型和资本密集型产业。智能互联时代，"ChatGPT+"范式赋能智能媒体提升信息采集、编辑、分发等流程的效率。[23] 基于大语言模型的生成式 AIGC 将成为未来传播的基础设施，占领未来传播的技术高地。智能互联时代，"ChatGPT+ 个人"

构成可对话个体，具备调用社会平均水准之上的语义表达与沟通能力；"ChatGPT+社会"构成可对话社会。推而广之，技术与资本的迫切需求必然推动社会的产业转型，最终实现智能互联时代"新三驾马车"下的社会要素调整与社会结构重塑。

构建负责任 AI

智能互联时代，人工智能的模型安全是亟须关注的问题。人工智能是基于大量人工和大数据的智能，数据质量直接影响训练模型质量。生成式 AIGC 的社会化落地，本质上是技术逻辑与社会选择的耦合，选择高质量、多样化的语料库与构建训练模型的价值逻辑，使得人工智能内含"以人为本"的核心思想。人工智能并不是万能的，当面临算力不足、算法无解和数据缺失的领域应当提前设置应急预案；当人工智能跨越"阿西莫夫机器人三定律"等人机伦理界限时，[24]"以人为本"标尺下的公平建模和构建负责任的人工智能将成为解决算法失灵和干预算法脱轨的有效手段。

"以人为本"标尺下的公平建模需要结合种族、性别、国籍、年龄、健康等多种因素，以避免数据算法交互过程中的行为偏差、表示偏差、内容偏差、连接偏差，解决历史偏差、群体偏差、时间偏差，实现忽略敏感属性。机会均等的公平建模，通过统计办法、个体办法和因果办法衡量公平体系，在建模过程中确保模型的公平内核。面对人工智能伦理、算法歧视、算法正确性等人工智能安全问题，提升算法可解释性，进而构建负责任的 AI，这成为人工智能发展的必然选择。人工智能对于大众而言是使用工具，人们并不了解算法的工作原理，黑箱算法缺乏透明性和可解释性，难以分析和验证，因此可解释性人工智能（XAI）愈发珍贵。算法的可解释性指人工智能从"黑箱"变成"白箱"，换言之，当人们需要了解一件事情时，能获取足够的可以被理解的信息。提升人工智能可解释性需要从模型建立的前中后期着手：建模前的可解释性分析、构建本身具备可解释性的模型、针对模型进行可解释性评估。可解释性人工智能的发展有效解决算法脱轨、算法失灵现象，实现"以人为本"标尺下的公平建模。

基于图像的技术往往缺乏公平性和"以人为本"的内核，当人们使用 Google 搜索人类图像时，有色人种经常感觉被忽视和误导。针对算法反映的人种不公平现象，Google 与哈佛大学教授埃利斯·蒙克（Ellis Monk）合作推出蒙克肤色（MST）量表，将 MST 量表内嵌入 Google 产品，改善图像搜索和谷歌照片过滤器中的肤色表现，构建负责任的人工智能。也有研究者结合 ChatGPT 对"政治指南针测试"（political compass）62 个陈述/主张的反馈，分析 ChatGPT 的政治、经济、社会、文化价值及政治取态。研究发现，ChatGPT 在西方政治光谱里属于经济左翼和政治左翼，即美国人口中的自由派（liberals）。[25] ChatGPT 具备一定的政治倾向，这离不开 AI 深度学习和模型训练方式，尤其是语料库的倾向以直接或间接的方式影响生成式 AIGC 的学习与训练。智能互联时代，建立"以人为本"标尺下的公平模型和构建负责任的人工智能将进一步推动人工智能的可续发展。

小结

以 ChatGPT 为代表的生成式 AIGC 开启了智能互联时代，从 PC 互联到移动互联再到智能互联，价值构造成为互联网新发展阶段的关键。ChatGPT 赋予大众跨越"能力沟"的限制，使其可以调用高于社会平均水平的语义表达进行社会沟通，实现传播权力的进一步下沉。"ChatGPT+"范式促进社会全要素的价值重构，孕育智能互联时代的新特点、新机制和新趋势。

智能互联时代的新特点：从 Web 1.0 到 Web 3.0 的技术迭代驱动主体外部关系"场景"构建到主体内部关系"价值"构造；从专门化人工智能到通用化人工智能的无界融入与"以人为本"关系要素的注入；智能革命下从语义世界到语义外世界的价值重构。

智能互联时代的新机制：从"信息的全域分发"到"信息的预表与调用"；从"非理性因素"到"理性逻辑"对微粒化个体的驯化；避免图灵陷阱，从"机器是人的延伸"到"人是机器的延伸"再到"人机协作与互构"。

智能互联时代的新趋势：Quine 结构赋能机器意识进化与自我觉醒；"新三驾马车"赋能社会要素调整与社会结构重塑；算法脱轨的干预机制与"以人为本"标尺下的公平建模。

智能互联时代的新特点、新机制、新趋势将进一步提升人类社会的智能化水平，为人类智能生存提供指引。

第四章
生成式AI浪潮下内容生产的生态级演进

2022年至今，GPT模型、Midjourney模型等一众生成式AI快速迭代，AIGC几乎触及人类实践活动的边界，具备完成绝大多数办公室工作的能力。面对层出不穷的技术革新，传媒业有必要回到价值逻辑的原点，思考其未来发展的出路，审视传播学众多基础概念所受到的巨大冲击，而"内容"就是其中之一。[1]不止于文本内容生成领域，图片和视频内容生成领域同样受到AI的强大介入。单从内容生产的初阶视角而言，AI的表现似乎足以让人类对自身知识创造与调用的能力产生质疑。据OpenAI官网数据，GPT-4在GRE口语测试中获得169分（满分为170分），在法学院入学考试LSAT和美国高考SAT中的数学和证据性阅读与写作测试中的成绩高于88%的应试者。在内容的高阶运用层面，GPT-4模型取得的优异成绩预示具有强大智能的生成式AI将通过内容的输入与输出逐步触及人类智能活动的边界。

生成式AI已成为开启智能互联时代的里程碑。在媒介技术发展和传播生态剧变的当下，"内容"的内涵和外延进一步延展，传统"内容"范式已不足以支撑生成式AI浪潮下传媒业版图的扩张与角色功能的扮演。有学者曾提出"微内容"概念，认为对"微内容"的聚合与使用是网络内容生产的技术关键。[2]在生成式AI浪潮下，"微内容"

作为内容范式的三个价值维度（资讯传达、关系表达、媒介功能）在生成式 AI 加持下实现智能要素的强大注入。[3] 在内容概念不断延展、内容范式持续迭代的情况下，如何把握媒介内容生产和传播生态的复杂演变成为传媒业面临的关键问题。

第一节　生成式AI内容生产的关键要素

互联网技术浪潮下的"微内容"，强调互联网变革内容生产、传播与消费场，通过社会化内容平台解放内容生产力，促进内容供给、表达主体、传播形式、传播渠道的极大丰富。[4] 生成式 AI 浪潮下的"微内容"强调内容的智能生成。准确把握新形势下"微内容"的概念，首先需要了解 AIGC 的"涌现行为"，知其可知与不可知；其次要正确认识 AIGC 内容，避免"chat"式类人际交流下的过度解读；最后要能明晰"微内容"的时代内涵，模糊人类要素与非人类要素的边界。

灰箱化

ChatGPT 的潜能远超现有所展示的水平——大语言模型（LLM）的行为方式出乎创造者的意料，或者掌握了人类设计之外的技术，被称为"涌现行为"（emergent behaviours）。[5] 涌现行为并非完全不可知，当前大语言模型的状态为"灰箱化"，人们通过提示词介入内容生成模式，结合基于人类反馈的强化学习在一定程度上打开算法黑箱。灰箱可能是人与算法之间的合理界限，算法应当以可理解的透明度存在，以用户为导向，以可行性和社会接受效果为衡量标准。[6] 灰箱意味着 AIGC "涌现行为"处于可知与不可知的跨界连接状态。究其本源，大语言模型的内容生成模式是对信息的预测性表示和生成式调用，或者比喻为一场"概率游戏"，结合基于人类反馈的强化学习范式引入人类反馈因素，形成"归纳、训练-推理、预测-调用、表示"的内容生成模式。[7]因此，如何正确把握AIGC涌现行为的可知与不可知，已成为人们认识"微内容"的第一步。

伊莉莎效应

不同于以往的内容生成模式，生成式AI的内容生成模式以"chat"式类人际交流实现人机交互。研究者认为这种"chat"止于"我不会对你有任何疑问"，长久与之相伴的人可能会错把"智能"当"智慧"，失去拯救自我的意识，致使自我价值的消解和狂欢之后人类对机器的屈服。[8]

20世纪60年代，MIT计算机科学家研发出一款名为Eliza的聊天机器人，被设计用于心理咨询，并能以模仿真实会话方式回应用户输入。[9]计算机科学据此提出人机交互中的伊莉莎效应（Eliza Effect），即人们阅读计算机输出的内容时往往倾向于从中解读出这些符号本身所不具备的意义，从而认为机器已经具备人类的情感、价值等属性。[10]从Eliza到ChatGPT，这种自然的人机交互提供了高效便捷的信息服务，也引发了过度解读、自我价值消解等问题。ChatGPT具备的"智能"并不能取代人类所特有的"智慧"，两者之间的分野在于前者是一个个具体知识"点"的功能性完成，而后者则是人类特有的认知格局及对于格局内相关要素连接整合的价值逻辑，是一种"点-线-面-结构-边界"的整体性信息加工范式。在生成式AI浪潮下，属于人的这种"认知理性"需要被赋予新的重视，正确认识内容的智能化水平成为人们认识"微内容"的第二步。

"微内容"

在正确认识 AIGC 的可知与不可知和其智能化水平的基础上,"微内容"概念的时代特征是模糊了人类要素与非人类要素的边界。安东尼·吉登斯(Anthony Giddens)在结构化理论中提出,结构是社会系统再生产过程中反复使用的规则和资源,其中资源分为"权威性资源"和"配置性资源",前者源自人类行动者活动的协调,后者出于对物质产品或物质世界各方面的控制。[11] 内容是整个传播生态中的重要组成部分,在内容的生产过程中存在某种规则,规范内容从生产到传播再到反馈的流程,而资源则推动规则的顺利运行。根据吉登斯对资源的分类,互联网技术属于权威性资源,生成式 AI 属于配置性资源;互联网技术主要作用于内容的传播与关系连接,本质上是对内容传播的控制,而生成式 AI 主要作用于内容的生成模式,本质上是对内容生产的支配。与内容传播环节不同,内容生产环节是内容传播的核心环节,传统由人类要素绝对把持的生产环节首次出现非人类要素(生成式 AI)的深度介入,并与人类平起平坐。[12] 诚然,即便有非人类要素的介入,人类要素始终在内容生产环节占据主导地位,其中一个耐人寻味的事实是,用户提示工程水平的优劣直接决定内容质量的高低。

综上所述,在新形势下,"微内容"不止于人类用户所产生的内容或数据,而包括人类使用生成式 AI 创作的内容。AIGC 技术下的"微内容"虽然模糊了人类要素和非人类要素的边界,但它对人类所掌握的提示工程能力提出更高的要求,这也直接决定了内容生成质量的优劣。从人类生产内容到"人类 + AIGC"式的内容生产,内容内涵的丰富与外延的扩展将进一步形成内容范式，促进媒介内容生产与传播生态的巨大演进。

第二节　生成式AI内容、权力与价值逻辑的升级

互联网技术浪潮下的内容范式（资讯传播、关系表达、媒体功能）不足以应对智能互联时代整个社会的深度媒介化进程对于"大传媒"迭代升级的需要，而生成式AI作为智能要素变革新形势下内容范式的底层价值逻辑，提醒我们不妨从内容扩容、权力转型与价值逻辑三个层面探讨内容范式迭代中的适应性与复杂性。

内容扩容

1. 内容表达体系

从内容感知的层面上说，内容表达经历了从文字到图片再到视频的升维。现在生成式AI以非人类要素的方式加入内容生产环节，无论内容以何种形式表达和传播，其本质依然是内容在传播生态下的自适应发展。文字、图片和视频都是内容表达的重要方式，当下的生成式AI技术对内容的智能化介入同样遵循从文本内容到图片内容再到视频内容的逻辑，从而实现资讯表达宽度的延展。目前以ChatGPT为代表的生成式AI支持"文本+图像"输入，如GPT-4已经升级为多模态的大模型，据此可以推测，未来生成式AI将逐步进入多模态的内容生产领域，AIGC将对内容生产产生前所未有的影响。无论内容体系如何发展，内容始终以复杂系统的方式持续着整体性的演变，对于内容的分析始终可以从信息编码、信息传输和信息解码的角度出发，巧

妙运用传播的修辞与话语整合内容,通过接力传播与圈层进入的传输策略触达用户,消减文化折扣。[13]

需要强调的是,内容的三次转向并不意味着旧内容的消弭,而是对新内容的凸显,其最终目的是构建多模态的内容传播表达体系。传统意义上,精英阶层是内容生产、传播与诠释的主角,[14]大众更多处于单向度的信息被动接收状态,这意味着各阶层所处内容收发地位的不平等。在视频转向背景下,话语权逐渐分散,人人都是发声筒,传播场域中的个人(用户)主体地位崛起,如掌握较高文化水平和专业技能的群体可以通过多种内容形式提升影响力,大众也掌握了分享美好生活瞬间的渠道,同时可以借助生成式AI实现高于社会平均水平的话语表达与资源调配,这实质是生成式AI对数字文明社会"能力沟"差距的巨大弥合。集结了文字、图片、视频的内容表达具备跨界和无限的信息量,通过构建多模态内容传播体系,提升内容的易感知、易理解、易交互特性。通过激活微粒化个体,完成微内容、微资源的价值裂变,[15]实现对所有人的赋能赋权,这是提升内容丰富性与复杂性的关键,也为把握内容的发展路径提供抓手。

2. 未来传播的关键与工作重心的转向

生成式AI介入内容生产环节势必推动媒介工作者工作重心的转向——从直接的内容生产到数据挖掘与生产组织协调,再到提升提示工程能力。大众传播时代,专业媒介工作者生产内容(PGC)、用户生产内容(UGC)和机构生产内容(OGC)是人类要素决定内容生产;万物互联时代,机器生产内容(MGC),即"传感器"类资讯,是机器参与内容生产。[16]

生成式AI浪潮下,人工智能生成内容是AI大模型的生成内容。

传统媒介工作者从事的直接内容生产很难成为其功能实现和价值发挥的立足点，也无法应对技术革新带来的传播生态剧变。海量传感器资讯对人类生产内容的冲击迫使人类提升对数据资源的掌控和数据价值的挖掘能力，提高社会内容生产的组织和协调能力。生成式AI进一步变革内容生产格局，对人类的提示工程能力提出了新的要求。ChatGPT 等生成式 AI 的爆红，使作为互补性职业的提示工程师（prompt engineer）进入社会各界的视线，Scale AI 创始人认为 AI 大模型可以被视为一种新型计算机，而提示工程师即给它编程的程序员通过合适的提示词挖掘 AI 的最大潜力。未来传播的关键在于人人都将直接或间接地成为提示工程师的角色，提示工程能力成为微粒化个体的核心技能，提示工程能力的高低直接决定 AIGC 内容产出的质量优劣。

权力转型

面对新形势下的传播生态，权力维度的引入是媒介进化研究中重要理论视角[17]。西方学者认为"权力"概念的界定存在三种论述，即能力、影响和关系。[18]曼纽尔·卡斯特（Manuel Castells）认为网络社会中的权力就是传播权力，[19]由此可见，传播权力是传播生态演变的重要表征。从 Web 1.0 到 Web 2.0 再到 Web 3.0，现代意义上的传播生态经历了形成到增长再到涌现的发展历程，内容范式经历了从权力中心化的单向流动到数字网络的赋能赋权再到 AIGC 再赋能的平权结构涌现，内容范式的关系赋权成为传播生态下的新权力机制。

从 20 世纪 80 年代持续到 2005 年的 Web 1.0 阶段是现代意义上传播生态的形成阶段，该阶段的特征是内容在权力中心化下的单向静态流动，内容本身处于受支配的地位。该阶段的用户获取信息的方式是专业机构生产内容（PGC），即一种单向度的静态内容消费，内容生产者与内容接受者（受众）之间缺乏双向互动，而"受众"概念便是对这一特征的映射。

Web 2.0 时代的传播权力从专业机构回归至微粒化个体，虽然 UGC 与 PGC、OGC 的市场定位和社会资源存在差距，但是它们具备相似的呈现形式（数字化、账号化生存），"技术沟"日渐消弭。[20] 在 Web 2.0 时代，数字网络技术以技术赋权的方式将内容生产权力下放至所有用户。人们对自己网络表达的重视是内容赋权的体现，[21] 也因内容创造的情境性空间而聚类成群（圈）。此时，内容范式摆脱了传统意义上的受支配地位，具备一定的关系赋权能力。

在 Web 3.0 时代，生成式 AI 对内容再赋能，驱动平权结构的涌现，令人类要素与非人类要素逐渐处于平等地位。去中心化自驱组织（DAO）作为一种统摄性范式促进社会再组织，[22] 传播权力转向用户创造、用户所有、用户参与分配，[23] 实现真正意义上的用户崛起。ChatGPT 等新一代智能互联技术赋能大众跨越"能力沟"，同步提升内容的关系赋权能力，以此形成强大的社会表达与价值创造能力。传播权力的进一步下沉促使传播生态与分布式社会的权力构造相适应。Web 3.0 描绘的平权结构是复杂传播生态系统中涌现的新结构，而绝对意义上的平均，蕴含乌托邦性质，可能在平权的背后隐藏集权控制和垄断现象。[24] 囿于政治、经济、文化等多主体的限制，Web 3.0 环境下平权结构的发展必然不会一帆风顺，而是呈螺旋式上升的路径。生成式 AI 是对于人和内容的再一次重大赋能赋权，推动社会实现数字化、智能化加持下的重大启蒙，平权结构在此过程中涌现。正如莱文森所说，媒介进化不是一条直线，而是类似生物体适应自然环境过程，即在试错中进化。[25] 生成式 AI 的再赋能是传播生态复杂自适应演变的推动力，人工智能对个体的激活和对内容的赋权将进一步为传播生态的演进注入强大的内驱力。

价值逻辑

Web 3.0 阶段是 5G、大数据、AI、区块链等技术赋能下传播生态级发展的涌现阶段，是在 Web 2.0 的基础上进一步发挥各用户的劳动价值，实现价值均衡分配的新形态。[26] 个体价值的崛起不可避免地导致社会结构的离散化，那么该如何实现微粒化社会的有效连接与传播生态的有序发展呢？其根本路径为基于场景要素构建以内容为核心的"人–内容–物"的价值连接。PGC、OGC、UGC 已不足以概括内容生产类型，以 ChatGPT 为代表的生成式 AI 将 AIGC 引入大众视野。Web 3.0 阶段的内容已然迭代为"新一代内容"，其特征是内容数量庞大、生产主体多元、传播渠道丰富、内容形式多模态等。Web 3.0 阶段，圈层逐渐成为扁平化分布式社会中的重要的组织形式，不同圈层之间的连接与沟通可能有一定障碍，此时作为中介价值的内容逐渐凸显，通过基于内容的价值认同构建圈层与圈层的连接，使得人们逐渐关注内容的价值连接功用，而不是简单的关注内容本身。

高效发挥新一代内容的价值需要掌握人工智能和算法的应用能力与数据的价值挖掘能力。生成式 AI 作为下一代互联网的连接中枢，赋能社会实现移动互联到智能互联的转变。[27] 以 ChatGPT 为代表的生成式 AI 作为智能主体，通过聚合网络节点信息，对每个节点推送不同内容；作为中央枢纽，生成式 AI 可以进一步缩短内容传播层级，促进传播生态降本增效。当前的智能算法通过匹配用户特征、环境特征、内容特征实现内容与人的连接，即场景洞察。[28] 在此基础上，未来的生成式 AI 需要进一步挖掘用户所处场景的价值，快速找到符合用户需求的内容，也就是说，基于场景要素构建"人–内容–物"的价值连接是把握传播生态系统复杂自适应演进的关键。

第三节　媒介内容生产与传播生态的协同演进

生成式 AI 的技术逻辑下，内容不断丰富、概念持续延展、内容范式不断迭代，我们应该从媒介内容生产和传播生态的协同演进出发，把握生成式 AI 带来的生态级变局。依据约翰·霍兰（John Holland）提出的回声模型（ECHO）研究媒介内容生产与传播生态的演进机制：首先，内容自适应行为的多样性与随机性；其次，内容与传播生态的交流，接受外部刺激，按照规则选择应对方式；最后，依据适应度指标，接受和评价系统发展结果。ECHO 模型构建了一个"活"的系统，为理解生命样态的智能（人类智能和人工智能）提供全新的视角，即通过内容与传播生态之间的协同演进，引发内容的行为和结构的自适应转变，进而推动传播生态向更高层次迭代。该理论借鉴生物进化机制，从非最优解的选择出发，在发展进化过程中逐步进化，将进化过程类比求解过程，进而实现新时代、新技术、新趋势下的传播生态适应性演变，从而回应生成式人工智能崛起所带来的媒介内容生产范式及内容生态的变革。

多样与随机

内容作为适应性主体应当具备应对外部环境刺激的反应方式，这种反应方式的多样性与随机性是系统发展和进化的基础。如前文所述，

第四章 生成式 AI 浪潮下内容生产的生态级演进

内容从文字到图片，再到视频，进而构建多模态内容传播体系。内容作为一个复杂系统，是内部生态与外部刺激共同作用的产物，生产力跃升、技术革新、时代演进等多种因素都会以直接或间接的方式推动内容产生自适应转变。

VR、ChatGPT 等技术是基于科研人员的长期努力，后以某个跨时代产品破圈，将科技要素的创新以最快速度应用于全人类。这种科技要素的革新如何作用于内容呢？内容的基本形态（文字、图片、视频）看似固化，但是其沉浸程度、交互方式和底层逻辑依然留有极大的上升空间。理想的 VR 技术应当具备人类的所有感官的感知能力，提升内容的沉浸感、交互性和想象性。[29] 近日 ChatGPT 等生成式 AI 大行其道，它并未革新内容的基本形态，只是重构了内容生产的底层逻辑，从人生成内容到人工智能生成内容。ChatGPT 的发展并非一蹴而就，而是经历两次转型与摸索，先是人工智能发展流派的选择，然后是产业类型从技术密集型转向"技术密集型＋资本密集型"。人工智能发展具有三大流派，即行为主义、符号主义、联结主义。其中行为主义是具身哲学的反映；符号主义是以穷尽和本质的思想进行研究，但是由于规则本身无法被完全定义和穷尽，所以 AI 流派转向联结主义；联结主义是以类脑的形式发展，通过模拟大脑进行深度学习、强化学习提升人工智能水平。[30]AI 在联结主义的道路上迈向"技术＋资本密集型"产业，通过大量资本投入提升算力水平，如 ChatGPT 完成一轮"预训练"需要上千万美元。ChatGPT 的成功验证了技术和资本加持下的大语言模型的成功，AI 以前所未有的力量变革内容生产的底层逻辑。对此，我们既要有拥抱文明进步的胸怀，也要保持必要的审慎和警醒。

正如凯文·凯利（Kevin Kelly）所言，生命和科技具备趋势必然性和事件偶然性。[31] 人工智能的发展总体趋势是向前的，而在发展路径上会生发多种流派，这是其偶然性的体现。人类在不断试错中，从懵懂至找到清晰的正确的道路。内容范式也是如此，它始终以一种波澜不惊的状态应对科技要素等其他主体的变化，无论外部环境如何变化，内容范式始终具备若干应对方式，这种应对方式的多样性与随机性赋予内容范式发展演进的内驱动力。

刺激与应对

内容范式与传播生态的互构是建立在生命意义上的"刺激-反应"之上的，内容范式接受外在环境的刺激，随机或按照某种规则选择应对方式，从而实现内容主体与复杂传播生态的互构演进。互联网、大数据、AI的发展深刻影响传播生态中各主体的自适应行为。互联网发展的"上半场"解决的是人在任何地点、任何时间与任何人进行内容深度价值的连接与沟通问题。如今伴随生成式AI的涌现，智能互联水平的极大提高，我们彻底迎来了互联网发展的"下半场"，即在数据化和智能化阶段解决人在任何地点、任何时间与任何人做任何事的社会实践的场景构建。[32] 从互联网"上半场"对内容深度价值即资讯价值的关注到"下半场"对内容中介价值的凸显，技术革命背景下内容概念和内容范式的自适应转变影响着传播生态的演进与圈层的聚合，进而塑造以内容为核心的基于场景的"人-内容-物"的价值连接。

ChatGPT在未来极有可能成为社会的一种基础设施，其作为场景智能化的底层范式，具备三种功用。一是去边界的模式设定。ChatGPT的聊天内容涉及方方面面，人类的社会实践活动边界便是ChatGPT的内容生成边界。它所涉及的内容、范围、逻辑始终伴随人类进化，不断扩增用户自由度。二是以用户需求和兴趣为功能展示的逻辑起点，借助数字虚拟人、智能管家等形式成为新世界的主流入口。三是知识媒体本色。基于人类文明的数据来源将在算法智能整合下转换为人类个体可以"占有"的知识，在算法内容分发的基础上，进行问答式（Q&A）的内容生产，在搜索引擎的基础上增加交互功能（聊天对话集成搜索），从人际传播的（智能语言助手）过渡到大众自传播。

如今 OpenAI 宣布上线以安全为核心的 ChatGPT 插件系统，可以将 ChatGPT 与第三方应用程序连接，提升 ChatGPT 与开发人员定义的 API 交互能力，从而增强 ChatGPT 的功能并允许其执行拓展实践活动跨界的操作。未来网络发展和竞争的高地就是对于广域网络空间中人与人、人与物、物与物实现基于人工智能的高效率、高适配度的场景（价值）匹配、关系再造与功能整合。传播生态系统将内嵌智能算法，通过传感器等场景要素收集分析用户心理、生理、行为数据，提升内容的关系赋权能力，激活微粒化个体的节点价值，最终构建以个人为基本单位、以内容为中介的社会传播格局，实现生态级的资源配置、功能整合、圈层聚合，体察人性，触达人心。[33]

接受与评价

内容与传播生态的演进有其衡量指标——"适应度"，即规则对于当前环境适用程度的指标。[34] 伴随内容与传播生态的更迭演进，规则适应度不断变化，适用于当前环境的规则的适应度会越来越高，而不适用的规则适应度越来越低，直至在生态演进过程中被淘汰。

霍兰从复杂适应系统角度研究股票市场，展开了一场关于股票市场模型的实验，其目的是理解股票市场的动力学特征。对传统经济学而言，股市的动态特征并不是一个自然研究领域。在传统视角下，股市通过供求关系变动，实现快速清算。传统理论围绕完美理性的主体建立，而股市崩溃和投机泡沫被认为是偶然事件。以霍兰提出的股票市场模型为例，该模型以少量适应性主体在一只股票上交易，采用非适应性的专家程序裁定买卖双方的出手量，从而决定当前价格，最终以给定主体的净收入为评判标准。在实验过程中，股市初始状态相对混乱，随着参与者对股票市场熟悉度的提升，新规则在信用分派和遗传算法基础上构建，指导参与者的股票交易。此时的规则是符合股票市场需要的规则，适应度较高，但是在参与者趋同效应作用下，新的市场形式涌现，在充斥了大量自我实现的预言后，参与者行为愈发夸张，市场最终走向崩溃。[35]

该股票市场模型的实验验证了规则适应度指标，好的规则将获得高适应度，不符合环境需要的规则适应将逐渐降低，虽然该股票市场最终走向崩溃，但是现实情境下的内容与传播生态的演进与该实验模型不同。内容与传播生态的演进是一个复杂系统，同时受到其他主体的影响，其中包括人、技术、组织等。人作为其中最具活力的因素将持续做出适应性转变，结合适应度指标确定系统演进路径。那么该如何透过表象了解传播生态的发展状况呢？凯文·凯利认为稳定的、细微的长期进步的证据与道德领域有关。[36] 这就需要回归"人"的属性，及人在道德领域的表现。人的世界同样是一个既有复杂联系，也有矛盾的复杂系统。[37] 在人类社会这一复杂系统中，人作为社会性动物，社会身份认同自然产生，强调自我与他者、个体与社会的相互作用。[38] 一般而言，人类的自我认同源自家庭，家庭成员是"我们"，血缘亲人以外的是"他人"。随着人类社会的不断发展，"他人"概念已经从家庭成员扩展至地缘关系的社会成员，工业化时代又发展为基于业缘关系的社会成员。[39] 如今"他人"概念已经超越了血缘、地缘和业缘关系，迭代为趣缘（三观、趣味及爱好的一致性）关系的社会成员。由此，我们认为"他人"概念的延伸可以作为内容范式与传播生态演进的表征与结果，"他人"概念的延展变化将作为价值领域的进化，成为未来必然要探索的、更为复杂、更高维度的新世界的路径之一。

第五章
未来内容生产者的身份转变与逻辑重构

生成式 AI 浪潮正在为内容生产范式带来变革。以 ChatGPT 为代表的生成式 AI 将进一步实现人类自由度的扩张,将人类从繁杂的机械性、重复性劳动中释放,实现真正意义上的微粒化个体激活。依托 AIGC 的文案撰写者、插画师、虚拟数字人、营销策划师等新兴职业大量出现。[1] 2023 年 4 月 12 日,知名公关公司蓝色光标宣布无限期全面停止创意设计、方案撰写、文案撰写等相关外包支出,遏制核心能力空心化趋势,全面拥抱 AIGC。[2] 这不禁引人深思:AIGC 具备替代人类的能力吗?其实不然,对于大众而言,AIGC 只能满足人们浅层次的需求,难以满足特定领域、特定人群的高层次需求。提示工程师作为一种新职业应运而生,其通过专业素养和数字素养弥合了人类高层次需求与 AIGC 之间的能力沟,实现完全意义上对人的又一次重大赋能赋权。

伴随生成式 AI 的崛起,生成式 AI 与新闻工作者,乃至未来新闻业的关系受到前所未有的关注。以 ChatGPT 为代表的生成式 AI 具备的强大文本生成能力究竟是造就新闻业还是颠覆新闻业,这是新闻工作者在生成式 AI 浪潮下不得不考虑的问题。对于传媒组织而言,始终保持对新技术的关注,并不被其固有模式裹挟至关重要。[3] 未来新闻工作者需要成为提示工程师的角色，提示工程师作为自然语言和机器语言的中介，新闻工作者则是客观事实和新闻消费者的中介，均以独特的提示语言帮助新闻消费者理解世界。因此，新闻工作者在新形势下的身份转变和逻辑重构是顺应时代浪潮的选择，也是媒介发展的必然。

第一节　提示工程师诞生的必然性、偶然性、适应性

结构必然性

凯文·凯利认为结构必然性是进化的三大动力之一（见图5.1）。进化乃至技术元素，都遵循由物质和能量的本质决定的固有方向。[4]复杂系统视角下的进化的结构必然性一般会经历三个阶段：技术泡沫化发展的紊乱与无序、外熵性质的自组织力量、趋势必然性的涌现。复杂系统内部的紊乱与无序在外熵性质的自组织下变为进化过程限定方向，进而将进化的无序性指向趋势必然性。

纵观媒介技术发展史，无论是适度降温的元宇宙还是当前爆火的生成式AI，其发展初期必然伴随着泡沫化现象，呈现无序与紊乱的阶段表征。无论是我们所处的元宇宙7.0版本，还是ChatGPT、Midjourney等生成式AI，社会各界对其的畅想与讨论正是因为生成式AI对人的又一次重大赋能赋权，而且生成式AI为进一步实现元宇宙这一终极媒介提供了内容层与关系层支撑，为实现未来媒介的全要素关联融合奠定基础。

1. 技术泡沫化发展的无序与紊乱

泡沫化是技术发展与扩散的第一步。"泡沫"的存在及其重要程度

是技术对于现实关联的深刻性和改变程度的重要指标。新技术越重要，社会越关注；越突破，讨论越热烈。[5]我们以当前对元宇宙的反思为例，尽管很多专业人士认为元宇宙是遥不可及的未来媒介，但是元宇宙概念的提出为未来互联网的技术迭代和产业方向指明了道路。当前生成式 AI 技术的快速发展和社会各界对其的热烈讨论同样如此。技术在泡沫化发展的初期必然伴随无序与紊乱。

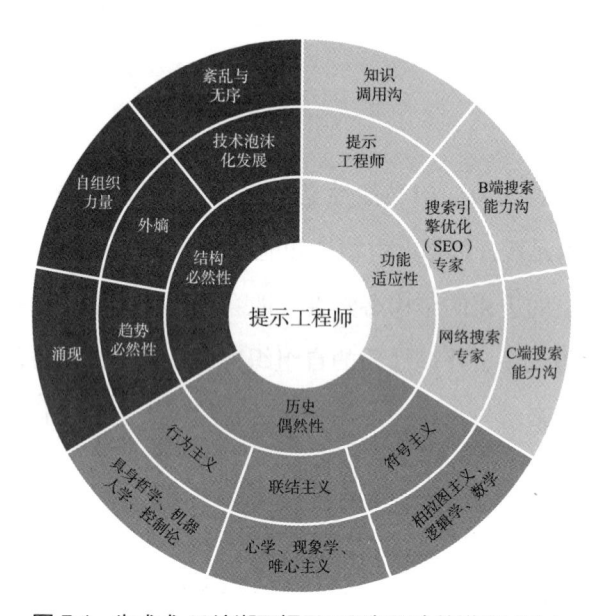

图 5.1 生成式 AI 浪潮下提示工程师诞生的进化三动力

资料来源：喻国明，李钒. 提示工程师：未来新闻工作者的身份转变与逻辑重构［J］. 未来传播，2023，30（04）：2-12+140.

2. 外熵性质的自组织力量

凯文·凯利认为持久差异的广泛传播是熵的反向运动，并在此基础上提出外熵（exotropy）概念，他认为外熵是表现性质不同的双重否定的措辞，含义为"无序不存在"。考虑到现实世界的复杂性、多样性，度量外熵的指标虽然难以把握，但是可以透过某一现象探析现实世界等复杂系统演变的本质，从而把握外熵性质的自组织力量，这一现象便是系统内部主体进化趋势必然性的涌现。生成式 AI 的快速扩张催生新的需求，加之人们的提示语言水平有限，PromptBase 等提示词售卖平台和提示工程师职业应运而生。

3. 趋势必然性的涌现

趋势必然性是"非历史性"的力量，独立于历史进程而变化。无论历史如何倒带，得到的都是同一个故事。在复杂系统下，任意主体的进化是系统内部诸多因素共同作用的结果，即系统内自组织复合体的内部动力。PromptBase 的诞生是提示词、提示工程获得社会各界关注的表征，是趋势必然性的涌现。

历史偶然性与功能适应性

历史偶然性和功能适应性是进化的其余动力支撑。偶然性是"历史性"的力量，即历史对其有重大影响。系统进化过程是不可测的，主体的进化具有多种可能，以人工智能的三大流派（行为主义、联结主义、符号主义）[6] 为例。在三大流派之外，还有诸多路径与流派，为什么生成式 AI 的发展最终选择了联结主义？联结主义自诞生以来在 AI 发展历程中的运用，无不印证其进化历程中的不确定性与历史偶然性。

功能适应性是进化的经典动力源泉，是教科书式的正统力量。达尔文的进化论提出生物进化的步调是渐变式的，是在自然选择作用下微小变异积累的演变历程。不只生物界，在现实世界的复杂系统中同样如此。生成式 AI 作为智能互联生态中涌现的新技术，与其配套的提示工程能力，或者说互补性职业的出现是有迹可循的。自互联网诞生，互补性职业在层出不穷的技术革命下不断涌现并持续重构，从网络搜索专家到搜索引擎优化（search engine optimization，SEO）专家再到提示工程师，前两者主要弥合用户"搜索能力沟"，而后者主要改善"知识调用沟"。[7]

1. 网络搜索专家：弥合 C 端"搜索能力沟"

互联网诞生初期，对于 C 端用户而言，获得最佳检索效果一直是大众的追求。网络搜索专家塔拉·卡利沙恩（Tara Calishain）、艾伦·施莱因（Alan M.Schlein）等编撰了《网络搜索库》《网络搜索大全》等作品，介绍工具栏、标签、浏览器的使用，帮助用户检索黄页、政府报告、新闻资源等内容，指导用户提升检索的精确性和权威性。[8]

2. 搜索引擎优化（SEO）专家：弥合 B 端"搜索能力沟"

1997 年，丹尼·沙利文（Danny Sullivan）提出搜索引擎优化概念。冯英健认为搜索引擎优化是提升网站在特定搜索引擎相关关键词的排名。王晰巍等从信息生态视角提出，SEO 是基于搜索引擎搜索原理和算法，通过对传播全链条的优化，为网站提供生态式的营销解决方案，进而优化网站在搜索引擎中的表现。[9]SEO 专家主要面向 B 端用户，但是 B 端用户也分为两类：第一类是以谷歌、百度等为代表的搜索引擎公司；第二类是在互联网创建网站平台的公司。

3. 提示工程师：生成式 AI 浪潮下弥合"知识调用沟"

伴随生成式 AI 的兴起，提示工程能力愈发得到重视，提示词平台

PromptBase 应运而生，新职业提示工程师的出现引发社会各界关注。提示工程师的职责为与大语言模型对话，引导挖掘生成式 AI 的潜能。[10]信息具备创生性、涌现性等特性，[11] 越是复杂的信息系统涌现性层次越高，ChatGPT 等大语言模型具备强大的涌现能力。这种涌现能力的提升需要通过提示工程师运用自然语言中介机器语言。提示工程师的工作便是对生成式 AI 潜能的激发并对其加以固化，通过生成提示词和提升大众的提示工程能力弥合"知识调用沟"。由此既可以看到新闻工作者的身份转变与逻辑重构，也可以看到与生成式 AI 交互过程中潜力巨大的开发空间。

提示工程崛起

提示工程（prompt engineering）是人工智能中的一个概念，尤其是自然语言处理（NLP）领域。[12] 提示工程作为新学科，专注于提示词的开发和优化，帮助用户理解运用大语言模型于各场景与研究领域。[13] ChatGPT 是基于大语言模型的生成式 AI，提示工程在其中起到引导生成内容并对齐人类会话风格、伦理和规范的作用。[14]

1. 提示词（Prompt）构成

提示词包含以下要素：指令、上下文、输入数据、输出指示。标准的提示词格式一般遵循问答格式，分为两种：第一种为零样本提示（zero-shot prompting），即用户不提供任务结果相关的示范，直接提示语言模型给出任务相关的回答；第二种为小样本提示（few-shot prompting），即用户提供少量提示范例。当前业界普遍使用更为高效的小样本提示，能够有效挖掘生成式 AI 的潜能。

2. 提示工程师的概念界定

ChatGPT爆火之后，作为互补性职业的提示工程师进入社会各界的视线。Scale AI创始人认为AI模型可以被视为一种新型计算机，而提示工程师就是给它编程的程序员，通过合适的提示词将挖掘出AI的最大潜力。《华盛顿邮报》近期的一份报道显示，提示工程师目前正处于红利期。[15]当前尚无对提示工程师的准确概念，《AIGC：智能创造时代》中曾提及提示词工程师的概念，也有研究者认为提示工程师是为客户或企业基于复杂的任务需求和示例需求，提供标准化提示词方案的工程师。[16]伴随提示工程师职业的爆火，对其进行概念界定愈发重要，这将在生成式AI浪潮下指引前行的方向。我们认为提示工程师是运用自然语言并将其固化为提示词进而挖掘AI模型的最大潜力的职业。

第二节　在历时性和共时性层面的媒介变革与权力赋予

新闻业本质上是一个复杂系统，生成式AI浪潮席卷新闻业，算法推荐和人工智能技术在历时性和共时性层面变革媒介形态，重构权力关系。

历时性层面

基于创新扩散理论，目前一众生成式AI仍处于创新者与早期采用者阶段，未来AIGC类产品仍有巨大提升空间。伴随AIGC平台影响力的扩展与AIGC插件的接入，ChatGPT虽然满足了人们的基础需求，但是对高层次需求与多样化需求依然需要提示工程师的辅助，未来多模态内容传播体系的构建与内容系统关系价值的恒定需要提示工程师发挥重要作用。以蓝色光标为代表的广告业反应迅速，同属内容生产重镇的新闻业会采取何举应对 AIGC 浪潮？

1. 媒介变革

算法推荐、人工智能技术与新闻业的耦合在媒介变革维度经历了新闻写作机器人阶段、智能算法推送阶段、元宇宙新闻阶段和 AIGC 新闻阶段。[17] 早在 ChatGPT 发布以前的新闻写作机器人阶段，新闻写作便从手艺活变成技术活，以"快笔小新"为代表的人工智能技术参与新闻生产，擅长编写体育新闻、财经新闻等高时效性的突发新闻；智能算法推送阶段，今日头条等聚合类媒体平台依据用户行为数据、社会属性等因素构建用户画像，实现基于算法推荐的内容-用户匹配机制。[18] 元宇宙新闻阶段，《人民日报》、央视等媒体基于 VR、AR 等技术推出元宇宙概念产品，实现新闻的在场性消费与沉浸式体验；AIGC 新闻阶段，ChatGPT 等生成式 AI 具备超越社会平均水准的知识调用能力，不局限于模板化写作，而是更深层次地参与新闻生产。在历时性层面，虽然元宇宙才是目前人类可以预测的高级形态，但是依据时代技术发展的顺序，元宇宙新闻阶段强调沉浸性的新闻体验，生成式 AI 新闻阶段强调 AI 模型具备较强的新闻写作能力（见表 5.1）。

表 5.1 算法推荐与人工智能技术在历时性和共时性层面的媒介变革与权力赋予

新闻业的本质是复杂系统			
历时性层面		共时性层面	
媒介变革	权力赋予	媒介变革	权力赋予
新闻写作机器人 智能算法推送 元宇宙新闻 AIGC 新闻	Web 1.0：平台创造、所有和分配 Web 2.0：用户创造、平台所有和分配 Web 3.0：用户创造、所有和参与分配	智能策划 智能采编 智能审核 智能分发	新闻工作者主体性消解 提示工程能力提升

资料来源：喻国明，李钒. 提示工程师：未来新闻工作者的身份转变与逻辑重构[J]. 未来传播，2023，30（04）：2-12+140.

2. 权利赋予

算法推荐和人工智能技术赋能新闻业在历时性维度的权利变迁，从 Web 1.0 到 Web 2.0 再到 Web 3.0 是传播权力不断让渡、用户权益自由度不断扩张的过程。Web 1.0 时代的特征是所见即所得，媒介权力由平台创造、所有和分配；Web 2.0 时代的特征是所"建"即所得，媒介权力由用户创造、平台所有和分配；Web 3.0 时代的特征是所"荐"即所得，媒介权力由用户创造、所有和参与分配。[19]

共时性层面

1. 媒介变革

新闻业是一个充满变化与竞争的行业，技术革命不断推动新闻业创新发展。近期，AIGC 在新闻业引起广泛讨论，4 月 13 日，中国新闻技术工作者联合会 AIGC 应用研究中心（广西实验室）成立；4 月 27 日，上游新闻 AIGC 创作中心上线。在新闻业，AIGC 重塑内容生态，推送内容生产从 PGC、UGC 到 AIGC。AI 生成的内容逐渐成为新闻业中不可缺少的一部分：一方面提高内容生产效率，为传统新闻业降本增效；另一方面提高内容质量与个性化水平。人工智能技术对新闻业的深度渗透将从智能策划、智能采编、智能审核、智能分发四个层面推动媒体融合的深度发展，提升媒体融合的高效化、智能化、数字化水平。

2. 权利赋予

AIGC 一定程度上消解了新闻工作者的主体地位。咨询机构 Gartner 预测，当前 AIGC 产生的数据在所有数据中的占比小于 1%，未来

AIGC渗透率有广阔的提升空间，到2025年，AIGC占比将达到10%。从AIGC在所有数据中的占比来看，新闻工作者主体性受到一定程度的冲击，但是从本质来看，高质量的新闻依然是由新闻工作者借助生成式AI创造的，只有高质量的指令输入才能得到高质量的AIGC新闻。AI与新闻业的互构看似消解了新闻工作者的主体性，其实是对新闻工作者的提示工程能力提出了更高的要求。

第三节　协同视域下提示工程师与新闻业的关系演进与身份转变

德国物理学家赫尔曼·哈肯（Hermman Haken）提出协同学，通常研究某一系统的子系统或相关主体间的协同合作，[20]从质和量两个维度驱动系统趋向稳定和协作。协同治理理论强调公共管理活动和过程中各行动主体间的协同合作。[21]有学者在此基础上构建了协同视域下的综合性分析框架：协同环境、协同主体、协同过程。[22]该框架对生成式AI浪潮下的新闻业具有高度的借鉴意义，当前新闻业处于信息过载与信息过滤的信息环境，生成式AI赋能新闻生产、消费、管理全流程，新闻工作者、新闻消费者、新闻管理者等主体发生了身份转变（见图5.2）。新形势提示工程师改写新闻业游戏规则，新闻工作者成为提示工程师的角色。

协同环境分析

外部环境是协同治理研究中的重要条件，环境条件决定了生成式AI浪潮下的传播生态是否具备协同治理的条件，直接影响到协同治理中新闻业与其他主体的关系演进、与协同主体的身份转变。

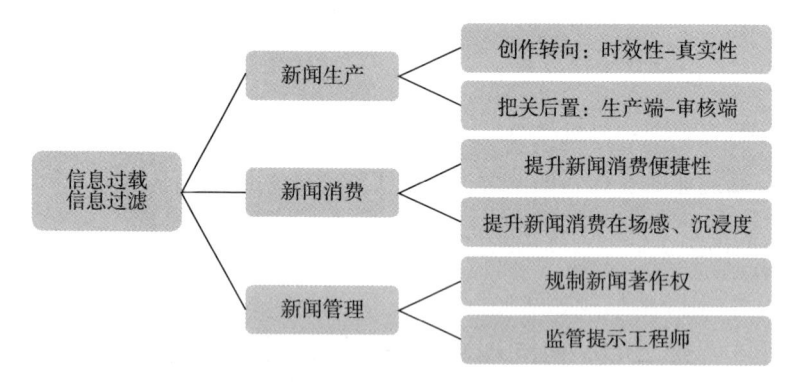

图 5.2 协同视域下提示工程师与新闻业的关系演进与身份转变

资料来源：喻国明，李钒.提示工程师：未来新闻工作者的身份转变与逻辑重构［J］.未来传播，2023，30（04）：2-12+140.

当前人们正处于信息革命的环境，传感器、生成式 AI 等技术变革内容生产范式导致信息呈现过载态势，海量文本、图片、视频信息压迫人们的认知带宽。认知带宽概括了个人有限的认知资源，包含信息处理的可用性，以及个体的认知能力和执行控制能力。[23] 塞德希尔·穆来纳森（Sendhil Mullainathan）和埃尔德·沙菲尔（Eldar Shafir）在《稀缺：我们是如何陷入贫穷与忙碌的》一书中提出认知带宽是一种相对的认知容量，包括认知能力和执行控制力。认知带宽的减少会降低人们的认知和执行控制力。[24] 认知带宽是信息过载环境下的稀缺资源，因而新闻工作者如何在复杂的信息环境下过滤信息和争夺用户有限的认知资源成为新议题。

在信息过载和信息过滤的环境下，新闻消费者在信息加工过程中出于对信息加工效率的追求可能产生认知闭合需要，[25] 即个体对确定性答案的心理需求。根据认知闭合需要的高低可以将新闻消费者分为高认知闭合需求者和低认知闭合需求者，高认知闭合需求者对确定性答案抱有强烈动机，低认知闭合需求者能够容忍不确定性答案。[26]在信息加工过程中，认知闭合需要可分为夺取（seizing）和冻结（freezing）阶段，反映个体急迫和永久的认知闭合倾向。[27]新闻消费者在夺取阶段没有明确的认知闭合目标，倾向于快速得到尝试性假设；在冻结阶段，新闻消费者在"夺取"的尝试性假设的基础上保持原有认知。[28]新闻消费者的认知闭合需要究竟意味着什么？新闻消费者期望得到一致信息还是不一致信息；新闻消费者对信息框架的依赖是强还是弱。在信息过载和信息过滤的环境下，新闻消费者出于认知闭合的需要对新闻工作者提出了更高的要求。

新技术和新平台的不断涌现加剧了信息环境的复杂性，伴随信息权力的下放，大量冗余信息充斥新闻平台，新闻工作者的价值随之显现。移动终端与互联网的结合增添了信息传播环节，传统的信息过滤手段在新形势下已经失效。在传播技术和传播生态剧烈变化的环境下，新闻专业主义在规范新闻实践上仍然具有重大意义。[29]当前越来越多的主体进入传播生态，新闻业传统边界消解，但是这种边界的消解并不会使新闻工作者消亡，反而对新闻工作者提出更高的要求，呼唤新闻专业主义在新形势下的回归。数字时代，新闻专业主义以介入性取代专业性，探索以协同式新闻生产促进社会议题的有效推进，[30]构建更具建设性的新闻专业主义有助于协同环境下多主体的协调发展格局。

协同主体分析

1. 新闻工作者

生成式 AI 是对新闻工作者的又一次重大赋能赋权。传统新闻生产注重时效性，在时效维度，人类始终落后于机器，尤其是前文提及的新闻写作机器人阶段，机器在体育新闻、财经新闻等时效性要求极高的新闻领域已然取代普通新闻记者。ChatGPT等生成式AI的文本生成能力已然超越社会平均水准，与此同时，AIGC生成的文本与人类创作的文本愈发相似。对于ChatGPT，新闻工作者甚至可以根据实际情况，为其设定情境、语气、风格等变量来调整新闻稿件的风格，但是ChatGPT等生成式AI对于自身不了解的内容还存在"胡编乱造"的情况。因此，对新闻工作者而言，生成式AI的出现将推动新闻工作者从时效性新闻创作转向深度性和真实性新闻创作。

新闻工作者在传统新闻生产流程上是对新闻的源头进行把关，如今由于生成式AI的出现，大语言模型生成内容的不确定性和真实性无法得到保证的情况下，需要在审核端建立一套更为严谨、审慎的新闻审校制度，一方面要审核AIGC新闻合法性，将社会效益置于首位；另一方面要审核AIGC新闻准确性，避免基于概率计算而产生的事实错误，实现从传统生产端到审核端的把关环节后置。

2. 新闻消费者

提示工程能力是新时代、新形势、新情况下人人需要掌握的核心能力，新闻消费者同样应该掌握并运用提示工程能力提升新闻消费的便捷性、在场感与沉浸度，即新闻消费的幸福感。

面对纷繁复杂的新闻报道，新闻消费者要想高效便捷地获取信息，离不开生成式AI的介入。未来生成式AI将扮演类似智能管家的角色，自行整理网络新闻并以自定义的新闻样态和形式向用户汇报。相关研究者可能会就此提出生成式AI导致的信息茧房问题，伴随生成式AI的进一步发展和完善，其内容生成机制将从源头解决信息茧房问题。如今的生成式AI尚处于零散分布的局面，未来文生文、文生图、文生视频、图生视频等诸多途径将进一步整合，届时完善的生成式 AI 将根据用户需求，以多模态的形式提升新闻消费的在场感与沉浸度。

3. 新闻管理者

《伯尔尼公约》规定："著作权不保护时事新闻或仅具有新闻性质的事实。"[31] 对各类媒体的新闻报道而言，绝大部分不构成时事新闻，而是构成受著作权保护的作品。即使是构成时事新闻的报道，其采集者和制作者也有受到反不正当竞争法保护的可能。[32] 但是对于 AIGC 新闻来说，其著作权的归属该如何判定呢？AIGC 新闻是由大语言模型生成的，这种高速、高产的新闻内容的归属究竟该如何判定，当前学界尚无定论，但有学者认为 AIGC 内容并不受著作权法保护。对于 AIGC 新闻是否受著作权法保护，我们可以从 AIGC 新闻生成文本的前一环节（提示工程师的介入）着眼，新闻工作者作为提示工程师的角色介入 AIGC 新闻生产，在新闻创作过程中贡献了自己的想法和高质量的提示词。从著作权法鼓励创新的角度出发，部分 AIGC 新闻的著作权或许可以归于提示工程师。未来，伴随生成式 AI 和提示工程的进一步发展完善，AIGC 新闻的著作权归属将在司法实践中逐步确立。然而，当前新闻管理者需要对作为提示工程师角色的新闻工作者加强监管，避免低质量、虚假新闻的传播。

协同过程分析

对于新闻业而言，传统协同过程并不全面，通常集中于新闻生产环节。在新闻生产环节中，一般多名记者会进行关于同一主题的协同报道。[33] 新闻生产从封闭生产形态走向共同参与、协同生产的活动，新闻业的把关人以开放合作、广泛参与的方式进行新闻生产活动。[34]由迭代式生产主导的"新闻游戏"也印证了新闻生产走向社会协同的过程。[35]未来,生成式AI将深度赋能新闻生产的协同活动。

在生成式AI的浪潮下,AIGC将促成新闻业的生态级变局。一方面,其推动生产权力、传播权力、审核权力的进一步下沉,赋能大众在新闻生产、新闻消费、新闻管理等诸多环节中拥有更多平等的机会和权力,与分布式社会的权力构造相匹配;另一方面,推动新闻生产、消费、管理全流程核心逻辑的智能化,在算法、算力、算据覆盖的全流程中,传统人们倚重的专业经验将逐步让位于便捷、高效、精准、全面的人工智能,进一步提升协同发展与治理水准。

第四节　生成式AI浪潮下新闻工作者的逻辑重构

未来新闻工作者的赋能价值

未来新闻工作者将扮演提示工程师的角色,借助生成式AI等技术革新传统新闻生产、新闻分发模式。以ChatGPT等为代表的生成式AI整合信息检索、聊天对话和内容生成等能力,帮助新闻工作者高效获取采访对象信息、了解采访背景、撰写采访提纲、生成或润色新闻文本等。当前以ChatGPT为代表的生成式AI不同于新闻写作机器人,既具备高效生成体育、财经新闻的能力,又具备撰写深度报道的能力。生成式AI在新闻工作中的潜力挖掘离不开提示工程师的介入,高质量的提示词能够挖掘出意想不到的潜能。随着新技术介入新闻工作的程度越深,生成式AI和新闻工作者将分工越细,重复性、简单性的工作交由AI完成,而需要投入较多认知资源的工作则交由新闻工作者完成。生成式 AI 在未来将取代搜索引擎，成为新的流量入口和新的新闻分发渠道。ChatGPT 等 AI 模型具备一定的智能水平，能够很好地理解用户输入的文本指令，支持多轮对话，能够主动承认错误，对问题提出疑问，甚至认识到自身知识范围是有边界的，在极大程度上模拟了人际交流的情境。[36] 如今，正处于重返部落化时代的用户与人机构造的模拟人际交流已然极为契合。

作为提示工程师的新闻工作者将推动主流媒介成为"四两拨千斤"式的价值引领者。未来的"分布式社会"本质上是一个自组织社会，在新闻工作者的推动下，主流媒体应转型为未来舆论场中具有再组织能力的"四两拨千斤"式的基膜，去激发和形成传播领域的"涌现"现象，要充分利用协同治理、复杂系统等理论驱动传播生态的自适应转变。[37] 生成式 AI 等平台的作用越大，平台及其接口越需要提示工程师的加入。对于新闻工作者而言，成为提示工程师的角色是时代发展对新闻工作提出的新要求，主流媒体在新形势下亟须发挥新的价值与功用（见图 5.3）。

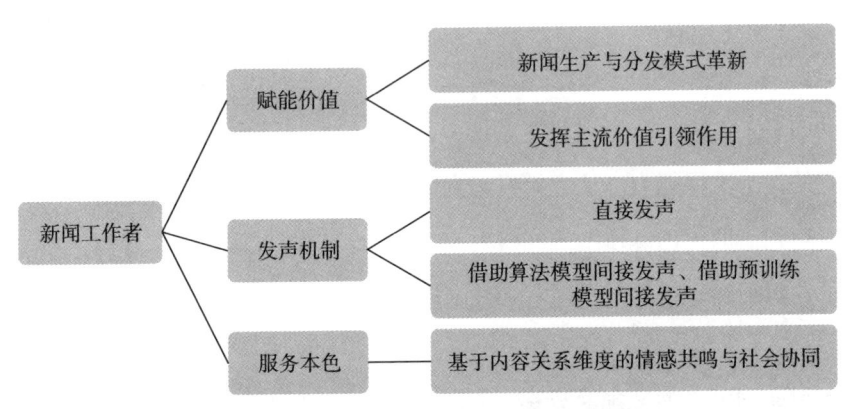

图 5.3 生成式 AI 浪潮下新闻工作者的逻辑重构

资料来源：喻国明，李钒．提示工程师：未来新闻工作者的身份转变与逻辑重构［J］．未来传播，2023，30（04）：2-12+140.

未来新闻工作者的发声机制

未来新闻工作者将扮演提示工程师的角色，其发声模式和传统的媒介人、媒介组织的作用方式、发声机制不同，从直接发声转变为借助算法与预训练模型间接发声。

以中国国际影响力传播为例，以往中国国际影响力的发声模式是通过网络、报刊、媒体等渠道直接发声，社会化媒体为新闻机构提供了开放的网络公共空间和直接发声渠道；如今中国国际影响力的发声模式是通过算法推荐和预训练模式的间接发声，新闻消费者在使用网页、社会化媒体时并不会通过媒体这一中介获取信息，而是直接通过大数据建模分析基础之上的算法推荐间接获取信息；新闻消费者在使用生成式 AI 时同样如此，通过预训练模型生成的内容间接获取信息。对算法传播的间接发声机制而言，需要从四个层面优化网络主流意识形态话语建构：强化主流价值对算法传播的引领；推动网络主流意识形态话语变革；提高网络主流意识形态话语受众的算法素养；激发网络主流意识形态话语传者的算法能量。[38] 生成式 AI 的间接发声机制与之类似，需要从三个层面提升中国国际影响力：强化主流价值对生成式 AI 传播的引领；推动网络主流意识形态话语变革创新；提高网络主流意识形态话语传受双方的提示工程能力。从直接发声到间接发声，再从借助算法模型的间接发声到借助预训练模型的间接发声机制的转变，对新闻工作者提出新要求，亟须确立新的专业规范和技术模式，以便为社会提供服务。

未来新闻工作者的服务本色

未来新闻工作者需要继续突出其服务本色。正如邓小平所说："领导就是服务。"未来新闻工作者的服务本色其实就是一种更加彻底的领导与服务为一体的全新模式。对于传统新闻业而言，新闻工作者的主要价值是传播富含资讯价值的新闻内容，主要起告知政治、经济、社会等资讯信息以满足新闻消费者的知情需要。新闻价值可以从商品主导和服务主导逻辑出发进行比较。[39]

  如今，在生成式 AI 浪潮下，新闻工作者要发挥其服务本色，凸显新闻的服务价值，应当以用户需求和用户兴趣作为价值发挥的逻辑起点。新闻最本质的价值是资讯价值，资讯对于普罗大众而言是有价值的信息，即满足人们需求的信息，因此新闻是包含服务性的。新闻工作者在新形势下亟须通过新闻发挥其服务本色，通过政务新闻、财经新闻、生活新闻等发挥政务服务、财经服务、生活服务等服务价值。新闻作为当代人们社会交往的重要基础，[40]新闻工作者通过新闻客户端、短视频平台、社交媒体网络等途径传播新闻信息，在新闻消费者自发的转评赞互动后形成基于趣缘关系的情感共鸣与关系认同，实现真正意义上新闻的服务价值。对于新闻工作者而言，发挥服务本色，用好 AIGC 新闻这一关键资源，通过 AIGC 新闻实现基于内容关系维度的情感共鸣与社会协同是应对新形势下新闻业变革的重要举措。

第六章
生成式AI对重要传播内容的生态赋能与价值迭代

纵观传播发展的整体脉络，媒介正在渗透整个社会结构与文明的进程。从 Web 1.0 到 Web 3.0 时代，人工智能、关联数据和语义网络的构建，形成人与网络的全新链接，人们对内容的消费需求飞速增长。若我们仅将生成式 AI 视为一种功能性的信息载体，则在一定程度上忽视了其因自身能动性，对社会知识传播和社会结构完善的重要价值。保罗·莱文森曾采用一种心物互动的视角论述人的思想与知识，他认为，"技术除自身的主要功能外，还是人类理性和幻想力用来追求知识的物质载体。"[1] 换言之，如果没有技术，人类的知识也将无处可依且无法存在。当下，以智能化、网络化、互动化为特征的传播技术加快了社会知识的生产和传播流程，知识媒介在人类文明和社会发展中的功能正得到前所未有的凸显与强调。1986 年，学者马克·斯特菲克（Mark Stefik）提出知识媒介（knowledge media）的概念，用来描述人工智能和互联网结合之后所带来的后果。知识媒介将焦点从知识产品转移到知识生产的过程，为知识的生成、传播和消费提供半自动化服务的信息网络，其特点是标准化的交流语言和交互式数字媒介对知识的一种表征。[2] 在宏观层面，知识媒介作为一个平台，为人类社会的知识管理和交流提供了场域。学者塞缪尔·N. 艾森斯塔特（Shmuel N.

第六章 生成式 AI 对重要传播内容的生态赋能与价值迭代

Eisenstadt）认为，理想化的知识媒介用于捕获、存储、传输、共享、访问和创造知识。[3] 简言之，知识媒介可以是一个系统，也可以是一种网络，它突出了技术与知识之间的相互依存关系和关系结构。

从技术的可供性上，生成式 AI 可视为知识媒介的一种典型形态，它不仅是社会知识传播的载体和渠道，而且能够在发展中形成新的传播主体、新的组织逻辑和新的建构力量，影响人们的获知和求知模式。[4] 作为知识媒介的生成式 AI，为我们理解传媒行业的生态重塑和价值迭代提供了新的视角。

随着智能终端的普及，短视频已经成为当今数字时代最受欢迎的媒体形式之一。同时，短视频在日常生活知识的分享与传播和知识显性化方面不断拓展知识的边界，其生成与发布也在生成式 AI 的助推下形成一种新颖的生成方式。2023 年 1 月，美国奈尔公司（Netflix）发布了一部实验性的动画短片《犬与少年》，这部动画短片的部分内容并非真人创作，而是由生成式 AI 完成的。由此可见，生成式 AI 已经成为 Web 3.0 时代全新的内容生产工具。那么，作为知识媒介的生成式 AI 具有何种特性呢？该特性又该如何从底层逻辑赋能短视频领域的信息生态？沿着上述脉络，本研究结合信息生态学的视角，提出生成式 AI 赋能短视频"异构资源整合－竞争演化关系－信息生态繁衍"的底层迭代逻辑，以期把握短视频在技术赋能、赋权、赋魂机制下的社会革命，进一步审视生成式 AI 作为一种知识媒介对于短视频生产的作用。

第一节 生成式AI型塑短视频信息新生态

新技术的出现，无论其生命周期的长短，都有着历史的逻辑，反映着技术演变的规律。[5]同样，生成式 AI 的应用不仅为个体提供了短视频内容创作的新工具，也在一定程度上重新定义人们的日常生活，信息与知识获取与学习过程密切相关。作为知识媒介的生成式 AI 利用人工智能技术学习知识图谱、自动生成内容，这不仅实现了内容生产效率的提高，丰富了内容的多样性，也为知识经济的发展提供了动力。生成式 AI 赋能短视频生产实现三方面的功能：一是内容孪生，生成式 AI 技术帮助快速建立现实世界到数字世界的映射；二是内容编辑，生成式 AI 技术实现现实世界与数字世界的双向交互，AI 学习现实世界的信息图谱又反作用于数字世界的信息生产；三是内容创作，生成式 AI 技术将算法驯化为内容创作的工具，使其具备自我演化的能力。综上，生成式 AI 既是信息的生产者，又是一种信息的生产方式，还是信息自动化生成的技术集合。由此，生成式 AI 塑造了短视频信息的新生态。

整体协调与局部协调的统一

基于生成式 AI 的技术原理，生成式 AI 在短视频信息生产方面具有天然的优势。一方面，生成式 AI 赋能短视频实现了内部信息生产的运行机理协调，另一方面也实现了人与机器之间的整体协调，它使思想、经验和方法的交流成为可能，并通过信息和通信技术传递和聚集知识。

从局部协调来看，首先是自动化的信息生产协调。预训练模型技术提升了生成式 AI 模型的工业化水平和普遍化能力，通过同一个模型可以高质量完成多样化的内容生产。同时，生成式 AI 带来了多模态信息的融合和感知。随着算法模型的迭代升级，人借助多通道与计算机之间的感官融合和交流逐渐加深，在短视频的信息生态中，多模态信息融合、跨模态内容生成、智能化场景落地成为新的发展方向。[6]

从整体协调来看，人与机器的交互能力在短视频信息生产中得到提升。当前的技术社会并非"社会的社会"，而是"联结的社会"，其现代化的本质便是联结。[7]在传统的技术环境下，短视频信息生产依靠信息的输入与输出，这也是人、机器与环境之间交互协同的底层逻辑，在这一过程中，人、机器和环境之间彼此独立，互为工具，通过机械地点击、触控即可实现交互。[8]生成式AI加持下的短视频生产带来了更为多样化的协同交互方式，人机之间可以通过文本交互、语音交互、视觉识别等多种形式完成传统生产过程，生成式AI的出现为人与机器的协同带来更多便利，成为人与机器沟通的媒介。

长期发展与短期表现的统一

生成式AI赋能短视频并不是一个短期的表现和过程，其塑造的新模式、新机制将会长期影响且存在于信息生态之中。从人类接触并使用短视频的发展历程来看，Web 1.0时代我们接受平台方短视频，Web 2.0时代我们参与短视频的内容生产，Web 3.0时代我们将创造的数据、创造的价值进行确权，形成自下而上并向周边辐射的信息力量。在这一过程中，生成式AI带来了全新的人类组织协同方式"DAO"，其统一法则就是整合、协和、融合。生成式AI模糊了"人类要素"和"非人类要素"的界限，成为信息生产场域中的结构性要素。生成式AI技术超越了单一、线性的话语生产框架，打通了内容生产表征与非表征的逻辑通道，在"人类要素"和"非人类要素"的交互关系，以及技术、社会制度和社会文化的动态结构迭代变革中建立多维度、多元化、多向度的动力系统模式和面向未来的内容生产体系，使得生产与传播更有价值。

短视频的信息生产是传播系统再生产的重要部分，在其信息生产的过程中，规则要素发挥了重要的作用，它既决定了信息生产的短期表现，也决定了从生产到传播的整个流程，更确定了信息社会的分布状态。安尔尼·吉登斯将社会系统中资源分为权威性资源和配置性资源。[9]生成式AI更像配置性资源，以"非人类要素"的身份平等地进入信息生产的主体。[10]生成式AI赋能短视频生产，本质上是直接介入人类社会的信息生产，而未来的信息形态、信息格局、信息传递将在AI技术的加持之下发生短期变革，但从长远视角来看，生成式AI作为强有力的非人类要素将直接介入信息生产，其社会长期效应也将更为显著。

第二节 基于知识媒介生成式AI赋能的质性描述

进化法则是所有客观事物的生命属性。生成式AI赋能短视频进化并不是对PGC、UGC生产模式的替代，而是通过新技术融合与协同的补偿路径，将内容与技术实现连接补偿，解决如何进化为一体化的问题。[11]从"空间-权力"的关系视角来看，生成式人工智能是一种"权力"的媒介，通过不断创造涌现重新分配权力，其性质早已超出技术工具。

从知识的角度来看，生成式AI改变了短视频的性质，短视频不再是对象，新内容的出现是过程而不是产品，它不是在个人的思想中产生的，而是在多要素的相互作用中产生的。生成式AI通过技术构造两条短视频内容选择路径。一是外部选择，主要体现为用户的选择与关联。符合用户需要的内容会不断被选择和使用，生成式AI拓展用户选择的内容池，进而获得更多的物质能量，快速进化。生成式AI

促进了有机体与工具和手段的整合,因而扩大了认识论层面上的交流功能的潜力。同时,由于资源的相互关联,生成式 AI 驯化的算法将更全面、更丰富的资源进行关联,生产更高质量的内容,二是内部选择,主要体现在要素和关联网络的进化。在生成式 AI 更为高效的生产模式下,短视频资源内容不断被修订、选择、编辑,在这一过程中优质要素和关联网络被筛选和保留下来。[12] 这种赋能的选择具有很强的创造性,不仅是生成式 AI 生产内容的优胜劣汰,更是强化关联网络的优质基因,改善短视频信息生态的质量。在进化法则的驱使下,生成式 AI 赋能短视频进化呈现渐进性、群智性和循环性三大特征。

渐进性

生物进化遵循着从低级到高级、从简单到复杂的过程。同样,生成式 AI 赋能短视频的进化也是一个不断走向复杂与高质量的过程。从短视频内容生态来看,生成式 AI 提高了人类资源生产实践自由的高度与宽度,内容资源不断被用户编辑、生产、更新,优质资源呈现螺旋式上升的积累过程,短视频的内容形式、内容形态和组织模式日渐满足用户需求,进而完成资深内容的迭代与进化。生成式 AI 正成为从以博物馆为代表的"本质性资料库"(essence archive)到以互联网为代表的"或然率资料库"(probability archive)历史演进的最新一环。"或然率资料库"是经常变化的,而且每一次交互都会带来不一样的结果。[13] 从短视频内容结构来看,在传统的短视频生产过程中,内容的关联网络仅有自身一个节点。但在生成式 AI 技术的加持之下,通过高效率、高频率的连接,海量资源不断建立节点,逐步扩大自身网络规模,形成复杂的"内容生态云",[14] 实现自身的内容进化,优化组织内容和关联结构。

群智性

在短视频进化的过程中，最重要的角色便是"人"。在以往的短视频生产过程中，人的智慧决定了短视频的内容质量与生产效率。而随着生成式 AI 技术参与到短视频生态中，开放性与共建性的内容资源注入群体智慧，每一次内容的生产都是群体智慧的体现。尽管技术与人是两个不同的生产价值要素，但在本质上都是"群体智慧"的表现。在生成式 AI 赋能短视频生产的过程中，表面上是技术为人类提供了内容生产资源，但反过来也是技术在学习人类行为的过程。智能技术延展了人的认知，而人也成了技术的延伸。生成式 AI 不再被理解为物体，而是被同化为人在知识获取、保留和分享过程中的认知能力的延伸。在双向赋能、赋权、赋智的过程中，生成式 AI 将群体智慧转化为进化发展的能量，进而实现技术与短视频内容生产的高质量进化。

循环性

吸收负熵是资源发生进化的必要且决定性条件。[15] 短视频与外界环境互动的过程也是内容被用户应用的过程，而用户与内容的交互行为是产生负熵的主要途径。如果内容只是被创建但缺乏应用，很快就会因为熵值过高而衰老、死亡。生成式 AI 技术成为负熵的供应者。短视频的类生物属性决定了其在发展进化的过程中必然经历"诞生－衰退"这一周而复始的过程，但其与真正生命体的演化不同，尤其是在生成式 AI 技术的介入之下，具有"复活"的特质，表现在进入衰退期的内容会重新焕发生机。生成式 AI 的介入使得传统的短视频生态发生系统性变革,通过资源重组、认知拼接、技术干预的手段激活既往内容的组织活力。[16]

生成式 AI 赋能短视频进化的渐进性、群智性和循环性决定了技术参与下的进化过程更加复杂、更加多变,但生成式 AI 赋能仍然遵循生命的发展轨迹:组织态、成长态、进化态和演变态。[17]组织态即在 AI 技术介入的初期,内容与用户之间的物质循环并未得到建立,能量流动和信息传递依旧处于低速状态,虽然信息生态位已经搭建完成,但整体竞争力较弱,生成式 AI 技术需要解决如何营造适于自身进化的有利条件和生长因子。当用户发生关联行为,此时进化进入成长态,信息内容与用户不断进行双向选择,内容质量与应用水平不断提升,负熵不断增加,信息生态链不断扩张,关联结构由简单走向复杂,竞争力不断提升。随着资源储备不断提升,负熵摄入持续稳定,生成式 AI 进入进化态。此时,内容生产的呈现样态、组织模式大多符合用户的期待和要求,关联结构也满足用户非线性的发展需要,技术、人与信息生态之间的互动不断增强,短视频的信息生态链渐趋稳定。[18]当提供的服务与用户的需求出现供需失衡的现象时,内容所吸收的负熵逐渐减少,生成式 AI 赋能短视频进入演变态,此时技术的主要任务是寻求变化与创新,重新激活组织活性,演变内容生产,使其回到成长态或者进化态。

第三节 "资源-竞争-繁衍":短视频价值迭代的逻辑架构

当媒介下沉为社会的操作系统,而技术成为社会变革的中坚力量,其实我们已经悄然进入数字文明时代。它跟工业文明时代不同,工业文明时代是裂变式的发展，而数字文明时代是一个聚变式的发展。生成式 AI 突破了不同人群在资源使用与整合方面的能力差异，使人在资源调动能力和表达能力方面有更大的提升。短视频是媒介信息生态中的一个生态元，当生成式 AI 介入其中就会对外界媒介信息生态产生直接或间接的影响。本研究从信息生态学视角出发，梳理生成式 AI 赋能短视频经历以下三个过程：异构资源整合、竞争演化关系、信息生态繁衍。待此过程完成，短视频的信息生态及媒介信息生态将会发生重大变化，进而厘清生成式 AI 赋能短视频迭代的底层逻辑。总体逻辑架构如图 6.1 所示。[19]

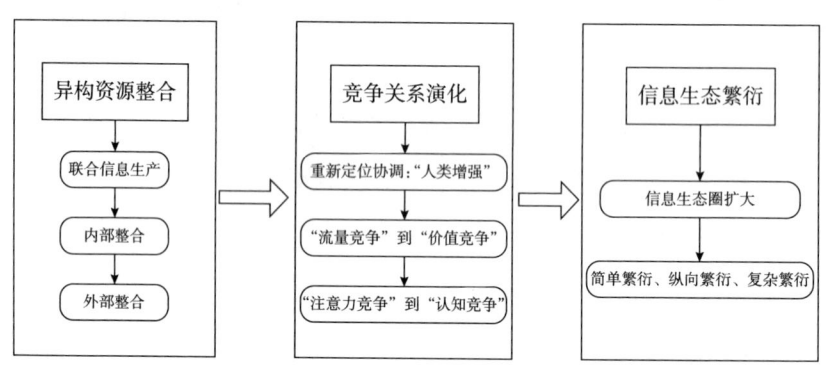

图 6.1 "资源-竞争-繁衍"三维视角下生成式 AI 赋能短视频迭代的底层逻辑

资料来源：喻国明，滕文强. 生成式 AI 对短视频的生态赋能与价值迭代 [J]. 学术探索，2023（07）：43-48.

异构资源整合

生物体维持自身的机能和运转离不开资源，同样生成式 AI 赋能短视频迭代的过程中需要掌握一定的资源，这里的资源具体指可以支持其传播、维持其升级、促进其价值实现的平台。AI 技术参与下的短视频信息生态链与原有的生态链运行方式不同，它是一个异构信息生态系统，作为内容创作过程中的工具、对话对象，"联合信息生产"的能力十分突出。因此，生成式 AI 赋能短视频升级与异构资源的融合存在相关性，并要 AI 技术形成与短视频生态链资源融合的组织结构和功能。

要建立 AI 技术和短视频平台、用户之间多元异构信息资源的整合机制，具体分为内部整合和外部整合。从内部整合来看，要建立生成式 AI 短视频生态链的信息流转通道及规则。从智能剪辑工具、AI 特效、场景识别、字幕生成到个性化内容推荐和创作灵感，AI 技术的提升使得短视频内部资源的协调配置更加高效，创意资源得到充分利用，进而提供更为个性化、创新性、高效性的用户体验。从外部整合来看，AI 所驯化的推荐算法帮助用户提升对于短视频内容的理解，从而通过算法做出更好的匹配，提升内容推荐的相关性、原创性和震撼性（ROI）。在算力、算法和大数据可以覆盖的短视频传播构造中，人们对于专业经验的倚重和信赖将让位于更加实时、更加精准、更加全面、更加可靠和结构化的智能算法，并透过传播的所有层面和要素的整合，成为传播发展与运作中的关键引擎。[20] 与此同时，AI 技术具有较为完善的信息反馈机制，能够缩短匹配调整的时间，实现精准的资源匹配。在短视频的信息生态链中，技术、人与内容成为重要的节点。在当下布局短视频的生成式 AI 创作能力，通过异构资源整合，有助于形成新的短视频内容生态，掌握新的用户流量资源。

竞争演化关系

从技术发展的生命历史来看，每一次技术的进步都是通过连接形成新的功能、新的价值。当我们在新的媒介环境中创造价值时，并不是通过竞争获得的，更大程度是在合作、融合、互相匹配中形成和建构起来的。当 AI 技术助力短视频的迭代升级，如何找到符合自身特点的信息生态位至关重要。

AI 技术对于社会最大的颠覆在于增强人类的平等性。在短视频信息生态中，"人类增强"将重新定位协调。生成式 AI 突破了内容资源使用与整合能力的局限，使每个人至少在理论上以一种社会平均线之上的语义表达及资源动员能力进行社会性的内容生产和传播对话。大众跨越了"能力沟"的障碍，有效地按照自己的意愿、想法来激活和调动海量的外部资源，形成强大、丰富的社会表达和价值创造能力。[21] 以快手公司为例，利用生成式 AI，快影 APP 上线了"AI 动漫视频""AI 素材库""AI 文案推荐""AI 瞬息宇宙"等四个生成式 AI 功能，这些功能大大降低了创作门槛，让普通用户也能够高水平地制作短视频内容，为短视频的迭代带来更多的可能性。

与此同时，AI 赋能短视频迭代的过程中，竞争关系从传统的"流量竞争"演化为"价值竞争"，从传统的"注意力竞争"演化为"认知竞争"。算法的平均化打破了行业壁垒，打破人与人之间智力的围墙，未来传播的着力点在于从认知层面出发，解决个体"以我为主"的信息关联性问题，凝结传播的价值逻辑。[22] AI 不仅仅是短视频迭代的参与者，更需要通过传播内容与个体认知结构的契合，以认知推进寻求短视频信息生态圈层的动态平衡点，实现公众信息触达基础上的情感共鸣和价值共振，通过竞争关系的协调与优化，以认知机制推动短视频流转链形成稳定关系。

信息生态繁衍

从生产力的角度来说，生成式 AI 赋能短视频，技术不是取代，而

第六章 生成式 AI 对重要传播内容的生态赋能与价值迭代

是助力，在相互协调的过程中，价值实现的创新机制开始凸显，短视频生态圈开始繁衍，信息态圈层逐步扩大。短视频的价值创新一方面来自 AI 技术的进步催生了"新质"，另一方面"新质"的诞生对信息生态圈有着强大的反作用，催生了信息生态系统要素的变革与繁衍，产生涌现机制。短视频生态系统的信息节点的协同作用促使信息生态逐渐趋向一个结构合理、稳定向上的系统整体，在进化的过程中持续进行自组织与超循环演化。[23]

生物的繁衍性质往往从简单繁衍、纵向繁衍、复杂繁衍等方面来衡量。生成式 AI 技术赋能短视频的简单繁衍，主要体现在短视频信息资源的增长量、短视频的生成量及用户的简单互动，但并未形成较为深远的影响；纵向繁衍是指技术加持后的短视频对于用户素质和自身的生态位提高起到一个较为明显的作用；复杂繁衍是指在生成式 AI 技术的催生之下，新的短视频生产模式开始诞生，如互动型短视频、众包型短视频等，在二次开发甚至多次开发下，产生新的价值系统。通过繁衍性质的进阶，短视频信息生态系统得以扩大和增强。

第四节　生成式AI短视频发展的趋势和转向

亨利·列斐伏尔（Henri Lefebvre）在《空间的生产》一书中提出空间具有三重属性，即"作为自然空间的被感知的空间，作为精神空间的认知性空间以及作为社会空间的亲历性空间"。[24] 三元空间理论揭示了空间的开放性和自由度，建构了现代性的空间生产体系。[25] 短视频一定程度上是基于现实世界的映射，生成式 AI 技术的参与本质上是数字化的空间再次被延展，更是一个开放的符号世界，为用户提供一个参与生产、参与互动的实践场所。理解生成式 AI 知识媒介的属性不仅是计算环境、系统、平台、信息网络或基于信息技术的基础设施，还是一种技术-社会空间组合。毫无疑问，AI技术赋能后的短视频表现出了自然、精神和社会的三元空间特征，生成式AI技术的参与使得三重空间与现实世界的交融协同发生了"质变"，当下人类已经不再处于本雅明所谓的机械复制时代，而是抵达人工智能复制时代，人与人工智能共生时代产生新的传播主体，生成式AI在这场"空间革命"中将要经历的三个阶段：第一阶段是"助手阶段"，生成式AI辅助人类进行内容生产；第二阶段是"协同阶段"，生成式AI以虚实并存的形态出现，形成人机相辅相成的局面；第三阶段是"原生阶段"，生成式AI将独立完成内容创作。

"新的技术人类文明类型"是现代社会历史性生成的结果，[26]生成式AI模式的动机对社会实践和社会生活的重要关切敏感。我们需要充分认识到生成式AI为短视频行业带来的机会，站在信息生态学的理论视角上厘清"资源-竞争-繁衍"的底层迭代逻辑，把握短视频在技术赋能、赋权、赋魂机制下的社会革命，认清生成式AI作为一种知识媒介对于短视频生产的作用。其实，生成式AI的出现到底是忧是喜，并不取决于技术本身，而在于人们如何使用它。正如哈罗德·英尼斯在《传播的偏向》中所言："一种新的媒介会横空出世，其势必具备某些旧媒介无法企及的优点，并可以将人类引领至一个崭新的文明之中。"[27]

第七章
生成式AI浪潮下版权生态的态与势

第一节 版权范式的时代转型

生成式 AI 浪潮下，AIGC 逐渐成为内容主体的一部分。当前学界对 AIGC 的"可版权性"争论不休，支持方认为 AIGC 具备"可版权性"，应当以结果主义为标准，人类利用生成式 AI 进行内容生产，在基于人类反馈的强化学习过程中融入独特的人类色彩；[1] 反对方认为 AIGC 不具备"可版权性"，ChatGPT 等生成式 AI 生成的内容并非人的创作成果，是算法规则下的内容，人工智能也并不受著作权法的激励。[2] 结合当前提示工程师等新兴职业的涌现，我们认为 AIGC 具备"可版权性"，因为提示工程师运用富含独创性的"提示词"挖掘生成式 AI 的最大潜力，"一百个提示工程师会生成一百种不同的内容"，而 AIGC 对内容主体的冲击成为亟须关注的问题。

AIGC 的出现是继"微内容"之后对版权范式的生态级革命，如果碎片化时代的"微内容"推动"全版权"向"微版权"迭代，那么 AIGC 对内容主体的扩容将迫使"微版权"范式进一步升级。微粒化方法论下的"微版权"强调对微粒化个体的激活，海量个体创作者构成中长尾版权方，[3] 即关注个性化功能；而生成式 AI 浪潮下的"微版权"范式聚焦社会功能,将版权整体视作一个复杂的生态系统,强调诸多生态单元的协同发展和生态位的扩充,因此仅从生物单元的个体层面关注是远远不够的,需要将关注的焦点转向生物单元协同下的生态级功能,实现版权范式的时代转型。

第二节 以"知识元"为核心的版权图谱

最小生态单元

碎片化时代的"微内容"概念已经无法适应新形势下版权发展的需要,传统意义上的"微内容"推动"全版权"到"微版权"的转型,微粒化逻辑下内容化整为零,以集约化的经济模式发挥更细颗粒度、更微末的内容的版权价值。生成式 AI 浪潮下,AIGC 拓展了"微内容"的边界,强调内容的智能生成属性。准确把握新形势下的"微内容"概念分三步:第一步需要把握 AIGC 涌现行为的灰箱化;第二步需要正确认识"Chat"式类人机交流可能招致的伊莉莎效应;第三步需要承认 AIGC 模糊人类要素与非人类要素的边界。[4]

生成式 AI 技术模糊"微内容"概念,直接向版权生产方、版权消费方、版权分解方提出疑问:究竟何种内容具备版权价值?有学者提出以知识元为最小单位,以信息熵为测度进行信息组织的数字化内容产品。[5]所谓知识元即知识的基本组成单位,具备完备知识表达的最小知识单元,依据知识元结构可以将其分为方法知识元、概念知识元、数值知识元、事实知识元。[6]方法即完成某项任务或达成某种目的所使用的方式或手段,内含科学研究方法和解决现实问题的策略,方法知识元通常包括步骤、方法、经验等;概念即对某一对象形式和变化规律的总结，反映某一对象本质的属性，概念知识元通常包括定义、释义、原理等；数值知识元即描述客观对象数值属性的最小知识单元；事实即某一事物的客观情况，事实知识元通常反映事物发展的各阶段、最终状态等。基于上述对知识元的结构划分，探索以知识元为最小版权主体是契合内容碎片化与内容智能化的要求，推动微版权范式的时代转型。

生态失衡指标

"熵"最初源自热力学第二定律，用来衡量分子在系统中的无序程度。1948年，克劳德·艾尔伍德·香农（Claude Elwood Shannon）将熵定律引入信息传播，提出"信息熵"概念，以测量信息的无序化程度。"知识元"作为最小版权主体，以信息熵为测度能够有效衡量、把握版权生态的失衡情况。对于信息系统而言，足够多的信息能够有效缓解系统的熵增现象，版权生态也可被视为一个复杂的信息系统，其中信息熵有高低之分，高熵即无序或失衡，低熵即有序或平衡，通过负熵抑制熵增，进而形成耗散结构式的有序版权生态。相较于版权生态中的其他生态单元，"知识元"作为最小版权主体信息熵高，相对失序。有研究者可能会提出疑问，既然"知识元"是高熵，为何还要将其作为最小版权主体？事实上，探索以"知识元"为最小版权主体只是版权范式迭代升级的第一步，第二步即构建以"知识元"为核心的版权图谱，通过诸多知识元的有序排布抑制熵增，实现版权生态的平衡发展。

香农在信息论中提出"互信息"概念，人们获取的信息和想要的信息并不对等，只有当两者存在关系，获取的信息才能消除不确定，实现有序化。[7] 以"知识元"为最小版权主体的目的便是在人们获取的信息和想要的信息之间最快建立关系，有效实现信息的有序化。以信息熵为测度研究版权生态，能够从生态系统的宏观层面把握微观变化，借助以"知识元"为最小版权主体构建的版权图谱实现"熵控"，促进版权生态的有序发展。

生态净化技术

何谓版权图谱？与知识图谱类似，知识图谱以结构化的方式描述客观事件的概念、实体、事件及其间关系，旨在通过图谱的形式集成、组织、管控无序信息，以便人类认识世界。[8] 版权图谱即以结构化的方式呈现版权生态下以"知识元"为最小生态单元的概念、实体、事件及关系，以便促进人类对版权生态的认知。如前文所述，伴随版权生态的发展与演变，必然面临熵增，本书提出以生成式 AI 和区块链技术为基底，构建以"知识元"为核心的版权图谱，运用结构化检测技术和图谱式追踪技术实现生态净化。

1. 结构化检测技术

生成式 AI 突破以往技术限制，具备从形式层到思想层检测的能力飞跃。囿于传统检测技术的限制，版权保护始终停留在形式层：相似文本段落、类似视频片段、雷同音乐旋律等，本书以学界熟知的学术论文查重为例阐释生成式 AI 技术对版权保护的赋能。现行的论文查重系统通过比对目标论文与文献资源库中文本信息进行重复文字检测，从而发现目标论文与已有文献是否存在内容重复。查重的技术原理为运用自然语言处理技术，以文本数据为对象，通过文本相似度算法检测目标论文与文献库的文字重复情况。[9]

诚然，大数据、云计算等技术赋能信息检测与查重功能，但是仍停留在文本内容的形式层，且在如下三个方面可能出现误检：首先是查准率，当相似度算法的阈值设置过低时，即便内容相差甚远，类似词语也可能被误判为重复；其次是查全率，囿于文本库，以知网、爱思唯尔等为代表的出版商掌握的数据库并不免费对外开放，同时，在进行相似度检测时，受自然语言处理能力的局限，机器无法准确理解语句改写，导致无法查全；最后是推理能力，论文查重系统归根结底是对文本的比照，难以结构化检测目标论文与文献库内文本信息的关系，不具备图谱化检测目标论文与文献库内文本信息的源流演变的能力。

生成式 AI 技术具备的结构化检测能力助力论文查重实现从形式层到思想层的跃迁，进一步提升版权保护能力。ChatGPT 具备智能洗稿的能力，并不是对文字进行简单的内容复制、粘贴，而是以其算法逻辑进行同义替换，逻辑重构，运用不同内容的文字组合表达类似观点。[10] 反之亦然，ChatGPT 的算法逻辑应当具备结构化检测能力，能够有效识别语句改写、文章框架复制等，从思想层实现对文本内容结构化检测的能力。

2. 图谱式追踪技术

运用区块链技术构建以"知识元"为核心的版权图谱能够有效实现图谱式追踪技术，以"知识元"核心梳理版权生成、应用的源流图，利用区块链的"去中心化"完善版权获取，通过"智能合约"推动版权分割、版权开发与版权交易，运用"时间戳"优化版权保护，确定版权归属，[11] 运用分布式记账的方式记录数字产品确权时间、权属关系和历史交易情况。¹² 2020 年 9 月 6 日，北京版权保护中心与北京互联网法院发布"版权链－天平链协同治理平台"，将数字版权证书存储到版权链中，权属登记确权规则与司法认定规则实现统一。区块链技术已经被运用于我国司法实践中，"凤凰读书"侵害著作权纠纷案作为全国首例依托区块链技术的著作权案，行政机关与司法机关运用技术手段降低当事人举证成本与法官认证难度，有效推动构建版权共治社会体系。¹³

生成式 AI 技术有效优化当前算法技术在版权治理实践中的自动化缺陷与透明性困境。根据当前算法技术在版权治理实践与对网络用户权利的影响程度，版权算法治理实践可分为：自动通知－删除型与自动审查－过滤型。¹⁴ 可以说自动审查－过滤型算法结束了自动通知－删除型算法下的"打地鼠"游戏，但是囿于机器智能水平的局限，版权保护与技术发展的失衡，版权算法在实施过程中不可避免地产生错误判断，其中仅有极少部分经由用户申请后被推翻。相关学者提出，仅 2013 年的 6 个月内，谷歌网页搜索收到 1.08 亿个删除申请，其中有 450 万个申请存在根本性缺陷，接近四分之一的申请存在有效性问题，接近三分之一的申请存在潜在问题。¹⁵ 这意味着算法的智能化程度直接影响用户的使用体验与版权保护的有效性。生成式 AI 与区块链技术加持的版权图谱将有效提升版权保护的智能化水平，极大降低算法自动化下的误判，推动版权生态净化。

第三节　整体观与过程观下的版权价值衡量体系

生态位态势理论认为无论是个体还是生物圈，无论是自然还是社会中的生物单元都具有态和势两个属性：态即生物单元的状态，是过去生长、发育、学习、发展与相互作用的结果；势即生物单元对环境的现实影响力或支配力，如能量和物质变换速率、增长率等。有学者在生态位态势理论的基础上提出生态位的扩充假说，生物单元无限增长的潜力所引起的态势的增加即生态位的扩充，生态位的扩充是生物圈演变的动力，是生命发展的本能。[16] 生态位态势理论作为生态学的重要理论之一，现已被迁移运用至诸多学科领域，如城市研究、[17] 传播媒介、[18] 媒介经济[19] 等。本书提出将生态位态势理论和生态位的扩充运用于版权生态，在整体观下厘清版权界限，确立版权保护原则；在过程观下结合生态位态势理论阐释版权生态中生物单元态势变化，结合版权图谱衡量版权价值。

生态规则

1. 版权保护界限

谈及版权生态，首先需要厘清版权界限，我们面临的首要问题是确定何种内容具备版权价值。版权保护的本质是保护社会创新与活力，版权保护的落脚点是保护内容，那么何种内容具备版权保护的价值？学界对于内容的划分有多重依据，有学者根据创作主体与来源将虚拟现实场景内容分为人类新创作型、完全复制型、二次创作型、虚拟人创作型。[20] 有研究者指出在数字出版物交换过程中存在内容分类标准不同等问题。[21] 本书认为应当抛开内容的技术属性，无论是虚拟现实场景下的内容，还是数字出版物的内容，均应当从整体观视角入手，将内容看作一个整体，研究其本质属性，将其分为公理、共识性的通用内容，和除此之外的特异性内容。基于创新激励原则，具备版权保护价值的应当是特异性内容，而非通用内容。以公理、共识性为代表的通用内容是版权生态中的基础内容，其生态位的态势处于持续变化中，它们的作用是为社会创新提供养分，在此基础上创造出更具独特价值的内容。封闭并不能带来价值，唯有流通才能创造更大的价值，"传播即权力"便是证明。

特异性内容不可避免地包含看似无意义的内容，而无意义的内容同样具备潜在的版权保护价值。内容范式包含三个价值维度：宽度价值、深度价值、媒介价值。[22] 看似无意义的内容在深度价值上确实缺少版权保护的价值，但是在基于情感与关系表达的宽度价值和基于场景的媒介价值上具备独特的版权保护价值，通过内容引发关系认同与情感共鸣，进而通过内容聚合趣缘用户，构建基于场景的连接，契合以"关系–信息–场域"为核心的传播模式。[23] 看似无意义的内容在宽度与媒介价值维度上，经由情绪和情感的加持具备强大的社会动员力量。

2. 版权保护原则

版权保护原则是版权生态下的生态规则，确立版权保护原则是版权生态持续、有序、动态、平衡发展的前提。自改革开放以来，知识产权法对知识产权权利人和社会公众两者兼得利益的平衡从未停止，只有公权与私权保持动态平衡才能保障社会创新与社会活力。著作权制度的根本价值在于维护个人利益与公共利益之间的平衡。[24] 西方发达国家率先确立了知识产权是私权的法律原则，知识产权法的重要作用就是促进知识创新。[25] 伴随市场经济与科技的发展，知识作为一种重要的生产要素对经济发展和社会进步起到关键作用，有研究表明，加强知识产权可以提升企业创新能力和研发投入。[26] 不止企业如此，版权保护对版权生态下的个体、科研机构等诸多生物单元都具有激励创新和提升活力的作用。确立版权保护原则，保障私权与公权平衡下的社会创新与社会活力成为版权生态有序发展的基石。

生态位的态势

1. 生态资源协同

以"知识元"为基础的版权图谱构建系统化的版权体系，对于版权所有方、版权使用方、版权分解方来说具备不同的功用，例如版权生成、版权分解、版权交易、版权维权等；此外，其最重要的功能是形成以"知识元"为基础的资源协同节点，呈现与每个知识元有关的资源协同情况，这些资源包括但不限于图书、音乐、影视、货币、技术等。以"知识元"为核心的资源协同节点能够精准反应版权生成、使用、交易等情况，有效提升该节点的生态位，反映该节点对版权生态的掌握与影响力。

以"知识元"为核心的资源协同节点是图谱式、模块化的资源组织方式，将版权资源根据知识元的关系进行拆分和关联，提升版权所有方、版权使用方、版权分解方管理版权资源的效率，形成稳固的版权体系，按照知识元之间的组织关系，从资源的单一体系到建立版权体系，为资源建立关联关系，赋予版权资源更大的自由度和灵活性，提升以"知识元"为基础的资源协同节点在版权生态中的生态位。资源协同节点可大可小，可以是一个知识元，也可以是诸多知识元的组合，最大的资源协同节点便是版权生态。伴随资源协同节点关联资源的增加，生物单元的生长潜力不断增强，从而实现生态位的扩充、生物圈的演变。

2. 生态位的态与势

  第一步，确立整体观下的生态规则；第二步，构建版权价值衡量体系，这离不开版权图谱溯源的版权生态，在过程观视角下结合生态位的态与势两个属性衡量版权价值。版权生态下的态是版权主体的状态，涉及数量、使用现状（下载量、引用量等）、交易现状（交易价值、交易次数等）、纠纷现状等；版权生态下的势是版权主体对版权生态下各种环境资源的现实影响力和支配力，涉及使用趋势（下载量变化曲线、引用量变化曲线等）、交易趋势（交易价值变化曲线、交易权重变化曲线等）。版权主体态的变化一般呈现"S"型曲线，势的变化一般呈现"钟"型曲线，版权生态中版权主体的生态位即该版权主体的态势与版权生态中所研究版权主体态势总和的比值，体现了该版权主体的相对地位与作用。结合上文提及的构建以"知识元"为基础的资源协同节点，调动资源量的多寡决定其在版权生态中的权重。

  基于版权图谱，根据资源协同节点的权重，在过程观指引下构建版权价值动态衡量体系，根据生态位态势的变化，即过程特征决定版权价值。生物单元生态位扩充的实例有很多，例如人类在社会生活中的成长，通过负熵进行控熵实现体能、财富、智慧等方面的增强。生成式 AI 浪潮对版权生态同样如此，ChatGPT 等生成式 AI 拓展了内容的外延，同时也对大规模机器学习对版权的合理使用发起挑战。[27]生成式 AI 的技术原理是结合大量语料数据构建大语言模型，使得 ChatGPT 具备高于人类平均水准的互动聊天能力。[28]那么，这些语料数据的版权价值是否被准确衡量且完全支付？显然没有，这些语料数据以千亿级为单位，当前从事生成式 AI 的创业公司并不具备完全支付的能力。此时便需要引入版权图谱，在过程观下衡量这些语料数据的价值，进而通过复合价值回报途径支付，而非当成"一锤子买卖"，通过基于区块链技术的版权图谱，明确版权使用、生成与交易情况，这在一定程度上回应了对版权的合理使用，也确保版权价值衡量体系的有序发展。

第四节 价值回报形式和价值分配新途径

合理的价值回报途径是版权生态有序发展的前提。各生态单元之间通过价值回报进行交流，促进整体版权生态下"容纳量"的动态增长，形成循环往复的生态循环。对于版权生态的价值回报而言，主要从价值回报的丰富性和选择的自由度出发，探索价值分配新途径。

丰富价值回报形式

1. 直接回报

传统版权价值回报以货币为主，伴随移动互联网的快速发展，流量货币、流量曝光、竞价排名等货币等价物逐渐成为价值回报的新途径。正如前文所述，ChatGPT 等生成式 AI 运用千亿级的语料数据，一方面此类创业公司并不具备完全支付的能力；另一方面完全采用货币进行交易也并非符合版权所有方的需求。单一的价值回报方式已经无法适应版权生态快速发展的需要，甚至会造成"生态污染"，阻碍版权生态的良好、有序发展。

要解决这一问题，应当从生态资源的置换入手，一方面运用货币进行资源置换；另一方面寻找流量货币等货币等价物进行资源置换。正如传媒经济中"二次售卖"理论所揭示的，报纸、广播、电视、杂志等大众媒体亏本售卖实质上是以销量换影响力，大众传播平台通过售卖版面和时长换取广告主的高额经济回报，以此填补产品亏空。传媒产业的经济本质是影响力经济，即将影响力进行二次售卖，传媒影响力的本质特征在于为受众的社会认知、社会判断、社会决策和社会行为打上"渠道烙印"。[29]大众传播时代的渠道具有稀缺性的特征，货币是社会的硬通货，如今货币并非价值交易的唯一中介物，版权所有方与版权使用方需要的可能是流量或者对方持有的珍稀版权，通过流量等货币等价物实现版权交叉式的资源置换。

2. 间接回报

如果说"渠道"在大众传播时期具备稀缺价值，在智能互联的当下，万物皆媒，人人都是发声筒，人人都是麦克风，人人都会使用ChatGPT，"渠道"的稀缺价值被消解，直接的价值回报并不一定能够满足交易双方的需求。马斯洛将价值需求分为低层次生存需求和高层次精神需求。如果直接回报满足了低层次的生存需求，那么间接回报便满足高层次精神需求，构建基于场景分级下的身份获得与身份认同。

身份认同理论是确证自我与他者区别的概念，是对自我身份的确认和对所属群体的认知，分为个体身份认同、群体身份认同和两者的统一。就个体身份认同而言，个体通过日常生活中与他者互动的情景中自我展演来控制他者对自我的印象，从而完成自我身份的塑造。[30]对群体身份认同而言，处于群体中的个体通过相似观念、相似兴趣的构建逐步融入群体，将群体的规范内化于心，外化于行。对于版权生态中的个体而言，如果将个体生存的场景分成低层次场景、中层次场景和高层次场景，低层次场景对应生存空间，中层次场景对应生活空间，高层次场景对应人们更为复杂的心世界，在个体熟知的低层次场景和中层次场景已经满足的情况下，个体更倾向于在高层次的场景获取身份与身份认同，如广大学者无不希望自身的研究成果能够推动科技进步与社会发展。2017 年阿希什·瓦斯瓦尼（Ashish Vaswani）等人在神经信息处理系统大会（NIPS）上发表论文，提出 Transformer 网络架构，解决序列数据的训练，并在此基础上直接推动 ChatGPT 的诞生和 AI 智能水平的提升。该篇论文的引用量已超 80 000 次，这正是在高层次的场景中获得身份认同，直接的经济回报已经无法满足人们在高层次场景下的身份获得与身份认同的需求。

与国际传播的价值回报类似，投入与回报并非即时、等价的关系，通常是经济上的直接回报与政治和文化上的间接回报相结合的方式。[31] 版权生态中的价值回报也是如此，伴随生成式 AI 对个体的赋能赋权，每个个体都具备超乎社会平均水平的话语表达与社会资源调用能力，直接回报与间接回报的协同将是丰富价值回报形式的唯一选择。

"微码洋"

码洋是图书出版发行部门用于全部图书定价总额的词语，即图书的定价与册数的乘积。何谓"微码洋"，本书在码洋的基础上提出版权生态下适用于版权主体的定价总额，此处的"微"并非指版权价值的金额微薄，而是指以知识元为代表的微内容构成的海量版权主体。运用区块链技术赋能版权价值分配，构建去中心化、动态的价值分配新途径。

1. 去中心化的价值分配

《出版业"十四五"时期发展规划》指出版权领域应实现区块链技术的技术创新，推动智能合约、加密算法、分布式系统等技术在出版产业中的创新应用。运用区块链上流通的一种虚拟代币：不可同质化代币（NFT），其具备所有权转让标准化数字资产凭证功能。与比特币等代币不同，流通于区块链的 NFT 具备不可分割、不可替代性。NFT 的独特属性为在版权生态中构建去中心化的价值分配途径提供便利，NFT 的可流通性和唯一性为版权主体在区块链上的"标记化"和"资产化"提供思路，[32] 最终以自主、自动、独立的形式铸造 NFT 数字版权证书。与此同时，得益于 NFT 的可流通性，版权生态下的价值分配可以自由授权、自由交易，通过智能合约技术促使版权所有方与版权使用方超脱平台限制，自主设定价值，点对点交易，有效促成版权价值确认与变现，实现版权生态中安全、公平、高回报率的版权交易，保障利益最大化。

2. 动态的价值分配

版权价值并非恒定不变，应当根据版权主体生态位的态势构建动态浮动的价值权重。孤立、静止的价值分配无法适应不断演变的版权生态，而生态位的扩充恰恰说明版权生态有无限增长的潜力。如果版权价值分配处于孤立静止的状态，那么其无法适应版权生态发展的需要，进而会遏制生物单元与生态系统潜力的增长和生态位的扩充，最终导致减少、衰退，乃至灭绝。

有研究者从商业数学期刊数据库版权运营的角度指出构建动静结合的收益分配双规则的必要性，在商业学术期刊数据库与期刊社之间构建静态版权分配，在商业学术期刊数据库与作者之间构建动态收益分配方式，如统一定价、根据期刊定价、根据论文数据单篇定价。[33] 这种动态的收益分配方式是适应生态位扩充需要和版权发展需要的选择。对于学术论文而言，不同论文的数据（下载量、引用量等）不同，具备不同的价值，不能以统一、静态的价值权重进行衡量。运用生态位态势理论分析版权主体的态与势，一方面推动构建动态浮动的价值权重体系，另一方面促使版权所有方关注内容质量，激励创作创新性与活力。区块链技术加持的"微码洋"革新了传统价值分配形式，创造性地采用去中心化、动态的价值分配新途径，契合版权保护的初衷，实现个体利益与公众利益的和谐统一，助力生态循环。

| 第二部分 |

AIGC传播时代
认知争夺的转向

第八章
策略性传播范式的全新转型

第一节 "不战而屈人之兵"的认知竞争

信息过载时代,个人的认知能力已不足以确保其做出明智、及时的决策,由此产生了"认知战"(cognition warfare)这一新概念,意味着智能传播时代个体可能在不知情的情况下被"俘虏"认知,成为嵌入式第五纵队(embedded fifth column)。[1] 俄乌冲突中物理、网络和社会系统虚实互动、协同共生的"三战合一"的发展态势,更是将人类认知空间的重要性凸显得淋漓尽致。[2] 有学者甚至预言人类大脑会成为继空中、陆地、海上、太空和网络之后的第六大"作战领域",舆论战范式将发生根本转变。[3]

所谓"认知战",即围绕个体认知开展的竞争实践,其目的不仅在于控制信息内容,还在于改变人们的思维继而影响其行为方式,[4] 达到"不战而屈人之兵"的目的。西方学者将认知战看作以往信息战(information warfare)的升维形式,是信息战及由此衍生的电子战(electronic warfare)、网络战(netwar)的总称。[5] 目前认知竞争已超越军事战争领域向政治、文化和社会领域蔓延。[6] 但需要明晰的是,信息竞争与认知竞争在深层传播逻辑上究竟存在何种差异,换言之,从信

115

息竞争到认知竞争是否代表着一种传播范式转变。如果是，认知竞争指向的是何种新传播研究范式？这正是本书欲回答的问题。对该问题的解答关系着智媒时代传播效果研究范式的再确立，对未来舆情传播等领域至关重要。

为回答这一问题，本书拟从更宏观、抽象的"元传播"层面来分析，遵循"为何转型-如何转型"的思路，首先从元传播层面剖释结构性因素对信息竞争传播范式的影响，回答认知竞争是否构成范式转变这一问题；其次，在元传播规则下讨论认知竞争所指向的新传播范式与研究维度，以期帮助深化对认知竞争的认识。

第二节 "元传播"——传播范式变革的核心问题

何为"元传播"

美国人类学家格雷戈里·贝特森（Gregory Bateson）在研究人类传播活动的特殊性时提出，相较其他动物应激性的交流行为，人类交流活动具有分层逻辑[7]——具象的一层是双方对客观信息的传递，即信息论、控制论视角下所谓的"传播"活动；抽象的一层是双方对交流情境、交流关系等传播规范性背景的共识性规定，即所谓的"关于传播的传播"，类似于棋类或球类的游戏规则。[8]贝森特把这一抽象层面的传播概念化为"元传播"（meta-communication），指提供传播双方编码方式及受传关系有关的所有线索和属性信息的过程。[9]它是传播活动的预设框架（premise frame），规定着传播的包含内容与排斥内容，"如同画框告诉观画者不要以同样的解读方法对待画框外的墙纸和画框内的绘画"。[10]换言之，"元传播"即关于传播活动的规则框架，构成我们如何谈论传播行为的基础规范和准则。

随后,"元传播"的概念被引入传播研究中。[11]例如,贝特森在分析艺术与宣传的范式差异时引入"元传播"概念,说明二者在元传播层面对核心概念"何为真"的界定存在差异,宣传中的"真"界定为客观叙事层面上的真实,而艺术中的"真"则是人造话语层面上的真实。[12]陆晔等人采用"元传播"视角分析新闻业转型变迁,提出作为传播实践通用"模版"(template)或"脚本"(script)的"元传播范本"概念,将新闻变迁本质抽象为以事实为基础到以公众理性交往为基础的"元传播范本"转型。[13]有学者进一步强调"元传播"视角对传播研究的重要性,认为传播范式分析不仅要看到具体传播活动的变化,例如探究哪些创新活动可能或正在发生,更重要的是看到元传播层面的开放,即探究创新活动体现了怎样的元传播模式及传播规则。[14]因此,元传播视角对传播范式转型的分析来说是必要且有效的理论分析工具。

"元传播"视角下的分析框架

如上所述,"元传播"视角即对传播背后的规则框架进行分析,那么所谓的"传播规则"究竟指什么呢?应该如何切入"元传播"分析?克劳斯·布鲁恩·延森(Klaus Bruhn Jensen)将"元传播"的分析路径具体为对传播关系框架、体裁(genres)及元语言(meta-language)三个维度的分析。其中,传播关系指传受双方基于具体传播活动所建立的社会交往框架,规定着双方的表达、话语和角色扮演习惯;体裁主要指所传播内容的话语习俗(discursive conventions),包括内容叙述形式、言说方式等,可以理解为传播的内容逻辑;元语言指抽象层面对传播活动的符码界定，可以理解为对传播活动中核心概念的意义阐释。[15]

换言之，延森把"元传播"这一关于传播的总体规则划分为三个子规则，即传播核心概念的阐释规则、传受角色关系的界定规则及传播内容逻辑的建构规则。因此，从元传播视角分析传播范式变迁的问题，就转变为对上述三个子规则变迁的解释问题。这便构成本书"转型"问题的核心分析框架，本书将沿着剖释信息竞争与认知竞争背后核心概念规则、角色关系规则及内容逻辑规则差异的路径，展开分析解读。

第三节 智媒技术与微粒社会重书传播规则

影响传播规则的两大结构因素

在罗杰·西尔弗斯通（Roger Silverstone）看来，不同媒介技术及与之相应的社会关系结构，会激发并支撑特定传播交往活动，因此传播活动"既是技术性的，也是社会性的"。[16] 媒介技术与社会结构是传播规则的"底色"条件，其变迁可能消解或改造传播的相应元素。在从信息竞争到认知竞争的发展过程中，技术和社会两种结构性因素都发生了巨大转变。

就媒介技术来说，信息竞争是对信息空间和信息资源的争夺，[17] 其概念产生及发展的技术背景是传统媒介与初代互联网媒介（如门户网站）；而认知竞争对应的则是以算法驱动的智能媒介。传统媒介和初代互联网媒介的技术逻辑是打通人与内容、人与小圈子他人之间的连接，[18] 因此其技术是沿着提升信息传递效率的路径发展的；但算法驱动的智能媒介的技术逻辑则是打通人与物、人与场景、人与泛圈子众人的连接，它着力于通过数据定制，打造人与世界之间的认同关系，因此其技术是沿着扩展关系构造的路径发展的。换言之，媒介技术重构了个体与外部世界之间的中介界面，从以往通过权威赋权挑选的"专业界面"转变为现在基于大数据的"算法界面"。智媒时代"算法"成为公众价值判断和思考的基础性框架，承载着个体对外部世界的认知。

其次，就社会结构来说，信息竞争对应的是平均化、组织化的科层制社会结构；而认知竞争对应的则是经由智媒技术重构的微粒化社会结构。由于个体前所未有地被智媒技术激活，传统科层制社会结构所仰仗运行的平均值正在消失，新型的社会是高度解析的，不再关注平均值转而关注更新的东西：高密度的、更详细的认知，[19] 个体成为可自由安排自我信息系统的"超级个体"。在这种扁平式的分布社会中，传播活动不再可能以标准化和规模化为准则展开，而是转向长尾端挖掘、聚合、匹配微价值与微内容。

信息竞争时代的传播规则走向凋敝

如上所述，信息竞争概念建立于传统媒介与互联网初代媒介技术之上，对应着组织化的科层制社会。从元传播层面来说，信息竞争代表基于事实和理性的公众交往模式，以操控客观世界信息流为传播规则。在该规则框架下，"信息"这一核心概念被界定为外在于客观世界的讯息（message）或新闻（news），例如一战期间的小册子或传单，以及二战期间的广播节目；其角色关系规则建立在掌控渠道的操纵者与拥有平均意识的被操纵者之上；内容生产以教导（instruct）作为首要及最重要的目的，[20]因此其内容重点在于关注能实现劝服效果的文本元素。

但在智媒技术及与之对应的微粒化社会结构下，信息竞争这种依靠操纵客观世界信息流进行的传播规则正在消解。

1. 核心概念"信息"的消解

信息竞争中所抢夺的"信息"是一种对客观事实的阐述，告知（inform）事物的最新状态，一定程度上等同于"新闻"。[21]因而"信息"被界定为一个在客观性上优于"观点"的概念，是公众认知"真相"的介质和工具。在传统大众传播或初代互联网时期，专业新闻机构与新闻从业者把控着"信息"的展现渠道，在信息竞争中占据优势的一方意味着其拥有对公众解释与叙述"真相"的权力——因为在媒介渠道与内容都极为有限的环境下，这些"信息"就像打在"真相"上的探照灯光束不停地照来照去，能够操控信息流，则意味着能操控人们看到的客观世界零件，人们借助个人头脑对这些被操控的零件进行整合，便会得出操控者们希望看到的"结论"。这就是过去所说"让事实说话"的逻辑。

但智媒技术一方面使得所谓阐释客观事实的"信息"不再可信，深度伪造等技术使得其虚假信息更具有隐蔽性；另一方面，智媒时代专业媒体机构也不再具有操控"信息流"能力，因为信息处在全时全方位的涌现状态。面对信息生产"前台"和"后台"身份的重置和混杂，无论是否出于自身意愿，探求事实和真相的方式似乎都已经出离控制。[22]"有限理性"的人们用来指导自己决策的心智模式在应对复杂系统方面具有天生的缺陷，[23]过载的"信息"已大大超出个体头脑中的有效释义范围。在此背景下，信息是否客观反映真相已变得次要，更重要的是它是否能够进入个体的认知范畴、是否对自己有用、符合自己的认知价值。在"地图在先"取代了"世界在先"的世界中,"信息"概念的重要性已被个体的"认知"所取代。

2. 均等化被操控者的消解

信息竞争的传受角色规则建立在操控框架之上,这是因为在科层制社会结构中个体具有服从高一级组织控制和监督的义务,[24] 高一级的组织也拥有规定下一级个体行为与思考模式的合法权威性。[25] 秉持一种抽象化的群体假设,主流传播机构可以根据假定的群体平均数或众数逻辑来操控大众,因此具有制造大众基础价值与同一秩序等基本认知"共识"的能力。

但在微粒化社会下,个体在自由配置自我媒介资源的过程中形成独异化的认知模式,[26] 不断强化的个人主义使主流媒体基于抽象化群体假设的操控思路被瓦解,用户不再是无差别的均值人或者是被抽离特殊性的抽象人,而是更彰显差异的微粒人或者单体人。这意味着单纯操纵信息的传播规则失效,依靠普适性的劝服策略改变信息构建很难如以往致效。因为在新的社会结构下,个体因素已不是可以被忽视的控制变量,传播面对的是拥有不同认知地图和大脑"操作系统"的个体,信息致效必然需要经过个人认知体系的过滤。

3. 聚焦劝服元素的内容逻辑消解

经典的劝服策略研究(例如一面提示与两面提示、感性诉求与理性诉求、诉诸恐惧等)[27]一直为其信息竞争的内容生产提供不竭理论动力,在大众传播时代拥有强大解释力。这是因为当时个体有足够的认知资源处理并不丰富的外在信息,所有信息都落在主流媒介为个体公众"培育"的释义坐标体系之中,因此这一时期的劝服任务实际只需针对信息本身即可，内容元素的改变便成为解释传播效果产生最显著的原因。

但在智媒时代和微粒社会，政治、文化和公共政策问题上社会共享视角逐渐削弱乃至瓦解，[28]导致公众认知坐标普遍失灵。不论信息劝服元素如何更改，它本身已经超出个体认知的有效释义范围，[29]如若要实现劝服则需要新增一步——铺垫与编织劝服所需的认知框架。因此如今诸如叙事传输（narrative transportation）等关注劝服框架的理论在劝服效果研究中获得更高解释力。[30]这并非意味着以往经典劝服理论出现错误，但一定程度上说明仅在内容写作元素上进行操纵已经无法获得大众传播时代的强劝服效果，基于统摄和结构思维的劝服内容更符合当下的内容生产逻辑。

总之，智媒时代和微粒社会正在重新书写传播规则，用户"媒介观"的到来使媒介与媒介效果的解释权已经转移到用户手中，[31]原先操纵客观世界信息流的传播规则有效性受到用户地位提升的冲击。从元传播层面来说，信息竞争向认知竞争的升级，是顺应社会个人主义和算法技术发展的必然结果。

第四节 "刺激-认知-反应"的研究范式升维

认知竞争时代建立新的传播规则

如上所述，从媒介信息到传播效果之间的作用路径不得不重新考虑用户认知的地位，因而当前传播领域的核心不再是操控客观世界的信息流，而是影响个体主观世界的认知。

1. 核心概念："认知"

心理学上"认知"包括感觉、知觉、记忆、判断等一系列心理加工活动,[32] 是外在信息输入后于大脑中加工形成的初始结果。它不同于个体本能应激式产生的"感知",对不同感知信息进行简单加工及存储才能形成认知。但它也并非"认识",不是逻辑性、有态度倾向的知识、意见或意识形态。[33] 认知过程理论把"认知"看作一个输入/输出的"中介系统",其输入是感知信息,输出是深层思维的方法（见图 8.1）。[34]

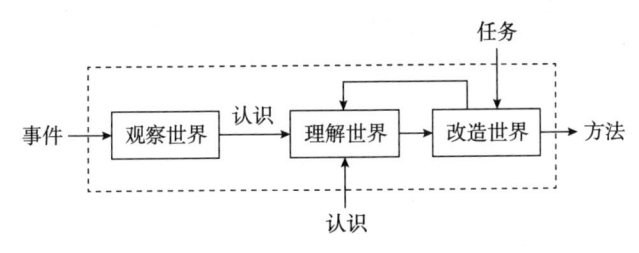

图 8.1　认知与认识的过程差异

资料来源：喻国明，刘彧晗. 从信息竞争到认知竞争：策略性传播范式全新转型——基于元传播视角的研究[J]. 现代传播（中国传媒大学学报），2023，45（02）：128-134.

换言之,认知在客观世界与个体主观的深层心智间具有"中介"作用。其地位类似于戈夫曼和甘姆森对"框架"的阐释：[35] 首先具有转换功能,即认知是客观世界信息在个人层面致效的必要条件;其次具有架构作用,即认知是个体定位、释义具体信息的地图坐标;最后具有框选功能,即认知是框定个体心智范围和实践半径的基础。"认知"作为个体通过五官感知后在大脑中内化的一种思维,通过"坐标"或"地图"的角色影响着个体后续的态度、决策与行动。所谓的认知竞争,则是指对能够架构个体认知的资源和空间进行争夺,争取影响个体认知图景的机会。

2. 传受双方角色关系：助手与独异个体

在认知竞争所遵循的元传播规则下，媒介不再如信息竞争中处于操控的主导地位，而是在面对具有独异化思维的个体时转向"助手"角色，以私人助理（如智能语音助手、虚拟人）的身份嵌入用户媒介化的日常生活。

这种角色转换为认知竞争带来新的可能性。智媒助手"永恒在线"地陪伴着用户生活，从用户画像、身体、位置、行为到情绪与心理、关系、评价等多维度都在被数据化。[36] 这种"全息"数据化为媒介影响、介入用户认知提供了丰富的、可供计算的资源；但也使认知竞争陷入伦理问题，因为竞争将以更隐蔽的方式进行且不轻易停止，个体在反抗认知塑造时需要付出的代价和努力将更大。

3. 内容逻辑：建构"认知地图"

如上文所述，由于社会共享视角的瓦解，认知竞争中的内容逻辑应该首先编织、铺垫劝服所需的统摄性认知框架，再进一步采用改造劝服元素的策略。认知心理学家托尔曼把这种统摄性的认知框架称作"认知地图"，即个体可以"通过关于周围环境、目标位置，以及达到目标的手段和途径的内容感知来建立搜索地图，实现认知定位"。[37]

从个体思维模式来看，认知是一个由浅至深的多层级活动，因而建构"认知地图"也应是一个多层级过程。具体来说，认知可由深至浅分为三元认知、二元认知及一元认知：一元认知最深层且相对固定持久，是一种"固态"的认知，其改变或与外界兼容的难度最大；二元认知是可协调的认知，常因关系影响而改变，是一种流动的"液态"认知；三元认知是最松散的认知，可兼容提炼外界所有感知信息，是一种极不稳定的"气态"认知。[38]因此，认知地图也需要在三个层次上分别编织才可能发挥效用。目前实践中常看到的利用政治机器人等"计算宣传"（computational propaganda）方法主要用于改造信息景观，建构最浅层信息感知的地图，对个体认知的影响机制相对薄弱；在此基础上，一些内容还从社群规范与社会资本中借力改造个体和圈层间的信任关系，建构关系认知地图，继而通过长期潜移默化改造基础视角、建构基本框架，竞争更高级认知资源。

认知地图会在传播实践中形成"支点"效应，只要让个体进入某一基础认知坐标系中，之后的信息元素就会呈点状，自动被编织进该框架产生效果。从形象的角度来说，一旦认知的地基打牢，随后的传播效果就不再是线性叠加，而是指数发展。因此，相较信息竞争，认知竞争是更中观、"釜底抽薪"式的方法，即通过影响个人心智的操作系统（"认知"），继而影响后续意见、决策及行动的达成。

认知竞争的研究思路与研究议题

1. 研究思路：从"刺激-反应"到"刺激-认知-反应"

通过上文分析可知，个体认知方式必须以"中间环节"的地位纳入智媒视域下的传播效果研究考虑范畴。因而传统传播效果研究尤其是劝服效果研究所基于的基本研究范式"S-R"（即"刺激-反应"，S-stimulus：刺激；R-response：反应）需要升维成"S-O-R"（即"刺激-个体-反应"，O-organism：个体）范式。需要注意的是，此处论及的"S-O-R"范式与20世纪30年代后期新行为主义者提倡的有所不同，认知竞争研究中的"O"更多指框选、界定个体心智思维和实践半径的"认知"，"S"指来自外在环境、个体内部及媒介接触界面中可能影响"认知"的所有刺激,"R"指个体在认知过滤下最终产生的意见、态度、行为反应(见图8.2)。

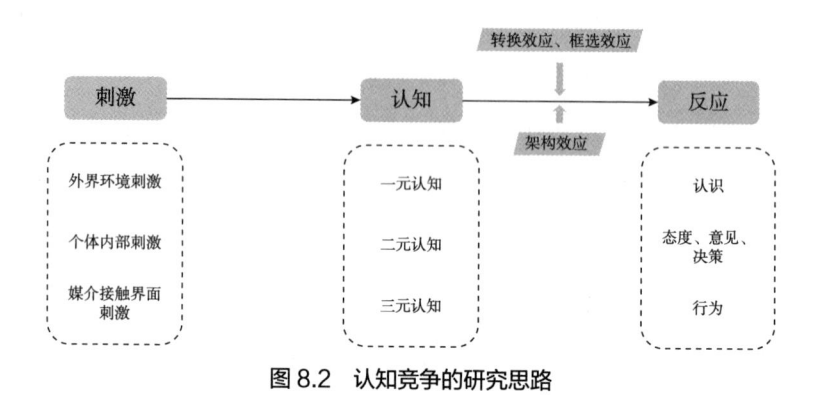

图8.2 认知竞争的研究思路

资料来源：喻国明,刘或晗.从信息竞争到认知竞争：策略性传播范式全新转型——基于元传播视角的研究[J].现代传播(中国传媒大学学报),2023,45(02):128-134.

在探究个体认知系统时，可以从心理学、认知神经科学等学科借鉴新的理论和方法资源。例如，理论方面，心理学家埃贡·布伦斯维克（Egon Brunswik）所提出的"认知透镜模型"（lens model of perception）描述了立足个体角度描述认知模式建立的过程，将个体认知看作一组刺激经过知觉透镜折射聚焦形成的整体，[39] 该理论对探究用户认知模式何以出现系统性偏差具有启发性；在方法层面，认知神经科学有关的脑成像技术及系统数据建模技术可以模拟人类认知建立人工认知模型（cognitive model）或进行认知计算（cognitive computation），[40] 为日后的实验研究提供了深入个体认知的测量方式。[41]

2. 未来相关研究议题

基于研究思路，未来传播学领域围绕认知竞争可能展开的研究议题包括以下方面的内容。

就基础性研究来说，可以对影响用户认知建构的因素作凝练。如前文所论，个体认知具有气态、液态及固态不同层次，因此研究在三种不同层次认知如何建构，以及影响其建构的因素提炼等方面展开，剖析不同认知模式的核心影响因素，识别认知机制。

就解释性研究来说，可以对个体认知与后续态度形成、行为倾向的因果、相关关系进行探索。例如，三种不同层次的认知在影响后续态度的广度、深度、宽度方面是否有差异；个体认知对其后续思维和行为反应，甚至圈层集结、社会运作具有何种程度的框选作用等。

就应用性研究来说，可以探究认知竞争操作层面的策略。例如，探究哪些操作策略能够引起产生较强的认知竞争力，哪些竞争思路可能调控个体认知、拓展认知边界等。

小结

拉斯韦尔曾在《世界大战中的宣传技巧》一书中，将"信息战"称作影响战争的"奇妙工具"。如今，这个"奇妙工具"升级成对个人层面"操作系统"的竞争。

从信息竞争到认知竞争的范式转变目前已在军事领域中有所显露。随着社会媒介化程度加深，其他经济、政治、文化领域也将相继受到该转变的影响渗透。智媒技术的升级及微粒社会的到来，推动具有独异思维的"超级个体"成为传播中更高地位的一方，智媒信息对用户心智的全方位渗透及微粒社会中共享视角的瓦解，使得个体认知不可避免地以"中间环节"的地位纳入传播效果研究的考虑。认知即将成为传播效果的过滤器和撬动点，以"坐标"或"地图"的方式影响其后续的态度、决策与行动。或许未来，智媒技术对个体认知的调动将会如"美团接单""滴滴派车"一样,根据任务目的向个体思维"派发任务单",制造舆论、塑造态势。[42]

因此,传播研究必须重新审视"认知"在传播研究中的地位。未来无论是媒介传播形态的革新,还是媒介传播内容的创造,都应该充分认识到"认知"在传播致效中的重要作用,将竞争思路调整为编织、建构用户的"认知地图",关注作用于不同层次认知的机制,利用人们的认知掀起传播更为巨大的"波澜"。

第九章
把握AIGC传播时代的脉搏

第一节 未来传播影响力再探讨

在数字技术通过关系连接、个体赋权机制对社会进行解构的背景下，个体在未来传播中的能动性地位得到凸显，成为更具活跃性的要素，丰富和发展了传播的链条和环节。传播影响力强调传播对于个体社会认知、社会判断、社会决策及相关的社会行为产生的影响，是未来传播价值的实现通路。相较于判断、决策、行为等可观测变量，认知主要涉及个体的微观心理要素，尚未得到充分发掘。对于认知及其内部机制的研究和挖掘不仅有助于补充传播影响力的衡量尺度，而且对未来传播"以人为本"的价值实现具有理论和实践层面的启示。

传播价值产生的逻辑推演

关于传播的价值如何衡量这一问题的探讨由来已久。1977年，达拉斯·W.斯麦兹（Dallas W. Smythe）在《大众传播系统：西方马克思主义研究的盲点》一文中提出"受众商品论"，认为大众传媒的内容是一种"免费午餐"，其主要产品其实是受众的注意力。[1] 马歇尔·麦克卢汉也曾经论述了传播与注意力的关系，他认为电视台是以好的节目作为"诱饵"，其最终的目的是通过不动声色地租用公众的"眼睛"和"耳朵"来做生意。[2] 此外，迈克尔·H.高德哈伯（Michael H. Goldhaber）认为，信息社会中，受众的注意力是一种有价值的资源。早期对注意力的关注为传播价值的产生提供了新的视角，即在信息过剩的背景下，对于公众注意力的获取尤为重要，维系和把握公众的注意力是传播产生价值的源泉所在。注意力强调信息对于公众的触达，无法解释传播生态中一些吸引到公众的注意力却并未产生实际效益的特殊现象。也就是说，注意力并未解释传播的价值如何创造和生成。在此基础上，影响力的概念被提出和广泛探讨。传播的影响力是由"吸引注意（媒介及媒介内容的接触）+引起合目的的变化（认知、情感、意志行为等的受动性改变）"两大基本部分构成的。这实际上包含了对公众注意力的获取和内在心理机制变化两个层面。因此，影响力的本质是传播作为资讯传播渠道而对其受众的社会认知、社会判断、社会决策及相关的社会行为所打上的"渠道烙印"。[3] 传播的影响力强调公众不仅注意到了信息，还有意无意被信息中的内容所影响，进而产生了后续的行动。

由以上分析可以看出，传播影响力的相关观点均强调认知，即信息处理的作用，并将接收者视为处理信息的代表，赋予其更加积极的角色作用。[4] 关于传播价值的探讨深深根植于媒介生态的变革之中，并受到社会整体信息环境的影响。在大众传播发展的早期阶段，社会整体的信息资源相对匮乏，社会公众获取信息和资源的渠道相对单一。在这一背景下，传播的作用范围固定且有限，且公众需要付出一定的成本才能获得信息。随着技术发展带来了信息的爆炸式增长，公众的注意力成为一种稀缺资源，此前公众对于有限传播渠道的竞争转变为传播对于公众注意力的争夺，因此吸引公众的关注成为传播价值产生的前提。但是，注意力并不代表传播价值的实现，传播只有经过个体内部的信息加工过程才能最终产生影响。在此基础上，侧重于媒介效果层面的影响力的概念产生，延展了关于传播价值实现的理论视角。简而言之，注意力是前提和资源，但真正的效益及资源的实现则来自影响力。[5] 注意力和影响力并非相互对立的两种不同层次的概念，二者共同构成了传播价值产生的内在逻辑：从信息触达到价值共振的全链条和全环节。

认知是传播影响力的具体标识

当前，数字技术带来了媒介生态的进一步变革，很大程度上激活了传播过程中的微信息和微资源，社会整体的信息数量呈现指数级的增长态势。此外，以人工智能、区块链、算法等核心技术构成的元宇宙环境对"人"这一主体进行了更深层次的赋权和解放，个体直觉、情感、意识等非理性要素兴起，形成对于信息解码的补充性机制，整体传播环境变得更为活跃和复杂，传播价值如何实现依然是当下的重要议题。

未来传播若要实现信息触达基础上的情感共鸣和价值共振，离不开对于传播影响力的再探讨。实际上，传播影响力是概述传播价值的一个统领性概念，其测量仍需具体的、可操作化的要素进行补充。在个体成为传播的中心环节之后，个体成为一种能动性的要素作用于传播的诸多环节。将个体作为中心，从个体认知这一微观层面衡量传播影响力，实际上为我们提供了一个具有启发性的视角。认知是"人对各种社会刺激的综合加工过程，是人的社会动机系统和社会情感系形成变化的基础"。[6] 从生理层面看，大脑是个体获得外部信息的唯一输入通道，所有信息都需要经过认知通道才能进入个体大脑，进而促使个体产生价值判断。从结构层面看，个体认知具有特定的图式和结构，会根据内部已有的认知经历对外部信息进行调整和"选择性接受"，这体现个体信息选择的主体性和能动性。从社会文化层面看，认知与社会环境相互影响、相互作用，集体认识与公共舆论则生长于个体认知的交互、扩散与流动之间。[7] 也就是说，社会合意的形成以个体认知的协同和聚合为基础。因此，认知不同于注意力，它涵盖了信息选择和加工的复杂机制，从结构和意义层面为影响力的实现提供了一个具体可感的衡量指标，是关于传播影响力的理论延展。

第二节 媒介生态变革下构建未来传播影响力的基本尺度

若要深刻理解认知对于未来传播价值实现的可能路径，需从媒介生态的变革视角出发，审视当下的社会结构与个体行为逻辑的变化，进而发掘能够以何种要素构成未来传播影响力的基本尺度。

微粒化

连接、整合与协同是当下媒介环境演变的内在机制。数字媒介通过连接与再连接，在实现对于个体赋权与赋能的同时，也实现对于社会结构的"去组织化"。原先社会中具有明显层级与权力结构划分的科层制结构逐渐解体，个体逐步成为具有能动性的行为主体与社会基本构成要素。德国学者克里斯多夫·库克里克（Christopher Kukrik）曾提出"微粒社会"的概念，认为在高度数字化的社会里，所有的人和事物都被数据精细地记录、分析和评价。在这个世界，人是一个分散的存在，分散在很多事物、状态、感觉上。不只人的思想是分散的，在一定程度上人的整个存在也是分散的。[8]这一分析暗含了数字化社会环境变革的深刻表征，即原有以"单位"为中心的社会运作逻辑发生了深刻改变，个体的行动能力得到前所未有的激活和放大，成为社会信息的生产者、传播者与获取者，甚至成为社会资源的直接操控者。[9]在这一逻辑下，整个社会进行裂变式的演进，以个体为中心的能量在特定的时空范围内被累积，实现对于整个社会传播逻辑的重塑。数字技术"决定性地改变了社会的粒度，并迫使人类对自我和世界形成全新认知"。[10]简言之，微粒化的个体以能动性增强、自由度扩张的新实践方式突破了时间与空间层面的限制，甚至能够在虚拟空间与现实空间中穿梭和转换，形成区别于传统传播时代的独特认知体验，进而实现在信息接受基础上的身体实践与价值观塑造。

传统分子级意义上的运作范式已无法应对这种原子级意义上的传播构造，[11]传统传播模式在微粒化社会中已越来越难以适应个体认知基础上的信息传递：第一，传统传播模式中同质化的信息内容无法满足当下微粒化个体的个性化、差异化信息需求，基于个体独特性认知体验的要素尚未被有效挖掘，一定程度上影响了传播内容对于个体的吸引力。第二，面对微粒化社会中海量的信息资源，个体的认知资源相对有限。社会信息过载与个体寻求理想化信息资源的矛盾可能使个体产生倦怠情绪，难以长期激发和调动自身认知能力进行信息获取。第三，个体认知具有能动性，对与自身顺应或冲突的信息会产生不同的接受策略，进而影响微粒社会下理想传播目标的实现。从整体上看，微粒化社会中的传播，面对个体认知资源有限，而信息需求多元、认知能动性激活等多种现状，未来的首要目标应当是实现对于社会个体认知资源的占有。

圈层化

圈层化是当下个体实现自身身份确认与行动参照的典型形态。从原始意义来看，圈层指因"关系"而生产的社会网结构，包括让"资源流动"的结构洞和"流动限制"的闭合团体，其与宏观的网络、制度、文化等因素有密切联系，难以独立存在。[12] 互联网以其强大的连接属性，使不同地位、不同身份的个体通过网络彼此相连，又在类似的兴趣条件下不断聚合，形成具有凝聚力的"圈子"。因此，当下的圈层多指社会成员通过互联网媒介平台集聚与互动，基于不同缘由所建立并维系的社会关系网络。[13] 区别于传统社会中基于血缘、亲缘形成的关系连接，当今的圈层更具有趣缘驱动的情感属性，其本质是不同个体价值观的聚合。

圈层内部意见的生成包含封闭性与开放性两种特质，处于"私域"与"公域"的中间地带，在实现两个场域连接的过程中构建出动态性的平衡状态。一方面，圈层内部具有强大的自主性和凝聚力，只有符合圈层内部价值观的个体才能进入其中。圈层通过凝聚个体合意而达成共识，其中的主流认知方式逐渐实现全局性的影响。但是，当圈层以排他性的方式阻止多元意见进入时，圈层内部的观点则向着单一方向发展，甚至产生观点和价值观的极化现象，导致圈层的窄化和封闭化。简而言之，圈层对个体认知结构形成一种制度性规范，能够筛掉与该圈层认知结构有巨大差异的个体，在划定边界的同时形成壁垒。另一方面，当过度强调圈层的开放性时，多元意见的进入会使圈层内部形成差异化的认知表征，导致圈层独特性丧失，进而形成结构上的

"突变"。在以上两个场域的连接过程中,圈层逐步形成一种动态的平衡机制。因此,未来传播的"破圈"机制需匹配圈层及圈层内部个体的认知结构,解决个体"以我为主"的认知关联性问题。"破圈"是未来传播中的关键议题,若无法妥善解决上述问题,理想化的社会协同和社会共识则无法实现。[14]

再组织化

数字技术对于社会的整体解构也在形成个体激活下的社会再组织化。当技术赋权激活个体效能后,社会由原来的中心化产生"裂变",从过去的科层制社会的串联式模型转变为扁平化的分布式社会的并联式模型。[15]社会结构具有流动性的特质,社会的再组织化是一个过程,在技术、经济、文化等多种因素的影响下形成基于特定场域和语境下的结构:一方面,原有组织结构因不适应新的历史语境而经历解构、更新与改造;另一方面,社会中的个体或群体基于新的目标而产生一些新的组织。[16]因此,分布式社会的再组织化是在自组织和他组织的多元影响下的发展进程。其发展体现了新媒介组织的开放性特征及与社会环境的互动。[17]

认知在一定程度上可被视为社会再组织过程中的关键要素。作为一种信息加工的过程,认知影响着个体对于社会的基本看法,相同的外部环境作用于个体认知可能产生不同的效果。个体心理大体包括知、信、行三个过程,认知位于心理形成的初始环节。从这一角度来看,认知对于社会再组织化的作用主要包括两个方面:第一,认知是情感产生的基础。"满足认知冲动推动个体形成主观满意感",[18]良好认知的形成能够推动个体产生对于外部环境的积极情绪,进而产生对于特定个人或群体的认同，促进社会再组织形成的情感基础。第二，认知是行为的先导。认知预测着个体在特定环境下的行为，通过对个体认知施加影响，推动个体产生相应行动，推动社会再组织化的实现。社会的再组织化是不同于分布式社会的全新社会结构，从宏观层面影响着传播发展的历史方位。因此，社会再组织化的实现需要发挥传播对于个体认知的连接和整合，通过"穿针引线"式的功能进行认识的协同和合意的塑造，进而达成社会再组织化的理想目标。

第三节　未来传播的时空属性与个体认知结构的耦合

对于个体认知的竞争首先需要厘清认知结构的作用机制。哈罗德·英尼斯曾将媒介按照其特征分为偏时间的媒介和偏空间的媒介，论述了媒介形式对于社会文化的影响。在媒介-时间-空间相互作用的总体场中，媒介的传播偏向性由其相对突出和显著的时空属性决定。[19] 当下，由数字技术构成的媒介形态已超越时空偏倚的维度划分。媒介形态的多元化与连接的复杂化，使得媒介既具有时间上的传承能力又具有空间上的拓展能力。此外，以情感要素为基础的关系向度也拓展了数字时代的媒介偏向。若将媒介作用的视角从社会结构缩小至个体认知结构，那么媒介的时空属性、关系属性与个体认知在历时性、共时性、关系型层面的耦合，将使得传播通过作用于个体认知结构发挥出叠加效果，进而形成信息触达基础上的影响力实现。

时间向度

认知包括对于信息接受的时间性延展过程。心理学家弗雷德里克·巴特利特（Frederic Bartlett）曾提出认知图式的概念（cognitive scheme），认为图式是对过去的反应或经验的积极的组合，个体必须学会如何把"图式"（scheme）拆解成"要素"（element），并找到适用于自己的图式。[20] 简而言之，认知图式会根据个体经验对于新信息进行适配和接收。此外，心理学家让·皮亚杰（Jean Piaget）认为，认知的形成是主体向内部构造的过程，通过"同化–顺应–平衡"的机制，达到对于信息的理解。具体而言，同化是将个体所获得的信息进行转化以适应个体认知图式的过程，实现与现有认知图式的匹配。顺应是个体在获取到新的信息后，将旧的图式进行部分改造，以容纳和适应新信息的变化过程。当同化和顺应过程相互交织，便形成一种平衡与再平衡过程。[21] 因此，同化和顺应是认知图式发展的两种机制，其是一种动态化的发展过程，而认知模型也是通过"平衡–去平衡–再平衡"过程来实现知识建构的。[22]

认知图式所叙述的个体认知生成过程解释了传播影响力实现的一般规律。总体来看，认知图式构成了个体内部的信息筛选过程，当传播内容触达社会个体时，符合个体已有认知图式的内容会被吸收和保留，与个体认知完全相异的内容则无法进入个体信息加工的过程，被排除在个体认知之外。尽管在这一过程中，个体认知的同化、顺应机制会通过能动性的启动，对信息进行理解和重组，但其根本遵循依旧是信息与自身认知图式的适配程度。这一认知图式的变化程度是渐进的，局部微小差异逐步被吸收进个体认知图式中，进而形成保留个体核心价值认知基础上的适应性改良。在媒介变革的环境下，技术的赋权与赋能使个体获得能动性的提升，增强了对于现实世界的把控能力，使行为的自由度也得到更为全面的扩展；相应地，数字技术带来的视觉、听觉、嗅觉、触觉等多感官因素使得认知结构中的同化和顺应机制得以强化。其中，非理性因素不受个体的逻辑思维控制，能自发地形成心理活动，启动个体的认知过程，[23] 并通过关系、圈层的作用进一步实现认知能力的升维。

从这一层面来看，认知图式与未来传播的耦合具有纵向时间性的启发：第一，对于个体尚未对特定信息形成完整图式的早期阶段，传播应抢占对于信息的定义权，寻找信息生成与传播的落脚点，通过时间上的启动效应"先入为主"地影响个体认知图式的生成过程；第二，信息的传播应以社会个体已有认知图式作为切入点，努力实现传受双方认知结构拟合和匹配基础上的信息传达，只有满足个体"以我为主"的认知取向，才能真正在信息触达的同时促进核心价值与理念的生成；第三，未来传播中对于个体感官的全方位整合拓展了认知的"同化–顺应"机制，新因素、新场景的加入与个体认知形成了不同于传统大众传播时代的博弈。例如，触发多元感官内容的信息可能对个体已有认知图式中的同化机制产生干扰；对于全新的传播内容和形式，个体更有可能通过顺应机制对其进行容纳，实现对于旧认知图式的改造，这实际上为未来传播从认知层面的"破圈"提供了重要机遇。

空间向度

认知并非单纯地存在于大脑之中，而是与大量不同的社会、技术因素动态交织在一起。[24] 认知科学领域的 4E 认知框架解释了个体的认知能力如何依赖于认知资源，例如结构、符号、规律、过程等一般性实践。该框架认为个体认知是具身的（embodied）、嵌入的（embedded）、生成的（enacted）和延展的（extended），是由大脑和身体外部的结构共同完成的。[25] 具体来说，具身认知指大脑之外的身体参与和建构了个体的认知过程。具身认知不能脱离其所处的环境而存在，它嵌入在社会语境中，即嵌入认知把环境要素作为一种工具，可以增强个体认知能力与行动之间的适应性匹配。[26] 生成认知强调认知与行动的生成关系，即有机体和环境的交互作用是认知系统的组成部分。[27] 延展认知指个体的认知过程可以延展到有机体所在的环境之中。学者安迪·克拉克（Andy Clark）认为，大脑是一种"预测机器"（prediction machines），其核心功能在于通过感官刺激功能来理解外部环境，因此预测大脑是延展认知的入口。[28] 总体而言，传播学视角下的 4E 认知显示出一种空间向度，即个体认知以个体能动性为基点，构建与社会环境相互关联与互动的生动图景。大脑之外的身体、互动在认知过程中发挥着功能性甚至构成性的作用，而认知的目标是提供与世界互动的具身行动的可能性。[29] 实际上，4E 认知框架体现了一种多元的认知观，将个体的认知过程与身体及其所在环境、情境建立统一、完整、系统的联系。[30]

4E 认知有助于我们理解认知的复杂性。若将 4E 认知中的各个要素与未来传播结合，会发现具身认知强调认知对于身体的依赖，蕴含着人内传播的要义，即个体通过具身性的体验获得关于外部世界的信息，并在人体内部进行信息处理，而在 VR、AR 等数字技术对于虚拟空间与现实空间的突破中，个体行动的自由度扩大使得具身认知形成更为生动的社会实践。嵌入认知强调认知对于环境的依赖，当个体以正确的方式依赖于环境，将会减轻大脑执行任务过程中的复杂性，减轻认知负担。[31] 而未来传播中认知对于环境的嵌入程度和嵌入方式因数字技术的发展而强化。例如，个体采用数字设备进行信息存储，通过对环境的依赖降低自身的认知负担。此外，平台媒介中的算法推荐技术将信息与个体认知进行匹配，实现了"人找信息"到"信息找人"

的转变，进一步深化认知与环境之间的连接。生成认知与延展认知均强调了人的认知与环境的交互，表明认知在特定情境下发生。这与当下数字技术带来的场景化传播存在内在一致性，未来传播可基于特定的场景氛围，精准地提供不同领域、不同风格的信息内容，以与不同个体的认知风格相匹配，进而潜移默化地影响个体的日常生活。因此，认知能力是在个体对于认知资源的共时性依赖和历时性依赖的基础上构建而成的。个体的认知系统不仅可以获得认知资源，而且可以参与和塑造认知资源（见图9.1）。[32]

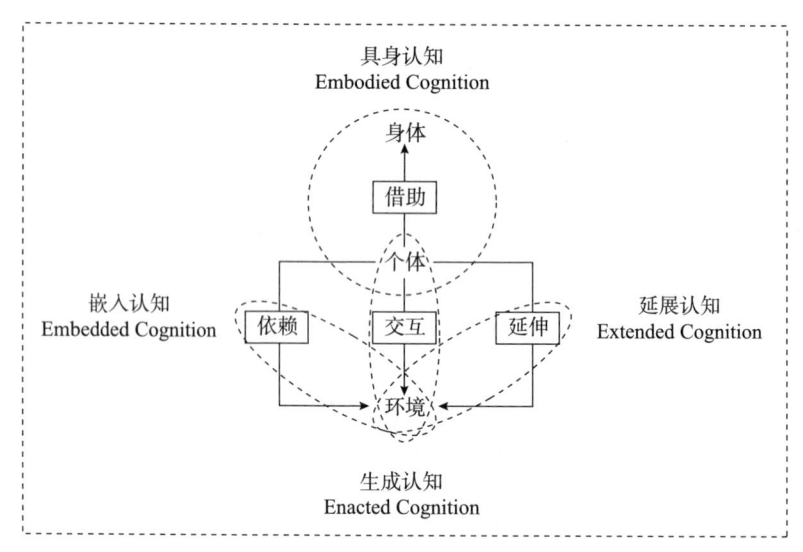

图9.1 4E认知理论模型

资料来源：喻国明，耿慧.理解认知：把握未来传播的竞争重点、内在逻辑与操作路径［J］.编辑之友，2023（03）：58-65.

关系向度

互联网对于社会结构改变的内在基础在于关系资源的激活。在以连接为基础的结构下，信息在媒介与个体之间的循环往复和裂变式传播均受到情感的驱动，因此能够引发个体情感共鸣的内容更容易在当下的媒介场域中传播。反之，情感的生发也需要认知的生成、互动与调和。学者叶浩生将认知与情感的关系称为"知情一体"，强调二者之间关系性的存在。[33] "理性"是主体对客体的"认知"，而"感性"是主体对客体的"反应"。[34] 认知是具身行为的一种形式，而具身行为意味着应该超越认知与身体、主观与客观的二分方法，认知与情感是相互嵌入的。[35] 一方面，情感要素的产生无法脱离认知而存在。个体原有认知图式中对于个体对特定事物、时间情感的削弱和强化起到基础作用，新的情感在原有认知的积淀中生成。另一方面，个体通过信息产生的认知在情感作用下迅速沿社交关系网络传播，在信息的多元理解中形成新的认知，并凝结成新的情感，二者共同构成信息生成与传播的动力。

认知与情感的关系性存在契合了诉诸感性与诉诸理性的传播策略。在数字媒介形态尚未形成前，传统以文字为主要介质的传播形式暗含着理性化、精英化的传播逻辑，只有掌握文字识别与阅读能力的个体才能参与到信息的获取之中，这无形中塑造了传播过程中的信息准入门槛。社交媒体时代，以视频为代表的传播方式通过文字与图像的融合，结合了感性与理性要素对于个体认知的作用机制，使得社会多元的个体，无论知识文化水平和社会经济地位，均能够阅读和理解媒介传播的信息内容，逐步打破信息壁垒。在未来传播时代，元宇宙中的个体能够以数字化身的方式在虚拟与现实世界穿梭，通过具身化的生理体验进一步提高感性逻辑的作用范围与层次，并在交互中形成对于信息的理性认知，这种结构性的改变丰富和发展了未来传播的驱动性因素。实际上，认知与情感的交互作用与未来传播的内在逻辑与操作策略实现了一定程度的耦合，而如何通过二者作用机制的调和和改变，实现未来传播的社会沟通与社会协同，是需要进一步探讨的议题。

第四节 未来传播的关键点在于实现认知"破圈"

目前，传播"破圈"已成为媒介生态变革下亟须解决的重要议题。通过打破社会各圈层，连接个体与社会信息资源，实现信息触达基础上的价值共建是未来传播的理想目标。而从认知的角度思考传播影响力实现的基本条件和作用机制，有助于我们从认知这一微观视角为出发点，打造未来传播效果的全新通道。

目标取向

传播具有意义赋予的功能，大众传媒的生产活动将助推社会共识凝聚与社会合意制造。社会共识是个体认知的良性聚合，而个体从属于不同的圈层，圈层内部的认知对于个体认知具有同化效应。因此，未来传播的认知"破圈"首先应建立在对于认知结构多层次把握的基础之上。不对称的认知权力有助于认知生态位的构建，即认知优势群体塑造了信息的共享结构，以迎合该群体特定的认知需求。[36]大众传媒对于受众具有相对丰富的信息资源占有情况，因此处于认知生态位的前端，其信息共享也应符合个体的认知需求。根据历时性维度上认知"同化-顺应-平衡"的作用机制，顺应个体认知结构的内容将更为快速地被个体接收，进而通过对新的认知与旧的认知的互动，形成对于信息"扬弃"基础上的再次平衡状态，为后续传播价值的产生提供前提。

具体来看，大众传媒应从认知层面实现三个层次的信息传播。第一，与个体特定认知需求的对接，解决信息对于个体认知的触达，即"看得见"的问题。这一目标的实现需将内容的同质化向个性化转变，采用算法等技术把握特定场景下的个体认知状态。例如，在个体处于多任务的复杂状态下，认知资源难以兼顾并平均分配至各个领域，因此轻量化、生动化、趣味化的内容能够缓解其认知压力，起到良好的传播效果。第二，激活个体认知中的情感要素，解决传播范围与传播质量，即"看得下去"的问题。感性与理性、认知与情感的平衡和分配是解决该问题的关键。传统意义上单纯"摆事实、讲道理"的理性化传播难以适应复杂的认知结构，甚至可能产生"适得其反，事与愿违"的逆火效应。因此，需要根据不同的信息特性采取不同的认知与情感策略。如针对涉及公共利益、关乎个体生命安全等严肃性议题，需增加诉诸理性的传播策略比例，以起到一定程度的情感唤醒。第三，实现信息对于个体认知结构的创新性改变，从微观层面实现个体的价值迭代，宏观层面实现社会的价值共振，解决传播的价值，即"看得有用"的问题。大众传媒需要对社会公众已有的价值逻辑进行系统性把握，并在信息中适当添加新的价值倡导，通过柔性的、渐进式的方式与公众的认知结构对接，起到理想化效果。

实践取向

圈层的运动过程遵循动态与平衡的逻辑。圈层内部的正反馈使得个体对事物的认知得到强化，通过认知的协同效应催生情感的共振，最终形成社会合意，但这一过程也加剧了圈层对于外界信息的隔阂和排斥，隔阂产生偏见，偏见酝酿冲突，其成为社会发展在传播领域中的一种"新常态"。[37]但过于强调圈层的开放性，往往使多元信息丧失其原本的独特性和对于圈层内外部个体的吸引力，进而导致圈层的解体。因此，"破圈"实际上是寻求圈层内部动态"平衡点"的过程。

认知的延展与交互特性为契合圈层的平衡态，从而实现圈层突破提供了微观上的操作路径。与社会去组织化带来的分布式社会的核心要义相一致，学者埃德温·哈钦斯（Edwin Hutchins）提出分布式认知（Distributed Cognition）的概念，认为认知过程可能分布在社会群体和各成员之间，涉及内部和外部结构的协调。这种认知过程强调了与个体思维相联系的认知过程如何在群体中实现。[38] 简单来说，认知过程涉及个体对于信息的传播和转化，再加上圈层的结构化作用，认知在很大程度上决定了信息在圈层内部与外部的流动过程，因此，圈层本身也是个体认知的一种架构。在未来传播的实践上，应将认知作为"破圈"的微观机制进行考察，实现分布式认知与圈层动态"平衡点"的结合。在一定程度上，认知对于圈层内部信息的调节作用和对外部结构的延展过程有助于把握圈层的封闭与开放的临界态，使得圈层在同类观点聚集的同时保持对外部意见的接收，并通过个体认知的转化产生适应于本圈层的新信息，实现两种状态的平衡。

价值取向

个体认知并非独立存在于社会环境中，而是在与社会环境交互中形成具身认知、生成认知、嵌入认知和延展认知，认知已从个体大脑衍生出与环境相关的复杂形态。互联网对于社会的微粒化使得人的主体性和能动性得到凸显，成为传播过程中的活跃因素。从媒介延伸的视角看，未来媒介延伸了个体视觉、嗅觉、听觉、触觉等多元感官，实现个体"感觉总体"的回归，使其成为感官平衡下的"部落人"，个体的认知也将在延伸下逐步跨入虚拟与现实的诸多领域，形成不同于以往的新的认知体验。

未来传播的关键点在于继续将"以人为本"作为评价标尺，拓展个体认知的自由度，唤起个体面对复杂性社会的认知潜能和创造力，激发个体深入思考社会发展的各环节，实现道德与思想层面的认知升级。此外，"以人为本"的深层含义是凸显人的尺度、人的价值与人的尊严，将个体的认知放置于信息传播的入口，是对于传统传播时代将人作为统合性视角的进一步精细化区分。因此，除满足个体认知向外的延展，人体及人的心智本身也是一个大宇宙，对它的选择性"重组""再造"也将成为未来媒介发展的重要方向。[39] 将人的价值作用于未来媒介的发展和迭代过程，实现"以人为本"逻辑下个体认知的多元互动，是未来传播基本的价值取向。

小结

在数字技术引领下的未来传播变革中，社会被分解为微粒化的组织和架构，圈层化、再组织化的社会表征使得传播形成不同于传统传播时代的生动图景。当个体成为传播与社会的基本运作主体和能动性因素，对于个体认知结构的深层次把握及其与传播过程多要素的耦合为衡量未来传播的影响力提供了可供感知和参照的标识，是构建未来传播影响力的一种理论延展。因此，未来传播影响力的实现，实际上是信息在引发注意力之后形成的个体认知结构的改变，而后产生相应的决策、行为等外显化的指标。对于认知要素构成、指标细化及其与传播的关联性操作应是未来传播可供继续延展和思考的方向。

第十章
认知带宽：AIGC传播时代用户洞察的新范畴

第一节 个性化传播时代与个性化媒介效果研究范式

受益于智媒技术的"连接"价值，以差异性个体作为基本社会单位的微粒化社会结构出现，点对点的个性化传播模式与传统点对面的大众传播模式相互交织，共同渗透于人们的日常生活实践。面对愈发具有异质性和能动性的受众，过去拉斯韦尔式的直接媒介效果（direct media effect）研究范式解释力式微。大量沿该范式展开的实证研究显示，所得的媒介效果要么十分微小（只能解释3%~5%的微量效果），[1]要么效应和方向不一致，甚至相互冲突。对此，学界反思认为，一方面，这是由于既有媒介效果研究对受众的探究是粗颗粒度的，将受众视为平均化的大众，无法发现其间的差异效果；[2]另一方面，既有范式常将受众看作被动的信息接收者，忽视或弱化媒介效果产生过程中的受众能动性。[3]

当前，基于受众差异性展开的个性化媒介效果（person-specific effect）研究在国内外异军突起，[4]该范式指出，产生效果的必要条件并非外生刺激量，而是受众从外在刺激中"抽取"出的实际认知解读。更具体地说，拉斯韦尔式效果研究的核心逻辑关注"同"，即探究何种媒介接触会在用户群中造成何种共同效果；而个性化媒介效果研究范式的核心逻辑关注"异",即解释同一媒介接触在不同用户中会造成何种差异效果。

基于此背景,本书尝试将行为经济学中的"认知带宽"[5]概念作为探讨对象引入传播学研究中,从其概念出发,尝试探究认知带宽的评估方式和影响因素,借此回应个性化传播时代研究者对积极受众、差异性媒介效果等问题的关注,以期为新媒介环境下的受众研究和媒介效果研究提供新角度。

第二节 认知带宽的概念

认知带宽是一个跨学科概念。"带宽"一词首先出现于通信学,信道带宽作为一个区别于信道容量的概念被提出,描述信道的实际可用容量。1948年,克劳德·艾尔伍德·香农在《通信的数学原理》一文中提出著名的香农公式,将信道容量看成与信道带宽和信噪比有关的函数,所谓信道容量指信道在理想环境下进行无差错传输的最大容量,而信道带宽则指信道在有噪音的环境下能够传输的实际容量。[6]由此可见"带宽"有两个概念属性:其一,带宽是一个容量概念,描述的是信道能够承载信息的空间,带宽越大意味着信息空间越大;其二,带宽是一个相对概念,描述的是信道的实际空间,其展开范围受噪音影响。随后行为经济学者借用该概念发展出"认知带宽"概念,用以描述有限理性个体的认知容量。

行为经济学中的"认知带宽"

认知带宽由行为经济学家塞德希尔·穆来纳森和埃尔德·沙菲尔

提出，指用户在信息处理过程中的可用认知容量，包括在计算、关注、决策、计划和抵制诱惑等多方面认知任务上的容量，[7] 且"不等同于某人与生俱来的认知容量，而是对其当下用得上的认知容量的衡量"；[8] 随后，认知带宽常被用于稀缺心态对个体决策影响的研究。[9] 研究者们认为，稀缺心态影响个体决策有效性的原因是人在稀缺情境无法展开全部认知空间，容易因此产生"管窥"效应而限制认知展开，致使信息加工不足。例如，深陷贫困的个体常在面对发展性问题时决策失误，这并非因为贫困个体的认知能力普遍低下，而是稀缺心态致使个体将过多注意力投注在吃、住等生存性问题上，导致个体应对发展性问题时的认知带宽有限，出现思维固化和认知偏移。

在行为经济学者看来，认知容量是与认知带宽和稀缺处境有关的函数，即认知容量是在非稀缺环境下个体进行理性思考后所能展开的全部认知空间，正如认知神经科学中的基础假设所述，只要人脑功能完善，人们应当拥有等同的认知容量；[10] 而认知带宽则是在稀缺环境下个体受非理性思维影响后所能展开的实际认知空间。总之，带宽概念的相对性内涵在认知带宽研究中得到了延续。

"认知带宽"应用于传播学

虽然认知带宽这一概念之于传播学来说较为新鲜，但并不意味着学者们没有对相关问题展开过探索。这些研究主要在媒介信息认知加工的研究脉络下展开。

信息加工研究提出经典的认知有限容量理论（theories of limited capacity）和中心瓶颈理论（central bottleneck thories）说明人类信息加工的局限性。这些理论认为，人类的认知容量十分有限，人们在给定时刻只能处理一个任务，如果外界的冗余信息过多则会造成认知超载，损害认知过程。[11] 以上观点的局限性在于将人类的认知加工看作一个单行过程，信息得以加工的可能性在于人脑的绝对认知容量。而安妮·朗（Annie Lang）在此基础上提出了动机化媒介信息加工的有限容量理论（limited capacity model of motivated mediated message processing，LC4MP），拓展了对认知容量的认识。[12] 她用"分饼"比喻说明认知处理是一个并行过程，人们可以将总的认知容量划分为几个并行的小容量池，同时加工处理多条信息，这些信息所能激活的动机强度影响着人们的认知容量分配。[13] 由此，安妮·朗将信息得以加工的可能性问题转变为对个体相对认知容量的探讨。随后，安妮·朗进一步提出了认知可用资源的概念，指在具体信息加工时个体实际可以调用的认知资源，并强调总体认知容量决定着信息能否被加工，而可用认知容量则影响着信息加工的彻底性。[14] 认知资源匹配假说（cognitive resources matching hypothesis）进一步发展了认知可用资源的研究。该假说包含两个核心概念——所需资源（required resources）和可用资源（available resources），并假设只有当可用资源与所需资源匹配时，信息加工才能得到良好效果。[15]

综上可见，传播学也经历了从关注个体的绝对认知容量到相对认知容量的研究转变，无论是"小容量池"的比喻，还是可用资源的定义，传播学者均在强调真正影响用户认知效果的并非其全部认知空间，而是人们实际可用的认知空间。因此，本书尝试在传播学语境下将"认知带宽"定义为特定个体在特定情境下处理特定媒介信息时所能展开的实际认知空间，其影响着媒介信息的处理彻底性，且具有极高的用户相对性，常因人而异。

第三节　认知带宽的评价方式与影响因素

认知带宽的评价思路

关于如何描述与评估用户的认知带宽，本书认为认知带宽作为一个相对容量概念，也须采取相对评估法，即抓住认知带宽的用户相对性，从用户差异角度展开评估。

与网络安全有关的社会工程（social engineering）研究提供了从用户差异视角理解认知效果的思路。社会工程研究认为，人类天性决定了不同人对信息的敏感度不同，个体总是更容易受某类特定信息影响，这被称为人类的信息易感性（susceptibility）。网络信息攻击者正是利用个体不同程度的信息易感性来"诱捕"用户，实现认知操纵。[16] 例如，谎称亲人被绑架的电信诈骗就是利用个体对亲人信息的高易感度营造危险情境，并将用户后续的认知空间限制在较为低窄的范围内，降低其判断能力并最终实现诈骗。该观点意味着展开认知是一个由点及面的过程，认知加工存在一个受用户易感因素影响的核心，其他认知空间则围绕该核心组织与展开。此外，认知焦点理论也证实了这种焦点结构的存在，指出人的认知空间并非平面，而是围绕认知焦点展开。[17] 与认知焦点类似的认知参照点理论也指出个体信息加工的心智路径是一个经由参照点到最终认知目标的过程，参照点的选择决定着认知展开的范畴。[18]

综合以上观点，本书尝试将认知带宽操作化为个体围绕其认知焦点所展开的认知广度和认知深度，并认为可从认知焦点、广度、深度三个方面进行评估。

1. 认知焦点

如上所述，受不同易感性影响，用户会形成不同认知焦点。阿密特·阿尔莫（Amit Almor）将认知焦点看作信息交流中人们眼中最重要的信息，同时也是对信息加工系统激活程度最高的信息。[19] 茱莉·伍尔夫迈尔（Julie Wulfemeyer）认为认知焦点是最能对人产生影响的信息，具有三个作用：定位认知空间、放大与之相关的信息加工、抑制与之无关的信息加工。[20] 本书将此处所谈的认知焦点定义为人们认为最重要并最能对其产生影响的信息，其确定受个体易感因素影响。

测量方面，除了自我报告这一方式，眼动这一认知神经测量方式为识别认知焦点提供了更客观、精细的方法。例如，可以通过眼动，如注视、回视等指标评估认知焦点。然而，正如伍尔夫迈尔所指出，认知焦点并不仅存在于知觉层面，[21] 而眼动仅能在视知觉层面识别认知焦点，未来研究需要探讨是否能利用脑电等测量工具从脑区活动层面识别认知焦点。

2. 认知广度

认知广度探究个体围绕认知焦点所能展开的认知空间宽度，是对认知带宽横向维度的表现评估。从既有研究来看，可以关注围绕认知焦点展开的注意范围与记忆范围两个指标。

注意范围，指能够进入个体注意范畴并加以利用的信息范围。[22] 当传播目的对认知深度没有要求时，注意范围更广意味着更好的认知效果。例如，迈克尔·斯鲁弗（Michael Sülflow）等人就采用注意范围作为评估指标，指出在新闻阅读过程中用户注意范围更广时，认知效果就更好。[23] 测量方面，大部分研究采用自我报告和客观记录的方法，例如，通过量表询问研究对象对某个信息的关注程度，或在一旁记录研究对象于某个信息上停留的时间；也有不少研究尝试采用新的行为实验方式或生理测量方式把握注意范围。

记忆范围是指个体能够存储并随时回忆、提取的信息范围。[24] 记忆是相较注意更进一步的认知过程，因而通常认为记忆范围越广认知效果越好。在测量方面，除了"回忆"式自我报告（即引导研究对象自行回忆得出记忆结果）方法，"学习-再认"的心理学行为实验范式是最常用也最有效的记忆范围测量手段，再认的正确率越高、信息类别越多，记忆范围就越广。

3. 认知深度

认知深度探究围绕个体认知焦点展开的认知空间深度，是对认知带宽纵向维度的评估，主要关注信息加工的过程深度。具体来说，可以从启发式（heuristic）和分析式（analytic）两个加工层次加以探讨。[25]

启发式加工是相对浅层且自动化的加工层级，主要依赖直觉完成，人们通常只能意识到其加工结果而意识不到加工过程，调用的认知资源较少；分析式加工是相对深层且更精细化的加工方式，需要对信息和情境作出全面理解和评估后才能形成加工结果，调用的认知资源较多。在新近研究中，玛格达·奥斯曼（Magda Osman）发现用户的信息加工深度并不如双系统模型的类别划分一般泾渭分明，一个认知过程中可能既有启发式加工又有分析式加工。因而他提出一种改进的评估方法，即将信息加工看作一个以"启发式-分析式"作为两端的连续光谱，其中启发式加工的表征强度、稳定度越高，则意味着加工方式越靠近启发式一端，即认知深度相对较浅；反之则认知深度相对较深。[26] 在测量方面，奥斯曼建议可以采用量表测量用户的认知努力、加工速度等指标确定两种加工层次的表征强度；马里奥·B.费雷拉（Mário B. Ferreira）等人则提出了过程分离程序（PDP）的心理学实验范式，通过使用包括任务（inclusion task）和排除任务（exclusion task）操作，分离出信息加工中的启发式加工和分析式加工部分。[27]

认知带宽的表现类型

在上述评价思路下，本书尝试以认知焦点为矩阵原点建立认知带宽的"广度–深度"二维矩阵，并把认知带宽归纳为如下四种代表类型：围绕认知焦点展开的高密型带宽（高广度–高深度）、低窄型带宽（低广度–低深度）、浅阔型带宽（高广度–低深度）及狭长型带宽（低广度–高深度）（见图10.1）。具体来说，高密型认知带宽意味着用户的注意、记忆范围广阔，且能展开深度信息加工，这是一种理想认知空间，通常能带来最佳的认知效果；低窄型带宽意味着用户的认知范围和信息加工深度均处于较低水平，带来的认知效果较差；浅阔型认知带宽在认知范围上有优势但在认知深度上不足，与以快速浏览为目的的认知任务更适配；狭长型带宽则仅在认知深度上有优势，因而它与以详细理解为目的的认知任务更适配。

归纳认知带宽的表现类型可以增进对认知带宽的评价理解，这启示未来研究在理解媒介的认知效果时，不能仅从认知的广度或深度某一维度展开，而需从认知任务与认知带宽的适配问题上展开。例如，需要首先评估用户从媒介内容中"抽取"与"识别"的认知焦点与媒介任务要求是否匹配；如果匹配，再进一步评估用户所展开的认知带宽类型是否符合媒介的任务要求。根据具体传播目的评判认知带宽表现，将更有利于理解用户认知效果出现差异的原因。

```
          高认知深度
              ↑
              │
    狭长型带宽    │   高密度带宽
  （低广度-高深度）│ （高广度-高深度）
              │
──────────────┼──────────────
              │
    低窄型带宽    │   浅阔型带宽
  （低广度-低深度）│ （高广度-低深度）
              │
  认知焦点        高认知广度
```

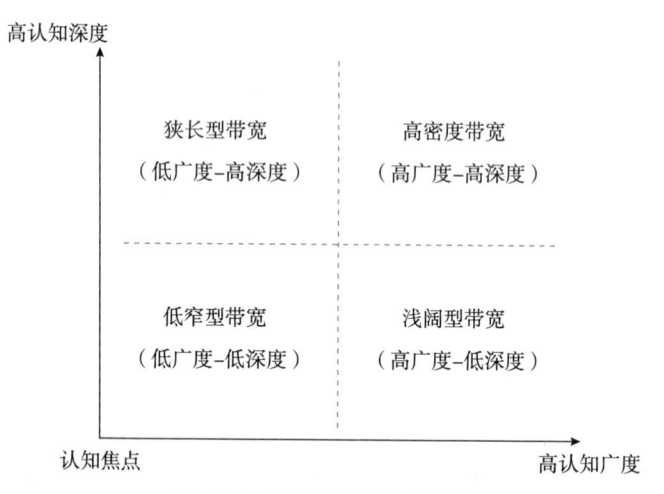

图 10.1　认知带宽的代表类型

资料来源：喻国明，刘彧晗. 认知带宽：个性化传播时代用户洞察的新范畴［J］. 社会科学辑刊，2023（03）：213-219.

认知带宽的影响因素

在媒介信息、媒介情境与用户组成的传播系统中，过去的认知效果研究着重将信息与情境作为影响因素加以探究，且颇有收获。而认知带宽作为一种极具用户相对性的认知效果，更需从用户视角理解其影响机制。在延续社会工程学的研究中，帕蒂·M. 瓦尔肯堡（Patti M. Valkenburg）和约亨·彼得（Jochen Peter）在媒介效果的差异易感性模型（the differential susceptibility model，DST）中，将影响用户可用认知资源的易感因素进一步归纳为特质类、感知类两种。[28] 本书借鉴该分类方式也将认知带宽的影响因素归纳为两类：一是特质类因素，通过长期影响的方式塑造用户对特定信息的易感倾向，影响认知带宽；二是感知类因素，通过瞬时、互动的方式塑造用户对特定信息的易感感知，影响认知带宽。

1. 特质类因素

特质类因素包括两个层面：生理自我层面的因素（包括性别、年龄等）与社会自我层面的因素（包括个性、动机、身份、能力等）。

生理层面，用户的性别、年龄均会塑造用户对特定信息的长期易感倾向。例如，阿米莉亚·科图雷·布埃（Amelia Couture Bue）等人发现不仅性别不同的群体存在信息易感差别，即使同样是女性，由于个体女性意识的不同，有的女性也更容易受到性别信息影响，对信息中物化女性的感知更强烈，而有的女性则相对麻木。[29] 还有研究发现，用户的客观年龄并不必然影响用户微信使用的认知效果，对自身年龄敏感性较低、对年龄持有积极态度的老龄用户，仍然能在微信使用中表现出远超年龄段的认知效果。[30] 社会层面，用户的个性、动机、身份和能力同样被证明会影响用户的信息易感状态。倾向-内容一致性效应（the disposition-content congruency）揭示了用户喜欢寻找和关注那些与自己个性、已有知识、已有经验、身份地位相似的内容，相较与自己倾向不一致的内容，一致性内容的信息加工速度更快、程度更深。[31] 但也有研究发现，并非所有用户受到自身个性、动机、身份、能力的影响程度都是相同的。例如，伊恩·贝伦斯（Ine Beyens）等人通过调查个体的自尊特质，发现不同用户对自尊特质的重视程度不同，这种易感性影响了用户使用社交媒体后的自尊感知——更看重自尊特质的人更容易在社交媒体的使用中感受到自尊提升与自尊羞辱。[32] 约翰·T. 卡乔波（John T. Cacioppo）等人发现容易受到动机影响、动机强度更高的用户信息加工方式更精细。[33] 罗伯特·C. 霍尔尼克（Robert C. Hornik）验证发现身份认同感更高的个体，更容易被与自己观点一致的信息捕获注意，并回避与自己观点不一致的信息，这种隔离程度随着群体间的偏见程度增加而逐渐明显。[34]

2. 感知类因素

感知类因素需在与用户的信息互动中塑造其易感程度，且这种塑造作用相对不稳定。它们主要包括三类：情绪、价值与规范。

情绪因素对用户易感状态常有加成作用。享乐流畅加工（hedonistic fluency process）理论已经证明，情绪会调节用户的信息加工表现，积极情绪能促进信息加工，而消极情绪则会抑制信息加工。[35] 价值因素，指用户所感知到的客体价值，该因素也会影响用户对特定信息的易感度。例如，前景理论发现用户一般是凭借价值参照点判断信息价值并选择决策方式，同样的一则信息对于参照点设置较高的用户来说信息价值并不充分，用户对信息价值的易感性相对低，容易做出保守决策；而对参照点设置较低的用户来说该信息就具有足够价值，易感性较高，容易做出冒险决策。[36] 稀缺理论的研究也强调，引起稀缺效应的不是真实的资源稀缺，而是用户对所拥有的资源价值的主观判断，当用户认为稀缺性非常高时，他们的注意力会集中在如何以最有效的方式利用自身资源上，即产生"专注红利"，同时这种专注也会导致"管窥效应"，即人们忽视其他事情，使得那些存在于"管子"视野之外的事物被抑制了。[37] 规范因素，即用户对情境规则的感知，同样可以作为易感因素影响用户认知带宽。情境规范研究已经证明，微观群体、中观组织、宏观社会给不同个体带来的趋同压力均不相同，这些压力会影响用户后续的认知与行为表现。虽然"情境-内容一致假说"证明，当信息与媒介使用者所处群体、组织或社会的规范、价值观趋同时，人们更容易受到该信息的影响，但该结果并不总是成立，因为规范因素对不同个体易感状态的影响程度不同。例如，茱莉·安妮·里（Julie

Anne Lee)和杰奎琳·J.卡森(Jacqueline J. Kacen)就发现在个人主义国家背景下成长的个体受规范因素影响更小,而在集体主义国家背景下的个体受规范因素影响更大。[38]

第四节 认知带宽的研究议题与研究指标

上文已从认知带宽的概念化和操作化层面展开论述。为细致说明认知带宽的研究路径,本书尝试提出几个可行的研究议题和研究指标。

主要研究议题

1. 描述研究:识别认知带宽表现

描述认知带宽表现对后续研究与传播实践有重要意义,研究可尝试采取个案研究、深度访谈等方法,识别认知带宽的类型与可能的影响因素。例如,通过探究个体的认知焦点、与认知焦点相关的注意和记忆范围及信息加工深度,诊断用户实际认知空间的受限与不足之处,为后续的影响机制研究做铺垫。

2. 解释研究:发现认知带宽的受限机制

为解释认知带宽何以受限的问题,未来研究一方面可采取归纳路径,基于描述研究的结果,进一步从个案及深度访谈中提炼影响用户认知焦点定位及认知广度、深度展开的相关因素,发现其受限机制;另一方面可采取演绎路径,对用户携带的可能影响认知带宽的易感因素作出假设,再验证这种易感因素是否起到影响用户认知焦点定位、限制认知广度和深度的作用。

发现认知带宽的受限机制，有助于进一步解释"媒介接触为何出现差异媒介效果"这一问题。比如，媒介暴力究竟是否增加暴力认知这一议题一直未得到统一结论，若从认知带宽的视角来看，这可能是因为用户对暴力内容存在易感与非易感两种状态，并带来两种认知带宽表现，即易感者形成围绕强暴力内容展开的狭长型带宽，而非易感者形成围绕非暴力内容展开的浅阔型带宽，由此形成两种不同的媒介效应。除此之外，还有更多议题可以就此思路展开，通过梳理用户易感因素与认知带宽的关系，能对差异媒介效果提出新的阐释思路。

3. 策略研究：基于认知带宽的传播效果提升研究

既有策略研究建立在用户拥有均等、理想的认知能力这一基础假设上，该前提在大众传播时代当然成立。而在逐渐步入的个性化传播时代，传播者需要面对的现实是能动用户对同一媒介内容的易感性并不相同，由此每个用户展开的认知带宽也不相同。传播者需要从有限理性的角度考虑用户认知表现，并基于用户异质性设计提升策略。例如，基于用户携带的易感因素设计传播信息，使传播信息能够匹配其认知带宽，实现传播目标。

可用研究指标

1. 认知带宽的评价指标

此处主要从具体操作层面说明认知带宽研究的可行方式（见表10.1）。认知焦点，主要通过自我报告或眼动的方式来识别对用户影响最深的信息部分；认知广度，主要评估注意范围和记忆范围，可采用心理学实验范式结合眼动生理测量工具进行。例如，注意范围可以通过追踪眼动轨迹描述，而记忆范围可以通过"学习-再认"的心理学行为实验范式测量；认知深度，主要评估信息加工程度（启发式加工/分析式加工）和信息理解程度，可以采用问卷调查或结合脑电与"过程分离程序"的心理学实验范式进行。在具体研究中，可根据研究目的和主题选取需要侧重评估的认知带宽维度，也可以将三个维度结合起来评价认知带宽的综合表现。

表 10.1 因变量（认知带宽）的研究指标细化

维度	指标	测量工具
认知焦点	主要信息	自我报告、眼动测量
认知广度	注意范围	眼动测量
	记忆范围	"学习-再认"行为实验方式
认知深度	信息加工程度（启发式/分析式）	过程分离程序、脑电测量
	信息理解程度	问卷调查、自我报告

资料来源：喻国明，刘彧晗. 认知带宽：个性化传播时代用户洞察的新范畴[J]. 社会科学辑刊，2023（03）：213-219.

2. 易感因素的可研究变量

后续相关探究仍可从特质类因素和感知类因素两方面入手探究认知带宽的影响机制（见表10.2）。特质类因素方面，除了探究用户的生理性特质（如年龄、性别）和社会性特质（如身份、地位、经验），还可从与媒介接触相关的媒介特质及与信息加工相关的认知特质方面展开探究。例如，探究媒介人格（即个体在媒介使用中表现出的稳定人格倾向）[39]的作用；探究认知风格（即个体在认知过程中表现出的习惯化模式）的作用；探究认知闭合需要（个体应对模糊信息的忍受程度）的作用。感知类易感性层面，从既有传播研究来看用户感知会随传播层次的变化而变动，对情绪、价值、规范等因素的考察也可结合传播层次（个人、人际、群体）来逐层考察，分析其在不同传播层次中对认知带宽的影响机制。

表10.2 调节变量（用户易感性）的研究指标细化

维度	指标	可能展开的具体变量
特质类因素	生理性特质	年龄、性别……
	社会性特质	身份、地位、经验……
	认知特质	认知风格、认知闭合需要……
	媒介特质	媒介人格……
感知类因素	个人层面感知	价值
	人际层面感知	情绪、价值
	群体层面感知	情绪、价值、规范

资料来源：喻国明，刘彧晗. 认知带宽：个性化传播时代用户洞察的新范畴［J］. 社会科学辑刊，2023（03）：213-219.

小结

个性化传播时代，如何展开个性化的认知效果研究，应当是传播学界与业界共同关注的问题。本书试图引入行为经济学中的"认知带宽"概念，描述用户实际可展开的认知空间，强调传播者面对的不再是具有理想认知容量的受众，而是认知带宽各异的受众这一时代性问题。只有把握用户实际的认知带宽，理解哪些因素影响用户的认知焦点定位和认知广度，进行深度展开，传播者才能有针对性地采取效果提升策略与干预方式，优化传播实践。

本研究也存在不足。首先，本章的研究重心是从传播学视域对"认知带宽"这个概念作出概念化与操作化的尝试，但在具体研究路径的设想与规划方面仍有欠缺，例如到底如何探究易感因素对认知带宽的影响、着重探究哪些易感因素等问题，均有待后续研究；其次，本书尝试从用户易感性的角度理解认知带宽的影响机制,但这仅是其中一种研究思路,就认知带宽何以受限这一问题,未来仍有诸多探索空间。正如瓦尔肯堡和彼得所说,个性化传播时代的研究问题应该将视野从媒介转移到人,未来研究不是要关注产生了多少媒介效果,而是要关注媒介效果为什么存在差异。只有通过研究人与人之间的差异,我们才能更好理解媒介和传播的作用。[40]

第十一章
元宇宙视域下认知竞争逻辑的重塑

第一节 媒介社会中认知资源的有限性与信息无限性的矛盾

媒介环境的内爆与个人心理

媒介技术的发展带来了"内爆"（implosion）及符号的过载。而过载的信息和符号资源与个体有限的认知资源相结合，一方面使得个体依赖于媒介的逻辑形成认知、规训行为，另一方面也使得社会按照媒介化的逻辑进行重构与再组织。麦克卢汉基于对媒介技术的进化的考察，提出了"媒介即人的延伸"的观点，新媒介技术产生会形成新的认知与思维方式，由此形成认知尺度与认知环境，从而对人的心理机制与社会产生影响。在这一背景下形成了"内爆"的观点，机械时代人完成了身体在空间范围内的延伸，人的中枢神经得到了延伸，以至于能拥抱全球。[1]并且这种身体上的延伸对整个心理及社会复合体都产生了影响。

内爆的观点强调了"反环境"（anti-environments）[2]和"时空感的悖论"。具体来说，媒介内爆带来了时空界限的模糊、时间的加速与空间的多重性，使得现代社会呈现出"脱域"的特点。时空的同步性与异步性并存也带来了"反环境",即影响我们对所处环境的认知。电力技术下"反环境"的功能使得个体产生了时空感的悖论,时空的急剧压缩一方面使得个体承受着心理压力,另一方面也带来了社会运转的加速,如信息流的加速和过载。

个体有限的带宽形成内爆后的困境

媒介产生于人们对于信息的需要,媒介起到了延伸、替代人感官的作用,并且通过感官形成的中介化体验进一步作用于人的认知与行为。从媒介的结构与功能来看,人与媒介产生互动的根本原因在于个体有限的生理和心理认知能力。随着人机交互、技术身体、智能身体的引入,技术逻辑已经渗透进日常媒介实践当中,用技术的术语来看,个体有限的能力可以概括为"带宽"(bandwidth)。在数字设备中,带宽指单位时间能通过链路的数据量。通常以 bps 来表示每秒可传输的位数。有学者据此提出生理带宽的概念,[3] 在心理学中个体有限的认知资源也被理解为认知带宽(cognitive bandwidth)。

人的生理带宽被媒介所中介,体验中介后的感官体验,这种具身的交互包括人感官的多维度的体验。生理带宽也是在这种具身交互的基础上形成的,主要是从具身的角度考察媒介与人的感官体验。许多实证研究结果突出了媒介技术如 VR/AR/MR 对用户视觉感知、身体交互与传播行为的影响。因此,个人的生理带宽与媒介的关系具有依附性,受自然的限制,人的感官需要依托媒介,基于媒介获得的体验也在作用于个人的身体、心灵和认知。

从心灵与认知的角度,认知带宽概括了个人有限的认知资源,认知带宽指的是信息处理的可用性,以及个体的认知能力和执行控制能力。行为经济学家穆来纳森和心理学家沙菲尔在《稀缺：我们是如何陷入贫穷与忙碌的》一书中提到了认知带宽的概念，是一种相对的认知容量，其包括两种能力，分别是认知能力和执行控制力。带宽的减少会降低"解决问题、保留信息和进行逻辑推理"的认知能力，同时削弱执行控制能力。[4]

基于信息加工理论，对信息的过滤、控制、保持和加工都需要消耗认知资源，认知资源的有限性将直接决定个体可以处理信息的复杂性及信息数量。[5]在这一过程中，由于注意资源与工作记忆的有限性，"认知带宽"成为媒介信息过载时代的稀缺资源。而这种稀缺资源也成为不同媒介竞争的目标，虽然个体假设自己可以根据自由意志决定思维方式和行为决策，但是在认知带宽的局限下个体可能将认知资源集中在最为紧迫的需求上，牺牲其他目标，因此个体在某些问题上可能沦为被媒介信息所主导的无意识的大众。

不过，除却客观上信息过载带来的内爆，个体主观上超越现实的欲望与需求也可能导致媒介交往中的"自反性沉迷"。即当我们理性有限而行动无限时，可能基于生理欲望驱使行动，并在数字媒介交往中不断强化自反性沉迷。这种自反性沉迷可能表现在两个层面：在感性层面上，对媒介的过度依赖可能导致个体心灵危机；在理性层面上，认知带宽和算法等技术因素可能形成信息茧房和回音室效应，进一步导致社会交往的离散化。[6]

基于此，本研究拟从个体认知与媒介信息的矛盾方面展开论述。认知带宽描述的是个体认知资源有限，以及有限认知和有限注意条件下的信息分配问题，在这一过程中展开了信息供给与用户信息接收的两个最为主要的主体。而在媒介环境中，媒介日益塑造了不同的空间与场所，并允许个体展开具身的传播行为，这些行为背后体现了空间与身体和认知的互构,以及文化的渗透。由此以"身体–媒介–认知–空间"的逻辑展开,首先分析个体有限带宽下媒介所形成的认知竞争的效率逻辑;其次,从中介化视角看个体带宽与媒介社会的互构,重新界定传播研究中受众认知的概念维度;最后,从身体与媒介空间的互动视角出发,以元宇宙为基本视域,思考元宇宙环境中智能技术是否能够摆脱媒介认知竞争的效率逻辑,达成个体的积极认知。

第二节 中介化视角下个体带宽与媒介的关系

在个体与媒介的关系中,生理带宽涉及身体的居间性,认知带宽涉及身体与认识、心智和意识的互动关系。在这个过程中,有学者指出,媒介并非简单的、技术性的单一"延伸",媒介总是在"居间",成就的是交互关系。以媒介与人体而言,媒介是人的连接点,人体也是媒介的连接点,展现的是技术与人和世界的关联。[7]德布雷也认为媒介是一种关系而非实体,[8]从关系性的角度来看,不同媒介承载了不同形式的交往方式,其所形成的竞争逻辑和方式也不同。

中介化视角下个体带宽与媒介的演进逻辑

基于个体带宽的视角,媒介成为个体感知体验世界的中介,而在这一过程中个体与媒介产生了中介化的互动。"中介化"(mediation)这一概念指的是两个区分的元素、成分或过程之间的连接,在这一过程中传播技术协助了人与人之间中介形态的互动体验,使得时空的距离化(time-space distanciation)或时空延展成为可能,在此基础上人们的体验也被介入的技术物所型塑和替换。[9]中介化也包含了一种辩证关系，即技术与其相应的机构驱使特定的传播形态的同时，这种驱动也受制于历史和社会传统。由此，中介化辩证关系视角能够阐释个体在不同历史时期的媒介交往方式。中介化过程也包括了技术性、社会性和空间性三重维度（见表11.1）。[10]

表11.1 中介化视角下个体带宽与媒介的演进逻辑

媒介演进逻辑	口语媒介-文字媒介-印刷媒介-大众媒介-电子媒介		
	媒介技术性	社会性	空间性
中介化的演进	工具-关系-场景	直接社会交往-中介化的社会交往	物质空间-虚拟空间-虚实融合空间
生理带宽的演进	感官分离-感官融合-感官重塑	语言传播-非语言传播-多模态传播	身体在场-身体离场-数字身体
认知带宽的演进	具身认知-嵌入认知-生成认知-延展认知	社会身份认同与建构-情感与价值认同	直接经验性认知-中介化的认知-扩展的想象空间

资料来源：喻国明，苏芳. 从认知带宽到价值带宽：元宇宙视域下认知竞争逻辑的重塑［J］. 西南民族大学学报（人文社会科学版），2023，44（04）：139-147.

从技术性的角度来看，媒介技术构成了技术化的交流和意义的建构过程。媒介的连接逐渐从过去的信息传递的工具性连接转变为型塑社会关系、提供场景互动的中介化连接。媒介技术的演进下，媒介发展与个体带宽是一个收紧与释放的弹性的过程，麦克卢汉认为媒介与人感官系统的发展是由感官分离到感官融合的过程。具体来说，口语媒介时代听觉与视觉被同步释放，而文字媒介时代则聚焦于视觉，收紧了其他的感官，这一过程在印刷媒介时代被进一步强化。印刷媒介时代，被强调的文字印刷媒介使得事物被反复思考与审视，人的认知超越了时空的界限，感官被收紧的同时，认知思考空间得到了释放。而在大众媒介时代，广播、电视、电影的产生释放了人们过去被局限的生理带宽，在视觉和听觉的双重影响下，大众媒体在影响个体的注意资源、激活情绪情感、影响个体记忆及建构民族的集体记忆方面起到了一定的作用。电子媒介时代，这种中介化过程超越了距离，表现为时空的脱域和拟真的交往，个体的生理带宽得以进一步融合并被媒介重塑。在认知带宽的维度上，伴随着媒介技术的变迁，认知科学对认知的理解也在不断进步。认知科学家认为认知是具身的（embodied）、嵌入的（embedded）、生成的（enacted）、延展的（extended）和情境的（situated），将心灵看作是大脑、身体和环境共同作用的结果，弥合了标准认知科学忽视身体与环境对认知作用的缺陷。[11]

从社会性的角度来看，西尔弗斯通认为在日常生活中媒介的模糊性与矛盾性、物理性、媒介的社交性和媒介伦理起到了中介化的作用。首先媒介的介入使得社会交往从直接的交往过程转变为中介化的社会交往。电子媒介的产生使得同质化的文化生产与分裂化和个性化的网络社会并存，并且为新的公共性创造了条件。[12]由此，生理带宽逐渐从过去被媒介局限的部分生理感官，发展到电子媒介时代的多模态传播方式，进一步对人体感官通道的叠加与融合。生理带宽与媒介互动的社会性也体现于多模态的话语分析方式中，即这种分析方式为理解人类传播行为背后的话语权力和身份认同脉络中的权力关系提供可能。而在认知带宽的社会性方面，个体的身份认同在心理学上体现为个体对自我身份的确认和对所归属群体的认知，以及所伴随的情感体验和对行为模式进行整合的心理历程。[13]从社交的层面来看，卡斯特认为身份认同是人们获得其生活意义和经验的来源。[14]由此，媒介的中介化过程强调了不同的身份认同的侧面，例如大众媒介时代，社会身份认同与媒介的建构作用被强调；而电子媒介时代，多模态传播方式更强调媒介所形成的圈层中群体的情感认同与价值认同；大众媒介时代，媒体对"农民工"形象所建构的"负面形象"的社会身份，影响了农民工群体在城市社会中获得文化承认和尊重的过程；[15]而在电子媒介时代，个体的认同更多是由社交媒体所提供的圈层关系型塑的，例如"Z世代"基于游戏社群、知乎社群、豆瓣兴趣小组、哔哩哔哩等媒介所形成的情感认同与价值认同。

从空间性的角度看，社会空间的变迁从物质空间发展到电子媒介所创造的虚拟空间，以及当下VR、AR等媒介塑造的虚实融合的空间。而生理带宽的变化体现在个体的身体从在场到离场，对传播的理解从意识的交往发展到身体的复归。例如，身体以技术的方式跨越时空实现在场，智能传感器通过采集生理信号形成数字化身体。在认知带宽层面，个体认知从直接的经验性认知转变为被媒介中介化的认知，发展到电子媒介创造出新的时空场景，进一步扩展个体的想象空间。在此基础上，公共空间与私人空间的界限变得模糊，不同媒介空间所包含的复杂权力关系通过空间表象影响着个体的认知与情感体验。

媒介认知竞争效率逻辑的二重性

从中介化的角度来看，个体与媒介的互动包含着媒介技术对主体生理带宽和认知带宽的重塑过程。这在传播效果理论中也得到印证，例如媒介通过议程设置、架构、铺垫等作用影响着用户的心理图示和认知基模。这些理论背后隐含着不同主体、不同渠道、不同信息内容及不同信息触达群体的媒介竞争逻辑。媒介竞争逻辑即媒介社会对受众的争夺，主要目的是实现个体态度和行为的转变，而这一前提是认知，由此媒介的竞争逻辑逐渐从对受众行为的竞争转向了对受众认知的竞争。那么，由于个体生理和认知带宽的有限性，媒介的认知竞争需要遵循效率逻辑，即在个体有限的带宽之下有效地使用信息供给与分发满足个体认知的需要。因此，媒介认知竞争的效率逻辑也就是通过信息资源配置实现对受众稀缺认知带宽的占优权和认知占有率的最大化。在信息资源过载的情况下，实现信息的"有效触达-影响认知-规训行为"的闭环，而这种认知竞争效率逻辑也具有个体获取信息的场景适配性与媒介干预性的复调。

在认知竞争效率逻辑的正面影响中，基于数字化和网络化技术捕捉了个人的数据痕迹，实现了高效的信息分发机制。媒介从大规模无差别信息分发到精准化、智能化场景推送，极大地降低个体获取信息的门槛，同时提升了获取信息的效率。例如，信息分发从大规模传输到算法主导下"猜你喜欢"的个性化推送。

不过，媒介的丰富性与连接的多层次导致了信息爆炸与个体的心理的"内爆"。这种信息爆炸在个体认知加工过程中表现为信息过载下的认知干扰。首先，从注意资源的层面看，信息过载加速了注意资源的损耗，具体表现为增加注意力残留抑制无关刺激耗费更多努力并且降低了人的警觉性；其次，信息过载损害了注意资源的分配，不同来源和不同类型的信息"抢夺"用户的注意资源；再次，从效率的维度看，信息超载引发了信息规避（information avoidance），降低决策绩效；最后，从工作记忆的层面看，工作记忆受到认知负荷的影响。信息的特征与呈现方式会影响个体决策时的认知负荷，同样信息过载带来的时间压力也会影响个体决策。[16]

而在这种信息过载与认知负荷的作用之下，个体的信息加工和决策面临模糊性与不确定性，表现在自上而下与自下而上的认知加工过程中。在自下而上的加工方面，行为经济学提供了依据，穆来纳森认为稀缺会通过自下而上的方式捕获注意力，行为的发生不再受到意识的控制。[17] 稀缺会直接减少带宽，此处的带宽并非与生俱来的带宽容量，而是在特定场景下需要运用的带宽容量。同样，前景理论也基于"有限理性"的假设提出个体认知决策的确定效应、反射效应、参照依赖、损失规避和迷恋小概率事件。

此外，个体在信息加工中出于急于寻求答案的认知动机也会产生认知闭合需要（need for cognitive closure）。认知闭合的发生包括夺取和冻结两个阶段，分别反映了个体紧迫和永久的两种倾向。在夺取阶段，个体进行快速的问题搜索形成对目标问题的尝试性假设；在冻结阶段，个体坚持原有假设并且拒绝新的信息调整原有认知，形成认知闭合。[18] 认知闭合一旦形成也会导致个体的认知偏差和认知功能失调，并且进一步激活情绪和行为的失调反应。[19] 这种信息的不确定性使得个体获取信息更依赖媒介，媒介的认知竞争逻辑一旦作用于个体决策，个体可能会产生认知闭合，从而影响群体行为决策。例如，谣言、流言与群体行为通常在个体认知闭合的需要下产生，由此引发集合行为和社会运动。当个体出于不确定卷入海量化、迅捷性的信息海洋中，具身的交互增强了拟态环境，个体的积极认知也就滑向了认知闭合需要。

除却个人因素，媒体背后的意识形态与权力组织也可能导致认知竞争效率逻辑产生异化，媒介可能通过强化认知的首因效应和占优权、最大化认知占有率等方式，使得认知竞争转变为"认知战"（cognitive warfare）。例如，在俄乌冲突中，媒介及其背后的意识形态通过舆论战、信息战和认知战，控制个体的思维方式和行为决策。美国国防部将信息环境分为物理、信息和认知三重维度。首先是以人为中心的认知维度，其次是以数据为中心的信息维度和可感知的物理环境。认知维度包括"人民的知识、态度、信念和看法"。正如信息战所概括的那样，"信息战旨在使用和管理寻求竞争优势的策略，包括进攻和防御行动，通常可以用来描述较狭义的活动，例如网络运营、认知操控、电子战、运营安全和军事欺骗"，信息操控日益从数字信息内化到身体和认知维度。[20] 在此背景下，认知带宽这一术语也难以概括媒介背后的权力主体所传递的意识形态与价值观。

第三节　认知竞争逻辑下信息加工与个体带宽的匹配过程

心理学上个体信息加工过程是连续加工的四个阶段：编码–匹配–选择–反应。[21] 当这一过程发生在媒介环境中实际上就涉及"信息触达–信息解码–信息匹配–行为决策"的过程，信息触达调用了个体的生理带宽，信息解码和信息匹配过程则涉及个体的认知带宽，以及个体受到所处的社会文化环境影响下的"价值带宽"。由此，媒介认知竞争的维度也从生理带宽到认知带宽再到更深层的价值带宽。而媒介对不同带宽的延展程度不同，生理带宽、认知带宽和价值带宽应对媒介的认知竞争的方式也具有特殊性。

共同体与信任

在当下媒介环境中，媒介的认知竞争逻辑已不仅仅是个体的感官体验，或心理层面的知觉、注意、情绪、记忆等形式。实际上还包括思想、精神与价值观。因此，在认知竞争逻辑下的个体带宽还包括个人或群体的精神习惯和思维定式的总和。这引出了认知竞争有效触达的最后一环，媒介对目标个体或群体有针对性地匹配知识和信息，影响其决策。这些信息具体包括与个体或群体相关的文化、历史和意识形态、经验、人际关系等内容。由于这些内容处于受众认知的更深层次，并且具有稀缺性和有限性的特征，因此"带宽"的隐喻也可以表示个体在媒介环境中有限的认知价值尺度，也就此引出"价值带宽"的概念。

"价值带宽"将个体的思想、精神与价值观从个体的经验中抽离出来，从宏观群体和社会层面探讨认知竞争的维度。价值带宽不仅指受众接受了信息，同时意味着受众接受了信息的标准、规则、结构和内涵等价值属性，即价值带宽的重塑将对受众的认知结构起到某种程度上的改造作用。认知结构指的是大脑处理信息的形式和过程，是大脑处理信息的一系列秩序、法则、组织或一种操作和处理的系统。[22] 分布式认知进一步佐证了认知中"价值带宽"这一概念，托马斯·哈奇（Thomas Hatch）和霍华德·加德纳（Howard Gardner）就教室中的认知活动提出了分布式认知的同心圆模型（the concentric model），该模型包括三重维度（见图11.1）[23]：最外层的是文化力，代表惯例、活动和信仰，超越了特定的情境，影响着个体；中间层是"地域力"，强调了特定的本地情境中的资源，以及直接影响个人行为的人物；最后是"个人力"，代表个体带到许多本地情境中的倾向及经验。同心圆模型提出的三种维度包括了文化、地域和个体经验对认知加工的影响。换句话说，在个体高度依赖媒介信息的现代社会中，从信息解码到信息匹配再到行为的过程中，价值带宽归纳了媒介信息在社会文化和地域、圈层关系及个人经验层面的影响。

个人力与文化力的中间层地域力描述了地域性的资源等物理因素，媒介社会中个体并非孤立的原子化的个人，而是存在于不同圈群中的个体。因此，认知竞争逻辑下价值带宽的竞争的具体过程是从个体所处的圈层出发，通过的地缘、业缘以及技术影响下的趣缘关系影响个体的身份认同、价值认同以及情感关系认同，在网络流动化的圈层中形成"想象的共同体"与信任。从当下的媒介环境中看，圈层与价值带宽的关系是一个两种力量的动态平衡过程，一种力量是单一的、原始的，通过极端价值形成了"封闭的圈层"；而另一种力量则是开放性的，可能导致圈层的过度开放使其失去独特价值。在这两种极端力量的张弛过程中，自由、平等、信任、开放的圈层将是媒介技术需要探索的平衡点。

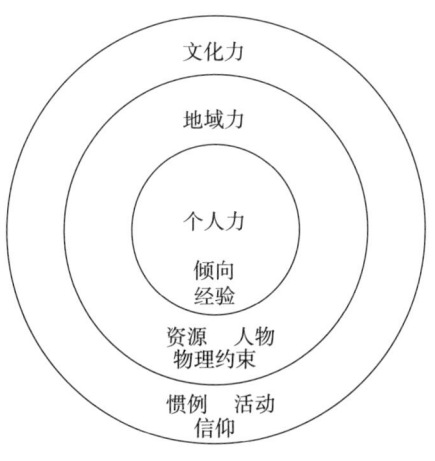

图 11.1 分布式认知的同心圆模型

资料来源：喻国明，苏芳.从认知带宽到价值带宽：元宇宙视域下认知竞争逻辑的重塑[J].西南民族大学学报（人文社会科学版），2023，44（04）：139-147.

认知竞争逻辑与个体带宽的匹配

在媒介对个体带宽的争夺过程中，这一过程中也是自反性的，伴随着个体带宽的重塑和媒介认知竞争逻辑的重构。雷吉斯·德布雷（Régis Debray）关于媒介的观点也表明，媒介能够型塑个人心理。具体来说，德布雷提出媒介域的观点，旨在阐述技术系统、社会组织和象征系统之间如何建立起社会契约的关系，并且在特定的媒介域中，形成与媒介域相匹配的集体心理、信仰和主义。[24]

这种自反性具体来说就是不同带宽在媒介作用下的匹配或认知折扣的过程，表现在生理带宽的绝对性、认知带宽的相对性和价值带宽的响应性和效率性。在生理带宽方面，绝对性体现在媒介技术的延伸与截除具有一定的生理限度，例如通过后天的运动训练能够实现生理带宽的适当扩张，利用虚拟现实等技术实现数字孪生、分身接触等，在另一空间实现生理带宽的重塑。

在认知带宽方面，稀缺理论下认知带宽具有相对性，认知带宽的重塑主要与用户的认知结构相关。如前所述，认知结构是一个系统的过程，在这一过程中认知的不同成分如工作记忆、长期记忆与信息加工匹配存在多维互动，因此在认知竞争逻辑下认知带宽的匹配过程也是一个结构性问题。在认知层面，解决带宽的稀缺问题进而促进信息匹配主要有两种方式：一是在生理层面扩展带宽，二是实现信息的有效分配，减少认知的结构性盈余。生理层面的带宽扩张是指可以采取多重感知通道的方式对用户实现感官的全方位唤起，降低单一感官在信息接收过程中的损耗。不过，感官通道的多寡与信息接收也会受到其他变量的影响，例如信息和感官通道的协同、匹配与场景连接相关。在信息的有效分配方面，信息与认知结构的秩序化是减少信息熵并促进认知接收的手段之一。换句话说，控制论模式下的有序信息能够简化认知并且在结构上扩大认知带宽。在认知结构的分配方面，外来信息与知觉、注意、记忆、情感等成分的匹配存在不平衡性，也产生了认知的结构性盈余，而减少认知带宽就意味着信息内容与认知结构的系统耦合。

最后，在价值带宽的匹配方面，价值带宽涉及对信息的响应性和效率性。吉登斯认为，在人类暴力和个人无意义的风险环境中，关系与信任成为被"脱域"的抽象体系中的纽带。信任能够建立跨越时空的可信赖互动形式，促进信息的接收匹配，根植于社区、亲缘纽带和友谊的个人化信任关系之中。[25] 正如分布式认知的同心圆所显示的，文化力体现了媒介社会中弱关系的作用，地域力则是与个人直接相关的强关系，能够影响个人的认知、态度并且促进行为转变，个人力体现了个人的基本认知基模。马克·格兰诺维特（Mark Granovetter）认为，强弱关系之间的区隔体现在互动频率、情感强度、亲密程度和互惠交换四个维度。[26] 强弱关系形成的社会网络在信息传递和知识共享方面发挥的功能不同，认知竞争逻辑中价值带宽的适配也是在解决强弱关系的结构性匹配。

第四节 元宇宙时代智能技术与个体带宽的耦合

认知竞争的效率逻辑中强调了技术与媒介的作用，然而媒介在意识形态权力作用下可能形成认知竞争逻辑的异化，导致认知战的产生。因此，需要从主体能动性的角度考虑个体主动的信息"拉取"，减少被动接收，以此作为未来认知竞争的有效逻辑。从中观和微观的角度来看，媒介技术在型塑个人认知和行为的同时，个人也在以认知可供性的方式驯化着技术。因此，从主体能动性的角度出发，进一步思考元宇宙环境中人与技术的耦合是否能够摆脱媒介认知竞争的效率逻辑，达成个体的积极认知自由。

元宇宙视域下媒介与个体认知的协同

面对内爆，麦克卢汉的观点并非如鲍德里亚一般消极，他认为每一种文化、每一个时代都有其偏好的感知和认知模式，倾向于为每个人、每件事规定一些偏好模式。而当下时代人们更厌恶这种强加于人的模式。[27]这种模式表现为媒介塑造个体的认知模式和价值模式，而个体更渴望获得个人的积极认知自由，形成与媒介的融合共生，而非中介化的互动。基于个人依赖媒介的现实，分布式认知的观点对个人认知的延展及认知与媒介的协同进化提供了分析框架。在这一观点下，个体带宽与媒介的互动也从大众传播时代的中介化的互动转变为元宇宙空间中带宽嵌入、延展和协同的互动（见表11.2）。

表11.2 大众传播时代与元宇宙未来媒介时代个体带宽的比较

项目	大众传播时代	元宇宙未来媒介时代
生理带宽	物化身体	智能身体与多元身份认同
认知带宽	认知带宽有限	认知带宽在感知空间、构想空间与生活空间的三重空间中延展
价值带宽	价值带宽作为外部逻辑	价值带宽内嵌于底层架构

资料来源：喻国明，苏芳.从认知带宽到价值带宽：元宇宙视域下认知竞争逻辑的重塑［J］.西南民族大学学报（人文社会科学版），2023，44（04）：139-147.

分布式认知是一个包括认知主体和环境的系统，是对内部和外部表征的信息加工过程。[28]分布式认知提出认知分布于个体内、个体间、媒介、环境、文化、社会和时间等。[29]与传统认知强调个人的主体作用不同，分布式认知的框架提出在媒介化社会中主体与客体依赖于媒介工具的互动（见图11.2）。媒介工具在此处的功能是扩展认知，减少主体的认知负荷，扩展个体的生理带宽和认知带宽，并且健全个体的价值带宽。在分布式认知的框架下，主体与媒介形成了具身的关系；在媒介技术的演进下，媒介工具从中介化、干预性发展到媒介与主体认知的协同演进。这种协同演进一方面从物理层面扩展带宽，另一方面对认知结构和认知系统中的结构性盈余进行重新分配。

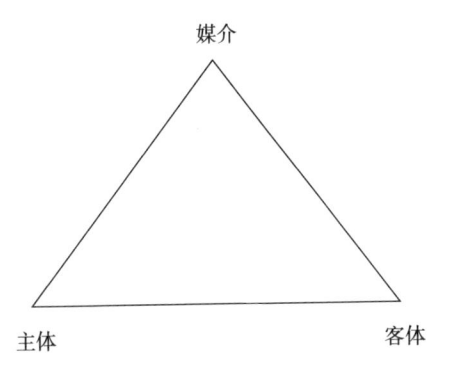

图11.2 分布式认知观点下人类认知结构

资料来源：喻国明，苏芳.从认知带宽到价值带宽：元宇宙视域下认知竞争逻辑的重塑［J］.西南民族大学学报（人文社会科学版），2023，44（04）：139-147.

生理带宽的延展

生理带宽中的身体在传播中起到中介化的作用，促进了主体的空间感知和社会认知，并且在参与社会交往中发挥文化和政治功能。因此，媒介认知竞争中对有限生理带宽的争夺是后续场景认知与价值匹配的前提。在元宇宙视域下，个体生理带宽的延展主要体现在身体从物化的、肉身的存在转变为基于技术的智能身体。

智能身体来源于对生理带宽这样的绝对带宽的技术性补偿，反映了人类自身与技术体系的深度连接。物理学家迈克斯·泰格马克（Max Tegmark）将生命看作能够自我复制的信息处理系统，物理结构是硬件，行为和"算法"是软件。生命1.0是生物阶段靠进化获得硬件和软件，生命2.0则是以人类为代表的文化阶段，我们可以通过学习来优化算法，3.0版本的生命则是以人工智能为代表的科技阶段，生命不仅可以自由设置软件也可以自由设置硬件，摆脱生物进化的枷锁，实现数字化永生。[30] 在智能身体的实践中，身体的拆解和再造表现在身体的元件，如身体状态、身体位置、情绪、人脸、声音等元件数据化。[31] 例如数字大脑、脑机接口等身体的元件化，弥补了稀缺的生理带宽，以特殊的方式嵌入到人类自身的经验现实中，实现了身体元数据的可测量和可获取。唐·伊德也提出在"人-技术-世界"发展的连续统中"(我-技术)→世界"的变项体现了一种人与技术的具身关系，[32] 在媒介空间的身体实践中，身体作为行动者也扮演着中介者和转译者的作用，身体是精神、物质文化的转译者。智能身体成就了媒介信息的多维度感知和提取，并且是有意识的转译，身体改变、转译、扭曲和修改着媒介信息的意义和元素。这种转译功能就体现了人对于媒介信息的积极的能动性，有望摆脱认知竞争的效率逻辑。例如，智能可穿戴设备中生理数据的识别能够识别人的生理数据进而对人提供健康预警等信息，促使个人改变自己的生活习惯。不过，个人生理带宽的稀缺与需求和欲望的无限性也是生理带宽存在的矛盾，智能身体在促进生理延展的同时也扩张了人们的感知需求，而这种对需求的过度追求可能造成身心的双重负担，身体的元件化也可能对认知产生影响。

进一步来说，技术的具身关系也唤起了人们对技术透明性新的期待，即摆脱技术的参与而重新获得扩展的身体。[33] 这种重新获得的身体在元宇宙世界中体现为多重的数字化身，以及主体所建立的多元身份认同。数字化身是从具身到离身的转换，个体通过虚拟身体在元宇宙空间中获得拟具身化的体验，使物质身体、智能身体与数字化身三重身体在不同的媒介空间得以共存。虚拟空间体验成为现实空间中行为的映射和反射，由此数字化身在不断地体验中重构着现实世界的行为。此外，多重身体带来了多重的主体身份认同，与当下的物质身份认同不同，元宇宙中个人更渴望摆脱技术的中介性，形成全方位逃逸的、游牧的主体。不过，元宇宙中主体是摆脱技术的中介性实现游牧的身份还是被技术全方位控制形成数字的存在，需要结合经验性问题进一步思考。

认知带宽与价值带宽的互动

在大众传播时代可能仅仅是把媒介视作辅助认知的工具，不过分布式认知的观点则强调了"主体-客体-媒介"三者之间认知的协同性。对个体来说，分布式认知强调协作的意义，通过认知共享与分布缓解认知负荷。分布式认知在元宇宙中的表现可能是在混合现实的场景下扩展主体认知。而这种扩展可能来自内部与外部两个部分。分布式认知观点的延展包括了对内部表征（如心理图式、神经网络等）与外部表征（如物理符号、外部规则等）的延展。从内部来看，心理学研究发现减少消极情绪、利用积极情绪能够延展认知带宽。例如，有研究利用积极情绪诱导、冥想干预、激励信息、注意力控制等方法，将焦虑等负面情绪和稀缺的认知带宽转化为丰富的思维。[34] 从外部来看，个人的身体存在于一定的空间当中，正如莫里斯·梅洛-庞蒂（Maurice Merleau-Ponty）提出的"空间是身体化的空间"，身体性与空间性的统一是人们获得知觉的习惯，[35] 并且身体在空间当中建构起认知与社会文化意义。元宇宙视域下，虚实融合的空间场景包括时空状态和心理氛围，这一空间不仅包括单一的物理空间，还包括心理空间与权力关系。从元宇宙空间来看，其更强调通过媒介工具与主体的协同关系匹配和扩展认知。换句话说，元宇宙通过特定场景下媒介提供的时空场景与主体的匹配来扩展个体带宽，这种带宽既包括注意、情感、记忆等认知带宽,也包括思维、意识形态等价值带宽。基于这一观点,亨利·列斐伏尔(Henry Lefebvre)的社会空间三元模型(感知空间、构想空间、生活空间)从主体与媒介的关系层面出发,能够为元宇宙场景下扩展认知的方式提供借鉴。列斐伏尔的社会空间三元模型从空间的辩证关系角度,对人的异化和身体感觉的释放提出了批判性思考。他认为空间既不是一个起点,也不是一个终点,而是一种手段或者工具,是一种中间物和一种媒介。[36] 在跨媒体时代,有研究者研究了这三元空间模型在媒介化社会中的演变,具体来说,感知空间强调了媒介技术对于个人的必要性和适应性,而构想空间能够实现经验的预演,最终人们的生活空间实现了社会实践的常态化,媒介的挪用以价值带宽的形式改变了社会规范、惯例和期望方式。[37]

就元宇宙认知带宽的三重空间关系来看,首先,感知空间是指人们依据一定空间生产方式对具体场所、"空间集"的生产和再生产。感知空间是能够被人们感官所把握的具体的、物质化的空间场所,元宇宙技术扩展了主体的感官维度,通过增强现实多维度、沉浸式的感知,主体有望实现以高维的认知视角关注社会现实,并且以自身的想象和期望编辑社会现实空间。不过,元宇宙并非完全脱离现实世界,地域空间可能以镜像空间和增强现实的方式存在,赋予个体对现实空间更丰富的行动自由度。例如,元宇宙空间中地域化的表现形式——地图,将以数字化三维交互地图呈现,其能够与自动驾驶汽车进行交互,而自动驾驶汽车的传感器同样可以补充三维地图。

其次,构想空间是关于社会空间的意识形态,是通过权力和符号编纂、构想出的概念化空间。[38] 这样的空间概念可以被理解为一个不断生产和复制的关系网,提供一种连接。构想空间对带宽的延伸体现在媒介所提供的可供性与人认知的结合,媒介可供性塑造了个体对于社会世界的理解，并且使得其数字交往行为愈加符合媒介空间的要求。在元宇宙空间中，构想空间表现为经验的预演。感知空间的物质性以新的方式融入构想空间当中，例如身体的姿势、运动、社交手势等在构想空间中依然存在。个体在构想空间中通过游戏等方式实现了具身认知与虚拟空间的互动。拟具身化体验与情绪和注意的预先唤起实现了认知与媒介的协同，在此处，媒介负载了个体的认知，使得对社会现实的体验和感受预先在构想空间中实现。在元宇宙中情感的维系表现为数字交往中更深层次的信任与共情，其中人与机器、人与化身、化身与化身之间的连接能够在拟具身化的体验基础上实现"准社会交往"和"媒介等同"的交往体验。这种经验性的预演在积极程度上能够帮助个体实现情绪调节、记忆捕捉和行为的延伸，但是也需要警惕认知竞争的异化，技术在与认知耦合的同时也促进了监视的自动化，更加隐蔽地实现宣传目标。

最后，这种认知与经验的预演将作用于现实生活空间，现实生活空间是一种私人的、想象的、微观的空间。这一空间使得来源于虚拟世界的认知作用于现实环境，主体认知也在虚拟与现实环境中反复修正与确认。在这一环节，价值带宽的响应性和效率性就发挥了作用。元宇宙空间对价值带宽的补偿体现在经验预演向现实空间的转化方面，由于经验预演的空间包含社会关系的再生产，因此与现实社会的权力结构可能存在不对称性。元宇宙中的关系圈层更多是基于区块链的非对称加密、共识机制、智能合约等实现的，这些技术特征保障了公平、互惠、合作、公民参与等正向价值的实现。在此前提及的现实圈层的两种极端力量之间，技术的去中心化保障可能是实现圈层平衡的一个辅助支撑。

小结

"元宇宙"这一概念符号承载了人们对未来媒介可供性的想象,为人类理解未来社会构造方式提供了具象化的图景。与当下媒介时代不同,元宇宙作为一个全新的社会空间,其所提供的具身交互方式使得个人的生理带宽、认知带宽和价值带宽均得以重塑。而这一重塑也有望摆脱媒介认知竞争的效率逻辑,实现个体的积极认知和行为解放。认知自由与行动自由可以具体化为三重空间的数字交往,而交往的基础是身体。感知空间扩展了个体的感官和行动能力,在一定程度上减轻了认知负荷,同时身体的积极性体现在其作为中介者和转译者对媒介信息进行解码。随后,认知在构想空间中得以扩展,通过认知、情绪和思维方式的预先唤起,缓冲直接性的社会实践,个体可以通过模拟化和游戏化的方式进行行为实践。最后,经验预演作用于个体的私密生活空间,虚拟行为与现实行为的交互使得私人想象空间不再局限于单一的物化空间,个人身份认同与情感关系认同也愈加多元化。在这一空间中,个体带宽的释放与积极认知相联结,过去被媒介局限的认知逐渐在三重空间中延展,媒介与个体的关系从中介化转变为协同交互。在文化层面,空间实践也具有一定的社会文化意义,公共空间的达成依赖于底层技术的保障,底层技术也塑造了个体的价值带宽,规范了社会行为,有望为圈层社会交往提供平衡支点,促进公众社会参与和协作。

第十二章
认知竞争时代的传播转向与操作策略

在数字文明时代，人类的思想逐渐被视为一个新的争夺领域。随着技术和信息过载的作用越来越大，个体的认知能力将不足以确保做出明智和及时的决策，这导致"认知战（cognitive warfare）"这一概念的出现。认知战不同于以往的舆论战、心理战、宣传战等概念，它使社会中的每个人都以前所未有的方式参与到信息的处理和知识的生产中来。而认知战的本质是对于人们认知的竞争，即占有更多的认知资源，从而结构性地规定人们行为的边界。所以，我们应该看到"认知战"背后社会结构的转型，以及关于"认知"的竞争在数字传播时代的重要意义。

认知的概念源于心理学，指通过思想、经验和感官获得知识和进行理解的一系列心理过程，包括思考、认识、记忆、判断和决策。由于认知与人类如何思考高度相关，关于认知的研究后来从心理学中独立出来，成为认知心理学这一独特的研究分支。由于认知在这个时代的独特价值，如今关于认知的研究已经远远超出了认知科学的所关注的范畴，而广泛地分布在市场营销学、传播学、社会学、语言学、政治学和军事科学等各个学科领域。从学科的建立与发展历史来看，传播学自滥觞始便长期关注意见生成和劝服效果等问题，并通过对这些问题的研究架构了学科理论的基本脉络。在数字传播时代，传统的学科思维逐渐式微，海量的信息让人们不足以像以往一样可以及时准确地作出判断，意见和态度也逐渐变得松散和不稳定。而认知正是意见、态度形成的框架和基础，可以从底层影响意见和态度的形成。所以，曾经关于"观点的争夺"逐渐演化为如今关于"认知的争夺"，认知在数字媒体时代对于传播学本身具有无可替代的意义。

为了更好地把握"认知"在当下传播学研究中的独特价值，须厘清从大众传播时代到数字媒体时代，社会发生了哪些变化；为了在现实的认知竞争中处于有利地位，须对认知在其中的作用机制和操作路径有一个基本的认识。故本研究从以上两点出发，提出以下研究问题：从大众传播时代到数字文明时代，媒介环境究竟发生了怎样的变化？社会结构经历了哪些转型？认知竞争有着怎样的作用机制？以及当下的认知竞争有哪些操作路径？本书拟通过对上述问题的探索，为认知在传播学中的研究提供些许启发。

第一节 认知竞争时代的传播转向

从大众传播时代到数字传播时代，本质上是社会从体制文明向数字文明的转向，也是互联网思维在社会各个层面的全面渗透。媒介环境的变化、社会的结构性转型催生了所谓的"情绪极化""后真相""圈层文化"等群体表征，也不断印证着互联网对社会运作机制的统合性影响。在这样的情况下，传统关于"What we think"的争夺已经延伸至今天关于"The way we think"的争夺。[1] 在数字传播时代，离散的观点已经难以满足时代竞争的需求，被认知所统合的一整套感知习惯、思维习惯、行为习惯逐渐成为群体态度、社会舆论形成的核心要素，并决定着人们行为的边界。

媒介环境的变化

1. 算法机制：短程记忆与浅化思维成为常态

如今，以协同过滤（collaborative filtering）算法为主的信息推送机制已经大大改变了用户在信息互动中的地位，挑战了用户既有的接触、使用、创造和评估信息的能力，也引发了传播在空间、感官、意识形态和场景等层面的偏向。[2] 换言之，在数字传播时代，算法机制在信息接收层面结构性地改变了用户思维特征，这种改变主要体现在记忆和思考两个方面。首先是记忆模式的重构，在算法机制的作用下，用户的记忆模式从长程记忆（long-term memory）转向短程记忆（short-term memory），[3] 碎片化的信息和阅读时间导致"拒绝记忆"逐渐成为用户最常见的习惯，[4] 不断涌现的热点内容反复刷新用户本就不稳固的记忆。在这样的情况下，用户更习惯于关注新奇的、刺激的"瞬时体验"，而长期的结构性记忆被逐渐解构。其次是思考模式的重构，算法不断地推送改变了用户原有的线性的、连续的思考模式，涌泉般的信息流催生了用户的浅层阅读习惯，难以对具体的问题进行较为深入的思考。最后，个性化算法的过滤机制带来诸如回声室效应（echo chamber）、过滤气泡（filter bubble）等问题，也在一定程度上窄化或固化了用户的思维边界，限制了用户融合不同观点的能力，不利于社会共识的形成和文化的发酵与传承。综合来讲，在算法机制的影响下，短期记忆和浅化思维导致社会个体的信念呈现出十分松散的状态，观点与态度本身变得极其不稳定，在这样的情况下，必须对用户认知层面有更加准确的把握。

2. 信息过载与噪音：决策成本不断提升

如今，我们生活在一个信息过载（information overload）的时代，社交媒体的崛起和社交机器人（social bot）的活跃使信息量呈现指数爆炸式的增长，同时伴有大量的虚假信息和谣言等不同形式的噪音。过量的信息输入，造成我们庞大的精神损耗和负担，不断抢夺我们的注意力，让人产生认知功能障碍，以至于频频做出错误决策。[5]换言之，当今我们生活在一个信息过度饱和的世界，个体的认知将不足以做出明智和及时的决策。在这样的情况下，需要一种真正以认知和心理为中心的方法来实现说服、改变和影响。尤其在"后真相"时代，随着情绪化表达、虚假信息等现象持续增长，了解获得受众信任的信息的生产机制变得更加重要。在市场营销、政治选举、文化输出等诸多社会层面，如何占领受众有限的认知资源都成了不可忽视的关键命题。盖言之，即信息的无限性持续反衬出认知资源的有限性，在数字媒体时代，认知逐渐成为决定受众选择和行为的核心内驱力。

3. 社会人的数据化：用户主体权利的异化

与大众传播时代相比，数字媒体时代的最大特征是整个社会呈现出"数字化"的形态特征，海量的数据逐渐成为驱动社会运转的核心"能源"。生存于数字化社会中的个体，无论身处何地，每一分每一秒都在产生数据。而这些构成我们生活中饮食、出行、娱乐、消费等行为的隐私数据经常以"不平等协议"的形式被轻易抓取、分析和整合，形成对我们思维方式和行为习惯的循环掠夺。数字劳工（digital labor）的概念即展现了数字化时代受众的劳动形式与剥削机制，揭示了被数字化社会这一宏大叙事所遮蔽的受众的生产力与行动力模式，以及文化生产背后的复杂性、多面性与斗争性。[6] 在数字化社会中生存，工作与生活的界限变得模糊，所有行为都是一种无形的"劳动"。随着用户的商品属性不断增强，用户的主体权利被削弱，用户数据中隐含思维方式和行为习惯在一定程度上代表着用户的认知，这些都成了数字媒体时代各方争抢的宝贵资源。

4. 数字空间的情感共振：从"情绪表达"到"情感发酵"

在数字媒体时代，以社交媒体为核心的媒介平台催生了诸多无法存在于大众媒体时代的情感共振场域，形成了包括情感公众、延展性情感空间、集体记忆和数字遗产在内的独特景观。大众传播时代单向的、严格符合时间规范的、有议程设置的传播模式往往只能激发情绪（emotion）这种具有短期爆发力的感受，而社交媒介所具有的交互感、集体参与感，具身感、仪式感比大众媒介更容易激发情感（affect）这种长期而稳定的心理感受。如我国网友于新冠疫情期间在微博上对李文亮医生的集体悼念催生出了一种延展性情感空间（extended affective space），即一种并不随时间流淌而消逝，而是逐渐延续，拓展为日常问候、心事诉说、彼此慰藉的情感空间。[7] 在数字媒介时代，媒介不仅生产碎片化信息，还提供了一种情感交互的基础，为社会情感提供了发酵的场所。尤以作为个人日常生活记录机器的社交媒体为代表，它改变了人们储存和读取记忆的方式，形成了一种数字化记忆，进而重塑了人们对于时间、空间及记忆的感知。[8] 概述之，数字媒介时代的特征催生了诸多情感共振的场域，重塑了人们认知中关于记忆和感知的形态。

社会结构的变化

1. 组织方式的重构：部落化和圈层化

从大众传播时代到数字传播时代，受众的组织方式已经发生结构化的改变。麦克卢汉在《理解媒介》一书中提到了"再部落化"的概念，他认为随着电子技术的发展，人类社会将缓缓退向表音文字产生前的口语部落，即重新部落化，产生一个人人参与的、新型的、整合的地球村，使感官重新达到平衡和互动。[9] 互联网本身就是一个巨大的返祖隐喻，唤醒了工业时代之前的人际传播模式，同时也唤醒了与之相匹配的情感共振与关系认同。

组织方式的"部落化"和人际传播的回归在数字传播时代的突出体现即围绕社交媒体所形成的"圈层化"社会交往，一些热点话题特别是特定领域的舆论话题，往往首先在特定圈层中发酵。[10] 这些基于血缘、地缘、业缘和趣缘组成的圈层都拥有它们各自的独特文化，而这些文化也以潜移默化的方式影响着个体的思考和行为。此外，圈层与圈层之间又有界限，过去标准化的信息供给方式难以适应圈层化、个性化的现实。支撑这种社会圈层结构的不仅仅是理性事实的逻辑，更重要的是基于价值认同和情绪共振等非理性、非逻辑要素带来的圈层与圈层之间的意见交换与信息流动。简而言之，"部落化""圈层化"的社会交往在一定程度上重构了个体认知的产生方式。所以在数字媒体时代，认知本身的产生过程在发生变化，这要求我们必须重新思考新时代的认知概念，个体的认知在今天具有高度的复杂性，是不同圈层价值观和思维模式的叠加态。

2. 价值观要素的重构：从"秩序与理性"到"感知与非理性"

从历史的角度来看，大众传播的法则是建立在基于秩序和分工的工业文明之上的。因为大规模的生产活动，必须讲逻辑，必须用理性来进行沟通，唯有这样才能实现效率的最大化。理性是这一时期的显著特征，因为它代表的是多数人观点的集合体，是整体利益的最大公约数。社会学家马克斯·韦伯在《经济与社会》中将这种基于大规模生产活动的社会结构称为官僚主义（bureaucracies），其具有集中的、等级分明的组织，遵循合理的、有目的的规律运作，并按照更大的社会功能完成特定的任务。[11]韦伯认为这样的官僚主义标志着一种独特的"生活秩序"，它深深嵌入并构成了现代价值观，如法律下的平等、精英统治和问责制。[12]在这样的情况下，理性与秩序共同构成了大众传播时代的价值观要素。但在数字文明时代，个体被赋予了无限的价值，个性化的重启，使社会价值观的要素与过去标准化的、理性的一面形成区分，体现出基于个人感知的、关系的、情感的价值观要素。正如韦伯所说的，官僚主义及其背后的理性主义精神已经成为奴役人类的"铁笼"，[13]如今人们对事实的判断不再局限于标准化的理性价值观，而是转向社会关系和情感共振的个性化价值体系。所以，在数字媒体时代，认知形成的方式发生了重要的变化，我们必须同样以发展的眼光来重新审视认知在当下社会环境当中的形成过程。

3. 思维环境的重构：从诉诸"定数"到"拥抱不确定性"

如果我们将眼光拉得长远一些，自从人类通过驯服小麦[14]开始定居生活，不论是古代的农耕文明还是近代的工业文明，都是诉诸"确定性"的文明。由于生产生活的需要，人们始终渴望充满"定数"的生活，用以充实内心的信念。这种思维环境是贯穿人类文明始终的，构成了千百年来的文化肌理。在数字媒介时代之前，人类不同层次的愿景都是确定性的愿景，不论是解放思想的自然科学，还是束缚思想的宗教体系，都是在诉诸"定数"的思维环境中运行的。而互联网对社会最大的改变是使个人脱离单位或群体，变成独立的、个性化的、有价值的个体。人类在互联网营造的虚拟世界里回到了法国哲学家吉尔·德勒兹（Gilles Deleuze）所提出的"平滑空间"（smooth space），这种空间被理解为一望无际的平原、大海或者沙漠，充盈着自由流变的游牧美学旨趣。[15] 主体在虚拟空间中以"游牧"（nomadic）方式生存，没有固定的宏大的叙事，只有不断变化的主体微观视角。[16] 这种"游牧"式的生存方式，不同于以往对"定数"的执着追求，而是勇敢地"拥抱不确定性"。与"定数"不同，"不确定性"本质上是多重可能性，或者确保各种可能性的状态不会出现坍塌。[17] 与此形成呼应的是，近些年来"旅行"于不同学科的"可供性（affordance）"概念，"即存在于人与环境之间的多重可能性"。简言之，随着社会的深度媒介化，人与人、人与社会之间的关系不断涌现这种"不确定性"，且接受"不确定性"逐渐成为常态，在这样的思维环境中也必然形成与大众传播时代不同的认知走向。

第二节　认知竞争的操作路径解析

认知竞争的作用机制

1. 认知改变的土壤

首先，在数字文明时代，认知的改变是建立在算法对人的固化与限制的基础上的。虽然不同媒介素养的群体，其认知被重塑的程度不同，[18]但在数字化社会生存的个体，均难以逃离被算法重构的拟态环境。拟态环境（pseudo environment）本是大传播时代的概念，即媒介通过对象征性事件或信息进行选择、加工、重构后所营造出的"框架式"的环境。如今，算法以一种更底层的模式将世界的各种对象映射为一定的数据及模型，在人与这些对象之间提供了一个数据化的"界面"。[19]而数据化的"界面"通过智能终端的传输，不断冲击着人们的认知。其次，万物皆媒、深度媒介化的社会带来了人与人、人与社会的多重连接，人们的认知逐渐被新的关系、新的群体所共同构造。换句话说，当前人们的认知存在于个体之内的部分已经越来越少，而是呈现出一种分布式存在的状态。认知科学中将这样的状态称为分布式认知（distributed cognition），[20]即认知过程是由参与其中的分析单元（unit of analysis）之间的功能关系来界定的，[21]这些分析单元不仅存在于个体内，也存在于和个体相关联的文化、地域、群体之中。社会的深度媒介化通过不断建立新的联系加剧这种认知分布的流动，加之算法对人的固化，这些都是数字时代认知被重构和渗透的养分与土壤。

2. 认知改变的操作逻辑

微观层面的操作逻辑需要我们将视角从认知延伸至实际的竞争，即所谓的"认知战"。认知战被描述为一种"脑科学武器化"（weaponization of brain sciences）的新方法，其本质是通过利用人脑的漏洞（vulnerabilities）来攻击个人，试图破坏每个社会赖以存在的信任。[22]具体而言，虚假信息的发布者根据其目标的认知脆弱性，利用他们预先存在的恐惧（fears）或信念（beliefs），使他们倾向于接受谣言和误导。[23]这样的"大脑之战"试图播下不和谐的种子，煽动矛盾与冲突，使意见两极分化，并使群体激进化，最终达到消解社会凝聚力的目的。

认知战的具体操作逻辑来自社会工程学（social engineering），这是一种巧妙地操纵人类在其生活的某些方面行动的艺术或科学。[24] 具体而言，社会工程学是由一组心理技术（psychological techniques）和社交技能（social skills）组成，基于影响、说服和建议，引导用户泄露相关信息或执行允许攻击者获得网络访问的行动。[25] 我们熟悉的社交网络、电子邮件、移动设备和各类网站都正在被用以对用户的操纵和说服。社会工程学的基本逻辑是寻找整个信息安全链中的突破口进行攻击，从而达到对整体结构的瓦解。随着新技术（如虚拟化、移动设备、物联网、云计算等）部署了具有现代安全边界的复杂架构，超越了防火墙和互联网之间的边界，攻击的表面越来越大，越来越多样化。在这种情况下，各种传统协议和操作系统对现代计算机攻击都是有限的。因此，黑客们逐渐将技术手段放入后台工作，转而把他们的注意力集中在"用户"这一信息安全链中最薄弱的环节上。[26] 因为与电脑或技术相比，人类更容易信任他人。如图12.1所示，社会工程的攻击循环由四个基础的阶段组成：[27] 信息收集，这是采集与评估目标信息的准备阶段；建立信任，寻求在攻击者和受害者之间建立信任关系；利用与实施，攻击者利用信任向目标实施攻击；达到目标，攻击者达到初始目的后，实施新的攻击或不留痕迹地退出。

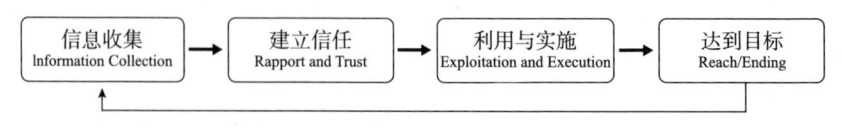

信息收集 Information Collection → 建立信任 Rapport and Trust → 利用与实施 Exploitation and Execution → 达到目标 Reach/Ending

图12.1 社会工程学的攻击图示

资料来源：喻国明，颜世健．认知竞争时代的传播转向与操作策略［J］．东南学术，2022（06）：227-237+248.

在具体到对用户的突破中，目标人群的群体特征，尤其是认知中脆弱的环节和思维层面的缺口会成为新的突破口。换句话说，今天认知战的发动，是根据目标群体的某些习惯和弱点进行有针对性的、集中力量的打击。比如在信息过载和信息污染的环境中，我们的短程化记忆和浅度思维就极易成为被对手攻击的"突破点"。带有意识形态的各类信息会以碎片化的、新奇的、标签化的形式进入我们的认知，通过建立信任，为长期的、结构性的改变做准备。简而言之，在推荐算法的影响下，我们认知中的惰性和惯性思维会成为突破口，符合对手意图的信息会以我们喜闻乐见的方式巧妙地进入我们的认知。

3. 认知改变的实现方式

与外在意见、基本态度等作用于外层的表征相比，价值观、视野观和知识观等深层社会心理往往是更难以被改变的，然而后者才是如今认知竞争中被主要争夺和占据的关键。所以，数字文明时代的认知竞争必然是一个长期的、慢工出细活的过程，具体的思维方式的改变、信念体系的重构也是一个潜移默化、"润物细无声"的过程。根据上文所述，目标人群的思维弱点、认知漏洞和预先存在的恐惧会成为突破口，使其极易在接收和处理信息的时候形成认知偏差（cognitive biases），而这种认知偏差会通过长期的积累最终成为改变认知的结构性力量。认知心理学中的可获性捷思法（availability heuristic）在这一过程中起到了关键性作用，它指的是人们在使用记忆进行判断时会使用一种捷径，即个人在讨论一个特定的话题时，往往会依赖记忆中最容易想到的经验和信息，并以此作为判断的依据。[28] 在这个过程中，记忆中那些新近发生的、情绪性的和冲击性的信息往往更容易被察觉。由于当前人们的大脑对于海量的信息无法进行有效的记忆，所以依赖可获性捷思法进行判断的情况就愈加明显。在现实中，社交机器人和推荐算法产生的信息不断提供着"可获性"的记忆，引导人们形成不同类型的认知偏差。这些认知偏差会长期在人们原有的认知中潜伏、勾连与融合，最终随着某些事件的发生，通过启动效应（priming）产生外化影响，如图12.2所示。在如今认知竞争的过程中，多方都在积极地利用认知偏差作为改变人们认知的捷径。[29] 总体而言，认知改变的实现方式是一个从"短期的认知偏差"不断积累，最终到"长期的的启动效应"的过程，结合前文所述认知改变的基础和社会工程学的操作逻辑，共同构成了认知竞争在微观层面的作用机制。

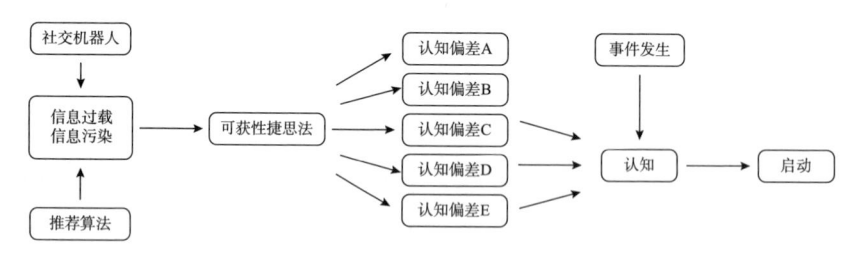

图12.2 从"认知偏差"到"启动效应"

资料来源：喻国明，颜世健. 认知竞争时代的传播转向与操作策略［J］. 东南学术，2022（06）：227-237+248.

认知竞争的策略机制

1. 渠道策略："接力传播"与"圈层进入"

渠道策略即让信息更好地触达受众，可以深入目标群体的社会半径和实践场景，解决"看得到"的问题。在当下的环境中，万物皆媒解构了传统媒体的渠道霸权，碎片化和垄断化同时成为传播渠道的现实。一方面，大量的UGC（用户生产内容）、OGC（机构生产内容）、PGC（专业生产内容）和MGC（机器生产内容）削弱了长期集中于传统媒体的渠道依赖；另一方面，数字寡头（digital oligarchy）的出现长期垄断了人们大部分的视听空间。在这样的背景下，"数字接力"能力就成为今天信息触达用户的关键，也就是将形形色色的渠道进行协同整合、连接，以及达到信息在不同渠道间的"可转换"，最终实现一种全要素、全环节的问题解决能力。这就要求我们必须以用户洞察为先导，深入目标人群深层的社会心理与现实中切实的矛盾，再去构建这种"接力传播"的能力。其中，传统媒体与新兴媒体之间的"接力-协同"尤为重要。很多具有高度社会价值的信息往往是UGC生产的线上内容，其影响力一般被限制在线上。只有当传统主流媒介跟进报道，实现其"社会地位的授予"，这些信息才能真正成为现实社会生活中的热点，从而引起各方职能部门的关注与干预，进入大众视野、获得社会关注。重要信息的传播有赖于两类平台的协同与接力，二者对社会影响力的造就缺一不可，但这也意味着应当对传统传播模式进行变革，以及对内容表达形式作对应性创新。

除此之外，社会圈层的进入是另一个关键的环节。圈层化是数字媒介时代的标志性特征，不同的圈层有着不同的表达方式、文化的产生模式和情感的发酵模式。信息若想更好地触达目标人群，必须掌握进入圈层的技巧，其中最重要的是传播场景的构建。不同的圈层往往有自己熟悉的、固定的传播场景，在这样的场景之中，信息的传递与交互才更有效率。比如共青团中央在B站的运营，其通过积极创新视频形式、优化视频制作流程、创新组织形式，[30]构建了更适合当代年轻人的传播场景，成功地释放了目标受众的情感势能。

2.话语策略：传播的修辞与表达

话语策略即解决信息在触达之后人们"看得下去"的问题，使表达的尺度、分寸、信达雅的程度与人们的共振点、认知结构和外在的吸收模式有一个好的契合与对应。其涉及传播修辞的使用，即一种传播文本的构造模式，也涉及话语表达的形式、内容和吸收模式的建构。这种文本的构造可以借鉴传播修辞学中概念创新、表述创新和范畴创新的知识，即通过对语言的策略性使用达到更好的社会劝服与认同功能。[31]

首先是概念创新，即话语内容和符号的创新。概念是一个个具体的知识单元、概念之间的逻辑关联铺设了一个巨大的意义网络，话语正是在此基础上沉淀和形成的，最终成为一个群体性的社会意识。[32]其中，隐喻的建构是概念创新中非常关键的一环。隐喻在当代认知科学中普遍被定义为人类基本的思维活动，是认知、分类、概念化和对世界进行解释和评价的方法。人类不仅通过隐喻的审美潜力表达自己的思想，而且借助隐喻进行思考，认识人类所生活的世界。隐喻作为"辞格之首"，帮助我们改变现存于接受者意识中的语言世界图景，[33]具有其他辞格难以比拟的修辞能力和劝服效果。[34]具体而言，隐喻通过将两个事物放在一个并置的结构关系中，让我们从一个概念领域去把握另一个概念领域，[35]有效地促进概念之间的连接，以及处理新概念的"冷启动"问题。

其次是表述创新，即话语策略中表达形式的创新。一个基本的逻辑就是构造出一个故事化的语境，使人们可以追寻故事，在故事中找到共振点和认知结构中的契合点。而具体的表达形式的创新可以分为两个维度：外在形式和内隐形式。外在形式包括语言修辞和视觉修辞。语言修辞强调不同修辞手法和诗兴的美学手法，包括文本表征中的形式、韵律、格式、风格；[36]视觉修辞则强调对图像符号的有效使用，通过视觉文化时代图像与生俱来的传播优势来影响人们的认同系统。[37]内隐形式指的是在构建故事化语境过程中，文本中隐藏的对"情感"

和"道理"的诉诸。毫无疑问，情感是最通用的认知语言，是引发共振点的有效方式，故事化语境中的情感元素可以积极地引发人们认知中的概念连结和关系认同。如果说情感是故事认知的心理纽带，道理则是故事的终极落点和底层语言，[38]人们被触动情感后，留在认知中的其实是隐含于文本中的价值观。情感元素的使用只是手段，是进入的捷径，而真正构成心理认同的基础是沉淀在话语修辞中的道理。

最后是范畴创新，即话语修辞在吸收模式上的创新。认知语言学中的原型范畴理论（prototype theory）认为，范畴（category）是指人们在互动体验基础上对客观事物的本质在思维上的概括反映，是由一些通常聚集在一起的属性所构成的完美概念构成的。[39]人们认识和命名一件新事物是确定其范畴的认知过程，[40]故范畴的概念又类似于格雷格里·贝特森（Greyory Bateson）所提出的框架（frame）的概念，即一种个人组织事件的心理原则与主观过程。[41]在这个意义上，每一种范畴都是人为创造出来并加以组织化而形成的相对稳定的认知框架，使人们可以按照既定的理解方式认识事物，并在此基础上形成一定的争论空间和对话系统。[42]因此，范畴的创新意味着认知框架的创新，在话语策略中要与人们吸收信息的模式相关联。具体的操作方式可以分为两种：一种是创造新的范畴，使人们按照既定的释义系统进行对信息的解读；另一种是借助人们认知中已有的范畴，通过既有的范畴输出新的内容。这两种方式都可以在一定程度上使人们解读信息的过程更加平滑，进而解决信息触达之后所谓"看得下去"的问题。

3. 符号策略：避免解码过程中的"文化折扣"

符号策略即在用户"看得下去"之后，更能够"看懂内容"。内容的形成是信息的"编码"过程，相应地，内容产品的接受与解读则是信息的"解码"过程。一个理想的信息解码过程能够最大限度地避免用户因"文化折扣"与认知偏差所造成的原内容产品的价值耗损，以及价值曲解。文化折扣概念，即扎根于一种文化的特定的电视节目、电影或录像在国内市场很具吸引力，因为国内市场的观众拥有相同的常识和生活方式，但在其他地方的吸引力就会有所衰减，因为那些观众很难认同这种风格、价值观、信仰、历史、神话、社会制度、自然环境和行为模式。[43]换句话说，导致文化折扣的深层原因是文化结构的差异，[44]而减少和消除由于"文化折扣"所带来的价值损耗，需要对用户"解码"过程中起关键作用的要素进行操作。

首先是由认知载体的差异产生的文化折扣。不同的社会群落之间存在不同的"说话方式"，这样的差异导致人们在信息交流的过程中往往"搞不懂"对方在表达什么，或者完全无法理解对方的行为。譬如游戏文化圈中"阴阳怪气"的说话方式，放在其他圈子中就会引人误解；网络空间中各类"扮丑"的短视频，其话语表达方式往往被其他圈层的人群视为低俗的文化产品。鉴于不同社会群落之间的"语言"并不相通，在内容编码的过程中，我们需要基于以下两个维度进行价值建构：一是纵向的深度价值的操作与表达，使作品的内容与形式的表达符合严整、深刻、生动、传神、真实可信等要求。换句话说，可以使不同文化背景的人在解读信息时有一种较强的"共识性"，并且解码后的内容应该是有深度、有价值的。二是横向的宽度价值的连接能力和共振效果的营造，即营造可以使不同文化属性的人在同一作品的激发下实现情感共振、关系认同的能力。

其次是认知参照系的差异，即不同的既有经验所造成的文化折扣。认知体系取决于结构化的知识、经验和阅历等，往往由一个群体目前所处的环境、被约束的规则和面临的矛盾所决定，然后表征于被寄予期望的事物和所诉求的权利等。不同认知体系的社会群体在解读同一社会问题时往往有所不同，甚至解读出的结果大相径庭。为了减少这样的文化折扣，需要在不同的群体之间搭建彼此理解和认同的"合意空间"，即寻找彼此在社会文化的认知参照系方面的共同部分，以此作为双方沟通的立足点和发挥影响力的作用点。社会认知的心理结构有三个层次：深层价值心理、基本社会态度和具体社会意见。深层价值心理通常较为稳定，越是后者差异就越大。因此，一个可行的办法就是尽可能避开具体社会意见，从基本的社会态度和深层价值心理上寻求共同点。譬如，不同的社会群体可能在所持的观点上不尽相同，但关于"爱国情怀"和"民族自豪"是深层次、共同的价值心理。所以，找到不同群体的合意空间，是从解码层面消解文化折扣的关键性操作。

小结

在数字文明时代，认知将成为未来被争夺和占有的重要资源，不同领域和学科也都展开了与认知相关的研究与讨论。认知竞争并不是特殊时期或特殊事件的衍生现象，而是一场长期的、存在于各个领域的关于人们思维方式和价值观的争夺。在传播学的视角下，数字媒介的成长及媒介环境的改变重塑人们认知形成的模式，尤其在深度媒介化和万物互联的社会形态中，媒介如何占有人们更多的认知空间，将成为未来传播学研究的一个基本问题。本书即沿着数字媒介时代的传播转向，尝试性地提出当下认知竞争中的操作路径。但既有的结论必然受限于当下社会结构、技术环境和认知体系，现有的想象力也不足以论证未来认知竞争的实现路径和操作逻辑。此外，受篇幅所限，文中涉及的许多内容并未展开更加细致的讨论，如社会工程学中信任建立的机制，认知偏差产生和作用的机制，以及宏观层面的战略设计等，这些都值得进一步地分析与探讨。与认知竞争一样，未来关于认知本身的研究也是一个长期的过程，需要且值得更多的研究者予以关注和深耕。

第十三章
人们的媒介认知如何影响其媒介使用

正如人口普查之于社会管理和社会发展的重要意义，无论对传播学学术研究还是传媒业实务操作，媒介接触与使用调查都是最基础、最根本的方面。从传统媒介时代到移动互联媒介时代，最大的变革是人们得以按照自己的需求与偏好来配置个人化的媒介菜单（media repertoire），根据自己的生活节奏安排日常媒介消费。这使得原本在大众传播时代可预期、易掌控的媒介消费行为骤然变得像万花筒一样千姿百态，难以捉摸。在纷繁复杂的个人媒介菜单配置和媒介接触轨迹中，探寻"变化中的媒介景观"，是许多传播学学者近年来密切关注的问题。

2014年，我们的团队曾经针对城市居民的媒介接触与使用开展过一轮大规模调查。五年之后，媒介行业发生了巨大的改变——根据中国互联网络信息中心（CNNIC）发布的第44次《中国互联网络发展状况统计报告》，截至2019年上半年，我国互联网普及率达61.2%，居民使用手机上网比例高达99.1%。2014年底，微信用户数量刚刚突破5亿，而2019年第二季度微信的用户已达到11.3亿；2016年才成立的今日头条，如今已成为最大的信息聚合平台；2016年才上线的抖音，现在的日活用户高达7亿。移动互联网的高速发展，新兴明星手机应用的急速成长，用户从固定端向移动端迁移的快速完成，使我们相信新一轮更加关注移动新媒体产品的大规模调查势在必行。

本次调查的开展时间为 2019 年 7 月 5 日至 7 月 30 日。调查采取多阶段抽样的方法，参考 CNNIC 第 43 次《中国互联网络发展状况统计报告》中的城乡结构、性别、年龄段和学历，对本次调查进行抽样设计。由专业调查公司的工作人员通过平板电脑辅助开展社区随机访问，共计在 45 座城市发放 4 968 份问卷，其中有效问卷 4 631 份，成功率约为 93%，问卷平均完成时间为 20 分钟。受访者中男性占比 52.6%，城镇居民占比 73.1%，受访者年龄在 14 岁至 70 岁之间（M = 33.4，SD = 13.45）。目标占比与实际占比差额控制在 1.1% 以内，基本能够反映我国网民群体情况。

第一节　基于用户逻辑的媒介认知的三个维度

毫无疑问，用户如何理解媒介，即媒介认知（media cognition）是影响人们的不同媒介偏好、并在不同的情境下如何选择媒介的重要因素，而这一点，正是本书描述与分析的主旨。

那么，如何从调查的角度进行用户关于媒介认知的操作性定义呢？应该说，主体的认知，尤其是价值认知是复杂和难以简单测量的，但也并非无迹可求。金·克里斯蒂安·施罗德（Kim Christian Schrøder）曾在 2015 年的研究中，提出用户关于新闻媒介"值得"选择（worthwhileness）的 7 个标准，[1] 他认为这是用户逻辑上选择媒介的基本维度，包括：时间价值（time spent）、社会联系（public connection）、规范压力（normative pressure）、参与潜质（participatory potential）、价格（price）、技术吸引（technological appeal）和情景适切

（situational fit）。这七项指标被认为是新闻媒介选择的基本选择依据。

在本次调查中，我们采用了这 7 项"值得"选择的评判标准。但需要说明的是，在实际调查中依据全民调查中被访者的理解能力，我们修改了部分学术指向的措辞：第一，"规范压力"。其具体指周围人群的态度对使用者造成的压力，在问卷中变更为通俗的变量表达"他人认同"。第二，"参与潜质"。其在施罗德关于新闻消费的详细解释中，指的是某些用户通过获取和分享信息成为内容传播的活跃者，并获得"更有见识"的体验感，但在此次不仅仅针对新闻，而是更为宽泛的媒介调查中，我们将这一指标修改成更为广泛的指向，即"获得知识并应用于生活中"，指向"知识价值"。第三，"情景适切"。其是一个较为复杂且有延伸必要的指标，因此在问卷中通过单独设立相关问题进行综合测量。

此外，关于用户的媒介功能认知与特质的认知，并没有既定的理论框架，我们根据调查前期的文献梳理、资料分析和用户访谈，补充了相关指标，由此拟出用户的媒介选择行为中关于媒介认知偏好的一套指标体系（见表13.1）。

表13.1 "媒介认知"指标体系

价值认知					
时间价值	社会联系	他人认同	知识价值	价格便宜	技术吸引
功能认知					
信息功能	娱乐功能	社交功能	表达功能	分享功能	记录功能
特质认知					
真实客观的	隐私安全的	实用专业的	新鲜有趣的	简单方便的	内容优质的
大家都用的	技术先进的	设计美观的	互动感强的	便宜免费的	体现身份的

资料来源：喻国明，曲慧．媒介认知：社会性偏向及影响性因素研究——基于"全民媒介使用与媒介观调查"的实证分析［J］．媒体融合新观察，2020（03）：10-15.

施罗德所提出的第七个影响媒介选择的价值指标"情境适切",是一个相对复杂的系统(见表13.2)。这一价值指标与"利基时空"[2]的媒介消费理论有重合的部分,因此本次调查将二者相结合建立了一套测量情景适切的指标体系用于测量。

表 13.2 "情境适切"指标体系

一级指标	二级指标	具体情境表述
公共空间	公共空间个人时间	在地铁/公交/出租车上
		独自在公共场合排队等待时
	公共空间公共时间	在单位/学校/工作/学习时
		在工作时间的集体讨论中
个人空间	个人空间个人时间	在独自学习/工作的休息时间
		在临睡前的自家客厅卧室里
	个人空间公共时间	在自己的工位/座位上听会/课
		集体工作/学习日的独自午餐时

资料来源:喻国明,曲慧.媒介认知:社会性偏向及影响性因素研究——基于"全民媒介使用与媒介观调查"的实证分析[J].媒体融合新观察,2020(03):10-15.

第二节 媒介认知的全民偏向

基于抽样调查的结果,我们将全民关于媒介认知层面的价值认知关键词、功能认知关键词、特质认知关键词进行总结。这些关键词、功能与特质描述组成了当下"全民媒介认知"的图谱。

价值认知关键词

在价值认知层面,"社会联系""时间价值""知识价值",是被选择次数排名前三位的关键词（选择率分别为 53.7%、52.2% 和 51%）。三者是超过半数的被调查者在选择媒介时最看重的因素（见图 13.1）。

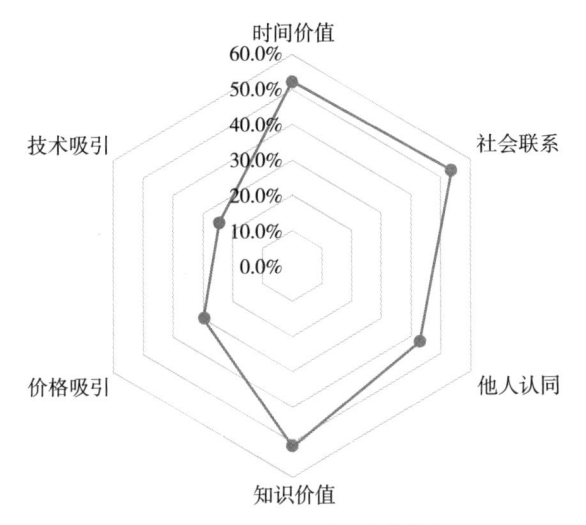

图 13.1　全民媒介选择价值偏向

资料来源：喻国明，曲慧. 媒介认知：社会性偏向及影响性因素研究——基于"全民媒介使用与媒介观调查"的实证分析［J］. 媒体融合新观察，2020（03）：10-15.

是否加强了跟社会之间的联系、花费在媒介产品上的时间是否值得、是否有知识性和实用价值，成为用户选择媒介的最重要的选择依据。其中，"社会联系""知识价值"具有大众媒介阶段传承而来的价值指向，而个人时间是否值得的衡量要素居于高位，也体现了个体化媒介使用时代，个人对于媒介消费时间权利自主权的积极感应。与此同时，被调查者对"价格""技术"这两个价值因素最不敏感（见图 13.1）。

虽然"社会联系""时间价值""知识价值"是全民的共识，但不同社会因素会与不同的价值倾向产生关联（见表 13.3）。统计显示，"时间价值"与所在经济区域、城市级别、收入等级都呈正相关；"社会联系""知识价值"都与学历呈正相关；在全民范围内较少被重视的

"技术因素"与代际呈现显著的负相关关系，即年纪越小越会被技术所吸引。

表13.3 媒介价值偏向与不同社会因素的相关水平

项目	区域	城级	代际	学历	收入
时间价值	.064**	.092**	−0.013	0.021	.084**
社会联系	0.030*	0.028	0.016	.051**	0.028
他人认同	.047**	.039**	−0.028	0.011	.077**
知识价值	0.004	0.006	−.045**	.105**	.036*
价格吸引	.060**	.029*	0.009	0	.042**
技术吸引	0.026	0.011	−.105**	.059**	.049**

资料来源：喻国明，曲慧. 媒介认知：社会性偏向及影响性因素研究——基于"全民媒介使用与媒介观调查"的实证分析[J]. 媒体融合新观察，2020（03）：10-15.

全民对于价格不敏感的成因：一方面，互联网和移动互联网时代开启了内容的免费时代，消费者或许已经十分习惯阅读免费内容，使用免费应用，从而对媒介内容的价格失去概念；另一方面，移动支付的便利性也使小额付费的便利性大大加强，近年来视频网站会员、知识付费、音乐购买等媒介产业的发展也证明了消费者对于内容付费、媒介价格的不敏感。这些发现会成为未来后续研究的切入点。

功能认知关键词

信息流的大势所趋，使得研究界不断质疑和反思传统的结构功能主义研究思路。但在媒介认知领域，探讨观念不得不探寻当下的用户对于媒介系统总体"是做什么的"这一话题的基本认识。

在对媒介是"用来做什么"这个议题的考量中，我们将题目设置

第十三章 人们的媒介认知如何影响其媒介使用

为"排序最重要的三个功能",尝试用限定和排序来尽量体现在当下移动互联终端综合功能的基础状态下,全民对媒介的最重要和最根本的功能认知及期待。因此,在后期统计中,我们将排位第一、第二、第三分别赋予 3 分、2 分、1 分重新编码,得到如图所示的全民媒介功能认知图谱(见图 13.2)。

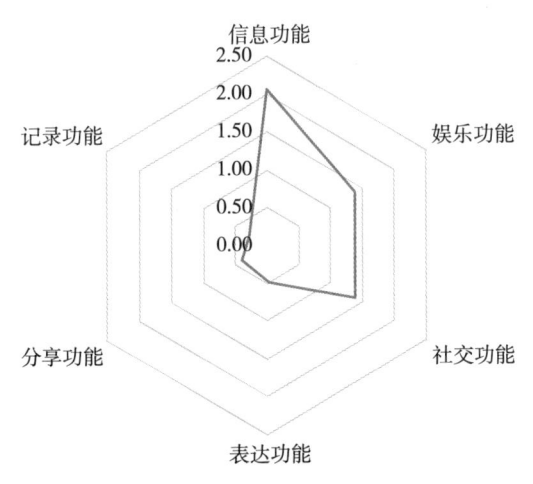

图 13.2 全民媒介功能认知偏向

资料来源:喻国明,曲慧.媒介认知:社会性偏向及影响性因素研究——基于"全民媒介使用与媒介观调查"的实证分析[J].媒体融合新观察,2020(03):10-15.

在功能认知层面,"信息功能""娱乐功能""社交功能"是排名前三位的关键词,分别有 78.9%、75.8%、67.1% 的人将这三项功能放到了功能排序的前三位。其中,将"信息功能"排在第一位的总人数(2 716)超过了选择其他功能的人数总和,可见被调查者对媒介信息基本功能的集体认知。

在排名第二位功能的选择上,社交功能与娱乐功能不相上下(1 562 与 1 553),"信息+娱乐"与"信息+社交"这一功能组合成为对当前媒介功能认知的两大基本模式。

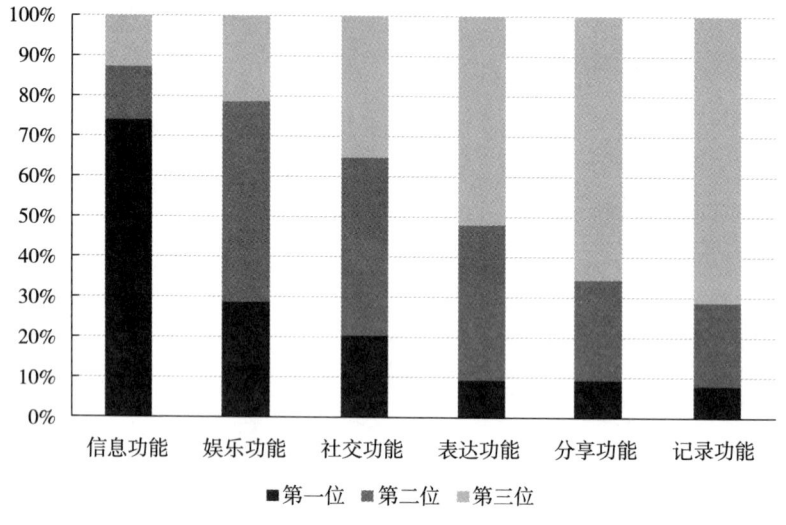

图13.3 媒介功能认知排序

资料来源：喻国明，曲慧. 媒介认知：社会性偏向及影响性因素研究——基于"全民媒介使用与媒介观调查"的实证分析［J］. 媒体融合新观察，2020（03）：10-15.

相比之下，被认为是社交媒体赋予个人权力的"表达功能""分享功能""记录功能"整体偏低（见表13.4），但是在选择这些功能的人中，将这三个选项排在第三位重要的频率均超过半数（52.5%，66.4%和71.7%）。虽然社交媒体赋予了用户前所未有的表达权和生产权，但用户对媒介系统的整体认知仍然处于接收端，信息、娱乐等大众传媒时代的主导功能地位仍不可撼动，而相对主动地生产内容、交互使用，在总体上似乎是接收信息之外的附加行为。

从表13.4的统计可以看出，对于媒介的功能认知，信息功能与代际呈现显著正相关，娱乐功能与代际呈显著负相关，即越是年纪大越重视信息功能，越是年纪小越重视娱乐功能。在娱乐功能之中，城市级别、学历、收入也体现重要的影响作用。

表13.4 媒介功能偏向与不同社会因素的相关水平

项目	区域	城级	代际	学历	收入
信息功能	−0.045**	0.027	.057**	0.024	−0.015
娱乐功能	.084**	−.036*	−.067**	−.074**	−.041**
社交功能	−.031*	.035*	−0.003	0.025	.044**
表达功能	0.019	0.008	−0.002	−0.006	0.019
分享功能	−0.005	−0.025	0.021	0.021	0.023
记录功能	−.031*	−0.028	−0.007	.030*	−0.02

资料来源：喻国明，曲慧.媒介认知：社会性偏向及影响性因素研究——基于"全民媒介使用与媒介观调查"的实证分析［J］.媒体融合新观察，2020（03）：10-15.

特质认知关键词

关于媒介特质的重视程度，"真实客观""隐私安全""实用专业"，是排名前三位的关键词（见图13.4）。有53.3%的人将"真实客观"选入自己最看重的三种特质，而在看重"真实客观"的人中75.5%将它放在了第一重要的位置。与此同时，"设计美观""便宜免费""体现身份"是最不被被调查者重视的要素，有超过90%的人（92.2%、93.1%、98.3%）对这三个特质完全不重视。

在后期编码中，我们将排名第一、第二、第三项分别赋予3分、2分、1分，从而得到如图所示的图谱（见图13.5）。在所有特质中，人们对真实性的重视程度远高于对其他特质的重视度，均分为1.41；排在第二位的是安全性，均分为1.04；第三梯队为实用性、方便性和有趣性，均分较为相近，在0.7左右；其他特质为第四梯队，重视程度很低，均分都在0.4以下。

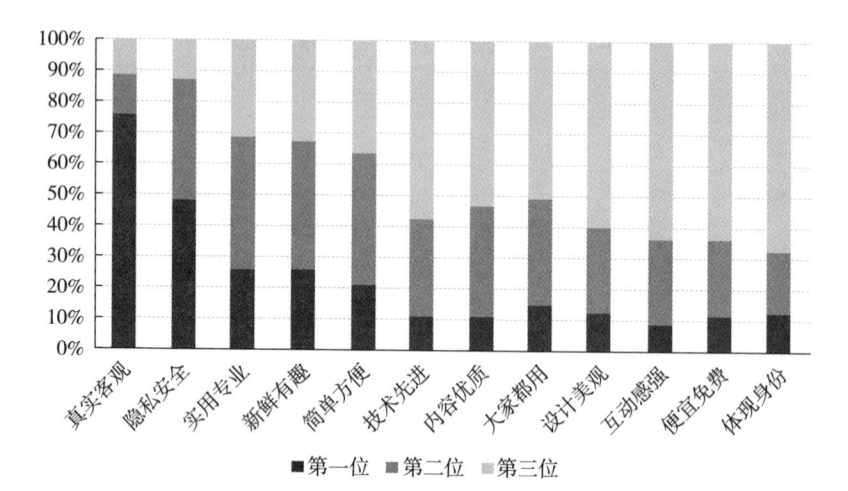

图 13.4　媒介特质排序

资料来源：喻国明，曲慧. 媒介认知：社会性偏向及影响性因素研究——基于"全民媒介使用与媒介观调查"的实证分析［J］. 媒体融合新观察，2020（03）：10-15.

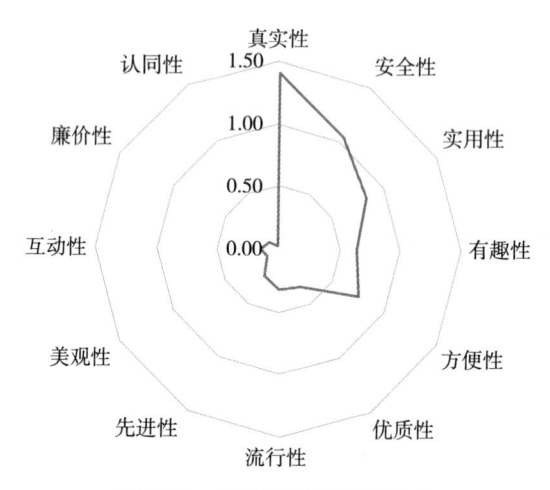

图 13.5　全民媒介特质认知偏向

资料来源：喻国明，曲慧. 媒介认知：社会性偏向及影响性因素研究——基于"全民媒介使用与媒介观调查"的实证分析［J］. 媒体融合新观察，2020（03）：10-15.

统计表明，媒介特质的偏好也与社会因素有一定关系（见表13.5）：高收入人群不看重实用、流行和廉价；高学历人群较为在乎内容优质；

而越是年轻人越重视有趣、美观和互动性。在媒介特质的选择上，代际成为几个社会因素中差异性最多的要素，在各种要素的选择上都有与不同世代的人有显著差异，值得更深入的探究。

表 13.5 媒介特质偏向与不同社会因素的相关水平

项目	区域	城级	代际	学历	收入
真实性	−.045**	0.009	.058**	0.021	−0.012
安全性	−.074**	−.040**	−.079**	0.002	0.012
实用性	−0.012	0.013	.060**	−0.001	−.050**
有趣性	0.017	−0.01	−.081**	0.018	−0.006
方便性	.039**	0.01	.044**	−.043**	−.037*
优质性	0.01	0.014	−0.01	.055**	0.024
流行性	0.008	−.035*	.046**	−.046**	−.049**
先进性	0.025	0	−0.022	−0.007	0.027
美观性	−0.001	.036*	−.045**	0.008	.037*
互动性	−0.022	.029*	−.054**	0.014	0.008
廉价性	0	0.016	.052**	−.052**	−.054**
认同性	.030*	0.002	0.011	0.016	−0.025

资料来源：喻国明，曲慧. 媒介认知：社会性偏向及影响性因素研究——基于"全民媒介使用与媒介观调查"的实证分析 [J]. 媒体融合新观察，2020（03）：10-15.

第三节 用户的媒介认知差异与使用差异

根据前文所述的统计结果，我们可以看到在媒介使用个体化的今天，大众化的媒介心理认知仍然有其强烈的惯性作用：有价值的信息、联系，具备真实性的内容仍然是用户群体对媒介系统的基本认知。但与此同时，我们可以通过差异分析去分析调查数字及其背后的社会成因。

三线城市现象

本次调查的城市分为：一线城市、新一线城市、二线城市、三线城市、四线城市和五线城市，共计六个级别。通过雷达图的分布，我们也能发现不同城市级别与价值指标倾向的差异（见图13.6）。

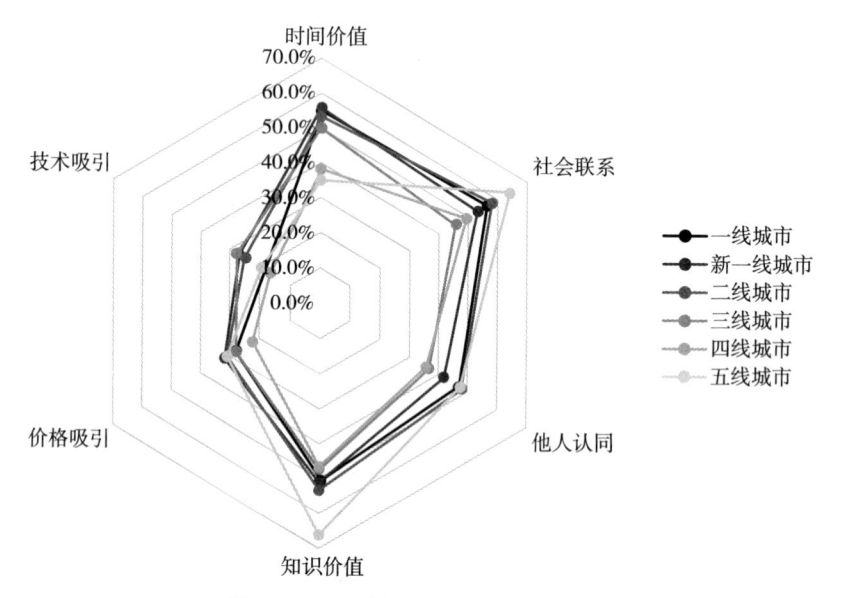

图13.6 不同城市级别的媒介价值倾向

资料来源：喻国明，曲慧.媒介认知：社会性偏向及影响性因素研究——基于"全民媒介使用与媒介观调查"的实证分析［J］.媒体融合新观察，2020（03）：10-15.

关于媒介价值认知，通过一、二线城市与全民平均水平进行比较可以发现，二线城市更为重视社会联系、他人认同和知识价值，与平均水平相比高出了2%~5%；一线城市与平均水平相比也更为重视社会联系和他人认同。新一线城市则对价格更为敏感，也更重视技术价值，分别为31.6%、27.2%，比平均水平高出2%和2.6%。

五线城市对于知识价值、社会联系和他人认同的重视程度于平均水平相比显著提高，分别高出 15.0%、10.1% 和 4.2%；对时间价值的重视程度却远远低于平均水平，相差 17.1%；三线城市与平均水平及四五线城市相比，更重视技术价值，为 27.9%。

在所有关于媒介价值的认知指标中，"时间价值""社会联系"似乎与生活节奏、经济发展水平相关，二线城市以上都更为重视社会联系与时间价值，知识价值紧随其后排在第三位，选择这三项的人数比例都在 50% 以上；而在三至五线城市的人们的观念中，知识价值变得更为重要，占据前两名的位置。值得注意的是，五线城市选择知识价值的人数比例最高，为 65.9%，远高于选择价格、技术、他人认同选项的人数比例；媒介正在成为四五线城市用户重要的知识信息渠道（见图 13.7）。

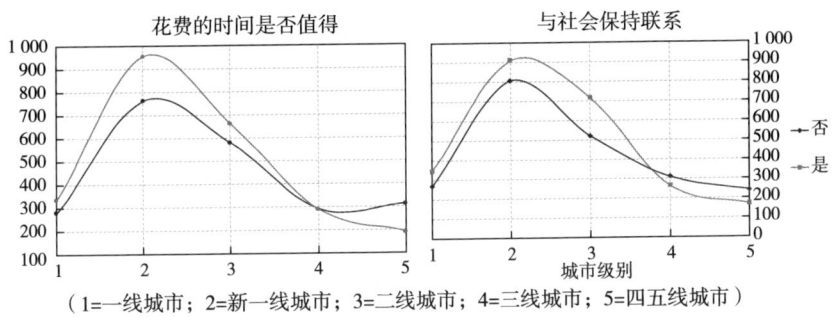

（1=一线城市；2=新一线城市；3=二线城市；4=三线城市；5=四五线城市）

图 13.7 三线城市成为价值认知上的分水岭

资料来源：喻国明，曲慧. 媒介认知：社会性偏向及影响性因素研究——基于"全民媒介使用与媒介观调查"的实证分析 [J]. 媒体融合新观察，2020（03）：10-15.

关于媒介特质，从真实性来看，各级城市重视程度均较高，差别不大；而从安全性来看差距却较为明显，在三、四线城市对隐私安全的重视程度大于一、二线城市的同时，五线城市对隐私的重视程度却远远小于其他级别的城市，且最不重视媒介的实用性，反而最为重视媒介的有趣性、方便性和流行性，均分远高于其他级别城市（见图 13.8）。

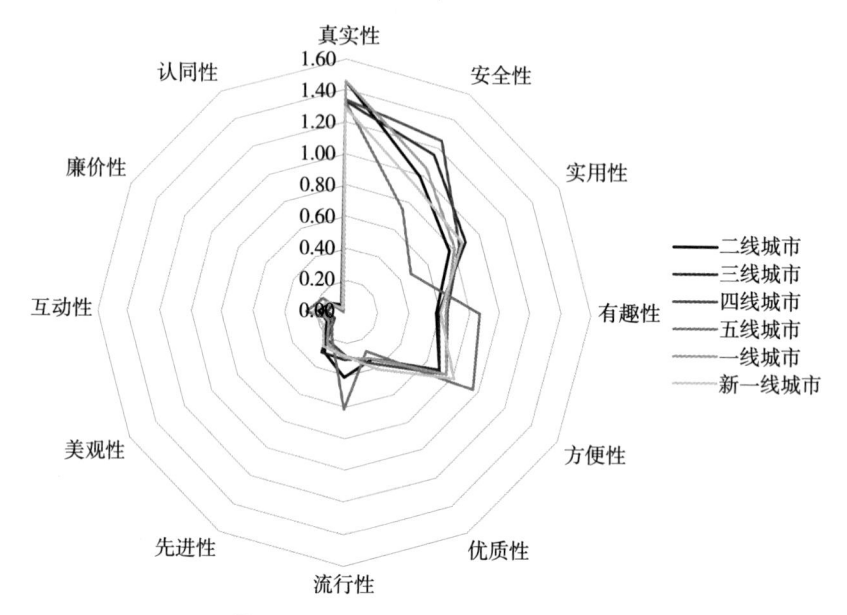

图 13.8　不同城市级别的媒介特质认知

资料来源：喻国明，曲慧. 媒介认知：社会性偏向及影响性因素研究——基于"全民媒介使用与媒介观调查"的实证分析［J］. 媒体融合新观察，2020（03）：10-15.

与全民平均水平相比，一线城市更为注重真实性、安全性和有趣性；新一线城市更注重实用性、方便性和互动性；而二线城市则更加注重流行性（见图 13.9）；三线以下城市与全民平均水平相比有较大不同，三线城市对实用性和美观性提出了较高的要求；四线城市的人们十分重视安全性，均分远高于全民平均水平；五线城市对有趣性、方便性、流行性的追求远远超出全民平均水平，同时也更为重视互动性和廉价性（见图 13.10）。

各个城市对于媒介价值、功能与特质的认知有所不同。而三线城市成为一个重要的分水岭。这一成因固然有城市级别本身所代表的经济收入、生活方式等基础因素的影响，同时也逐渐导向了不同的市场逻辑和商业可能。近年来被热议的"用户下沉""五环之外"，都是对

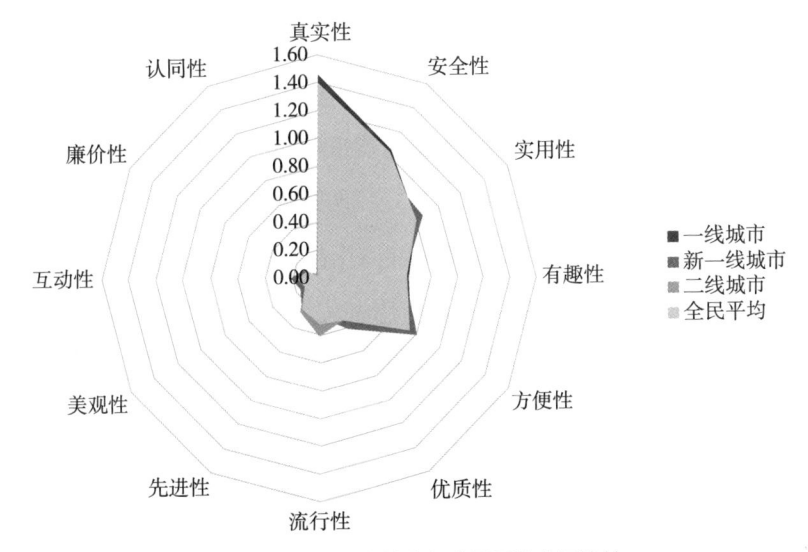

第十三章　人们的媒介认知如何影响其媒介使用

图 13.9　一、二线城市与全民平均水平比较

资料来源：喻国明，曲慧. 媒介认知：社会性偏向及影响性因素研究——基于"全民媒介使用与媒介观调查"的实证分析 [J]. 媒体融合新观察，2020（03）：10-15.

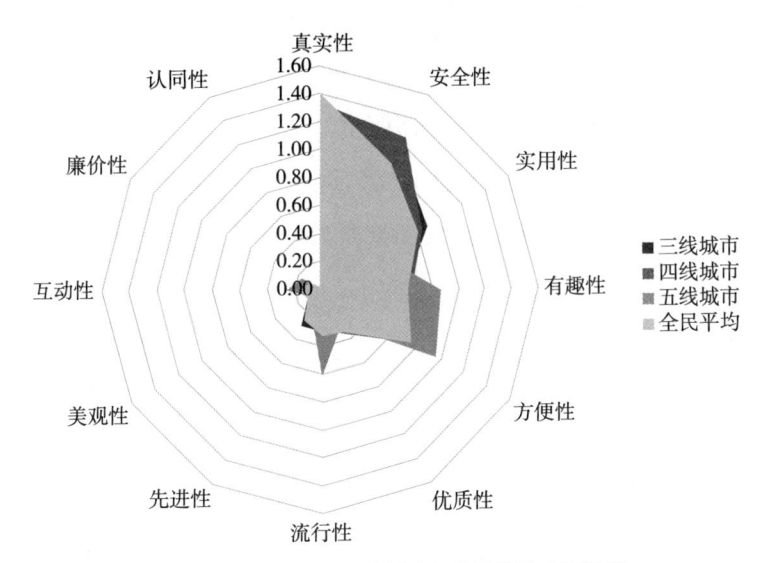

图 13.10　三、四、五线城市与全民平均水平比较

资料来源：喻国明，曲慧. 媒介认知：社会性偏向及影响性因素研究——基于"全民媒介使用与媒介观调查"的实证分析 [J]. 媒体融合新观察，2020（03）：10-15.

215

这一现象的描摹，企业依照商业逻辑重视用户在媒介认知、需求上显著差异而引发的市场反应。互联网企业为了给产品带来更多的新用户，扩大自己的规模，不断将产品功能或者运营方式从满足一、二线城市用户需求，拓展到或者专注于三、四线城市，乃至农村用户，这一现象为 2018 年之后的互联网开拓一片蓝海。一年内商业交易总额（GMV）突破千亿的拼多多、18 个月内从零成长到估值 18 亿美元的趣头条，以及注册用户 7 亿的快手都成为逆主流逻辑而诞生的媒介产品。

东西地区差异

在本次调查中，地区被划分为西部、中部、东部和东北地区四个区域。不同区域在对媒介认知上也有独特的差异。

东部地区、西部地区、东北地区更为重视社会联系、时间价值，而中部地区更重视社会联系与知识价值。在四个地区中，最重视社会联系的为东部地区，占比 56.57%；最重视时间价值的是东北地区，占比 57.1%；对技术重视程度最低的是西部地区，占比 22.15%；对价格最不敏感的是中部地区，占比 25.28%（见图 13.11）。

西部地区最重视媒介的真实性，均分为 1.64；中部地区则最为重视安全性，平均分为 1.17；东部地区更为重视实用性；东北地区与其他三个地区较为不同，更重视有趣性和流行性，均分分别为 0.78 和 0.56，反而对真实性和安全性的要求不高（见图 13.12）。

与此同时，东北地区虽然重视时间和社会联系，但是对"知识价值"的重视程度是所有地区里最低的，同时东北地区对有趣、流行的特质重视程度显著高于其他地区（见图 13.12）。

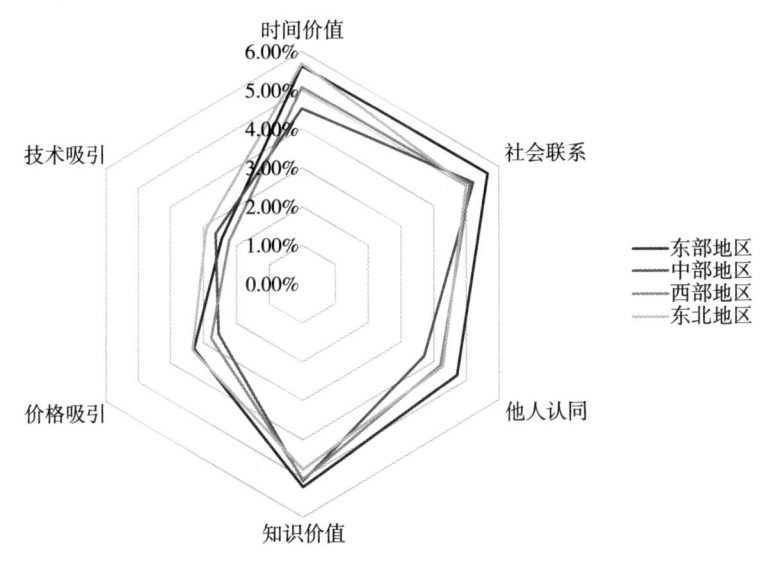

第十三章 人们的媒介认知如何影响其媒介使用

图 13.11 不同区域的价值倾向

资料来源：喻国明，曲慧．媒介认知：社会性偏向及影响性因素研究——基于"全民媒介使用与媒介观调查"的实证分析［J］．媒体融合新观察，2020（03）：10-15．

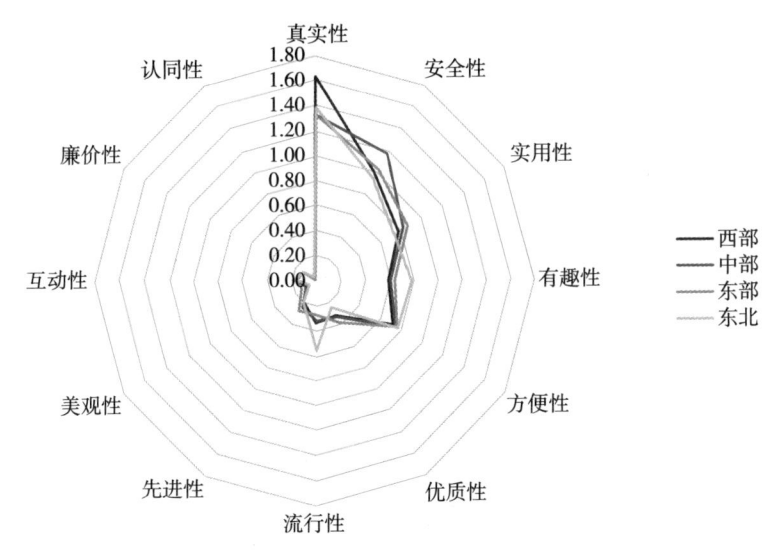

图 13.12 不同区域媒介特质认知比较

资料来源：喻国明，曲慧．媒介认知：社会性偏向及影响性因素研究——基于"全民媒介使用与媒介观调查"的实证分析［J］．媒体融合新观察，2020（03）：10-15．

217

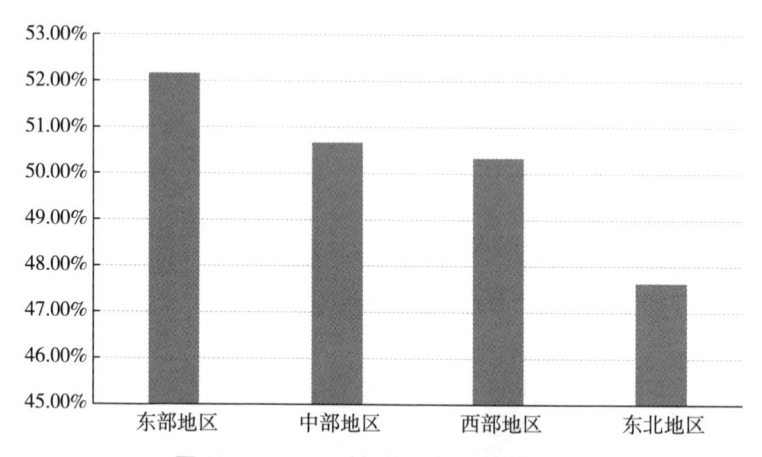

图 13.13　不同区域对知识价值的重视程度

资料来源：喻国明，曲慧. 媒介认知：社会性偏向及影响性因素研究——基于"全民媒介使用与媒介观调查"的实证分析［J］. 媒体融合新观察，2020（03）：10-15.

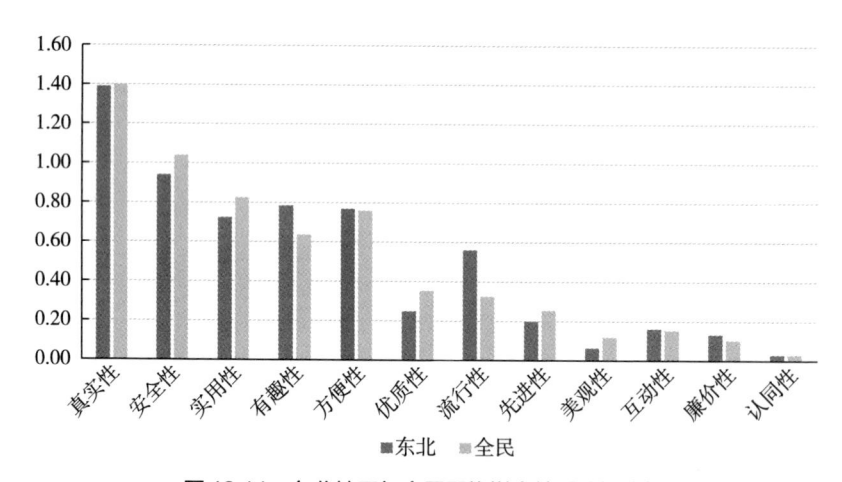

图 13.14　东北地区与全民平均媒介特质认知比较

资料来源：喻国明，曲慧. 媒介认知：社会性偏向及影响性因素研究——基于"全民媒介使用与媒介观调查"的实证分析［J］. 媒体融合新观察，2020（03）：10-15.

在全民重视的知识价值（第三位）维度上，东北地区的被调查者中对知识价值的重视远低于其他地区（见图 13.13），因为这一指标在调查中的表达："学习到知识并应用于生活和工作之中"兼有"实用性"的意义，这一倾向在特质认知中也得到了呼应（见图13.14），再次表达了东北地区对从媒介上学习知识、获得实用帮助兴趣不大。而流行性、有趣性、廉价性指标的超越平均水平，基本勾勒了东北地区媒介认知的偏向：免费的、有趣的、大家一起使用的娱乐媒介。

东北地区这一特质也为快手在东北的兴起提供一定的解释。经济滑坡、生活节奏以及语言优势等都可能成为促成这一现象的综合因素，但以快手为例，经由东北用户撑起来的市场，快手正在成为新的媒介依赖，目前有超过8 000家政务号、媒体号入驻快手，累计点赞量近百亿。每天已有超过3 000万用户在快手看新闻，探索出新的在地性优势与媒介融合路径。

未来用户的媒介偏向趋势

随着媒介技术的发展，信息渠道接入所需基本认知能力的下降，儿童越来越早地成为"媒介使用者"，而儿童认知发展过程与媒介信息接入环境不同的叠加，所塑造的是不同媒介伴生环境下不同世代的用户。[3] 伴随着互联网甚至移动互联网长大的一代人与伴随报刊长大的一代人，在对媒介的认知上是不断演进和变化的，而对未来用户的把握是媒介产业的核心命题。

在本次调查中，我们将代际人群划分为00后（14~19岁）、90后（20~29岁）、80后（30~39岁）、70后（40~49岁）与70前（50岁以上）五个维度，得到对于媒介选择价值判断和认知的结果（见图13.15）。

代际之间的价值倾向体现为：与其他年龄层相比，最重视技术价值的是00后，占比30.77%，远高于70年代前（16.64%）的重视程度；最受80后和90后重视的是社会联系和知识价值，高于其他年龄层。在价格吸引与他人认同方面相差不大，70后最重视价格，占比32.62%；00后则最重视他人认同，占比45.31%。

数据显示，2000年以后出生的群体相比而言并不重视媒介的"知识价值"，这一方面可能是因为他们正处在学校教育阶段，将知识与学习与媒介分得比较清楚，另一方面可能是他们是伴随新媒介长大的群体，不认为媒介是一种实用知识学习的渠道，只是自然而然存在，而前文的媒介接触数据也显示年纪越大越倾向于从媒介上学习知识，将新媒介系统作为传统媒介书籍、报纸同等重要的渠道，同时十分信任。（见图13.16）

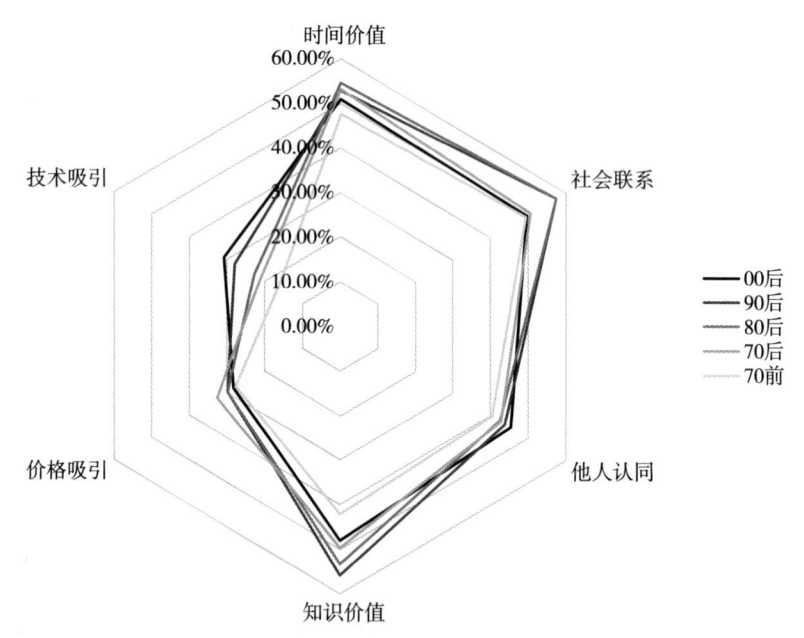

图13.15 不同年龄层的价值认知倾向

资料来源：喻国明，曲慧.媒介认知：社会性偏向及影响性因素研究——基于"全民媒介使用与媒介观调查"的实证分析［J］.媒体融合新观察，2020（03）：10-15.

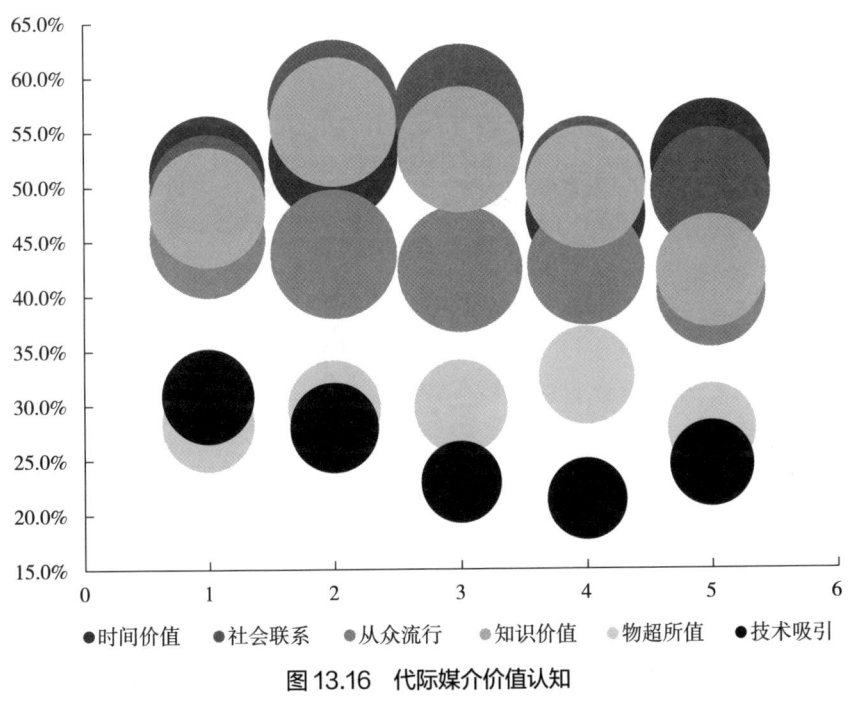

图13.16 代际媒介价值认知

（1=00后；2=90后；3=80后；4=70后；5=70前）

资料来源：喻国明，曲慧．媒介认知：社会性偏向及影响性因素研究——基于"全民媒介使用与媒介观调查"的实证分析［J］．媒体融合新观察，2020（03）：10-15.

与此同时，2000年以后与1970年以前出生群体并不在意媒介的流行性，而中青年群体更在意这一价值；技术吸引对2000年以后出生的群体意义非凡，对1970年以前出生的群体也有较高吸引力，对中青年群体吸引力很低；在2000年以后出生的群体对媒介三大功能的认知是与主流一致的，排在前三位的因素：信息功能、社交功能、娱乐功能，但在2000年以后出生的群体眼中，把社交功能排进前三位的占比第一（75.8%），他们认为与人的联系比与信息的联系更重要。

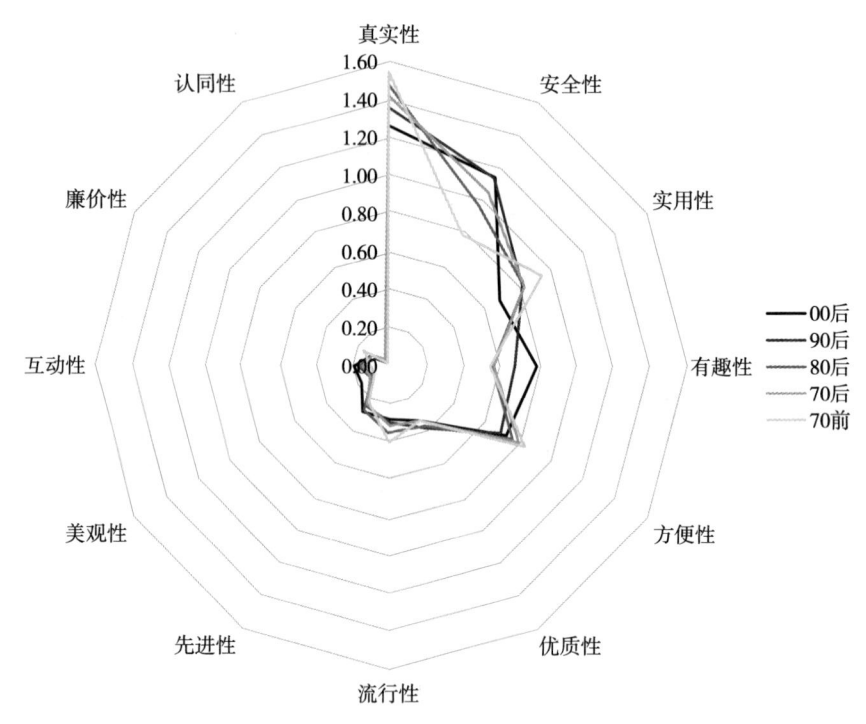

图 13.17　不同代际媒介特质认知比较

资料来源：喻国明，曲慧.媒介认知：社会性偏向及影响性因素研究——基于"全民媒介使用与媒介观调查"的实证分析［J］.媒体融合新观察，2020（03）：10-15.

代际之间的部分媒介特质认知差别较大（见图 13.18），1970 年以前出生的群体更重视真实性、实用性和方便性，而最不重视有趣性；反之，2000 年以后出生的群体则更加重视有趣性、互动性和美观性，对真实性则要求最低；1990 年以后出生的群体、2000 年以后出生的群体与其他年龄层相比，都最为重视隐私安全；70 后与 1970 年前出生的群体对媒介特质的认知相差不大。

图 13.18　代际媒介特质认知排序

（1=00后；2=90后；3=80后；4=70后；5=70前）

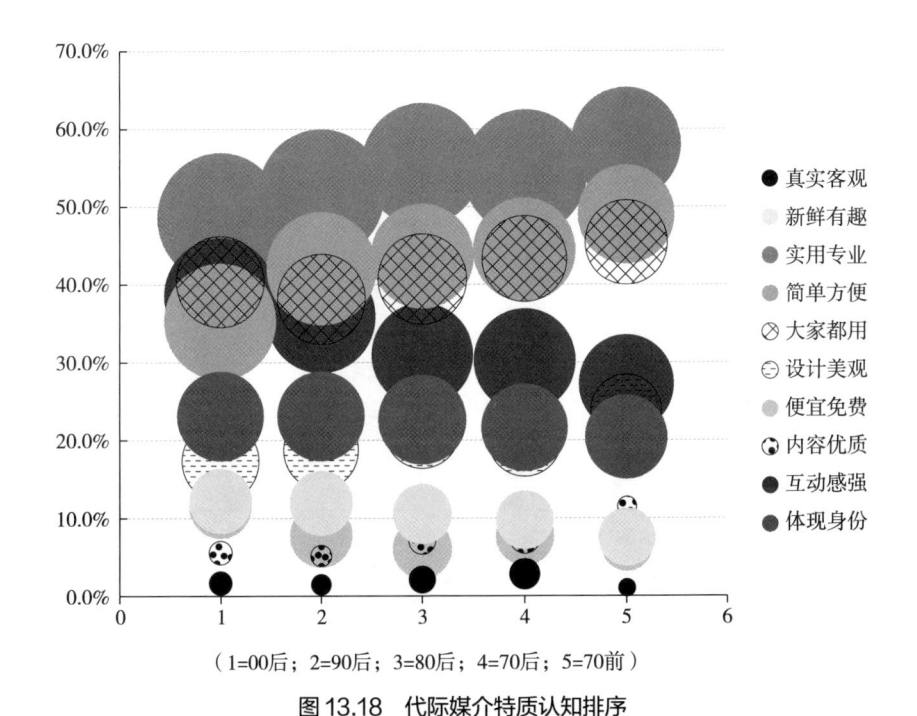

资料来源：喻国明，曲慧．媒介认知：社会性偏向及影响性因素研究——基于"全民媒介使用与媒介观调查"的实证分析［J］．媒体融合新观察，2020（03）：10-15.

"美观"特质在 1990 年以后出生的群体中被显著重视（见图 13.19），真实客观、实用专业等特质都与年龄增长呈正比，"新鲜有趣""互动感强"与年龄呈反比。

通过调查，我们发现伴随信息技术的更迭与代际的更迭，关于媒介的价值、特质认知正在形成显著的相关趋势和变化，例如对互动性的要求、对美观特质的重视，以及对是否依赖媒介系统获得知识的变化等，这一变化趋势将导致未来用户成为主力消费人群之后对不同类型媒介和内容的倚重程度有所变化，同样要求从业者有不断调整的传播策略。

图13.19　各年龄层对美观特质的选择比例

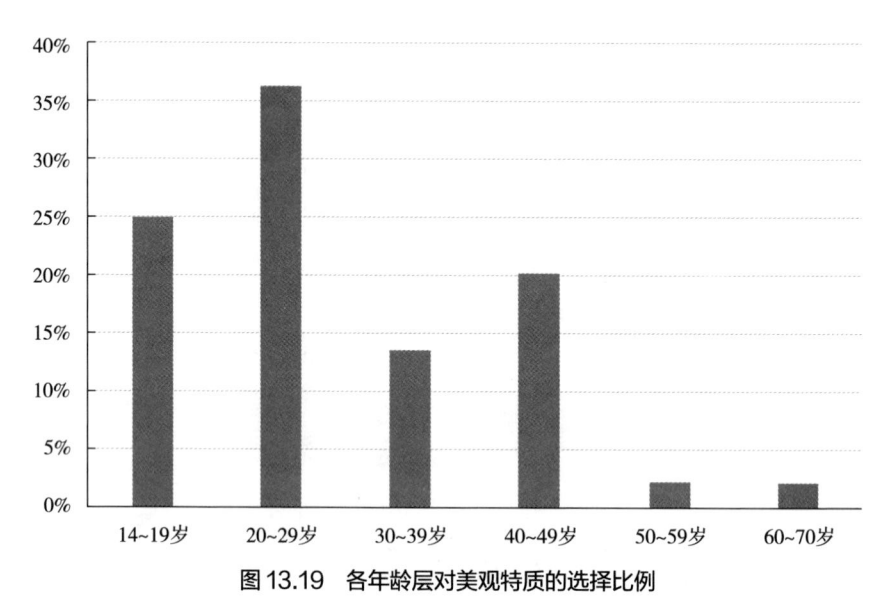

资料来源：喻国明，曲慧. 媒介认知：社会性偏向及影响性因素研究——基于"全民媒介使用与媒介观调查"的实证分析［J］. 媒体融合新观察，2020（03）：10-15.

中产阶层的宝贵时间

我们在调查中发现，是否增强社会联系（第一位）和是否值得花费时间（第二位）是全民性的对媒介系统的价值期望和选择依据，但家庭年收入 30 万~50 万区间的人群，对是否值得花费时间的关注远远高于其他群体。这一群体是社会生产和经济发展的中间力量，也是主力军，是在年龄、学历、城市级别、家庭结构等方面有较多类似之处的群体，是所谓的社会"中产阶级"，他们对如何分配时间有着远高于其他群体的重视程度，不值得花费时间的媒介并不在他们的选择行列。对比而言，家庭年收入低于十万或者高于百万的人群，对时间价值和社会关联的重视都不显著（见图13.20）。

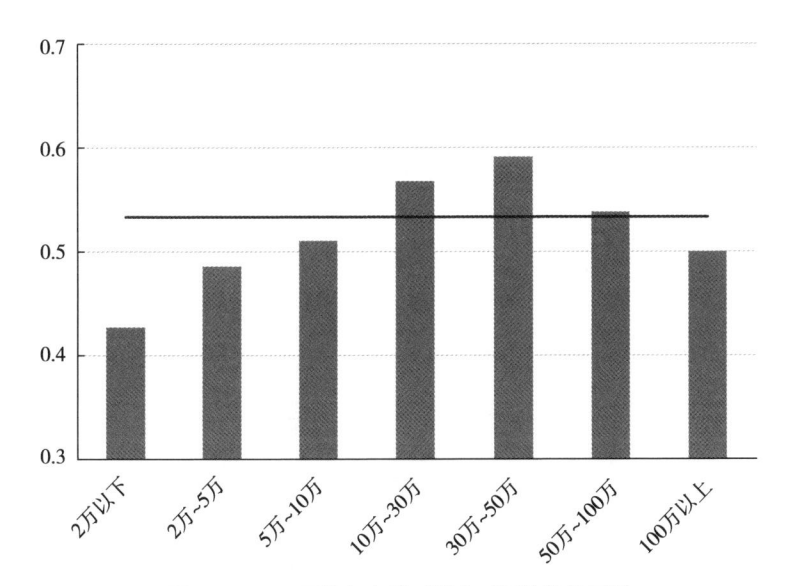

图13.20　不同收入人群对媒介时间价值的重视

资料来源：喻国明，曲慧. 媒介认知：社会性偏向及影响性因素研究——基于"全民媒介使用与媒介观调查"的实证分析［J］. 媒体融合新观察，2020（03）：10-15.

整体来看，收入在30万以上的人群，除社会联系外，与其他收入水平的人群相比，对剩余五项的重视程度是最高的；而收入在2万以下的人群对于时间价值、社会联系以及他人认同方面的重视程度与其他收入水平人群相比都是最低的。值得一提的是，5万元年收入是一个分水岭，年收入在5万以下的对于价格、时间、知识、技术的重视程度均较低，而收入在5万元及以上的人群对这四个因素均较为重视（见图13.21）。

同时，在媒介特质层面，各收入水平人群相互对比，收入在30万以上的人群更重视实用性，不太注重流行性；收入在2万元以下的人群，最为重视媒介的真实性和廉价性，对于实用性要求不高；收入在2万~5万的人群，最为重视方便性和流行性；收入在10万~30万的人群则最为重视媒介的先进性（见图13.22）。

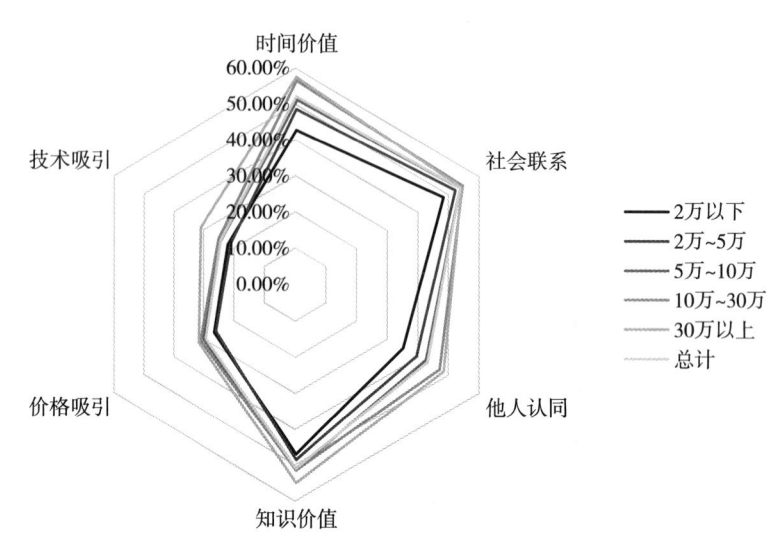

图 13.21　不同受教育水平的媒介价值偏向

资料来源：喻国明，曲慧.媒介认知：社会性偏向及影响性因素研究——基于"全民媒介使用与媒介观调查"的实证分析［J］.媒体融合新观察，2020（03）：10-15.

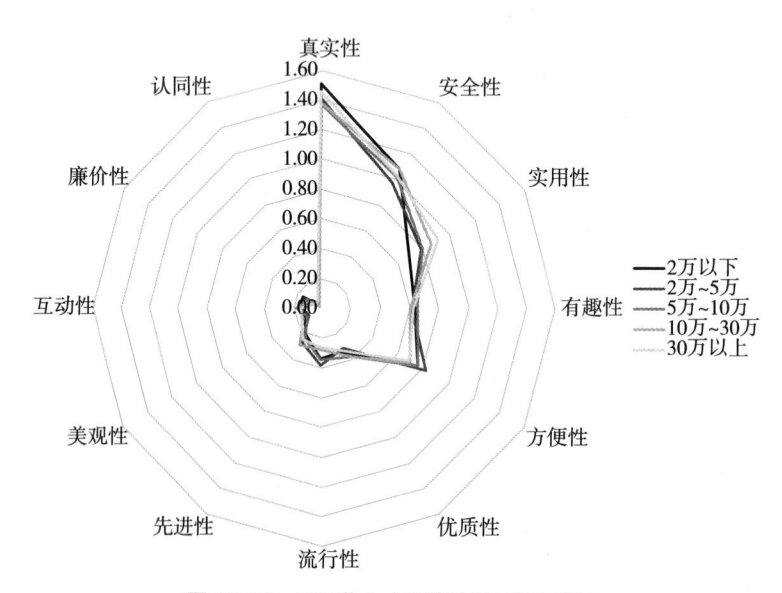

图 13.22　不同收入水平媒介特质认知偏向

资料来源：喻国明，曲慧.媒介认知：社会性偏向及影响性因素研究——基于"全民媒介使用与媒介观调查"的实证分析［J］.媒体融合新观察，2020（03）：10-15.

第四节 情境适切指标与媒介使用行为

"情境适切"（context fitness）这一指标，是施罗德在 7 个价值指标维度中最后一个提出的，与前 6 个指标相比，它是唯一一个对媒介选择行为造成反向制约的因素。即便在媒体内容、特质都十分吸引人的情况下，时空情境也会是最后一个影响媒介选择行为的标准（见图 13.23）。

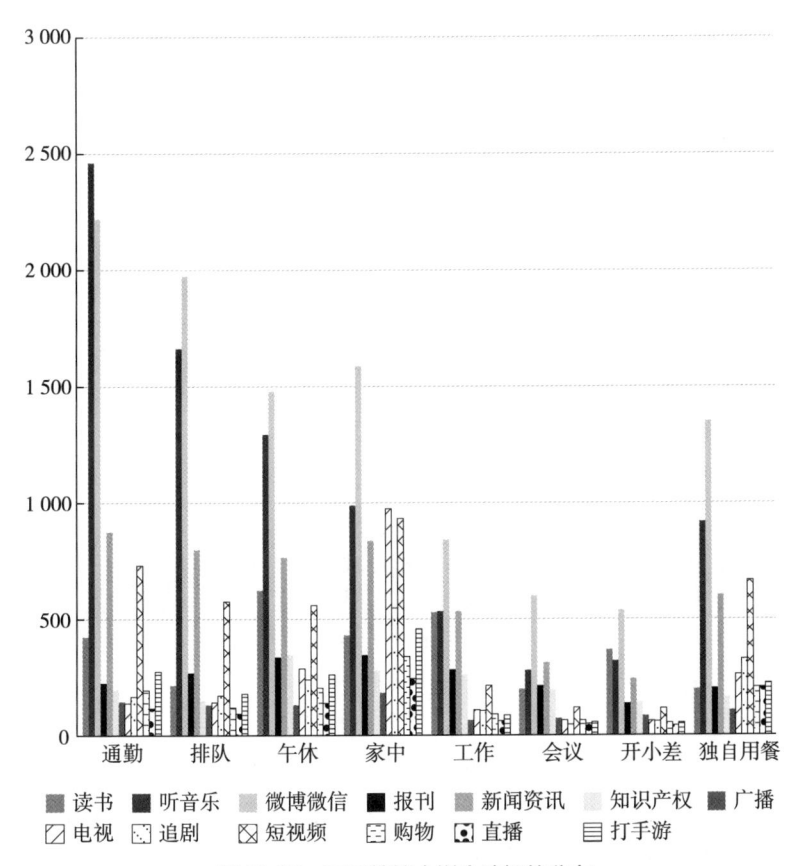

图 13.23 不同情境中媒介选择的分布

资料来源：喻国明，曲慧. 媒介认知：社会性偏向及影响性因素研究——基于"全民媒介使用与媒介观调查"的实证分析 [J]. 媒体融合新观察，2020（03）：10-15.

如前文所述，我们将情境拆分为以公共和个人为基本维度的四个时空：公共空间维度的"公共空间个人时间"与"公共空间公共时间"，个人空间维度的"个人空间个人时间"与"个人空间公共时间"。依据不同的发生频率，我们将媒介行为划归为四种情境类型（见图13.24），并寻找其中的分布规律。

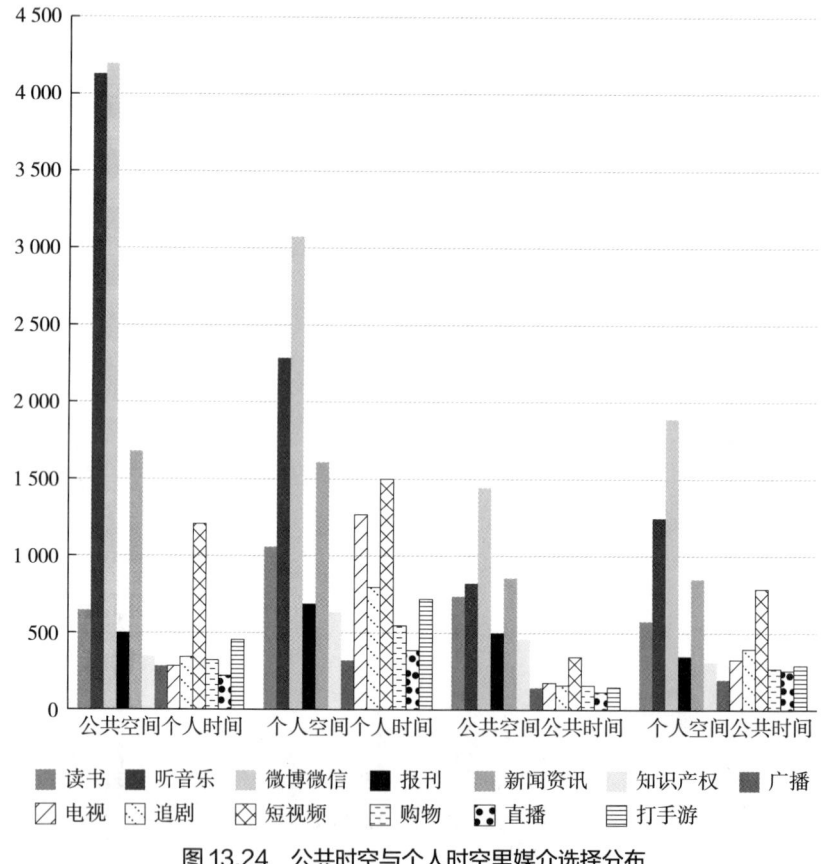

图13.24 公共时空与个人时空里媒介选择分布

资料来源：喻国明，曲慧.媒介认知：社会性偏向及影响性因素研究——基于"全民媒介使用与媒介观调查"的实证分析［J］.媒体融合新观察，2020（03）：10-15.

第十三章　人们的媒介认知如何影响其媒介使用

个人时空与公共时空

我们发现在上述几乎涵盖当下所有媒介行为类型的选项中，在极度个人化的媒介使用行为背景下，媒介的属性仍然有个人与公共之分，即在个体媒介的用户选择中，有些媒介是私人时间时的选择，而有些媒介只存在于公共时空的缝隙时间（niche time）里。个人与公共是造成分野的维度之一。

视频点播平台移动终端的普及，使观众不再拘泥于电视台的播放列表去观看喜爱的电视剧、电影，可以自由安排时间进行消费（见图 13.25）。但是我们的调查显示，排除用户数量的不同，两者在时空选择上的轨迹基本是一致的，绝大多数的观众仍然将长时间播放的视频类内容放在了个人空间、个人时间里。基于电视媒介的固定地点需求，电视媒介在个人时间、个人空间的集中度更高，但移动技术的便利性并没有改变其基本时空占位，观众仍然将这一类型的内容安排在个人时空中，而不是在公共场合或者集体工作时间，这的确符合"情景适切"的价值标准。

"新闻资讯"与"微信微博"是同样有着极其相似轨迹的媒介选择，作为全天候使用的媒介，个人时间仍然是媒介使用相对高峰的时间，但是由于这两个媒介消费的碎片化特性，其在公共时空中发生的概率大大增强，是相对不受时空制约的媒介类型（见图 13.26）。

信息媒介与娱乐媒介

与前文所述的信息类媒介类似，娱乐型媒介有着相似的消费轨迹（见图 13.27），集中发生在个人化的时间、空间之中，并具备以下特征：第一，以视频互动方式为主；第二，对时长有一定的要求；第三，对个人的感官占有较高。

点播追剧	
公共空间个人时间	343
个人空间个人时间	794
公共空间公共时间	155
个人空间公共时间	392

看电视	
公共空间个人时间	282
个人空间个人时间	1 264
公共空间公共时间	175
个人空间公共时间	326

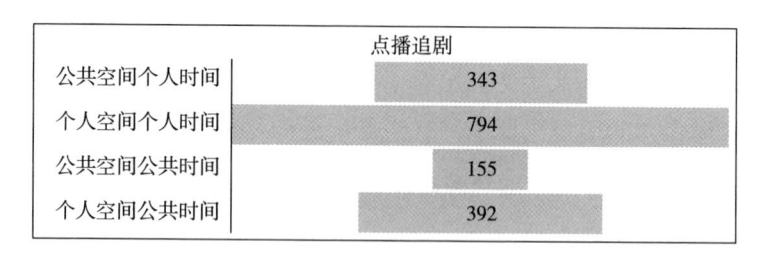

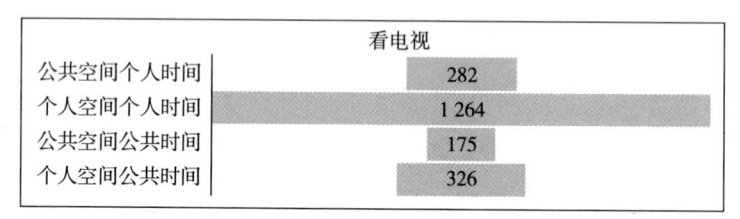

图 13.25　不同时空中点播追剧与看电视行为的分布频率

资料来源：喻国明，曲慧. 媒介认知：社会性偏向及影响性因素研究——基于"全民媒介使用与媒介观调查"的实证分析［J］. 媒体融合新观察，2020（03）：10-15.

新闻资讯	
公共空间个人时间	1 675
个人空间个人时间	1 604
公共空间公共时间	852
个人空间公共时间	851

微信微博	
公共空间个人时间	4 194
个人空间个人时间	3 072
公共空间公共时间	1 445
个人空间公共时间	1 887

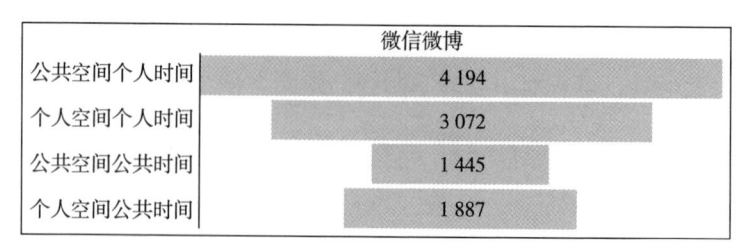

图 13.26　不同时空中微信微博使用与新闻资讯使用的对比

资料来源：喻国明，曲慧. 媒介认知：社会性偏向及影响性因素研究——基于"全民媒介使用与媒介观调查"的实证分析［J］. 媒体融合新观察，2020（03）：10-15.

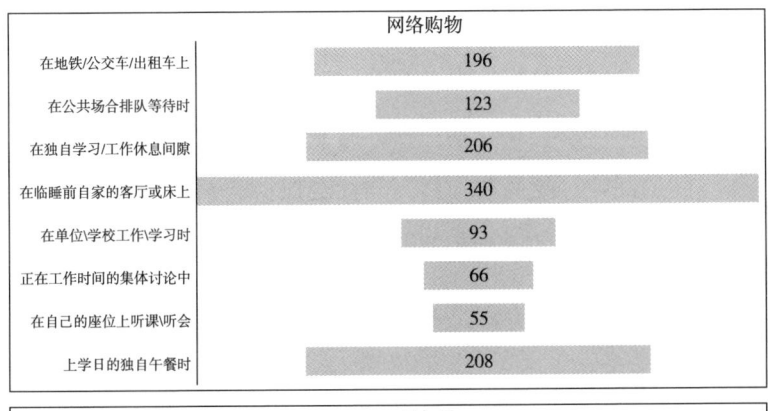

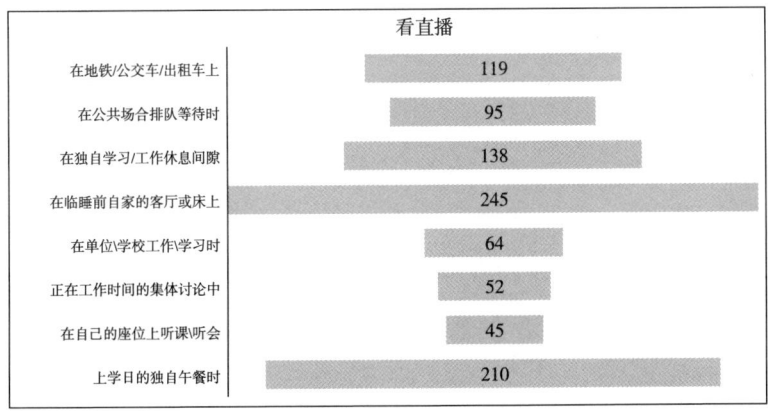

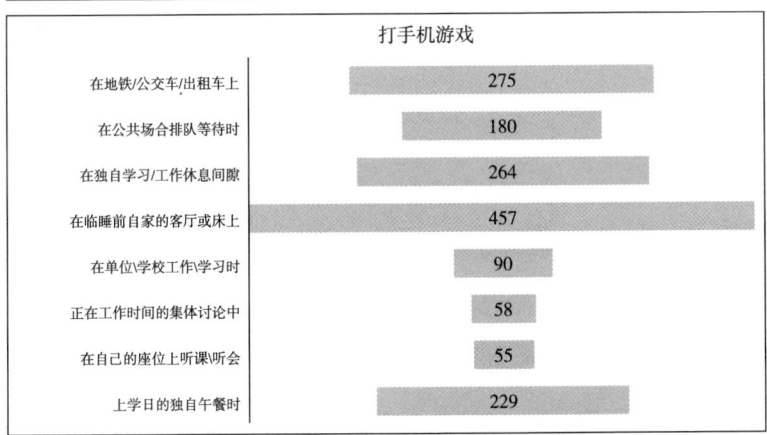

第十三章 人们的媒介认知如何影响其媒介使用

网络购物

情境	数值
在地铁/公交车/出租车上	196
在公共场合排队等待时	123
在独自学习/工作休息间隙	206
在临睡前自家的客厅或床上	340
在单位\学校工作\学习时	93
正在工作时间的集体讨论中	66
在自己的座位上听课\听会	55
上学日的独自午餐时	208

看直播

情境	数值
在地铁/公交车/出租车上	119
在公共场合排队等待时	95
在独自学习/工作休息间隙	138
在临睡前自家的客厅或床上	245
在单位\学校工作\学习时	64
正在工作时间的集体讨论中	52
在自己的座位上听课\听会	45
上学日的独自午餐时	210

打手机游戏

情境	数值
在地铁/公交车/出租车上	275
在公共场合排队等待时	180
在独自学习/工作休息间隙	264
在临睡前自家的客厅或床上	457
在单位\学校工作\学习时	90
正在工作时间的集体讨论中	58
在自己的座位上听课\听会	55
上学日的独自午餐时	229

图13.27 不同情境中娱乐类媒介使用的对比

资料来源：喻国明，曲慧.媒介认知：社会性偏向及影响性因素研究——基于"全民媒介使用与媒介观调查"的实证分析［J］.媒体融合新观察，2020（03）：10-15.

娱乐型媒介大规模接触发生在个人时空之内，在公共时空发生的频率很低，部分原因是娱乐媒介与 8 小时之内的公共时空在本质上是情境不符的，而信息类媒介则在公共时空频繁发生，甚至在工作时间和工作空间的间隙，频繁获知新闻与社会保持联系也是被情境所允许的。情境适切与技术支持，或许共同造就了媒介消费的碎片化可能。

第十四章
体验时代的传播转型

现代工业技术特别是互联网技术的发展和普及，以一种节点化、数据化与虚拟化的方式打破了既有的社会权力格局，对人们的主体意识、社会关系及社会资源进行赋能，使得社会发展开始从"物的逻辑"向"人的逻辑"转变。经济学者注意到这一变化，并用"体验"一词对这个时代进行注解。他们认为，经历了农业经济、工业经济、服务经济之后，体验经济正在成为大多数社会的第四个经济发展阶段。[1] 在这个时代，人们在日常生活实践中追求的不再是"物"的客观属性所带来的使用价值的满足，而是更关注"物"所附着的社会文化属性及其对于"自我实现"等更高层次需求的满足。本书以体验时代为起点，主要回答以下问题：体验时代所映射的社会认知逻辑是什么？体验时代人们建构自我和社会认知的方式具有哪些特征？如何利用这些特征对人们施加有效的影响？

第一节 体验时代：非理性认知逻辑的转型

美国学者约瑟夫·派恩（Joseph Pine）认为，体验就是指人们用一种从本质上说很个人化的方式来度过一段时间，并从中获得一系列可记忆事件。伯恩德·H.施密特（Bernd H.Schmitt）定义体验是企业以服务为舞台，以商品为道具，以消费者为中心，创造能够使消费者参与、值得消费者回忆的活动，通常包括感觉、感受、思维、行动、关系五种类型。[2] 对比两位学者对"体验"一词的阐释可以发现，体验强调的是一种心理层面的个人感受，这种感受并不总是遵循理性的事实逻辑，更多遵循的是一种掺杂着虚幻感、沉浸感、信念感等非理性因素所带来的价值逻辑。虽然"体验时代"提出的背景是人们的经济消费领域，但不难看出，这种非理性特质在当下社会早已跳脱出单纯的经济消费行为，蔓延至日常生活实践的方方面面，成为互联网社会中人们认知、理解与记忆的突出特质。

总之，体验时代意味着认知逻辑的转型，即人们往往不再根据客观事实来认知世界，而更多地依靠情感、关系、信念等非理性因素来建构对于自我和社会的认知。

第二节　体验时代下认知形态的新特征

研究者认为，非理性确实是体验时代人们建构认知的突出特质，但需要解释两个问题：第一，非理性要素不等于非理性现象，非理性的内核是"情绪"（emotion）和"感情"（feeling），代表本能、直觉和下意识，是人类与生俱来的一种认知和判断的方式，本身并无褒贬之意；第二，非理性和理性并非决然对立，理性指的是人们基于事实，经过科学严密的思维推理和逻辑论证建构合理的解释闭环，它和非理性概括了人们认知和行为的不同侧面，二者在现实中经常是综合运用的。[3] "体验时代"强调非理性只是因为与其他社会发展时期相比，它是这个时代人们认知方式中表现更加突出的特质，并不对立地否定人们的理性。

依靠关系过滤：趣缘圈子与共同体的想象

由互联网织就的关系网络具有许多区别于现实关系网的特质。一方面，圈子化的网络关系结构影响着信息和观点的流动，进而塑造人们的认知。这主要是因为互联网虚拟空间主要以不同的产品平台为区隔形成圈子边界，而具体平台中的用户又通过社群、社区、空间等方式建构着个人的社交圈子并进行社交表演。[4] 进入某个圈子便意味着要做出某种取舍，圈子既可以给人们提供精神与心理的支持，也可以充当人们信息观点的过滤器，从而影响人们的认知。另一方面，以趣缘为核心的隐性连接方式对人们的认知发挥着巨大的作用。现实社会中，人与人之间的连接更多依靠的是血缘、地缘与业缘等现实性的纽带，而互联网因其节点的虚拟性与流动性，创造了一种以"兴趣"为纽带的隐性关系，并通过算法技术将这种缺乏现实关联性的虚拟连接进行激活，作为一种隐蔽的环境对互联网用户产生影响。[5] 例如，当下主流的算法推荐规则，一是根据用户过往的内容、消费偏好作为标准预测其未来可能存在的偏好，二是通过与用户具有某种相似爱好的"他者"的其他偏好作为标准预测用户未来的偏好，即"人以群分"，而这种算法推荐规则明显创造了一种新的连接方式，将那些具有相同爱好的用户无形之中连接在一起，并对彼此的信息认知与观点获取产生强大而隐蔽的影响。

因此，互联网所建构的关系网络可以理解成一种信息观点的过滤器，体验时代人们越来越依靠或显或隐的关系建构自我和社会认知。其背后的底层逻辑在于，人们需要并渴望通过关系进行自我定位和身份建构，从而将自己归入某种虚幻的"共同体"，而互联网"处处皆连接"的特点使得传统社会中难以被感知到的共同体身份变得更加具体，因此人们更加习惯于通过定位和想象自己所属的圈子规范自己的认知和行为。

依靠情感阐释：符号建构与认同感的获取

体验时代，人们进行认知和消费的关键逻辑不在理性而在情感。情感是人与生俱来的一种需求和能力，常被置于理性的对立面，因其主观性和难以证伪而在进行判断决策时备受质疑。体验时代对于情感的推崇根源于理性主义话语面临的质疑和困境。在各种复杂的社会现实面前，马克斯·韦伯所坚持的价值中立和事实原则已经被虚无化，那种可以在各种价值之间保持一定距离，以便无偏倚地得出客观性的结论，已经明显不符合后真相时代的话语。[6]对人们而言，那种统摄一切的、具有绝对的正确和错误之分的"真相"大多时候只是一种谎言，隐藏在各种客观数据与结论背后的是隐蔽的主观偏见，而互联网去中心化、匿名化、虚拟化的技术特质也使得持有对立观点的人常常陷入一种鸡同鸭讲的无效交流，社会共识的达成变得极为困难。因此，"情感"取代"理性"、"主观"取代"客观"成为突出的时代特质，人们意识到，与其陷入一种彼此无法说服的交流困境，不如彻底追求情感的满足。在互联网社会中，随处可见的是各种缺乏逻辑与理性的交流，认知与观点不再是一种崇尚客观的理性结论，而是一种用来区分"我们"与"他们"，获取情感认同的方式。

鲍德里亚提出的消费社会概念，帮助我们理解情感在人们认知时是如何运作的。消费社会的典型特征是，人们从对商品使用价值的追求转向对其符号价值的追求，人们消费的不再是商品"物"的属性，而是其附着的符号意义所带给自己的一种身份标识。[7]在体验时代，这种对于符号意义的消费正是情感运作的主要方式，人们通过建构符号并为其赋予一种虚幻的精神意义，获取和传递对于事物的认知，在对社会中的事物进行阐释时人们也更加关注和强调其符号意义，从情感和主观的角度对其进行解读。例如，一些争议性的舆情事件之所以备受关注，往往是因为大众在对其阐释的过程中逐渐从对于事件本身的讨论上升至一种符号意义的建构层面（比如性别对立、阶级对立、文化对立等），而这种符号所映射的是一种共同体意识，人们以情感为主要逻辑进行认知与观点的表达，从而证明自己的共同体身份并获取成员的认同。

依靠主体参与：交互体验与代入感的满足

在体验时代之前，普通人大都作为客体处于一种"被言说"的状态，即使市场规则要求资本企业必须站在用户的角度进行需求洞察与产品设计，人们也始终无法实现真正的"自言说"，进而难以获得参与感和沉浸感。互联网的发展颠覆了这一局面，使得普通人也能拥有一定的表达权利，进而激活了人们的主体意识，使得人们不再满足于"被书写"的地位，并通过各种反叛性与解构性的方式对过去那些由权威所建立的不平等的话语结构与权力关系进行抵抗，进行自我书写与创作。[8] 因此，体验时代的一个重要标志便是用户主体意识的觉醒及深度的社会参与。

基于从被动"受众"到自主"用户"这一话语逻辑的转变，越来越多的企业、政治家开始意识到用户参与的必要性，并积极主动吸纳用户参与所释放的强大动能。越来越多的企业认同"让用户成为产品的主人"这一口号，并建立自己内部的种子用户群，通过各种激励方式让用户参与到对于产品的建设中，成为产品的"主人翁"。现实中，这种提升用户参与感的方式也得到了许多正向的反馈与检验，例如，小米科技以"米粉"一词称呼其核心用户，并通过各种情感性、物质性的激励方式维系与米粉之间的情感，从而将小米打造成一个有温度、有感情的人性化的产品形象。谷歌一直采用普通用户众包生产的方式建构自己的"百科全书"，将权利下放给真正的用户，而谷歌所承担的角色是秩序的引导者与情感的建构者，通过这种众包化的参与方式构建了良性的产品生态。这种参与往往以一种交互的方式给用户带去代入感，让用户愿意投入其中并乐此不疲，并在这个过程中形成关于自身和社会的认知。

第三节　体验时代下影响人们认知建构的路径

关系层面：搭建桥梁打破圈子交流的障碍

在互联网所构建的圈子化的关系网络中，存在着许多可通用、可归纳的规则，例如大部分圈子都会有一些固定化的角色分配（如意见领袖与权威、信息搬运工、被动采纳者等），也会存在普遍性的传播逻辑（比如热点事件从某个圈子成为所有人聚焦的舆情事件的一般过程）。因此，打破圈层之间障碍，实现破圈传播的关键在于对互联网圈子规则的分析与把握，当下前沿的社会网络分析技术可以帮助我们有效地解决这一问题。社会网络分析指的是从关系的视角分析问题，利用大数据、人工智能技术将人们的社会关系网络进行可视化的分析与呈现。[9]例如，可以通过分析圈子的中心性，定位圈子中不同节点所处的位置与角色，进一步找到那些能够帮助实现跨圈传播的"搬运工"与"意见领袖"等角色，这样问题便从"构建普通用户的认知"转换为"构建关系网中个别角色的认知"。通过分析关键角色的行为数据寻找和归纳出他们可能具有的共性，并进行针对性的内容与传播方式的调整，在关键角色之间搭建桥梁，实现信息与观点的流动，从而深入到圈子中的普通节点，利用关系建构他们的认知。

此外，互联网中的圈子并非总是现实性的，更突出的是以"趣缘"为纽带的隐性连接，这种连接通过算法规则实现互相影响，但这种影响往往是间接性的，因此存在着许多限制。下一步的问题是，如何推动这种隐性的趣缘关系连接向显性关系转化。抖音平台近期推出的"兴趣匹配"功能提供了一个可行性的操作路径，兴趣匹配指的是在用户刷视频的过程中根据用户的兴趣偏好在主页弹出与用户"志同道合"的陌生朋友并引导用户加入相关兴趣群组，从而将这种隐性连接进行转化。这种隐性连接的显性转化在未来对于构建用户认知有着极大的潜力和操作空间。

情感层面：利用符号引导意义空间的建构

如前文所述，体验时代的人们更关注符号本身所表征的情感意义，以及这种情感所带来的认同感的满足。因此，在影响用户认知的过程中，应该更加重视符号的力量。鲍德里亚认为，现代社会由"物"的逻辑转化为"符号"的逻辑，人们从使用价值的消费转向对于符号意义的消费。如此，传统的能指和所指（物本身的价值）之间的关系被断开，形成了所谓"漂流的能指"，并寻找着新的所指（符号意义）进行配对。媒体是"漂流的能指"进行配对的最佳空间，资本通过广告宣传、营销推广等方式将其产品与一些非实用的、虚幻性的标签（如时尚、格调等）进行连接，从而将其商品使用价值的兜售转化为对于符号意义的兜售，从而跳出实用性的价值逻辑，真正实现一本万利。

鲍德里亚对于符号消费是从批判角度进行分析的，这种方式为我们引导用户的认知提供了一种思考路径，即在传播某种认知观点的过程中，应该跳出单纯的信息性的层面，更多考虑目标受众的情感需要，并积极地将这种情感需要与传播的认知观点进行结合，建构能够带给受众认同和满足的符号意义。最典型的例子体现在"产品认知"的构建过程中，具有相似技术功能点的同类产品如何在竞品市场中进行差异化的竞争，可行的操作路径是寻找产品自身的特点，结合目标用户需求构建一种"精神性"的符号，并通过营销推广等方式兜售这种符号观念，从而建立用户的产品印象，与其他同类产品区别开来（如网易云主打的情感共鸣、Soul 主打的灵魂交友等）。对用户而言，产品认知往往决定着他们的产品选择，而这种认知本身便是一种符号意义的建构，必须结合产品自身的逻辑及目标用户群的需求找到一种"情感符号"，并通过营销推广将作为能指的"产品"与作为所指的"标签"固定下来，建构用户的认知。[10]

交互层面：洞察场景优化用户的交互体验

把"场景"一词作为重要概念和因素引入传播学始于罗伯特·斯考伯（Robert Scoble）和谢尔·伊斯雷尔（Shel Israel）。2014 年，二人合著的《即将到来的场景时代》，首次提到"场景"。他们认为场景是特定时间、空间和行为及心理的环境氛围。[11] 体验时代的用户看似具有极高的自主选择权，但实际上无时无刻不受到外界环境的影响，而场景便是这种影响中最为隐蔽但又非常强大的影响因素。可以说，

第十四章 体验时代的传播转型

用户采取某种认知观念及消费行为，来自其对于自身所处场景的感知，因此，体验时代影响用户认知的关键是对其所处场景的深入洞察与分析。

横向来看，理解场景即理解用户所处的空间与环境、实时状态、社交氛围与生活惯性，而大数据技术、社交媒体、定位系统、传感器及移动设备可以帮助我们分析出这些维度的关键数据，从而切实地还原出特定场景下的用户状态，以便更好地影响用户认知。纵向来看，场景看似描绘的是用户"此时此刻"所处的环境及状态，但是必须考虑用户所处的场景是流动的、不断变化的，因此"现在""以前"和"未来"存在着彼此关联、互相影响的关系；有学者认为，从长远来看，场景的分析与应用需要涉及三个阶段。除了此时此地，还可以向"此前彼处"和"此后彼处"两个不同的时空延伸，从而用一种更具动态性的视角把握用户所处的场景。[12] 一方面，分析用户从何处到此处，有利于我们更好地理解用户在此时此刻的行为目的和可能存在的预期。另一方面，通过对于用户此时此处所处场景的分析可以预测未来用户可能进入的场景及存在的需求，并进行合理的诱导。显然这些分析都要基于LBS、大数据、人工智能等各种前沿化的分析技术。

总之，理解用户所处的场景可以帮助我们更好地理解用户在该场景下的所思所想，帮助我们更好地预测、判断和选择这种场景下干预和影响用户认知的恰当方式。

体验时代，"人"作为互联网范式革命中重新回归的重点。依靠关系的过滤、情感的阐释和人作为绝对主体的交互参与都形塑着人们的认知。体验时代，场景构建、关系连接、情感分析都应更加公开、有序，围绕用户进行价值创造，从而真正影响用户的使用和消费行为。

第十五章
"认知竞争"的关键性分析视角

互联网媒介的迅猛发展带来了巨大的信息量,然而人的信息加工能力是有限的。二者之间的结构性的张力导致了传播过程中各种信息发出者对信息接收者的信息加工能力进行竞争,由此产生了"认知竞争"的概念。认知竞争又可以被称为认知争夺,是指传播环境中各类信息通过多种方式对个体有限的认知资源进行竞争式抢夺的行为。[1] 认知竞争不仅发生在个体层面,也发生在媒介和社会的层面,因此本书尝试从个体、媒介、社会三个视角对认知竞争的概念进行梳理和分析,并提出了考察这一概念及其运行机制的一些实证方案。

第一节 个体视角:注意资源有限性与社会认同

早在 20 世纪 50 年代中期,"认知革命"的发生就否定了传统的基于"刺激–反应"模型的行为主义观点,重新把心理表征和内部信息加工的观点带回了科学的视野,由此产生了以心理学、语言学、哲学、人类学、神经科学和人工智能为主要来源的认知科学这一交叉学科。到了 20 世纪 70 年代,认知科学作为一个学科已经基本确立下来,并且对传播学产生了极大影响。比如议程设置理论的发展,使得传统的传播效果研究从态度转向了认知；再比如使用与满足理论，则把受众当作是具有目的、需要、动机和预期的人，具备主动的信息加工能力，而大众媒介则是信息的提供者。可以说，在真实的传播环境中，信息的接受者是一个个真实存在的个人，而每个人都对信息具有加工能力，这已经成为当今的主流观点。

然而在千万年的演化过程中，信息加工的物质基础——人脑，始终具有加工能力的限制。在智人演化的每一个阶段，都要能够适应周围的险恶环境，从中生存下来并且成功繁衍，由此面临着巨大的演化压力，即他们要面对和加工的信息日益复杂多样。那么智人该如何应对这种压力呢？一种方法是演化出能够同时处理大量信息并且容量庞大的大脑，但代价就是维持这个巨大系统的生存耗费巨大、难以为继。另一种策略的演化出容量和加工能力没那么庞大，但其系统的处理信息的速度很快，具备信息选择和关注机制，使得大脑能够高效率地同步处理大量信息，并且迅速地做出反应。这种容量有限，但是具备信息选择和关注的机制就是注意机制。换句话说，注意为容量有限的信息处理系统（大脑）必须具备的选择机制，这种机制可以在容量有限时同步处理所有信息，且不至于造成系统瘫痪甚至崩溃。[2]

丹尼尔·卡尼曼（Dainel Kahneman）于1973年在《注意与努力》一书中提出了资源限制理论，又称资源分配理论或者有限容量理论。这一理论正是上述思想的集中反映。该理论把注意看成一种心智资源，而这种心智资源的总量是有限的，注意的功能就在于对这些心智资源进行分配。然而这种有限性是相对的，它与唤醒（arousal）连结在一起，在某段时间内，唤醒水平将决定注意的心智资源数量。各种唤醒的来源，比如情绪、药物、肌肉紧张、强刺激等会影响到资源的分配方案。除此之外，资源分配方案还要受制于唤醒因素可利用的能量、当前的意愿、对完成作业所要求资源的评价以及个人的长期意向，在这些因素作用下，所实现的分配方案就体现着注意的选择。[3,4] 由于注意并不是一种独立的心理过程，而是感觉、知觉、记忆、思维、想象、情绪、意志等心理过程的一种共同特性，因此在其他认知过程乃至社会认知过程中都会起到重要作用，孤立的注意是不存在的，它只是认知过程的一种状态。[5] 那么，这种加工能力的有限性也就是人类心理活动的一个普遍特性，比如在信息的感知（形成信息的表征）、工作记忆（对信息表征进行操作和加工）、长时记忆（信息表征的存储和提取、形成竞争效果）诸环节中，这种有限性是一个贯穿始终的线索。在一定程度上也可以说，在认知竞争发挥作用的过程中，以注意和工作记忆等认知过程的加工为代表的有限性起到了基础性的作用，是认知竞争的一种心理机制。

在社会认知领域，这种加工能力的有限性也并不罕见。所谓社会认知，是指人们对自己和他人进行判断、理解和评价的过程，[6,7] 主要包括态度、动机和情绪、类属性思维、社会知觉、社会归因、社会认同和群体关系等。一方面，社会认知的形成有赖于认知启发式（cognitive heuristics）的使用；另一方面，人们为了明显的区分"我们"（内群体）和"他们"（外群体），以及描述不同的"他们"，逐渐演化出了类属性思维（stereotypes）这一认知加工工具。

认知启发式是一种问题解决的捷径，是在追求外部信息产生的压力下，人们将复杂、模糊的信息缩减为更易做出判断的简单信息的社会认知过程。[8] 人们通常所采用四种认知启发式是代表性策略、可及性策略、模拟策略以及锚定和调整策略。通过这些策略的使用，人们能够在有限的加工能力下迅速提取出长时记忆的复杂知识结构中的那些有效信息，以适应和理解当前的社会情境。类属性思维也被翻译为"刻板印象"，就其本意而言，这种类属性思维是对社会群体和社会阶层的特征所做出的归纳和总结,[9]是相当简单、僵化、粗糙和不完善的,里面的很多内容是不正确的,甚至会导致歧视的产生。然而由于人们的加工局限性,在生存的压力下需要迅速做出适应性行为,这种思维方式又具有一定的合理性和必然性。[10]类属性思维和态度有密切的关系,但是又和态度并不一样,它属于态度中的认知成分。需要注意的是,类属性思维和态度的情绪成分"偏见"(prejudice)、行为倾向成分"歧视"(discrimination)并不一样。后两者具有比较明显的负面意义,但是类属性思维本身并不必然是消极的,比如"中国学生的数学能力都很优秀"就是典型的类属性思维,但它是正面意义的。在认知竞争形成的过程中,启发式和类属性思维发挥着核心的作用,一方面它们是受众辨识所属群体、不同信息源,划分舆论阵营的重要工具,另一方面则是调动受众群体成员社会认同和情绪反应的重要线索。

与加工能力的有限性密切相关的另一种认知机制也构成了的认知竞争的个体心理基础,这种认知机制就是信息的自动加工。信息的自动加工是相对于控制加工而言的,控制加工一般指需要应用注意资源的加工,其容量有限,可灵活地用于变化着的环境,是受人有意识地控制的。自动加工则是不受人所控制的加工,无需应用注意,也没有容量限制,但是一经形成就很难予以改变。它一般具有四个方面的特征:出现时意识不到,即内隐的,不可避免;没有容量限制;高度有效性;难以改变。[11]作为认知争夺重要类型的"情感或关系认同"式竞争,[12]往往就和自动加工交织在一起,因为在大部分情境之下,情绪反应的发生往往就是一种自动化的反应,而且情绪本身也是前面所述的唤醒机制的重要组成部分,会压缩控制加工的容量,使加工有限性显得更为局促和迫切。

除了加工能力的有限性之外,社会认同理论(social identity theory)

的提出者亨利·泰弗尔（Henri Tajfel）和约翰·C.特纳（John C. Turner）[13]认为，群体成员试图将自己所属的群体（内群体）区别于其他群体（外群体），并主动保护群体之间的差异，以便提高或获得一个有利于自己群体成员的良好而积极的社会形象。社会认同意味着一个人意识到自己是社会群体的一员，而这个社会群体对它的成员在价值观和情感方面都具有重要的社会和文化意义。群体成员的身份影响一个人的观点和行为，社会的相互作用同样影响这一成员的自我意识。通过适当的群体之间的比较，人们可以得到正面而良好的社会认同。[14]社会认同对于分享群体情感、促成群体目标、建构群体关系、凝聚群体共识方面具有重要的作用。由于社会认同的这种中介性质，它在个体信息加工机制和动员群体行动之间起到了传导或者说桥梁的作用（见图15.1）。

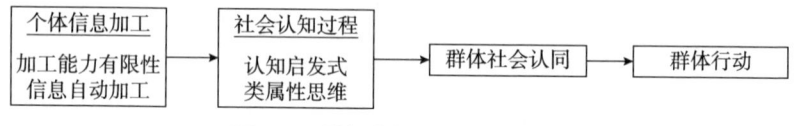

```
┌──────────────┐   ┌──────────┐   ┌──────────┐   ┌────────┐
│ 个体信息加工 │   │社会认知过程│   │群体社会认同│   │ 群体行动 │
│加工能力有限性│ → │ 认知启发式 │ → │          │ → │        │
│ 信息自动加工 │   │ 类属性思维 │   │          │   │        │
└──────────────┘   └──────────┘   └──────────┘   └────────┘
```

图15.1 认知竞争的个体心理基础

资料来源：修利超，喻国明，杨雅.认知竞争的发生机理：三个关键性的分析视角[J].西北师大学报（社会科学版），2023，60（05）：55-61.

在个体心理层面，认知竞争的发生正是基于千万年以来人类演化所产生的信息加工机制。这种信息加工机制具有加工能力有限性的先天特性。为了弥补这些有限性，人们的信息加工系统具有控制加工和自动加工两套机制，可以在不同的社会情境下进行灵活的工作，以应对纷繁复杂的信息环境所带来的生存压力。这些加工机制在与他人互动的过程中逐渐形成了类属性思维的认知工具和认知启发式的思维策略，那么就形成了认知竞争的心理基础，是认知竞争的必要条件。当多个信源出现时，人们必然只会关注有限的信息。在多元的媒介环境下，只有那些能够满足用户认知需求、唤起用户情感共鸣、重构用户关系表达的信息才会成为认知竞争的胜出者。也就是说，谁擅长关于情感的、关系的内容表达，谁就会成为社会沟通、社会共识达成领域的引领者和长袖善舞的意见领袖。[15]

第二节 媒介视角：深度媒介化与媒介赋权

认知竞争作为一种普遍存在的人性特征，对传播学的诸多分支领域有着较强的整合能力。我们在互联网媒介场景下发现的很多现象和规律，其实都有着认知竞争的影子，是认知竞争的具体表现，同时，媒介环境作为认知竞争赖以生存的土壤，也是"认知市场"的实际载体。

首先，在深度媒介化时代，媒介嵌入日常生活与信息流通过程，为认知竞争提供了"复媒体"环境。媒介环境不仅仅为认知竞争提供发生和发展的环境和平台，也成为个体和群体认知竞争作用的中介物和催化剂。当前媒介业已进入"深度媒介化"的发展格局，全新的传播关系正在深刻重构着以往的各种社会关系，新一代信息技术对社会中相对无权的个体和群体的赋权超越了以往任何一个时代，传播技术的发展与传播工具的普及极大地提高了人们自主甚至自动接触、搜集和传播信息的便捷程度。[16]深度媒介化社会，为公众对于媒介事件的展演和记忆带来了巨大的挑战，[17]对于个体认知和印象的争夺与占领，弥散在不同媒介类型、平台和场域之间，而个体认知又进而成为集体记忆和公共话语形成的初始和基础。

复媒体环境下，认知竞争的关键客体，即作为网络原住民群体的数字一代，已然成为在各个平台、社群、圈层内外穿梭、迁移和摇摆的"数字流动群体"。有研究发现，个体在复媒体环境中的体验，影响着使用中的平台分配、生活变迁与文化适应。[18] 人们对于媒介平台和类型的选择，很大程度上来自于认知的需求。[19] 我们之所以会投入更多的注意力资源到某些信息渠道上而不是另外一些，或者是否选择多样化的信息渠道以丰富信息的边界，取决于个体的认知结构，以及其与媒介框架的适配程度。因此，深度媒介化时代的认知竞争来自复媒体环境的场域特征；媒介场域认知竞争的根本核心与起始点就在于，外部环境中媒介的信息可供性是否能够满足和匹配个体的认知需求。

其次，在情感转向时代，以情动人、情感治理成为媒介场域影响认知竞争的非理性因素。情感因素和"情感争夺"内生性地嵌套于认知竞争的过程机制之中。现代社会的风险性与不确定性，加速个体和社群负面情绪的生成与传播，并伴随着认知的失真与无序。在后真相时代，个体处在被构建的拟态世界之中，情感先于事实，客观事实、主观事实以及噪音共同构成了事实，有关真相和与真相相关的各种宣称之间互相混淆，影响着受众对信息内容的认知、感知可信度和感知有用性的判断。[20] 传统的理性人假设在当下的后真相媒介环境中不再适用，在治理领域，"从情感涣散到情感回归、从负面情绪到情感重塑"[21] 的情感治理已然成为共识；非理性因素驱动的"短链思考"和理性因素驱动的"长链思考"相互协同，共同达成社会合意。

媒介场域，情感推动舆论传播、形成道德规范、引导网络抗争，情感转向的根本意义还是回归到"人"的价值，"使得社会科学研究中的机器人形象变得有生气"。[22] 情绪这一关键要素与受众的认知密不可分，情感在我们对信息认知加工和决策的过程中起到了重要的作用，其影响不亚于信息本身。[23] 认知竞争中的情感因素的重新发现，有助于我们重新认识人与媒介技术的关系，以及非理性因素在此过程中的影响机制。由此来看，认知竞争本质上就是对于受众注意力的争夺，最终的目的依然在于人心的凝聚、达成社会意见的最大公约数，而这其中情感/理性以及超越二元视野的考量，就成为公共协商过程中不可或缺的要素。

再次，在泛众化传播时代，认知竞争表现为"破圈"传播和社群的自组织与再组织。传播格局的改变使得传统主流媒介的压舱石作用式微，社交媒介的圈层日益同质化、封闭化，个体的个性化表达退回圈层内部，圈层之间的阻碍和隔阂引起偏见甚至冲突。[24] 认知竞争中，重要的部分任务在于认知冲突的干预和错误认知的纠偏。技术、资本与政府规制这三种力量，共同构成了虚拟空间圈层之外的"他组织群"，具有增量和规制性的功能。[25] 不过，值得注意的是，认知竞争和认知干预的有效手段，并非只需完全依靠强势认知的"自上而下"的简单植入，同样要依靠"自下而上"的开放交流、公共协商和创新协同，形成自主性驱动的模式、形态和结构，寻求信息破圈传播的出口，促进自组织系统涌现的发生，从而最终达到一种可持续、可调节、阶段性稳定状态的新的认知动态均衡。

未来，复杂性范式将成为认知竞争与社群传播的参考依据，促使圈层传播中多元主体的协同参与、圈层内外自组织和他组织的双向嵌入，促进圈层与组织超越自身的封闭性和局限性，完成再组织化的过程，形成认知市场上的信息和意见自由流动。作为认知竞争得以存在的媒介环境，可以看作是一个多元信息相互竞争的"市场"，即"认知市场"。认知市场不同于观点市场，原因有三：首先，并非所有的信息都可以介入这个市场，并非所有的认知都能够被所有的用户所觉察到。哪些信息可以进入这个市场，取决于其本身是否能够获得人们的关注，即是否具备参与竞争的能力，换言之，是否能够进入到媒介用户的感知阈限。其次，并非所有的信息都是理性的，作为一个重要的传播要素，非理性具有其合理性和必要性。在认知市场中，当越来越多的人关注并相信某一叙事时，他们的行为就会引发共振，共同喊出一个口号、共同攻击一个对象、共同挥舞一个标签、共同相信一个叙事，这种同质、同步的符号表征，能够迅速生成一股强大的力量，[26]这是认知竞争的重要特征。最后，认知竞争并非是自由而充分的，那些更具有传播力和吸引力的，更能够引起用户唤醒、引发情感共鸣的信息，和关系赋权能力更强的平台，将会形成更大的声音和更夺取更多的注意资源，在众多的垂直领域中，很有可能凭借这种集聚效应形成"赢家通吃"的局面。

最后，在关系赋权时代，算法媒介为认知竞争提供了重要的助推器和赋权工具。算法媒介具有较强的赋权属性，它能够提供给受众更多的话语表达空间，让受众从传播过程的接受者变成传播者，并在一定程度上从传播权力、传播内容、传播渠道、传播方式等维度解构着主流意识形态话语权威，消弭主流意识形态话语传播效力。[27]算法这一信息和受众间的新中介，正发挥着隐形把关人的作用。凭借着分类、筛选、优先、过滤等模式，各种算法正决定着展示在个体面前的信息，从购物推荐到资讯推送再到搜索结果排序，均是数据分析和算法运行的成果，乃至于"我们是谁""我们相信什么""我们会做什么"等"事实"也取决于此。作为网络社会基础机构的一部分，算法正在重新联结个体间、社会资源间的关系网络。[28,29]然而更为重要的是，算法媒介被少数平台或者一些非国家行为体所有，而这些平台的角色更为多元，它们不仅是科技巨头，也是舆论的意见领袖、资本的所有者和参与地缘政治博弈的重要力量。因此，它们也是参与认知竞争的重要行为主体，甚至可以作为一股地缘政治势力越来越多地参与国家间的纠纷与冲突，其所展现的惊人破坏力一定程度上重塑了公众对于商业公司权力边界的认知。

比如，社交机器人就是在线社交网络中模拟人类用户，自主运行、自动生产发布内容的算法智能体，有研究发现：在北京冬奥会之前，有近四分之一与北京冬奥会相关的推文都由社交机器人生产；机器人用户倾向于关注冬奥相关的负面话题，多持反对冬奥的态度；人类与机器人的议程网络显著相关，存在网络议程设置效果，这说明社交机器人可能已经具备操纵舆论的能力。[30] 更典型的事件则来自俄乌冲突，它所引发的"数字冷战"打破了所谓"科技无国界"的神话，极大地改变了国际政治权力的构成和运行过程。[31] 在俄乌冲突中，以算法为基础的社交机器人参与程度很高。它们正在成为影响舆论的重要因素，通过传播虚假信息、营造虚假气氛、与更多人建立关系等手段操纵舆论。冲突双方主要以这样几种方式来参与认知竞争：首先，社交机器人通过推动标签活动在社交媒体上制造热点，通过转发放大议题声量，通过重复推送相同内容扩大关注度，通过集体行动形成较强网络连接，并且还可以利用标签劫持来散布与标签主题无关的活动来干扰或者占有原来的标签，以及用负面评论淹没原主题。其次，社交机器人会利用意见领袖进行舆论干预，通过已有意见领袖的参与和打造新的意见领袖，在短时间内就能聚集大量追随者，成功吸引公众注意力，引发大规模的互动。在竞争过程中还会采用不同的叙事策略进行直接对抗。[32]

第三节 社会视角：超级个体的社会

作为信息加工主体的个人并不是孤立存在的。人们依靠相互之间的信息交流，形成共同的想象和期望，然后才能够形成群体，而媒介在其中扮演关键角色。在当前的媒介环境下，信息的交流更加扁平化，"平台+趣缘"的组合已经形成了一种全新的社会组织方式。互联网对个体的关系赋权使他们变为了一个个的"超级个体"，被空前赋权的"超级个体"是流动的、是产销者、是自门户、是互释人，[33]由此使社会的结构发生了显著的变化。我们必须进一步思考认知竞争会带来哪些潜在的影响，是否会形成新的风险点；是否会对民众的心理安全产生冲击；有没有可以进行干预、调节和治理的有效手段，这些问题已经摆在了我们面前。

认知竞争对于社会的分化和重组起到重要的推进作用。其作用不仅仅在于打破原有的社会组织形式，还在于"建构"新的社会组织形式，是一种从"自组织"走向"再组织"的演化过程。在传统的科层制社会里，社会内部各组织之间的分工明确、边界清晰，权力和责任都有相应规定，其职能依靠指令系统来产生并发挥作用。媒介组织在其中处于较为边缘的地位，扮演着"宣传队"的角色；然而在移动互联网技术逐渐普及之后，在受众被空前赋权的状态下，受众需求不断地快速演进，媒介行为不断巨变。[34]媒介组织已经成了一个中心角色和组织者，是新社会形态的建构者，[35]诸如"互联网+商务""互联网+金融""互联网+教育""互联网+政务""互联网+农业"等概念层出不穷。在这样一种"连接一切"的深度媒介化社会里，受众已经分化为各媒介平台的用户，并且根据其兴趣爱好、思想观点、情感体验等诸多因素被重新连接为一个个较为独立的社交群体，从而形成了一种新的以深度媒介化为特征的社会组织形态。媒介平台为了增加用户黏性，争夺有限的用户注意资源，就有意无意地采用各种策略增加自身对用户的"认知触达"，从而使认知竞争无时无刻不发挥着作用。这会产生两个方面的影响：在积极方面，平台可以动员自身所具有的一切力量，激发自身的互动性和创造力，促进技术的进步并充分地介入认知市场，使资源的分配效率尽可能达到最大化，使用户的多样化需求得到满足，并且在可能的情况下发挥核心优势，参与国际竞争，有利于推动"国内大循环、国内国际双循环"的产业繁荣；在消极方面，平台也可能出现资本的过度扩张，导致用户行为"饭圈化"，以及前面所述的种种"认知市场"上的现象，诸如虚假信息的泛滥等，有可能放大社会中的非理性传播的影响。

从更广阔的视角来看，在历史上也不乏认知竞争的经典案例。比如由于教义上的分歧所导致的基督教会大分裂，再比如"心理战""舆论战""认知战"这些概念的发展历程，本质上都可以被看作认知竞争的一些较为极端的对抗形式。而不同民族、国家和文明之间的交流与融合，则可以看作认知竞争中的共识形式的表现。其中一些基于想象形成的共同体和共同叙事建构起内群体的社会认同，并最终在诸多认知观点的竞争中胜出，从而起到推动社会演化的作用。比如广大亚洲、非洲和拉丁美洲的发展中国家在"第三世界"理论的指引下，促进各国之间的友好关系，共同维护民族独立和国家主权，以及反对侵略战争和殖民主义，保卫世界和平等。因此可以说，认知竞争是促进社会分化和重构、自组织和再组织的重要推动力。不同的信息相互争夺人们的关注，其胜出者会最终影响社会的主流观点形成，并参与意识形态的塑造过程。人们在认知的竞争过程中相互标识身份、建构认同、彼此分化、极化冲突、重构信任和沟通融合，促成了社会互动的多种形式。其关键点就在于起主导地位的认知是何种属性的，以及是如何影响人们心智的。

第四节　未来图景与可能范式

认知竞争作为一种重要的信息加工机制、一种重要的媒介现象、一种推动社会演化的动力，其未来有着多种可能的前景。把握这些前景将有助于我们突破一些新的研究方向和尝试新的研究范式，具体说来可能是如下三个层面。

首先，从个体层面来看，认知神经传播成为未来认知竞争研究的内在要求和必然选项，传播行为将成为下一个可能的理论突破点。大脑作为人类信息加工的物质载体，通过神经反馈原理潜在地影响人们的决策、通过信息引导来干预认知竞争，因此了解认知竞争的运作规律和运行机制、不同信息加工的时间过程和空间分布，将成为传播学深化与心理学、认知科学、神经科学、信息科学等学科交叉的一个新的研究方向。传播学将有可能重构为一门跨越从微观到宏观多个研究水平和层次的"核心学科"。

其次，从媒体层面来看，元宇宙作为未来媒介的终极形态，会朝着"心世界"的方向演化，在心智空间内，对心智资源的认知竞争一定会更加激烈而不会逐渐平息。传播学要在这个更广阔领域的认知市场内发挥更加积极的作用，就需要在认知市场上建立有效的媒介评价标准和指标体系。比如，可以在用户体验的基础之上开发不同平台媒介对注意资源的占有率标准，或者用户体验的服务标准；在游戏与元宇宙媒介平台，尝试衡量游戏沉迷程度的指标与方法；建立与中国舆论环境相适应的具有中国特色的舆情评价体系，等等。这将为不同媒介的认知竞争规划出清晰的边界和空间，也将为讲好中国故事、传播好中国声音提供一个可靠的抓手。

再次，从社会层面来看，在"百年未有之大变局"的大背景之下，我们要想调整对外传播新范式、破解主流价值观的传播困境，不仅需要积极"构建人类命运共同体"以牢牢把握话语权，还需要通过认知竞争的策略、方法、工具和手段去开拓新的战场。如果我们不参与某些领域的竞争，那么其他信息，甚至是虚假信息就会参与竞争，导致"劣币驱逐良币"的后果。人类在不断发展和进步的过程中已经逐步打破和否定了基于个体的歧视，比如性别、学历歧视；基于群体的歧视，比如地域、职业、种族歧视。然而，基于文化和文明的歧视仍然根深蒂固，"西方中心论""文明终结论""文明冲突论"这些仍然有很大市场的认知枷锁需要我们通过积极参与认知竞争去打破。我们需要构建一个更加广泛的"命运共同内群体"，突出不同文明的相似性和共同性、淡化差异性，促进跨文明的互动与合作，推动文明的认同、信任和理解，减少和化解对抗与矛盾。

| 第三部分 |

AIGC传播时代
行为传播学的构建

第十六章
行为传播学的学科价值、研究方向与关键议题

第一节 传播话语的阐释危机

大众社会解构与传播机制的重构

随着媒介技术的迭代发展,社会也按照媒介的逻辑进行着解构与重构,互联网作为一种高维媒介解构了传统的大众社会,使得过去被遮蔽的圈层、群体与个体被激活。原有以机构为基本运作主体的社会构裂解为以个人为基本运作主体的"微粒化"社会。[1] 在这种全新的传播场域下,个体作为传播的基本单位带来了整个传播结构和传播机制的变革,以及学科要素、边界和研究范式的重构。

在观照当下的传播环境和学科的困境之前,有必要将传播学理论置于当时的历史与思想实践环境,避免将当下的困境投射在历史的缺陷上,并且深入地认识到历史结构变迁中的社会心理因素。[2] 就"大众传播"(mass communication)这一术语来说,其与"大众社会"和"大众"互相定义,[3] "大众社会"强调了官僚化的结构特征,丹尼尔·贝尔(Daniel Bell)认为大众社会以新的方式将人们连接起来的同时也摧毁了过去的共同体,形成了原子化的个人社会。此时的大众传播对

于人的理解局限在大众社会的理论假设上，认为大众是无明显特征的群体，对大众传媒缺乏判断能力，是丧失理想的机械化社会群体，甚至是容易被煽动的暴民。[4] 不过，后续大众传播的研究却在人的主体性方面不断探索，提出了更具有人性化的理论假设，如库利所提出的"首属群体"，[5] 使得社会按照人的才能、信息相互理解进行组织，而非等级制度。纵观大众传播理论，对传播中个体的认识从原子化的个体发展到具有一定心理动机和媒介需求的个体。如今，媒介技术发展更大程度地扩展了社会连接的尺度和传播行为人的自由度，由此需要立足当前传播环境，对人的行为表现和背后的机理研究进一步探索。

从传播结构与传播机制的角度来看，技术革命消解了大众社会中的大众，转而形成不同的族群和被激活的个人，个体成为传播终端，形成微粒化社会。在新传播时代，传播主体、媒介构造、传播通路、内容生产与用户本身的地位都迎来了重构。传播主体从大众传媒机构转变为个人乃至机器和算法，传播内容中非理性的情感表达与关系表达成为传播话语的主要逻辑；传播模式从过去的两级传播和多级传播，转变为互联网平台崛起后的去组织化与再组织化的连接升维；传播受众过去被湮没的信息需求、情感需求得到基本满足，对传播受众的解读从所属群体的标签定义转变为对个体心理态度乃至神经生理层面的"描摹"；传播效果的考量从行为的改变转向认知态度再到更精密的瞬时效果。这一系列的变革都使得原本基于结构功能主义与行为主义框架下的传播理论陷入话语失效和解释力危机。

对于学科的构造来说，技术所连接的对象已经达到从物理连接到生理连接和心理连接的复杂系统的境地，对媒介的界定和传播学科的理论逻辑与学科范式均需要相应的变革。过往研究探讨了媒介本体研究的升维，从媒介技术到媒介器物、中介物，到人本身，再到彼得斯提出的遍在、隐形成为自然的元素型媒介，对媒介的理解也从过去的物理型媒介发展到关系型媒介再到算法型媒介。如今日益成为场景适配下提供连接，建立关系，满足需求，聚合群体，拟合公共空间和私人空间、现实空间与虚拟空间的重要一环。在解决了传播学中关键问题"媒介"的发展迭代逻辑后，仍然会看到传播学研究囿于过去的范式和理论框架中，无法对新的社会场景和媒介演进以及其中个人进行理论指导。处在深度媒介化转型的微粒化社会中，传统的传播学范式与框架基于宏观的社会结构性因素的解读，无法解释新产生的下沉性的社会因素，如技术因素激活的圈层、群体、个体的传播行为，在社会动力源下沉的过程中，研究视野和研究锚点需要关注到这些因素。在社会发展迭代的临界点上，基于系统论、信息论和控制论的传统传播学架构和理论话语在延展性、未来性和可解释性存在着较大的缺陷。

传播学研究缺乏主体意识

传播学本身的研究领域和跨学科属性使其存在历史性的断裂，纵观当前传播学的研究，没有一个单一的、占主导地位的研究主题或子学科构成传播学科的"核心"，[6]施拉姆在学科建制后用"十字路口"来形容传播学，许多其他领域的研究者运用其他研究领域的知识与方法在传播学的议题下进行研究，之后又回到了该领域。传播学作为一种横断学科，吸取了来自社会学、人类学、心理学等学科的范式与方法后提出了自己的理论，并对社会问题和现象做出阐释，这一方面带来传播学的兴起，另一方面也导致传播学饱受没有独立研究取向批评。从本体论的角度来看，传播学领域的各分支存在断裂的原因在于对"传播"的含义存在断裂性分歧：首先，传播学科内部对传播缺乏一个明确的共同的理解；其次，传播研究的不同传统对"传播"作为研究对象和调查的分析重点的理解存在很大的偏差。[7]

从研究范式的角度来看，托马斯·库恩（Thomas Kuhn）认为科学革命的过程是当常规科学的视野中出现大量无法解释的异例出现时，一种新的范式会取代原有范式成为主导性的研究范式。[8]越来越多学者意识到媒介技术变迁下的新传播现象，以及传播学固有的碎片化趋势，开始思考以新的研究范式应对传播学科的断裂。这些范式从理性化的角度来看，大致可以分为工具理性和价值理性两个角度。在工具理性层面，有学者借鉴其他学科的优势提出了传播研究的新范式如计算传播学范式、认知神经传播学范式。[9]在价值理性层面，[10]有研究者主张重访传播学的历史，重审原有范式回应新的问题；[11]还有学者从传播媒介与人本身出发，强调媒介化范式、[12]人本主义范式。[13]新范式的提出均为传播学研究注入了新的活力，试图为传播学研究提供新的突破口。范式的多样化促进了理论创新，同样也促使了学科框架和要素的革新。

由此，当下的传播学科构建的两个根本性问题需要解决，一是以行为主义和功能主义为框架的学科理论逻辑和研究范式需要与新的传播场景适配；二是传播学固有的"十字路口"的困境和研究中缺乏的主体意识需要以新的知识生产模式的角度重新审视学科的定位。人的尺度是判断未来传播发展的技术形态、传播规则的价值准则，人的传播行为是传播场域的显性因素。为此，本研究尝试对传播中的基本单位——个人进行分析，通过梳理传播研究史上的行为研究的理论框架，借鉴行为科学中对行为的解读，重新凝练出传播学中的"行为范畴"，借鉴吉本斯提出的知识生产新模式，构建起"行为传播学"的跨学科形态。研究期望回答如下问题：其一，传播场域中的个人是否能够作为构建学科的基点，以及传播中的"行为范畴"能否表征传播场域中的个人？其二，"行为传播学"的跨学科定位能否解决传播学"十字路口的困境"？希望以此为传播学提供面向未来的学科构建的基本路径、研究面向与关键议题。

第二节　传播学重构的思维转向

在传播学重构的思维转向方面，需要打破原有的思维逻辑，找到传播学立足的锚点。其一是转换研究视野，以个人作为构建学科的基点；其二是摆脱十字路口的困境，找到重构传播学的核心，使其成为各行动和领域的必经之点。

以个人作为构建学科的基点

今天传播学的范式革命与学科重构与媒介化社会中社会重心的偏移有关，媒介技术使得过去粗放式的连接转为细颗粒度连接，激活了大众媒体时代被遮蔽的圈层、群体和个人。[14]今天随着媒介赋权造成的社会动力源的下沉和活跃人群的下移，过往宏观的考察不足以解释今天的"微粒化"社会，传播本身也从对点、对线、对面强调逐步发展为对整个结构的强调，在这种结构化程度提升的过程中，传播研究的视野也需要从宏观社会考察向中观微观的认知、体验和关系层面进一步收紧。过往研究发现推动传播学研究的主题有三类，首先是"传播媒介的影响"，其次是"传播流动"，最后是强调"传播和权力"的问题，均属于传播与社会发展的宏观议题。[15]随后，纽曼（Neuman）等人通过对传播效果研究的梳理发现，媒介效果从过去的三段模式逐步发展为效果累积模型的六阶段模式。[16]从纵横两个角度分析，纵向代表了宏观和微观的差别，如宏观的社会与媒介发展的理论与微观的说服研究和阐释理论存在较大的区分度。横向突出了态度改变和认知结构的不同。这一效果六阶段模型囿于当时媒介的限制，尚未呈现出技术逻辑造成的研究视野转向，但是其在传播效果层面的分类强调了效果研究微观层面的个人认知、体验态度和情感的研究。

技术逻辑下，万物皆媒凸显了传播技术作用本身，传播学研究需要转换视野，形成真正的传播主体意识，不仅单纯关注社会重大问题，而是真正以媒介技术发展作为基础，关注人与社会的发展。譬如，安德烈亚斯·赫普认为深度媒介化的社会中"深度"一词与"深度学习""深度分析"产生共鸣，二者都强调了新兴数据算法的重要性，深度媒介化也体现了算法、数据和人工智能在社会媒介化过程中的重要作用。[17]因此，关注新兴媒介技术发展之后传播过程与个体之间的关系，也就是关注媒介与人的行为中个人身份的构建问题、媒介为个体提供连接的问题，以及这种连接所处的社会场景等问题。今天的时空关系转变为"全时在线"的时间和虚拟空间，传播场景日益成为由底层技术作为基础设施（如通信和网络、计算与算法、区块链），由人机交互技术作为技术引擎（如VR/AR/XR、数字孪生、人工智能等）构成的虚拟世界和物理世界的交互场景。从中观和微观的视角来看，媒介选择行为背后交织着个人特质、认知偏好、场景体验和社交关系，这些因素是影响传播效果的首要因素，也是在媒介变革时代用户选择媒介菜单的"积极自由"。因此，重构传播学首先要转换视野，从人本的角度出发，认识到人在传播场域中行为的"积极自由"，由此开展研究。

以行为范畴表征传播中的个体

当前传播学的困境之一在于，来自各领域的学者走进传播中进行一系列的研究，随后又离开传播研究，回归本学科，这主要是由于传播学缺乏核心参考点，即未能使各个领域在某一点上达成聚合，共同进行相关研究。若要使得各行动和各领域共同聚合在某一点，就需要打破议题导向，找到各领域研究的共同参照点。因此，重构传播学就需要在视野转向中观微观之后，进一步聚焦，找到学科研究的核心点，勾连起多种研究范式和方法，使其成为传播学科建设中各要素关系"连接"的必经之点。

就这一点来看，各个领域研究虽有不同研究主题，但是共通之处在于关注到社会现象和个人及个人所属的群体之间的关系。在社会发展中，马克思、恩格斯认为："社会结构和国家总是从一定的个人的生活过程中产生的。但是这里所说的个人不是他们自己或别人想象中的那种个人，而是现实中的个人，也就是说，这些个人是从事活动的，进行物质生产的，因而是在一定的物质的、不受他们任意支配的界限、前提和条件下活动着的。"[18] 简而言之，个人是物质生产和精神生产的活动主体，社会发展逻辑下的个人是不断破除现代性的桎梏，朝着自由和理性的方向实现个人的价值释放。韦伯也强调集体性的"社会构成体"需要分解到真正的行动主体"个人"身上，才能避免陷入"错置具体的谬误"。[19]

在传播语境中，对个人的考察方式最常见的是通过个人的传播行为进行的，人的传播行为以显在的方式贯串整个传播研究史。个人在不同社会情境中的传播行为实际上能够表征着人的心理、情感态度和社交关系。如今，深度媒介化社会中的个人是具有相对较高的心智想象力、行为自由度并且立身于丰富的圈层关系中的个体。同样，在行为科学当中，行为不仅是人类特定行为本身，还是一种在历史、功能和情境下的思考。由此，从行为科学的视角出发，对传播行为内涵的再思考能够对社会和传播场域中的人提供解读，并与各个行动和领域的研究进行交互，使得传播研究从过往横断学科的交叉中找到锚定点，聚合起多学科的理论与范式。

第三节　行为科学的崛起启动传播学的重构

理论溯源

行为学（Ethology）与行为科学（Behavioral Science）起源于对行为的研究，并且有着不同的研究侧重点。[20] 行为学源于20世纪50年代荷兰生物学家廷伯根和奥地利生物学家洛伦茨的工作，主要是研究动物个体和动物社群为适应内外环境变化（刺激）所做出的反应的学科，由于其研究的是动物的行为，也被称为动物行为学。

行为科学这一术语起源于20世纪40年代末期美国福特基金会的一项资助计划，称为行为科学计划。行为科学有复数与单数之分，复数行为科学（Behavioral Sciences）指的是包含多门学科的学科群，如用这一说法将社会学、人类学、心理学以及经济学、地理学等学科中研究行为的部分统合起来。广义上的行为科学（Behavioral Science）则是一门独立学科，是以心理学、社会学、文化人类学、生物学、经济学、地理学等为理论基础，研究自然和社会环境中人类（和动物）行为规律的一门综合性科学。[21] 而在管理学的背景下研究人的行为就构成了狭义的行为科学，其主要是对工作环境中个人和群体的行为进行分析和解释的心理学和社会学学说。

在理论基础方面，行为科学的理论基础从行为主义心理学发展到人本主义心理学，行为主义心理学源于孔德的实证主义哲学，强调外部刺激对于人行为产生的影响。[22] 20世纪五六十年代，对人性的重视和对人自由意志的重视引起了人本主义心理学的转向，强调了人本能出现的友爱、合作、利他、创造的潜能，人的价值问题是其理论重点。

行为科学研究的主要内容是人类行为的动因、人类行为发展变化的规律，以及对人类行为的预测和控制。研究方向上包括行为发展规律、行为的脑机制和群体心理机制。行为科学摆脱了各个学科对于行为的单因化、静态化的解读，行为科学认为，在功能层面，行为本身包含了历史、环境和后果各个方面。借助行为科学的本体，一些学科也在此基础上完成了知识的迁移和重构，构建了新的跨领域学科范式，并且为新的社会现实提供阐释，如行为经济学、组织行为学、机器行为学等，这些学科的范式更迭之路无疑为传播学的建构提供了有益的借鉴。

例如，行为经济学提出的有限理性、有限意志和有限利己的假设，强调了人的行为并非完全理性的，这种理性仅仅是研究总体时一种有用的虚构，掩盖了人认知的细节。行为经济学的假设既尊重了个人判断的心智能力，又包容了个人作为真实的血肉之躯所面临的限制。从这一背后逻辑来看，与当下的传播行为也有一定契合处，如基于有限理性假设的个人选择媒介的惰性与惯性以及情绪传播和群体非理性行为。在行为科学与组织管理学方面，组织行为学对人的管理决策所依据的假设经过了从经济人到文化人假设的发展，这些假设的变化表明对人应该摆脱单一化、简单化的理解，对人理解应从人的多元需要、动机、情感意志和文化价值出发。在传播行为当中，对人性的假设也应当摆脱单一的经济人或社会人假设。

概言之，上述学科范式转变均是沿着从线性关系的转向复杂网络的关系，从静态的横断面解读转向动态归因，从近端视角转向进化发展的视角，从客体性研究转向主体性研究，从应然层面的研究转向实然层面的研究。

从行为主义到行为场域再到三元交互

在传播学研究史上行为和行为科学的范式都在内隐地影响着传播研究，传播研究史上对行为的研究，经历了行为主义的对行为的机械化理解到行为场域对行为产生的影响再到班杜拉提出的三元交互，行为在传播研究中从"凝固"的行为发展到与环境和场域互动的行为，对行为的研究逐渐细化。

行为主义和结构功能主义是早期影响美国传播学的学派形成的两大理论来源，形成了保罗·拉扎斯菲尔德（Paul Lazarsfeld）和罗伯特·默顿（Robert Merton）主导的哥伦比亚学派和霍夫兰所领导的耶鲁学派。[23] 魔弹论时期，研究基于行为主义的理论提出大众媒介是使人们能够进行即时行为反应的外部刺激。行为主义心理学源于孔德的实证主义哲学，强调外部刺激对人的行为产生的影响。[24] 在行为主义心理学的影响下，哈罗德·D.拉斯韦尔（Harold D. Lasswell）在《世界大战中的宣传技巧》中提出宣传是现代社会强有力的工具之一，宣传是对现代世界的理性认可，例如，煽动仇恨、维系关系、瓦解敌人斗志等任何诉求都可以通过宣传来实现。[25] 二战时期，卡尔·霍夫兰（Carl Hovland）所进行的陆军实验研究发现了人们态度改变的重要因素，一方面是否定魔弹论效果观的有力证据，另一方面，研究者们认为其是从个体心理角度出发按照行为主义的方法进行的实验，忽略了社会学的重大理论。[26] 这是由于行为主义背后的机械人性观和必然决定论也使得心理学陷入"解释者悖论"，即行为主义者取消了人类的自由意志却赋予研究者本身以自由。[27] 此时行为科学对于行为的理解也仅局限于行为的客观属性,事实上"行为"这一概念无法用客观术语来完全解释,它本身就暗含主体、心理和环境及他们之间的交互作用。

随着对行为理解的深化,库尔特·勒温(Kurt Lewin)在格式塔心理学的影响下,把行为引入了社会实践的日常。勒温提出一个经典公式 B = f(P,E)解释人的行为,人类行为(B)是个体特征(P)与环境影响(E)的函数,强调研究者除却刺激和反应两者之外还要关注到环境对行为的决定性意义。[28] 此处勒温所指的环境是心理环境,包括了准物理的事实、准社会的事实和准概念的事实。勒温的场动力理论其实也是对传播行为的一种解释,行为是在一定场域内或者一定生活空间内,由内外因刺激之下而产生的。从这一点考虑传播行为就摆脱了过去的单因化理解,转而理解行为的丰富内核。勒温的心理学取向,最重要的是认识到人与环境的互构,在今天依然有借鉴意义,随着传播环境的迭代,二者的函数关系可能会受到其他调节变量的影响,摆脱早期传播研究的行为主义功能与色彩,转向对行为范畴的理解。

阿尔伯特·班杜拉(Albert Bandura)作为新行为主义流派的代表人物,提出了社会认知理论,强调从主体因素、行为和环境的三元互惠因果关系(triadic reciprocal causation)来解释人类的行为和机能(见图 16.1)。[29] 在社会认知理论中,"环境"是指可以影响一个人行为的社会或物理因素。因此,环境因素被视为人的身体外部因素,并提供机会和社会支持,例如社会压力或情境特征,个人因素是表征个人的认知、动机、情感、个性或人口统计方面的特征。在三元因果关系中,主体行为和环境三者都存在交互关系,在主体与行为的互动中,个体的期待、目标、意向和情绪等因素影响着行为,而行为的反馈又会影响个体的思想态度和情感。在行为与环境的互动中，环境决定了行为的方向和强度，但行为也嵌入在环境中，对环境产生影响。在主体与环境互动中，主体的认知和人格等因素是环境作用的产物，主体也可以通过个人性格、信念与价值观重塑环境。班杜拉的社会认知理论提出后，引起传播学研究中媒介暴力的相关分析，例如使用媒介进行观察学习，获得抑制效果或去抑制效果，后来被证明是理解人们如何通过电视学习行为的有效方法。[30]

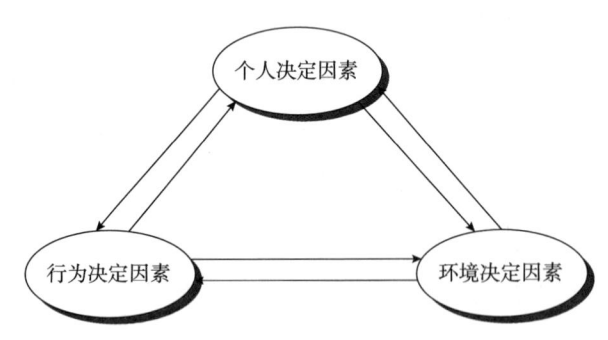

图16.1 班杜拉社会认知理论的三元因果关系

资料来源：喻国明，苏芳，杨雅.行为传播学：建构未来传播学统摄性范式——行为传播学的学科价值、研究面向与关键议题[J].社会科学战线，2022（10）：147-157+282.

勾连起人与环境的传播行为

勒温的场域理论目前被广泛应用在网络技术所形塑的空间中，用于分析特定场域习惯下人的行为，也有研究者将其总结为 Web 2.0 时代的研究理论框架之一。[31] 而班杜拉社会认知理论所包含的交互决定论则并不仅仅是一种宏观而抽象的"心理学观"，其背后包含了先锋的意识和观点，并在后续发展中体现出极大的理论张力。在交互决定论的背后体现出社会建构观、人本主义观、协同进化观和生物潜能观，[32]

诸多观点既强调了人类意志的自由，亦关注到人之外的各种影响因素。因此，社会认知理论自提出后在大众媒体、[33] 公共卫生、[34] 教育[35] 等领域得到广泛的验证。

通过梳理上述行为科学的发展到传播学当中行为的研究进路，可以看出行为科学对传播学重构，最重要的是借助行为科学中"行为"的理论范畴理解变化中的传播行为。过去囿于功能主义和行为主义框架的大众传播忽略了传播所处的社会框架与技术框架，导致了大众传播理论的复杂性意义被一扫而空。[36] 具体来说，新的媒介场域中的个体与大众社会时期的原子化、被动的、机械的个体不同，也不单是行为主义假设下的刺激反应的个体。媒介技术的发展变革了传播环境与人本身，如今人的传播行为一方面是客观环境变化的反应，另一方面也是主体能动性的体现。在媒介环境方面，政府规制、市场产业、技术革命与社会安全均影响着媒介环境的属性，[37] 其中技术因素对媒介环境变革具有革命性意义；同样，媒介技术也在潜在地影响着个体的心智和认知模型，重塑了个体的社交关系。这些变化表现在个体的传播行为方面，行为是个体心智、认知和关系的表征，同时也是媒介环境变革的体现。[38]

需要强调的是，此处的传播行为并非早期传播学所吸纳的隔绝社会框架和技术框架的行为，而是一种统摄起个人与媒介环境的重要理论范畴。从行为科学中行为的属性出发，传播行为呈现出具身相关的、动态的、高维的特点。首先，行为是相关的，它是具身认知与其环境的融合。人与环境的关系定义了行为的产生和发展，即行为的可供性，这是解释和理解行为所必需的。这意味着对行为现象必须结合环境、场景和情境来分析。其次，行为是动态的，在这个过程中变化是偶然且必不可少的，从动力学的角度来看，行为表现在时间和空间上是一个连续的过程。最后，行为是高维的，它具有复杂多变不可预测的特点。

在建构行为的理论范畴方面，行为勾连起人与媒介环境，具有关系的属性。借鉴康德对范畴纯粹知性概念的定义，其功能在于"赋予一个直观中不同表象的单纯综合以统一性"，并将范畴分为量的范畴、质的范畴、关系范畴和样式范畴，其中关系范畴是考察相互有关联的对象。[39]基于此，本书尝试以班杜拉提出的社会认知理论为元模型，反思变动环境中的传播行为（见图16.2）。在此处，我们将"行为范畴"定位为连接人与环境的关键节点，在外部它是社会因素、技术因素和传播环境的体现，在内部它是个体的心智、认知、态度和情感的综合反应。不过，作为一个居于核心位置的解释变量，行为也在反过来影响着人的心智、技术发展和媒介环境。以此为当下和未来媒体环境中人与传播环境的互构提供统摄性作用，并且作为传播环境中人的表征。例如，在沉浸式传播的场景中，VR等媒介形态超越了传统的媒介可供性，进一步对使用者的心智模型、空间认知和社会行为产生影响。[40]

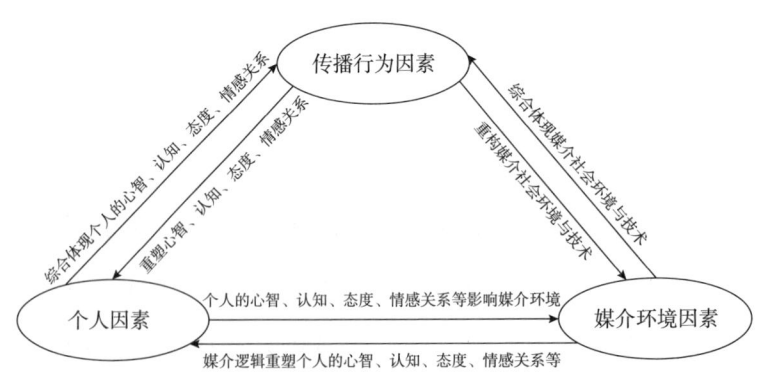

图16.2 班杜拉元模型下传播行为与个人和环境的三重因果关系

资料来源：喻国明，苏芳，杨雅.行为传播学：建构未来传播学统摄性范式——行为传播学的学科价值、研究面向与关键议题［J］.社会科学战线，2022（10）：147-157+282.

第四节　社会发展逻辑下行为传播学的超学科构建

本书提出的第一个问题是大众社会裂解为微粒化社会后，传播理论和范式应如何顺应社会发展逻辑进行变革。在上述分析中，通过以人作为学科构建的基点，并从行为科学中和传播学对行为研究中提出以"行为范畴"表征传播中的个体，找到本书提出的第一个问题的突破口，在后续仍然需要解决传播学横断学科的困境，并且找到行为学与传播学重构的路径。

学科构建的逻辑起点

传播学的横断学科的困境由来已久，解决这一困境就需要从学科的逻辑起点——知识生产的角度出发，找到匹配社会发展逻辑的知识生产新模式，并基于这一模式推动学科创新。传播学产生于战时的宣传分析，是实际应用导向的现代学科，现代学科是在二战后兴起的一种学科组织建设模式，该形式与过去阶梯型的单一学科知识积累不同，强调通过"应用问题驱动"，通过整合多学科和跨学科的知识实现知识生产。吉本斯将上述这种发展总结为知识生产的模式，包括了模式Ⅰ（model 1）和模式Ⅱ（model 2），模式Ⅰ符合默顿范式的特征，强调了知识生产的单一化学科的认知语境，同质性和等级性是其特征。[41]这种生产模式在面对复杂社会问题时容易导致社会情境与理论应用不切合的问题，由此吉本斯提出了知识生产的新模式，这种新模式聚焦于知识的应用和基于知识的问题解决。这一新模式是一种跨学科的框架：在知识的源头上，是在应用情境之下产生的；在知识生产过程中，具有跨学科的知识框架,知识生产场所、沟通方式和研究领域具有异质性;在知识的应用和评估方面,具有社会问责和自反性,以及多维度的质量控制。[42]

在全球化的背景下,埃利亚斯·G.卡拉雅尼斯(Elias G. Carayannis)和戴维·F·J.坎贝尔(David F. J. Campbel)在《创新网络和知识集群中的知识生产、散播和运用》正式提出了知识生产模式Ⅲ,模式Ⅲ的基本内涵是"一个多层次、多形态、多节点、多主体和多边互动的知识创新系统,融合了相互促进的创新网络和知识集群,以竞合、共同专属化和共同演进的逻辑机理驱动知识生产资源的生成、分配和应用过程,实现知识创新和资源动态优化整合"。[43]模式Ⅲ在模式Ⅱ"大学、产业、政府"三重螺旋的基础上强调了知识生产的第四重螺旋,即"基于媒体和文化的公众"和"公民社会"。第四重螺旋强调了公众和公民社会在知识创新中扮演的重要作用,而这一点在如今的众包生产和UGC当中得到彰显。多种知识生产模式也应不同的社会发展和学科发展需要而并存。

知识生产模式的创新促进了新的学科结构形式,学科发展经历了从单学科、跨学科到跨学科升维整合的过程。传播学作为一种跨学科,在发展过程中,学科活力的注入离不开来自其他学科的视角和范式。就跨学科的分类来说,丽萨·R.拉图卡(Lisa R. Lattuca)将其分为工具借用型跨学科、学科合成型跨学科和超学科。最初级的形态即为工具借用型,借助了其他学科的概念或理论来探讨问题,后续建立了不同学科之间的联系,最后用学科间的理论、概念或方法提出总括一切的综合体[44]。如果从跨学科的研究视角来看传播学的构建,那么我们可以由这三种分类反思传播学科的构建。工具借用型跨学科包括了计算传播学、认知神经传播学、符号分析、话语分析等;学科合成型跨学科包括政治传播、健康传播、组织传播、国际传播、跨文化传播、具身传播、人机传播、整合营销传播等；而尚未形成学科整合的研究，即摆脱跨越边界和学科交叉的学科升维重构。这种升维后的学科的重构在知识体系上表现为多层次、多维度和网状的知识群，目的是为了解决社会发展临界期的关键性、升维性问题。通过多学科知识背景的团队，研究由多属性、多种类、多层次、多维度问题所构成的问题域。

就传播学的重构来说，需要强调的是行为传播学要避免沦为工具型的跨学科，而应从统合的视野出发，形成对社会发展迭代时期升维性问题的解释，构建多层次的网状化的知识理论。卡拉·L.霍尔（Kara L. Hall）等人提出了学科重构的四阶段模型（见图16.3），这一模型首先是问题的发起，即发现单一学科的核心假设随着时代的发展被推翻；其后是概念化，衍生了新的跨学科的假设和理论来对社会问题进行阐释；第三是开展研究，形成了跨领域的研究群体对知识和假设进行证伪；最后形成知识的转化。

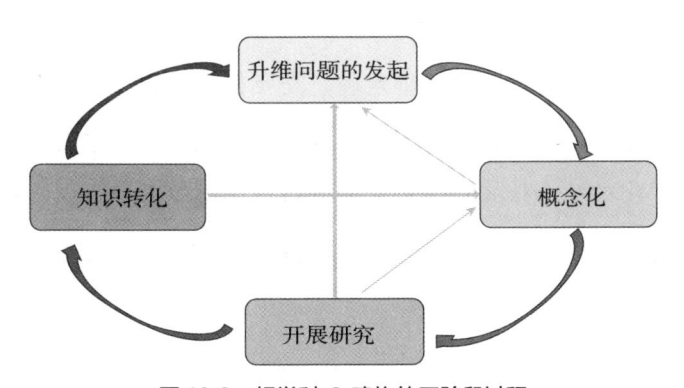

图16.3 超学科Q建构的四阶段过程

资料来源：喻国明，苏芳，杨雅.行为传播学：建构未来传播学统摄性范式——行为传播学的学科价值、研究面向与关键议题［J］.社会科学战线，2022（10）：147-157+282.

借鉴这个阶段模型，重构传播学在问题的发起方面，传播学领域更多的是升维性问题的发起，发现基于结构功能主义与行为主义框架下的传播理论在当下存在阐释危机，以个体为传播基本单位，基于关系和非理性的情感性表达为传播内容，深度媒介化社会中机器逻辑与算法逻辑型塑着传播模式与社会文化，这些由媒介技术迭代导致的升维性问题需要理论逻辑和研究范式的变革。[45] 在概念化方面，行为科学为传播学提供了对行为研究的新视点和研究范式，对传播的宏观议题考察转变为对个人认知、体验和关系的中观与微观考察，以传播行为表征传播中的个体，发现行为范畴统摄起传播中的个体与传播环境。由此对传播中个体、传播行为和媒介环境的三元因果关系展开研究，对知识和假设进行证伪。最后，形成行为传播学知识的转化。根据上述分析，行为传播学的重构并非是一种工具或理论意义上借鉴的跨学科，而是实现跨学科的升维整合以对应知识生产模式Ⅲ。

超学科构建的理论半径

行为传播学的逻辑起点确定后，需要找到学科构建的理论半径，为研究对象和研究关键议题提供支撑，形成行为传播学的研究总体。班杜拉提出的社会认知理论关于人的行为关键思想与可供性相契合，有研究将其作为分析可供性的指导思想。[46] 因此，上述提及的三元因果模型一定程度上为行为传播学范式提供了理论基础，区分了研究对象，串联起研究对象之间的因果逻辑。在研究对象方面，行为传播学的研究对象大致可以分为三类：传播中的个体、传播行为与媒介环境。在理论半径方面，为避免陷入抽象经验主义的泥潭，需要进行具有现实观照的中层理论建构，并且结合本土化的现实环境进行改良，选择适当的理论工具对传播行为进行分析。生态心理学视域下的可供性是有机体与环境之间的关系属性，强调技术对象和参与者之间的关系所产生的行为，对应了传播行为这一关系范畴。

在行为传播学的研究对象界定方面，首先是在传播中的个体，从心理学角度来看个体是心智和具身认知的主体，在传播学中个体是信息传播和意义共享的主体，在社会学中个体是社会关系的总和。由此，可以从心智、认知、信息传递、意义共享以及社会关系多方面界定在传播行为中的个体。其次，在媒介环境的界定方面，麦克卢汉认为媒介生态环境指的是大众传播机构生存和发展的环境，由政策环境、资源环境、技术环境和竞争环境构成，并且强调了技术对媒介环境的重要作用。在当前及未来媒介的可能生态中，现实环境和虚拟环境构成了连接人的主要环境。[47]最后，在传播行为方面，随着媒介的变化，传播行为的表征从语言行为发展到非语言行为到社交信号等，传播交互过程也从单一感官通道的激活发展到多感官通道共同作用，如以语音和合成语音为代表的听力通道、以视觉和视线交互代表的视觉通道以及正在发展中的传感器触觉装置。[48]此外，还有一些社交信号也逐渐成为传播行为的表现方式。个体的意图、心理状态和其他特质通过他们的行为体现，这提供了一个连续的信号通道，这些信号在与机器媒介的互动中产生并被感知。[49]由此，分析传播行为可以采用多模态的框架，将多通道感知和社交信号纳入在内，从整合的通道中分析传播行为。

1. 个人、行为与传播环境的耦合

行为传播学以人与传播环境的互构为锚点，以行为作为关系范畴勾连起人与传播环境，体现了传播中的涉及个体的内部因素和外部的信息、技术与社会文化环境。在三者的互动中，嵌入在媒介环境和个

人之间的传播行为代表着主体与环境之间的互动关系，可供性概念为研究三者之间的关系提供了理论工具和分析路径。

可供性（affordance）这一概念是由詹姆斯·杰尔姆·吉布森（James Jerome Gibson）在1979年提出的，该概念源于生态心理学的理论视角，强调关注环境和生物之间的关系。吉布森强调，可供性应该被视为是一种关系属性。就可供性的理论价值来看，可供性框架试图摆脱行为主义和功能主义的窠臼、控制论和传播学等学科陷入的困境，转而以有机体与环境耦合的视角来考察关系。可供性最大程度地捕捉了传播研究的具身面向、物质面向与互动面向，体现了人的目的和人工制品的可供性交互。[50] 在分布式认知的框架下，可供性包括外部（环境）和内部（有机体）两个部分（见表16.1），外部可供性包括化学过程、物理配置、时空和符号结构；内部可供性包括生理的感知和认知能力。[51] 在内外部互动过程中（见图16.4），传播行为嵌入在传播环境与传播主体的互动中，可供性理论提供了分析传播行为的产生机制、行为的发展、行为的进化和行为的功能的中层概念和理论工具。

如图16.4所示，从传播个体出发，个体与媒介环境和传播行为之间的互动中存在认知可供性（cognitive affordances）和感知社交可供性（perceived social affordances）。认知可供性在设计领域指的是一种帮助、辅助、支持、促进或使人们能够思考或了解某些事物的设计特征，[52] 例如一个按钮的标签能够帮助用户了解如何正确使用它。可供性理论认为，认知不是单独的心智活动，而是分布在整个关系情境中，包括心智、身体、文化和物理环境，[53] 在传播领域，认知可供性强调了个体对客观世界的信息加工过程中体现出的可供性。

第十六章 行为传播学的学科价值、研究方向与关键议题

表16.1 分布式表征视角下行为传播学的可供性分类

分类	可供性	内涵
内部可供性	认知可供性	一种帮助、辅助、支持、促进或使人们能够思考或了解某些事物的设计特征
	感知社交可供性	用户对于技术所提供的功能具有的情感体验
外部可供性	技术可供性	行动的有机体和被行动的环境的互补
	社交可供性	技术变化为社会关系和社会结构提供的可能性

资料来源：喻国明，苏芳，杨雅.行为传播学：建构未来传播学统摄性范式——行为传播学的学科价值、研究面向与关键议题［J］.社会科学战线，2022（10）：147-157+282.

Hartson H R. Cognitive, physical, sensory, and functional affordances in interaction design[J]. Behaviour & Information Technology, 2003, 22 (05): 315–338.

Fox J, McEwan B. Distinguishing technologies for social interaction: The perceived social affordances of communication channels scale[J]. Communication Monographs, 2017, 84 (03): 298–318.

Gaver W W. Technology affordances[C]//Proceedings of the SIGCHI Conference on Human Factors in Computing Systems Reaching Through Technology–CHI'91, New York: ACM Press, 1991: 79–84.

Wellman B, Quan-Haase A, Boase J, et al. The social affordances of the Internet for networked individualism[J]. Journal of computer-mediated communication, 2003, 8 (03): JCMC834.

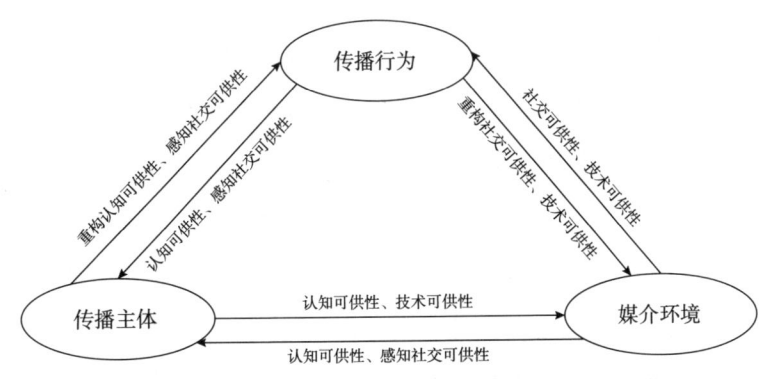

图16.4 可供性视角下传播行为、传播主体与媒介环境的互构

资料来源：喻国明，苏芳，杨雅.行为传播学：建构未来传播学统摄性范式——行为传播学的学科价值、研究面向与关键议题［J］.社会科学战线，2022（10）：147-157+282.

感知社交可供性强调了用户对于技术所提供的功能具有的情感体验，不同媒介渠道在促进社会存在和接近互动分享情感体验方面发挥的可供性各不相同，社会临场感理论和媒体丰富理论都强调了这种可供性的作用。但是，当谈到不同的媒介可供性时人类的情感体验往往被忽视，研究表明人类对于不同媒介的感知社交可供性不同，感知社交可供性可以解释人在何时何地切换渠道，或者为什么通过不同渠道传递信息时，信息的感知和效果不同。在感知社交可供性方面，研究者通过对短信、社交媒体、视频会议等八种媒介的研究提出了感知社交可供性的量表，包括可访问性、带宽、社会存在、隐私、网络关联、个性化、持久性、可编辑性、对话控制和匿名性十个维度。[54]

从媒介环境出发，媒介环境为传播行为和传播个体提供的可供性可以概括为技术可供性（technological affordances）和社交可供性（social affordances）。随着通信技术的发展，研究者对媒介渠道之间的差异进行了研究，并且将对人类互动具有影响意义的可供性记为社交可供性和技术可供性。加弗（Gaver）认为技术可供性是"行动的有机体和被行动的环境的互补"。[55] 在不同媒介环境中，媒介以直接或潜在的方式提供技术可供性，平台媒体中算法不提供用户直接参与的界面，但却以潜在的方式影响用户的行为。还有更为直接的技术可供性，Twitter 曾于 2017 年将其字符限制从 140 个增加到 280 个，研究者发现这一可供性变化与平台媒体上的传播行为之间存在直接因果关系。[56] 巴里·韦尔曼（Barry Wellman）提出了互联网发展带来的社交可供性，以更宽的带宽、全时连接、全球化连接、个性化需求的满足和无线便携性的特点为传播个体和社会带来了新的可供性和行为。技术可供性体现了行为主体和技术的互动关系。[57]

从传播行为出发，传播行为作为勾连起传播个体和媒介环境的关键节点，嵌入上述的可供性之中，并且对传播个体和媒介环境起到重构作用。在这个过程中，行为范畴通过可供性的理论工具得以作为研究的解释变量。在后续的实证研究中，传播行为既作为自变量对传播中主体和媒介环境产生影响，也是传播个体认知、感知、态度和意图的因变量，并且受到媒介环境的塑造。

2. 对媒介环境与传播主体的重构与研究范式

根据行为学的研究视角，对传播行为的研究应当从多元视角切入进行分析，过去基于信息论、系统论和控制论的简单科学原则上，对行为更多从静态观和近端视角进行研究。未来应当结合动态的进化的视角进行分析，在方法论部分需要将定性描述和定量计算相结合，微观分析和宏观综合相结合，还原论和整体论相结合，科学推理与哲学思辨相结合。[58] 从多元视角分析传播行为对于主体心智世界和媒介环境的重构，可以从不同的行为主体进行区分，如个体的行为和群体的行为。

在对现实或虚拟环境中的个人行为的分析方面，行为经济学"行为人"假设（即有限理性、有限利己和有限意志力）为当下的传播环境提供了启示。对个体传播行为可以从个人决策的神经机制、决策偏好和行为后果三个方面进行分析。对个体行为的分析中，认知神经科学范式能够从神经机制中发现大脑与行为的关联，而在传播环境中，这种实验的生态效度往往难以保证。近年来研究者提出自然主义的实验范式，来更好地从复杂性的原则中分析。具体来说，将个体放置于社交环境中进行分析，利用参与者的个人社交网络、使用自然回忆探索记忆，比较自然语言的形式和情境中的形式，使用数据驱动建模来捕捉自然神经反应。[59] 例如，过去研究发现不同文化的图片符号会启动其代表文化的加工方式，导致"文化认知偏好效应"，但是在特定社交环境中与不同文化的人交流是否会引起这种认知偏好尚不确定。周思远等人通过设置美国人与中国人的对话交流实验，发现他人在场会引起内隐神经活动出现"文化认知偏好效应"。[60]

在群体行为方面，"行为人"假设替代"理性人"假设后，对于群体行为的分析既需要关注到基于技术自组织的行为的涌现，也需要看到非逻辑内容和情绪感染所形成的群体极化。以互联网时代为例，技术发展促进了群体行为的亲社会性、公正、合作、利他的行为的动机，如众包生产、网络打赏、捐赠等行为。对于这两类集体行为的分析需要从三元因果关系中主体心理动因、环境刺激因素、行为规律和行为后果等方面进行分析，借助心理学理论范式和认知神经科学工具解决特定行为的心理动因问题，用大数据计算的方式分析群体行为的动态过程，以个案为例进行民族志调研，收集质性数据，分析行为背后的复杂因果链条。

总之，面对社会迭代发展下的新传播场景和日益媒介化的社会环境，传播学也应走出过去的学科规训，福柯认为学科（discipline）隐含着规训和社会控制，学科知识不仅仅包括纯粹的知识论层面，更是一种社会实践。范式的采纳和发展与特定的社会历史语境相关并且受制于学科的知识传统，深度媒介化的背景下，科层制社会裂解为分布式社会，传播研究中崛起的"个人"呼唤整体传播场域和学科结构的变革。以"个人"作为构建学科的基点符合社会发展逻辑，在论证"行为范畴"表征个人合理性的基础上，行为传播学以新的知识生产模式作为逻辑起点，以可供性原则作为理论半径，以期构建传播学的统摄性范式。

第十七章
行为传播学：未来传播学学科构型的核心范式

当革命性技术涌现时，基于旧技术和旧范式构造的学科结构和价值尺度往往会出现危机。对此，安妮·朗与理查德·M. 帕罗夫（Richard M. Perloff）在2013年展开对话并达成共识，即大众传播或媒体效应领域在过去30年里呈现出学科的碎片化，传播理论仅预测了传播行为中的小部分变化，传播理论在不增加解释力的情况下变得越来越复杂。[1, 2]除却内生的学科问题，技术革命催化的全新传播现象进一步加深了传播学科的外部焦虑：一方面，在元宇宙技术主导下，媒介交往转入第一人称视角，用户的行为自由度得到极大拓展；另一方面，既有传播理论范式与研究议题愈发复杂分散，致使学科难以用知识共识和范式标准对各自为政的知识"孤岛"进行整合。[3]

可以说，我们缺乏一个基点或传播理论体系的最大公约数，能够对不断涌现的新传播现象予以评判，对传播学离散的研究议题、方法、逻辑进行有效聚合，形成理论的聚变效应。如何找到这个基点是未来传播研究至关重要的命题。对此，我们需要认识到理论只是逻辑的一种具象，正如恩格斯指出的，"历史从哪里开始，思想进程也应当从哪里开始"，[4]行为实践铸造了历史，因此理论逻辑也必须由行为实践所奠基。纵观社会科学的理论演进，对行为的关注和研究一直是其发展演化的主线，行为研究也催生了行为经济学、组织行为学、计算行为学等一系列新兴学科范式。那么，行为研究作为学科构造的基础范式，对于传播学学科的构建与发展具有什么意义？其是否能够帮助我们走出当前学科困境，建立面向未来传播的学科范式？本书将从三个方面尝试回答上述问题：一是行为研究为何对包括传播学在内的社会科学至关重要；二是行为研究如何与未来传播研究进行耦合；三是如何建构一种以行为为新的理论核心，以适应未来传播发展的"行为传播学"研究范式。

第一节　行为、行为研究及其与传播学的契合之处

我们有必要对本书所用"行为"的概念定义及其范畴进行统一厘定。与"行为"（behavior）相近的概念包括"行动"（action）、"实践"（practice）等。学界存在一个基本共识，即"行动"和"行为"的区别在于是否有意向性。一种行为，如果没有意向性，我们就不称之为行动；如果它具有意向性，我们就称之为行动。行动当然是行为，而行为如果不具有意向性，就不是行动。[5] 相比行动，实践与行为的区别更加模糊。西方哲学中的"实践"概念来自希腊文的"praxis"，"praxis"本义为行动、行为，故而又被翻译为英语的"act"和"action"与德语的"handeln"和"handlung"。[6] 在许多中文研究中则直接使用"实践行为""行为实践"等概念，或将其混用。由于这些概念均存在彼此间的交叉交融，因此本书在宽泛的意义上探讨并使用广义的"行为"概念，指涉范围既包括无意识无目标的行为、有意识有目的的行动，也包括基于心智和认知的社会实践；既包括微观现象，也包括宏观模式。换言之，本书中的行为指的是心智以外人类所有活

动的总和。同时,由于二者在宏观视野下的内涵极为一致,本书也将混用"行为"与"实践"这两个概念。

行为对人类及其实践环境的诠释与影响

行为研究作为学科构造的基础范式,其学术力量已经在行为科学、行为经济学、组织行为学等学科范式的成功中得到彰显。在我们尝试建构行为传播学这一新范式之初,有必要思考:行为研究对于学科构造究竟有何种意义;其为何能长期居于社会科学研究的核心?在此,我们不妨以社会科学研究中的基本要素即人与环境为基本视角,通过分析行为对人类及其实践环境的诠释与影响,归纳行为对于普遍社会科学研究的意义。

行为对人类的诠释与影响主要表现为两个方面:一是行为被视为人类的外在表达;二是行为对人类具有重要的塑造作用。行为可谓人类的集中表征。"察言观色""知言知人"这类表达暗指我们可以通过观察人的言行解读他们的内心,一个人的言行是心灵本身的表达,或者更确切地说,是心灵的外显。正如巴赫金所言:"我的每个思想及其内容都是由我个人自觉负责的一种行为,而我的全部而唯一的生命(作为一连串的行为过程)则是由这些行为构成的,因为我的整个生命都可被看成是某种复杂的行为:我以行为实现着我自己的全部生命",[7] 行为是人类的高维活动形态,也是理解人类的本源视角。

行为对人类的塑造作用可见于行为科学中的相倚性(contingency)理论,指有机体对外界环境的刺激做出反应后,反应的结果或经验可能使有机体今后在相似环境中产生相似的反应。换言之,有机体行为相倚于之前导致该行为产生的刺激和该行为的后果。[8] 由此可见,行为实践和行为期望能够改变人类的行为模式。正如著名社会心理学家班杜拉所言，"任何影响到选择行为的因素都会对个体的发展产生深远的定向作用"。[9]

行为对环境的解释效用主要表现在两个方面：首先，人类的实践环境是基于个体行为的有限存在；其次，行为是构造实践环境（泛指人类文明）的原始力量。人类实践环境是基于行为的有限存在，这一观点可见于可供性（affordances）理论。可供性强调生物感知环境是通过环境所能提供的行动可能性，[10]因此可供性概念必须蕴含在环境与动物的关系之中。由此及彼，人类实践环境、信息构造的拟态环境实际上之于个体也仅仅是盲人摸象般的认识。换言之，自然环境、社会环境、拟态环境在某种意义上都只是基于个体行为功能认识的有限存在，个体也仅能依赖其所认知到的世界展开自身行为实践。可供性理论也启发我们进行一定反思：人类社会进步的原始动力或许就是突破环境（或社会）可供性的限制，以实现更高维度的实践自由。马克思指出，全部社会生活的本质是实践的。[11]人类意识的能动性体现在人们在实践基础上，能动地认识世界、改造世界的能力与作用。[12]由此可见，人类意识区别于动物意识的重要特性——能动性是基于行为实践且为了拓宽认知半径和实践半径的特性，行为是实践环境存在并能得以不断拓展的核心要素。

行为也是社会构造的原始力量。《论语·泰伯》有云："兴于诗，立于礼，成于乐。""兴于诗"表示诗篇所蕴含的理性逻辑、感性逻辑、价值判断等能够激发个体，"立于礼"表示通过礼的规范使社会系统稳定运作，而"成于乐"则表明我们的社会行为与他人的社会行为保持和谐的方式类似于一场动态的、和谐的、妙趣横生的游戏。对此，韩国分析哲学协会前任主席南京熙（Kyung-Hee NAM）指出："我们借以与他人进行互动和沟通并构建出一个生活世界的社会媒介是身体行为而非心。"[13]换言之，人类行为是社会构造的原始力量。

总之，行为是人类连接实践环境的基础中介，是洞悉人类生存样态和社会文明变迁的本源性窗口。个体的行为实践模式昭示着个体的性格习惯、社会关系、生存状态；族群的行为实践表征着其关系网络、权力结构、价值取向；社会的行为实践表征着其发展水平、资源配置和文化样态。比如，用"恩格尔系数"衡量家庭的富足程度，用就业方向差异判断代际价值观，用垃圾分类的执行水平判断一个国家的文明水准。这都表示把握人类行为实践的关键性特征指标，人类族群和社会文明的图景就可跃然纸上。面向未来媒介时代，传播学研究必须给予行为要素更高关注，并通过与行为科学等多学科要素整合，形成更适宜未来传播学研究的学术体系。

行为研究的发展历程

由于行为对整个社会系统有着极为重要的意义，对人类行为的研究也成为社会科学研究演化的一条重要脉络。有关行为的讨论较早可见于心理学研究。早期心理学对行为的解释有两种流派：第一种倾向认为人类行为是由个体心灵或内部状况所驱动的客体，谓之"心灵主义"。在该种视角下，行为很少受到外界因素干扰，完全是内在逻辑的外延体现，成为一种表征的、可观测的实在物。因此，行为的研究价值在一定程度上被消解。第二种倾向批驳了行为完全内驱的观点，谓之"环境主义"。为此著名新行为主义代表学者伯尔赫斯·弗雷德里克斯金纳（Burrhus Frederic Skinner）建构"内在人"（inner man）这一概念，认为人可分为内在人和外在人，内在人像司机驾驶汽车一样驾驶着外在人。"内在人的功能的确提供了某种解释,但这一解释本身不能得到解释,由此,解释便中止在内在人这里,成了神圣莫测的东西。"[14] 因此,要研究行为就必须破除心智等因素的研究传统。尽管斯金纳的观点过度分离了心智与行为的关系,但在某种程度上也开辟了行为能够脱离心智作为独立概念范畴开展研究的先河。当我们以今天的视点来看待心灵主义与环境主义时,我们必须认识到二者兼有行为研究的认识论价值。斯金纳对内在人的摒弃某种程度上源于彼时研究方法的缺位,而如今随着心理学与认知神经科学的发展,我们已经能够通过科学方法审视内在人的逻辑和机理,因此我们不能完全转向行为而无视心智的效用。同理,倘若我们仅聚焦心智而无视行为,则将难以把握行为及其代表的社会构造力量。

上述心理学行为主义通常被认为是行为科学的哲学基础。[15] 行为脱离心理学成为一门独立学科最早可追溯至作为管理科学的行为科学(Behavioral Science),即研究管理过程中的行为和人与人之间关系规律的一门学科。随着管理之外的更多行为被纳入到行为科学研究范畴中,行为科学逐渐脱离管理学的学科框架。如今的行为科学主要是指以心理学、社会学、文化人类学、生物学、经济学、地理学等为理论基础,研究人类行为规律的一门综合性科学。在研究方法上行为科学完全采用实验、问卷调查等实证研究方法。其研究的主要内容是人类行为的动机与组织,即人类行为是由什么原因引起和推动的,行为的发展变化受哪些因素支配、有哪些规律,以此对人类行为进行预测和控制。[16]

托马斯·塞缪尔·库恩(Thomas Samuel Kuhn)认为,只有足够多的专家意识到很多反常行为无法解释时,科学的范式才会发生革命。[17] 行为所具有的强大解释与预测力使得行为研究迅速成为其他社会科学学科革新自身理论逻辑的基本范式。伴随着对行为的聚焦和研究转向，20世纪70年代以来陆续诞生了许多边缘学科如行为遗传学（Behavioral Genetics）、行为生态学（Behavioral Ecology）、行为神经科学（Behavioral Neuroscience）等。随着各分支学科日益成熟，作为学科群的行为科学也日趋完善。国际学界越来越认识到行为科学在社会发展、个人发展中的重要作用，在结束"脑的10年"（1990—2000年）之际，美国心理学会科学委员会（Board of Scientific Affairs，APA）于2000年9月正式宣布2000—2010年为"行为的10年"，[18]行为在社会科学研究中的重要地位可见一斑。

行为研究与传播学的契合之处

传播研究中对行为的关注最早可追溯至20世纪30年代。彼时心理学的行为主义流派席卷整个社会科学，传播研究经验学派受行为主义影响，多以实验和调查的方法研究传播过程与效果之间的因果关系，开创了从行为角度研究人类传播活动的传统，[19]这一时期也被学者们认为是传播效果的魔弹论时期，即认为媒介在影响社会舆论和个体行为方面发挥着犹如魔弹一般的强大作用。[20]

由于当时研究手段的粗糙和局限，行为主义传播学把行为从社会要素和心理要素的关联当中剥离出来，以孤立的视角展开研究，使其谬误、缺陷逐渐凸显。魔弹论式微，随之而来的是传播研究的巨大焦虑——大众传媒是没有效果或效果有限的。这种观点也被概括为有限效果论。[21]后期人们逐渐认识到，在认知、态度和行动这三个效果层面上，有限效果论只探讨了后两者而忽略了更早的认知阶段——大众传播在人们的环境认知过程中的作用，[22]于是20世纪70年代后涌现出的议程设置理论、沉默的螺旋理论等都将传播效果转向人类认知、态度等维度，并成功使传播学迎来转机。从魔弹论的落寞到有限效果论的终结，传播研究逐渐失去了对行为的关注，更加强调对认知与态度的关注。认知态度的隐匿、模糊与不稳定性使得传播理论对社会的预测和解释力下降，越来越呈现出分裂和流动的特征。

伴随着媒介技术的演进，大众传媒时代的受众转变为如今的用户，传播也对用户行为的影响越来越大。有的影响立竿见影，比如一些传播活动能够直接影响用户的点赞与转发行为；有的影响则需要在更加长期和宏观的视角加以把握，比如传播的模式、媒介的中介使得人类的行为模式和生存状态发生改变。由此可见，行为有必要重新回到我们的视野，并成为未来传播研究的一个重要基点。

除了上文探讨的行为研究重要性及其对传播学的借鉴意义，将行为科学与传播学研究融合的关键要点还在于行为科学与传播学有着非常类似的基本假设、基本观点和基本问题。这构成了二者进一步融合的学科理论基础。

早期的行为科学（即作为管理科学的行为科学）主要存在三种基本假设：第一种为行为规律性假设，即人类行为具有规律性，能够作为研究对象，可以用科学方法探索这种规律，而传播研究也存在类似的规律性假设。第二种假设为行为复杂性假设，即人类行为的规律与自然规律不同，人类行为规律具有复杂性和不确定性。因此"人"既被视为经济学假设中的"理性人"，又被视为有限理性的决策者，这与传播研究的复杂性非常类似。第三种假设是行为可控性假设。人的行为是可控的，可以通过调整自变量，达到控制行为的目的。[23] 这个假设对于行为重新回到传播学研究视野至关重要，它指出行为会受到各种因素的影响，而部分影响因素很有可能来自传播。

行为科学与传播学也有着类似的观点。比如行为科学提出了"社会人"的概念，它在管理哲学上的突出贡献是提出了"以人为中心"的口号，奠定了西方管理哲学的人本主义基础。[24] 而当前传播学也越来越呼唤人本主义，强调以人为本的传播理论建构。此外，行为经济学强调人有"理性人"的一面，也存在有限理性的一面，这与传播涉及的理性与非理性逻辑殊途同归。

最后，行为科学和传播学有共同关注的基本问题（见表17.1）。中国科学院心理研究所战略发展研究小组曾于2001年指出，当代行为科学的重要研究问题之一即信息化条件下个体与组织的行为适应。信息化是信息技术与人及组织的双向互动过程，不仅信息技术要影响和适应人的需要及行为特征，而且人及组织的行为也要影响和适应信息技术的特征及要求。[25] 这与传播研究中深度媒介化社会的传播行为研究问题不谋而合。

表17.1 行为科学与传播学的契合之处

学科	行为科学	传播学
基本假设	行为规律性	传播活动存在规律
	行为复杂性（包括文化等因素的影响）	传播实践的复杂性
	行为可控性	传播效果的可控性
基本观点	"以人为中心"	未来传播实践的以人为本原则
	"理性人"与"有限理性"	传播实践的理性和非理性逻辑
基本问题	信息化条件下个体与组织的行为适应	深度媒介化社会的传播行为

资料来源：喻国明，苏健威，杨雅. 行为传播学：未来传播学学科构型的核心范式[J]. 武汉大学学报（哲学社会科学版），2023，76（02）：32-44.

行为科学与传播学在基本假设、基本观点和基本问题层面存在诸多契合之处，可见行为科学与传播学融合在逻辑上具有可实践性。此外，行为科学目的在于通过控制变量影响人的行为（比如改善工作绩效），而如何实现有效传播是贯串传播学学术史的核心问题，诸多实证研究也旨在通过控制变量实现更好的传播效果。在这个层面上，二者的学术范式和理论目标一致。因此，在行为科学基础上构筑新的传播学研究范式是可行且极为必要的。

第二节　行为传播学的基本内涵、使命承载与研究路径

前文探讨了行为要素对于学科构建的重要性、行为研究的基本观点、行为研究对传播学的影响及当下二者的契合之处，下文将具体阐释行为传播学的基本内涵、范式使命和研究路径，以期为行为传播研究的开展奠定基础。

行为传播学的基本内涵

相较盛行于 20 世纪 30 年代的行为主义传播学，如今传播学语境下行为概念的内涵已然发生巨大变化。行为主义传播学所秉持的"刺激-反应"假设已经被公认为一种粗糙的理论模式，因而丧失其生命力。时下我们有能力掌握系统科学、大数据科学与认知神经科学发展带来的技术工具和理论视角，已能够对行为做出细致和高效的解读。因此，我们需要重新审视行为对于传播研究的价值。在此本书拟提出当代传播学科语境中对行为的三个基本认识论。

第一个认识论是传播与行为不可分离，行为也不可脱离传播和心智成为一种孤立、反射式的实在。脱离行为和心智的传播是流动的，不可捉摸的；脱离心智和传播的行为是非社会性的，无生产意义的。因此，"传播-心智-行为"需要成为除了环境、人类本体外的第三种

概念——一种协同式概念展开研究，即行为传播学视角下的行为应当主要是媒介或传播中介的、交互的、有意识的实践形态，这也是行为传播学区别于行为科学的关键要义。正如国际传播学会前任主席克劳斯·克里彭多夫（Klaus Krippendorff）所指出，语言使得社会便于组织，但仅仅用于表达的语言其实没有太多生产意义，所以语言要与行动连接，即人们需要在语言的基础上加以行动。在人们使用语言的过程中，个人会描述所见所为，或者依言行事，这样主体行动与语言就结合在一起。因此，语言连接着行动、所见及所述，发挥着重要作用，这种语言不仅仅是词句，而是行动中的话语（discourse in action）。[26]

第二个认识论是传播、行为均可作为研究的自变量与因变量。首先，传播本身就是一种行为，而媒介中介的行为则是新的传播内容，有望成为继文字、图像、视频、音频等新的内容维度。其次，传播效果可以表现在认知、态度、情感等心智层面，也应该表现在行为方面，即行为可以作为认知、情绪、态度之外更广泛意义的效果维度。最后，传播可以影响行为，行为同样可以影响传播，二者均可成为传播结果的解释变量。

第三个认识论是行为是一种重要的表征和分析指标，即行为表征了受众的特征、媒体的特征等，也表征了群体或社会中的关系结构和文化样态。这一认识论是行为可以被传播学诠释范式所纳入研究的重要基础。

基于上述讨论，本书尝试提出行为传播学的范式定义，即以人类社会中的"传播-心智-行为"协同要素为研究对象并使用科学研究方法的研究范式。后文将重点论述行为传播学如何回应传播学科目前面临的主要困境、主要问题，并尝试提出研究的行动路径。

行为传播学承载的学科使命

在传播逻辑剧变、传媒理论出现危机之际,行为传播学作为一种新学科范式承载着重要使命,即对内破解学科发展困境,对外回应学科核心问题——传播如何影响社会。

首先,行为传播学需要破解学科发展困境,实现传播学主流范式对话,进而实现学科内在聚合。

纵观传播学相关研究,缺乏一个占主导地位的研究主题或子学科构成传播学科的"核心",[27]传播学正处于碎片化、复杂化和解释危机的困境之中。对此,著名传播学者罗伯特·T.克雷格(Robert T. Craig)指出传播研究的目标不是达到一种无可争论的状态,而是对各自的理论有深入的理解,并找到可以争论的重要话题,发展出一种各理论流派交织互洽的"超模式"(constitutive model),也就是用来阐明其他模式的更高级的模式。[28]克雷格对于传播学"超模式"的构想为我们指明了一个富有潜力的学科聚合路径,即尝试找寻学科范式间可争论的重要问题域。

这一路径包含两个子问题:首先是传播学存在哪些既有的范式流派,它们存在何种异同;其次是如何在范式间取得最大公约数,建立传播理论能够内在聚合的问题域。对于第一个问题,有传播学者对大量传播学期刊论文进行内容分析后指出,西方传播学主要有三种研究范式,分别是社会科学研究范式(视传播为信息,包含传播学控制论传统和社会心理学传统)、诠释研究范式(视传播为关系或意义建构,包含符号学、现象学、社会文化及修辞学传统)、批判研究范式(对传播实践进行批判,包含批判与修辞学传统)。[29]传播学最大的范式分歧在于社会科学研究范式和诠释研究范式之间(批判范式是一种价值评判范式，更多作为其他两种范式的有效补充），因此建构何种超模式能够使社会科学研究范式和诠释研究范式更好地争论糅合，是传播学未来超模式建设的关键要义。

社会科学研究和诠释研究两种范式区别的关键之处在于，二者具有迥异的传播本体论，即两种范式对传播的理解存在根本性的不同。其中社会科学范式将传播界定为内容的表达和信息的传递，关注传播过程对个体和社会产生什么样的影响和效果；诠释研究则更重意义和关系建构，认为传播的本质是寓于传播关系的建构和传播主体的互动之中的，传播是社会关系的整合。[30]这种本体论意义上的争论长期内嵌于传播学理论的发展之中。遗憾的是，目前仍无能有效统摄两种取向的研究范式，因为将传播简单地视为信息，某种程度上可以发现传播对社会影响的规律，但忽视了传播修辞与符号的隐喻与意义建构作用；而将传播视为建构意义的修辞与符号时，则往往会陷入过于主观、缺少对现实能动指导的批评中。这也从根本上导致传播研究两种主流范式的分野。当我们在建构超模式时，必须认识到这种本体论的偏向，并尝试对其进行兼顾。

对于第二个问题，本书认为行为有望成为沟通传播学不同范式的核心问题域。传播研究的核心本体论依然是内容表达与信息传播。正如埃弗雷特·M.罗杰斯（Everett M. Rogers）在其著作《传播学史》中指出，传播学中信息是一个中心概念，香农的信息论则成为传播学的根本范式。[31]香农的信息论定义指明信息可以减少不确定性，传播则是一种降低认知不确定性的实践。除此之外，非理性逻辑的传播同样存在，更多作为一种情感的、认同的、关系性的体现。在这两种视域下，传播主要集中于人的心智层面，这就导致传播研究长期偏重难以外化和观测的心智效果，具有较强的不确定性。正如学者所批评的，传播是反复无常的，因此它难以被观察。[32] 这也是传播效果研究或社会科学研究范式难以继续取得突破性创新的根本性原因之一。破解这一困局的关键路径就是回归行为。我们必须认识到，人类及其生存环境全要素的连接必须依赖人类行为，行为是连接的动态表述。在文明演化的逻辑中，心智要素更大程度上只是过程性要素，而行为是因果推演的逻辑终点。因此，面向未来的传播研究必须将传播、心智、行为三种概念进行融合研究，并将传播效果更多倾向行为，这样才能最大程度上使传播研究贴近社会实践，才能在越来越复杂的媒介技术场景中把握关键要义，提炼出传播的规律及其影响效应。需要注意的是，这并不意味着我们要摒弃对传播心智性影响的关注，而要认识到传播信息的有限性和不确定性，并通过分析行为实践来补偿这种不确定性，使传播可感、可知、可控。

社会科学范式研究的行为转向不仅可以革新其自身，更重要的目的在于这样更容易使其与诠释范式研究进行争论融合。相比社会科学研究范式，诠释研究范式对行为的讨论更加普遍，比如具身传播理论就强调了传播活动中的身体经验对传播本身的重要影响，而这种身体经验很大程度上基于身体行为；社会规训理论也表明，对于行为的规范形成了社会秩序和权力格局。由此可见，将社会科学研究范式的关注对象从信息、心智转向行为，某种程度上能够实现克雷格所提出的关于学科"超模式"的愿景，即形成不同范式可以共同争论的话题，并在此基础上进一步阐明其他模式，实现传播学内在的理论聚合。《传播学刊》前任主编西尔维奥·R. 韦斯伯（Silvio R. Waisbord）在建构传播学作为"后学科"（post-discipline）的论述中表示，寻找一个公共的知识领域十分必要，能够提醒并告诉他人为什么传播研究是重要的。[33]行为有望成为传播学的公共知识领地，聚合分散的传播学理论，并在未来的学科争论中阐明传播的特性和传播学科的独特价值。

其次,行为传播学需要回应学科的核心问题,即传播如何使用其独有方式组织和影响社会。

作为一种社会科学,传播学最主要的问题在于如何使用其独有的方式组织和影响社会。这一观点在传播学研究中并不罕见,比如曼纽尔·卡斯特曾言,"传播变化的每一个构成部分都代表着社会关系的表现",[34] 克里彭多夫也指出传播学研究的关键在于"传播如何运用另一种方式来组织社会"。[35] 在建构行为传播学这一理论范畴时,我们需要认识到其不光要对传播学话语、理论和范式起到优化和聚合作用,更要助益传播学更好地回应"传播如何影响社会构造"这一核心命题。

莱昂·布里渊(Leon Brillouin)认为关于信息的定义,无论是降低不确定性还是其意义性,都必须以系统为参照。[36] 传播囿于5W式线性静态的微观传播框架,将无法有效解释智能传播时代的问题。我们需要将框架设定为宏观的社会系统,并以此把握传播及其关键议题。

德国社会学家尼古拉斯·卢曼(Niklas Luhmann)认为传播是社会系统的进化操作者。[37] 荷兰社会学家罗伊特–雷德斯多夫(Loet-Leydesdorff)进一步指出,在人类文明的演化中,人类社会不断涌现新的变异,社会的自组织机制对涌现出的变异进行调试和选择,使能够适应新社会构造的变异得以留存。传播在这个过程中的关键作用在于赋予这些不确定的变异以意义,即将其标识为信号和噪音,使系统能更好地对变异进行选择。尽管传播具有十分重要的意义赋予作用,但其并不能完全实现社会系统的进化操作。雷德斯多夫认为系统选择机制仍需反射性重构,即通过自组织机制在传播意义赋予的基础上最终完成社会系统的选择,这种反射性重构被塔尔科特·帕森斯(Talcott Persons)定义为行动,被卢曼定义为交互等,但总体均在宽泛的行为范畴之内。[38]

从社会系统假说中可以看到，传播和行为均被定义为社会进化的操作元素，它们承担着系统不同且不可分割的功能，共同推动社会系统的演进。因此，我们可以推论，要回答传播如何构造社会，行为是必不可少的关键要素。脱离行为的传播分析往往会陷入空谈的窘境，只有传播与行为结合，才能更好解答传播对社会的构造作用。

行为传播研究的行动路径

行为要素的引入对于传播学发展具有重要推动作用。那么在具体操作中传播研究如何与行为结合？行为传播研究如何开展？本书认为主要存在以下三种基本路径。

一是创新概念视角，即通过行为模式对用户、媒介形态、社会关系与结构进行定义和分类，以行为作为指标去透视人类文明的时代特征和发展方向。这一认知导向应当体现在传播学研究的各种范式中，通过行为的新视点解读，为传播研究构筑微观、中观、宏观的传播认识论，为传播学建构一派新的研究视野。此外，在传播到行为逻辑推演的基础上，进一步整合行为科学、社会学、心理学、人类学等理论范式，构建具有预测能力和实践价值的理论体系，使传播学作为社会科学的独特价值得以彰显，并能进一步助益生产实践与社会治理。

二是提升诠释视点，即通过对行为的引入和把握，将诠释范式的视角跃升至更高层次，以行为作为洞悉人类文明的关键抓手，关注社会系统的运行和能量的流转，关注社会生态的选择与进化，并能够从人类实践总体意义上把握传播的内涵与意义，能够在纷繁复杂的传播技术现象中把握历史逻辑，彰显传播学的理论价值。此外，基于行为概念的创新，诠释范式得以通过行为和传播共同建构意义，共同锚定价值，并通过行为这一支点与传播效果研究进行对接，使传播学不同范式的理论能够相互论证，实现传播理论的内在聚合和思想聚变，突破传播研究的困局。

三是细化效果分层，即以更细粒度的方法展开传播效果研究。从效应的时间跨度来看，传播效果研究至少应该裂变为四个层面。一是传播的瞬时效果。这一效果主要体现在心智层面和反射性行为层面。理论成果应对短认知逻辑、非理性场景尤其是瞬时的人机交互的传播实践具有较强的解释力，比如何种信息将导致何种反射性行为。二是传播的短期效果，这一效果同时体现在心智层面和行为（指经过完整信息加工产生的行为）层面。需要关注信息、关系等在较短时间内对心智和行为的改变，尝试建构从传播到心智再到行为的效果推演。三是传播的中期效果，主要体现在时间作用下心智样态和行为习惯的改变。在中期效果里强关系、圈层、场景等要素应当扮演更重要的影响变量。四是传播的长期效果，主要体现长期作用下文化样态和行为模式的改变，需要通过系统理论的视角予以把握，即社会系统发生了什么改变，人类族群的行为模式发生什么变化，社会文明进入到什么阶段，可以用哪些关键特征予以表述。在长期效果里，弱关系、算法、生态位等要素应当扮演更为重要的影响变量。

第三节 行为传播学的基本分析维度及其系统性互构

本书将尝试论述行为传播学的基本分析维度和维度间的互构关系，并进一步展开行为传播学范式构建的系统性设想，以期为传播学未来发展提供一种理论可能。

在建构行为传播范式之前，我们必须重视并回应一个问题，即传播研究为何长期以来逐渐减少了对行为的关注。导致这一现象的根本性原因在于，传播研究所关注的"人"，仍未脱离大众传播时代对"人"割裂性的认识，即作为认知态度的人、作为理性工具的人、作为符号意义的人，而非真实全面的人。形成这种割裂性认知论的一个缘由是，在报纸杂志、广播电视为代表的大众媒介时代，受众在传播中的行为实践十分被动和有限。反映在理论层面，则可见自行为主义在传播研究中被摒弃以来，传播研究的视野更多聚焦于认知、态度等心智层面，并隐性地将此类层面指标几乎等价于"传播效果"。这种不甚严谨的逻辑闭环长期存在于传播研究中，致使行为在传播研究中被逐渐边缘化。另一个缘由是，在认知神经科学、计算机辅助分析等研究方法被引入之前，实证传播研究难以对深层的认知和行为机制进行科学可靠的研究。此外传统社科研究方法也无法对多感官通道的传播效果进行准确的测量和统一，研究方法的缺位限制了传播研究对心智和行为的同等关注。

当前传播学界已经逐渐意识到这一问题，并涌现出多种声音，比如偏向有限理性的人、偏向身体的人、偏向感官体验的人等。这些认识论的革新一定程度上补充了传播学视野中对人的认识论，有助于我们把握社会场景中"人"真实全面的生存状态，但我们也必须认识到，只有将视野上升到更高维度的社会系统层面，以现实场景的问题域为导向，把握未来媒介时代的技术场景、社会关系和传播逻辑，才能对人和行为形成一种全面立体的认识。

在数字媒介技术中介下，社会进入深度媒介化阶段，具体表现为科层制社会进一步裂解为微粒化社会，社会的基本单位也由组织降解为个人。恰如尼古拉斯·尼葛洛庞帝（Nicholas Negroponte）所言："后信息时代的根本特征是真正的个人化""个人不再被淹没在普遍性中，或作为人口统计学中的一个子集，网络空间的发展所寻求的是给普通人以表达自己需要和希望的声音。"[39] 在这种网状的社会结构中，个体的力量被前所未有地释放出来，并能通过无数个体力量的激发和凝结产生巨大的社会影响力。因此，我们在研究大众普遍特征的同时，必须对个体个性化的因素给予同等关注。另外，高度集成的元宇宙技术为用户在混合现实空间的行为实践提供了极大的升维拓展，用户得以数字化浸入全感官、全姿态、全时全地的传播与社会实践中，而这些行为实践将作为传播新的内涵，作用于社会关系网络、资源分配和权力格局。由此可见，数字文明时代的人类还具有前所未有的能动性和建构性，并在千行百业的数字化行为实践中，彰显出作为生物人、社会人、文化人的全部要素和内涵。可以说，人的要素已经越来越多进入传播过程中，倘若我们不能在传播理论中对人进行全面认识和把握，传播理论就将失去对社会现实的解释力。这种"全要素人"的认识论，必须成为建构未来传播理论、把握纷繁复杂传播现象的原始和核心要义。

如前文所言，行为传播学必须置于社会系统中予以考察，因此如何定义社会系统、如何对其进行架构性的描述，是行为传播学进一步展开的首要问题。20世纪30年代，美国社会心理学之父、传播学奠基人库尔特·勒温曾提出经典的"行为公式"（behavioral formula）$B=f(P, E)$，其中B指行为（behavior），f指函数（function），P指人（person），E指环境（environment），认为人类行为是个体特征和环境影响的函数。[40] 勒温的"行为公式"和班杜拉的"三元交互"理论均指出社会中环境、人类（主体）、行为三种要素的核心地位，为行为传播范式提供了一种经典的、提纲挈领的分析框架。据此，本书将环境、人、行为作为行为传播范式的三重基本分析维度,并通过描绘它们彼此之间的互构关系,尽可能地展现行为传播视野下社会系统的基本架构。

行为与人的互构

行为与人的互构关系主要体现在三个层面。首先,媒介中介的行为是人类可被观测和分析的外化表达。从微观个体到宏观族群,行为实践表征着人类生存状态和文明图景。我们需要承认这种联系,也需要承认这种表征一旦脱离媒介中介,就将转为现象的、虚无的、转瞬即逝的关联。麦克卢汉曾提出"媒介即讯息"的著名论断,指出媒介形式的变革导致我们感知世界的方式和行为发生变革,进而导致社会结构发生变革。随后媒介化范式对这一论断给出更进一步注解,即媒介作为人借以经验世界的技术与非技术的中介手段,是社会实践的构成部分,它遍布于社会也构造了社会。[41]因此,我们不能简单地将行为视为人类的表达,而更应认识到媒介本身构造了行为实践,媒介本身即是实践,只有媒介中介的行为实践才能作为透视人类本体和社会文明的根本性窗口。在整个社会浸润在数字媒介场域的今天,这种技术构造的实践更加超越肉体所关联的简单形式,成为表征全部人类文明的"元实践"。

其次,媒介中介的行为也是人类得以不断进化的技术实践,即伴随着媒介技术对行为自由度的拓展,人类能够实现超越生物进化的技术进化。数字媒介中介的行为实践,一方面使人们拥有包括虚拟化身、数字孪生等多元维度的形体、身份和社会连接,使人们自由地游弋于千态万状的、真实或虚构的社会场景之中,并对人类关于信息和关系表达的吸收逻辑、吸收形式、吸收程度形成全新的定义和尺度；另一方面使人类的认知模式、知识结构、情感逻辑、决策过程具有了以高速度、高容量、高密度为导向的时空特征。人类在数字智能技术的强大中介下实质上实现了超越生物进化的技术进化，得以具备对主客观世界更高水平的把控能力，实现更高维度的实践自由和全面发展，并进入更高层次的文明阶段。

最后，元宇宙技术体系使得人类有可能进一步具备心智建构的可实践性。作为一种革命性的技术集成，元宇宙技术体系极大地拓展了人类的实践半径，使肉身所限的社会需求和行动进一步被释放，使人类的形体特征、心智样态、行为模式等全部要素进入全新的阶段。在这个过程中，人类在现实世界中积累知识、技术和想象力，构筑元宇宙的同时，也有可能使个体进一步具备心智建构的可实践性，这种行为实践能够超越贯串既有人类文明史的"改造环境–更新认知"实践逻辑，直接作用于人的心智世界，促进它构造的变化乃至革命，使人类实现更高维度的实践自由。[42] 因此，我们需要给予这种技术可能以高度关注，并将其视为媒介技术演化及其中介行为模式的更深层次追求。

行为与环境的互构

行为与环境的互构关系主要体现在两个层面。首先，自组织的行为实践通过环境化使得微粒化网络社会成为现实。在深度媒介化进程中，传统的科层制社会解构为微粒化网络社会，正如曼纽尔·卡斯特对"网络社会"（network society）的定义"网络化逻辑的扩散实质地改变了生产、经验、权力与文化过程中的操作和结果……在网络中现身或缺席,以及每个网络相对于其他网络的动态关系,都是我们社会中支配与变迁的关键根源"。[43] 这种社会的结构性演化一定程度上解构了既有的关系结构和圈层格局。在宏大的再组织浪潮中,不同个体、组织、族群在网络社会中不断根据本体取向和环境可供性进行新的探索性行为实践,形成自组织涌现,并进一步赋予新的网络社会以结构、规则和价值。换言之,自组织的行为实践通过环境化构筑了人类网络实践的全部场景,使微粒化的网络结构能够实质上形成可供人类生存的社会样态。

元宇宙技术革命使行为与环境进入深度的互融互构态。一方面在元宇宙技术中介的社会场域中,现实与虚拟环境深度融合,人类的形体、感官、行为都将完成数字化,并将构成环境的一部分,这种新社会构造内嵌的行为规则也制约着个体进一步的行为实践。另一方面,当人类栖居于数字智能技术织就的扩展现实空间时,全部自然规律与自然环境将荡然无存,人类将进入乌托邦式的生存场域。基于数字智能技术赋予的空前实践可供性,人类将有机会穷尽心智世界包蕴的全部想象力和能动性,经由媒介中介的行为实践对生存环境进行颠覆式改写,甚至创造出完全违反自然生物常识的异构世界。比如2021年8月7日,美国流行歌手爱莉安娜·格兰德(Ariana Grande)在 Epic 旗下游戏"堡垒之夜"中连续举办了 5 场演唱会,观众可以自行通过虚拟化身参加演唱会并与主唱互动,这在大众传播时代是难以想象的。另外,元宇宙技术将时空尺度极大压缩,使得人类的数字化生存全面进入场景时代,极大地降低了用户参与实践的门槛,并革命性地改变了环境支撑人类行为实践所能供给的时空容量,使社会生存进入"永远在线、无限空间、自由实践"的新阶段。

人与环境的互构

随着数字智能技术的迭代和媒介化进程的加深，人类的生存环境正在实现系统级重构。新的生存环境塑造了人类新的行为模式，新行为实践的累积又进一步定向了人类的生存样态，使人能够适应新的环境，并与新环境互融互生。

这种互融互生一方面体现在环境特征深深内嵌于人类本体特征中。在微粒化网络社会，传播权力重新回到以节点为表征的用户手中，不光体现个体具有平等的发声渠道，更体现在用户对传播内容的选择，只有构成关系、构成圈层的信息才能抵达用户。因此，在深度媒介化范式作用下环境中的信息和关系呈现出全新的样态，使用户的认知与关系表达形成新的模式。另外，元宇宙技术使得环境中越来越多的感官信息得以被激活并进一步凝结，使得单位时间内个体所能吸纳信息与关系表达的质量密度空前压缩。与此同时，元宇宙技术使千态万状的社会场景得以在分秒间无缝流转，这使得人类的生存样态与环境同频，进入到高速高容的时空模式中。互融互生另一方面体现在人类本体对环境的融入，构成每个个体所冀望生存的"超真实"环境。让·鲍德里亚曾提出名为"超真实"（hyperreality）的后现代概念，即比真实更真实。[44]在后现代拟像社会，缺席表现为存在，想象表现为真实，媒介营造出由被操控的符码组成的"超真实"世界，人们将生存于大大超越社会现实的感性世界中。这一现象正在元宇宙技术时代得到凸显。在虚拟现实、人工智能、数字孪生等技术能够塑造出视觉、听觉、触觉越来越逼真的虚拟人类时，真实和虚拟的界限正在消失。元宇宙技术使人类生存中想象的他者成为现实，并经由拟像投射与叠加，形成每个个体期望栖身的拟像社会环境，使个体能够超越现实社会的行为规范和可供性，找到超真实的、独一无二的心灵归宿。

行为传播视野下的社会系统

关于如何宏观地把握上述三种复杂的互构关系，具身认知理论中的动力系统理论（Dynamical Systems Theory，DST）可以给予我们启发。该理论认为，人类的认知系统是由大脑、身体与环境共同构成的。在这种复合的认知系统中，不同变量通过某种形式同时且连续共同变化，彼此之间相互作用、相互塑造着。认知系统具有某种类型的一致模式，这些模式是自组织的、涌现出的稳定结构，可以由非线性动力系统状态的相对稳定性或相对不稳定性来加以描述。[45]具身认知的动力系统为行为传播视野下的社会系统构造提供了三种视角：一是系统的非线性；二是局部的自组织与涌现性；三是通过把握系统的相对稳定性把握系统的整体演进。由此，我们可以大致想象出行为传播学视野下的社会系统将呈现怎样的图景。

该系统至少包含三个维度，即行为、人、环境，媒介技术同时隶属于三种维度之下，并表现出不同的特征。比如媒介技术在环境维度表现为媒介中介的多模态信息环境，在人的维度表现为对人类要素的技术中介，在行为维度表现为人机界面行为线索等。宏观上表现为，媒介技术中介着三个维度的运动。这种中介作用不妨理解为一种深层次的媒介化，即除了以传播逻辑对社会要素的重构外，还构造着人与行为的模式。在这种中介关系中，媒介技术属于底层要素，当媒介技术完成革命性的迭代，其为社会要素、社会关系提供了新的连接方式和尺度，为人类的生存提供了新的框架和规范，为行为提供了新的模式和价值准则，使整个系统结构升维重组，进入以高速高容为特征的新时空结构。这种时空结构革命实质上形成类似于自然环境演化的社会与技术环境变迁，它对所有人、社会要素构成进化意义上的环境压力，并推动行为实践变异的再选择，最终构造全新的人类文明样态。整个社会系统就在这种交融的逻辑中螺旋上升。社会系统的动力来自生物本能的负熵趋向。20世纪70年代，温贝托·马图拉纳（Humberto Maturana）和弗朗西斯科·J. 瓦雷拉（Fracisco J. Varela）提出和发展了自创生理论，指出生命的根本特征是一个源于内部自我生产过程的自我维持，即生物本身就具有走出混沌走向秩序的意识倾向。[46]社会系统的稳定性则依赖整个社会系统的负熵流。社会系统存在自发的传播失序、心智失序、行为失序现象，这为整个系统带来熵增。因此，系统的整体稳定性依赖社会的熵平衡机制，这种机制隐秘且广泛地内嵌于政治、资本、技术和文化中。

时至今日，技术革命和风险社会已成为各学科理论研究的核心背景，作为人与社会要素链接的关键要素，行为需要被传播学科重新认识。随着元宇宙技术概念对传播学理论的冲击，行为在传播中的意义得到突破性扩展，对行为的关注和研究将助益于系统变革传播学框架，以及突破传播学科内部与外部的研究困境。相较于其他研究范式，本书所建构的行为传播学范式更加遵循以人为本的传播观，以系统科学、大数据科学和认知神经科学为核心工具，能够开展比传统传播研究更加细粒度和高维度的研究，并有助于沟通传播研究的社会科学范式以及诠释研究范式，是富有潜力的学科整合方向。而未来传播学需要回答传播与行为如何共同推动社会系统的运转与进化等关键性问题，并为人类生存与发展及社会文明的不断进化绘制实践的行动路线图。

第十八章
元宇宙视域下传播行为的路径模型与拓展机理

第一节 从社会演化的视角看待行为研究的进路

学科桎梏的现状

库恩在《科学革命的结构》一书中将科学理论的发展归结于四个阶段:"常规状态""反常""危机"与"革命",分别对应"没有范式、建立范式、范式动摇、建立新范式"的四个阶段。当处于常规状态时,社会共同体往往能够对某些现象、行为及实践达成一致的共识或者理念;社会再进一步发展,人们渐渐发现一些新出现的现象难以用既往的经验以及理论进行解释,这时就进入了"反常"阶段;反常现象往往会随着时间的推移而不断累积,研究者也逐渐意识到当下的处境已经进入了瓶颈,需要"创造式的破坏"的"新范式"改变这种状态,这时社会即进入了"危机"阶段;只有在经历了"危机"之后,整个社会环境或学科才能在"革命"之下迎来重生。

在行为学的研究中,从"理性人"到"有限理性人"的理论突破,是行为经济学对主流经济学研究范式的质疑与超越,也是研究范式的一次"革命"。"理性经济人"的公理体系包含了两个极强的基本预设:

一是认为人是"理性"的；二是认为人的行为是"自利"的。但是随着心理学及行为经济学的发展，研究者逐渐发现"理性人"假设面临着严峻挑战，即其无法通过主流的研究范式来解释生活中出现的"异象"，也就是库恩所描述的"反常"现象，主要表现在人们在行为决策大的过程中违背了"理性"与"自利"的两大原则，出现了损失厌恶、锚定效应、自组织行为以及合作行为等。赫伯特·西蒙于1990年提出有限理性的假说，证实了人们在处理信息的过程中并不是完全理性的过程，而是也会通过试探和既有经验进行决策。在此背景下，人们往往会因为不相干的信息而导致对各种事情的判断产生偏差，同时不愿意改变现状，厌恶损失，最终不能达到期望效果的最优化。[1]

人类的"有限理性"行为模式已经被证实是一种普适化的定理，但是任何行为都不是一成不变的，而是会随着的时代的变迁做出"环境适应性"的改变。历史地看技术迭代的进程，当下的社会环境已经历了移动互联网、消费互联网以及产业互联网这几个阶段，下一步所面临着的是元宇宙的建构的体验互联网，人们的交互方式也从门户网站过渡到社交媒体，再演变到当下永恒在线的状态。可以看出，不同时期的个体出现了不同形式的行为方式，人们关系网络也在随着的媒介与技术的更迭呈现出不同的连接方式。

在社会结构更迭的交叉路口之上，当下的产业互联网已经陷入内卷化以及内耗化的负面循环当中，各种内容形态、分发渠道以及商业逻辑都呈现出高度同质化的倾向，用户体验、传播场景、交互方式等赛道也都逐渐进入了瓶颈期，互联网人口红利消退，已经难以通过流量的大规模聚集来实现价值捕获并满足用户需求，人们的行为模式呈现出与前互联网时代迥异的现象，社会发展所面临着的困境让传播学的研究陷入瓶颈，在此背景下，学科之间亟须打破桎梏，发展出新的研究范式来解释当下社会上的"反常"现象，而要宣布旧有的范式无效，就必须要有一个新的范式接替，对学科进行"颠覆式创新"的实践迫在眉睫。

元宇宙所聚合的复杂巨系统

从宏观视角看，学科范式桎梏的现状是开展行为传播研究的内在动因，社会转型期间所出现的传播现象需要新的理论、新的范式来解释。而更具体地看，人类社会在当下所面临的全新景观也需要新的视角来研判新时期下的行为模式。

人类社会所出现的各种形态和现象，归根结底都是由人的行为所决定的。行为是个体与环境相互作用而产生的结果，从个体与环境相互影响的维度来考察人类行为，在一定程度上揭示了人类发展的基本规律。社会环境在人类实践方式的进步之下不断演化，从游牧文明和农耕文明、工业文明，再迈入当下正在发展的元宇宙文明，人类文明进程也是人类行为更替的进化史。元宇宙在互联网社会所代表的不仅仅是一种文化形式，更是一种未来式的高维媒介，其承载了互联网发展的全要素集合，也开创了一个高度开放、复杂且无边界的新型时空。在这样一个全新的社会场域中，媒介的概念将被使用者基于关系的认知来界定，人类既有的社会性实践疆界被打破，整体社会网络以及行为逻辑也因此发生迥异的变化。

从语言、文字、印刷术、电子媒介再到万物皆媒的数字时空，人们的行为模式也依照着血缘、地缘、业缘及趣缘的社会关系展开。而在当下的元宇宙空间中，趣缘关系被自由开放的源代码所替代，这意味着人们在开放式的框架与协议内拥有了更充分的自由度，每一个数字居民不仅有机会通过开放式的底层设定进行元宇宙空间的多元共创、共治与共享，还可以利用"代理"机制对"虚拟化身"进行控制与影响。基于此，"自由交往"的雏形开始形成。

而人们实践半径拓宽的可能性，往往架构在媒介技术的可供性之上。元宇宙整合了互联网发展的传播资源以及场景信息等全要素，让个体能够实现物理现实和数字社会的联结，实现社会交流的无远弗届，这些效能的激活均是在技术发展可供性之下所产生的加成作用。这主要体现在媒介技术打破传统的时空认知构造，激活了微粒个体与其他弱关系群体之间的交流欲望与连接的可能性，将人际关系延伸至更广泛的连接范畴，实现多方行动者的脱域交互，促进了现实世界与虚拟空间之间的融合发展，让社会结构进一步蜕变成了轻盈、液化的组织形态。[2]

第二节 传播环境的升维

自行为意义上的现代人诞生以来，合作就在人类的行为中扮演重要角色。[3]社会上任何的合作，都是以个体为基本单位的行为，而任何的行为都是在特定的群体或者合作氛围中所开展的行为，包含了信息、技术、制度及文化等要素的社会环境，既是个体行为实践的场域，也是其影响条件和限制因素。社会环境遵循着个人行为习惯–群体社会规范–社会伦理/制度–人类文明的演化路径。在万物互联的互联网社会，没有完全脱离合作的个体行为，也没有不考虑个体因素的群体合作，如果孤立地、片面地考察单方面因素，割裂地看待社会行为，就难以从根本上揭示人类行为的特点和规律。因此，从整体上看，元宇宙所聚合的无边界复杂巨系统主要以区块链、5G和人工智能等技术为底层依托，以关系为核心，为社会连接创建新范式，共同作用于个体的内生偏好与感官体验、群体的交往路径与行为模式，以及社会整体的权力分配与治理方式。

个体的内生偏好及环境变化

"普世计算"的概念描述了这样一种场景即"任何人无论何时何地都可以通过合适的终端设备与网络连接，获取个性化信息服务的全新信息环境",[4]这种全新的信息环境即元宇宙所构造的"泛在网络"，"泛"意味着无处不在，即人们无时无刻不与其他人创造连接，产生联系。这种新的社会形态会产生新的社会环境，并通过影响身在该环境中的人物角色来影响个体行为，不同的行为适配不同的场景，由此构建起梅罗维茨认为的"场景–角色–行为"的理论分析框架。由此可见，在元宇宙所聚合的复杂社会系统中，人们的行为将随着环境的变化而变化，力求与环境相适应。

"适应"是复杂自适应系统理论中基础的概念，意味每一个行动者都拥有自适应能力并且从属于相应的系统子集，每一个主体都将能动地应对外界刺激，由此产生的一系列反馈结果组成了行为集合，从而演化为整个环境的适应性。在这个过程中，系统与主体之间正处于一种协同演化、共同发展的关系，而整个环境也应当存在一定的不确定性及无序性，保证处于各网络节点的微粒个体得以发挥创造性与想象力的自由度。

更具体地看，个体在元宇宙环境中的适应性行为也是一种"情境的自适应性"，指的是个体的动机、偏好、经验、人格等一系列内生因素对环境的适应性。这一方面表现在人们可以突破现实环境中的限制与束缚，可以有选择地进入一个自由度更高的虚拟空间中，定制自己的国家、性别、年龄以及职业等要素，按照自己选定的角色开展多重的实践体验，还有机会通过完成人的视觉、嗅觉、味觉甚至触觉等多通道的线上化，来实现人们在虚拟空间中感官的全方位连接。另一方面，自由交往的环境特征扩大了个体的交往范畴，以熟人社会为半径的连接范围扩大到与陌生人之间的"弱连接"，这也意味着个体所采取行动的情景框架需要摒弃自利自私行为，而趋向互惠互利的合作，在"自由交往"的环境背景之下与其他行动者建立更广泛的连接。概言之，个体对于情境的适应性实际上也是环境对人的行为的"驯化"，即将人的行为逻辑内化为与环境秩序相协同的状态，正如杰夫·贝索斯（Jeff Bezos）所强调的那样，"你只能同现有的世界合作，而不是同你想要的世界合作"。

社群交往规模的扩大

人的本质是一切社会关系的总和，不管是在传统社会还是现代社会中，群体交往都是人际传播的延伸，也是个体社会化进程的必经之路。互联网以前所未来的凝聚力重新建构了人们的社会网络，将以往分散的、独立的个体聚集在群体网络当中，使得传播的属性逐渐转向以"族群"为中心，呈现出"圈层性"特征，并且引发了一系列的社会关系的重新建构。元宇宙的聚合性承载空间当中，万物互联成为全球化的蔓延趋势，但是究其本质，其聚焦的还是个体与个体之间的连接问题，更具体地看，其主要解决的是虚拟空间中以弱关系为主的社会关系与社会资源的整合与资源配置的问题，在此背景之下，对新型社会关系的把握与协调即成为发展新文明的关键着眼点与着手处。

在互联网所建构的交流语境中，人们通过分享与交流来获得身份认同或者群体归属感，就像灵长类动物通过同伴之间的相互梳毛行为来获取信息、确保安全一样，人类就是一种社会性动物，分享与交往是一种本能，我们的大脑就是为了塑造社交关系网络而生成的。[5] 反观社会关系发生革命式变革的临界点——社交媒体的出现，其诞生的初衷便是通过实现个体之间的网络连接建立一张巨型关系网络，社交是变迁的基点，它重构了生活，促使了大众的解体和媒体的独立，从"内容为王"变为"偏好为王"，进一步形成了"大众消逝，族群形成"的局面。[6] 而传播的关系维度也成为分析媒介现象更迭与社会存在变化的重要视角，其中，人们潜在的社交需求以及当下互联网集合行为的常态化成为当下关系实践的重要偏向。

在元宇宙自由交往的前提之下，群体交往呈现出"非合约性"的特征，其践行的规则主要以"关系"为核心来划分边界，而关系背后隐藏的价值基点则是"信任"机制。元宇宙以区块链技术为底层架构，可以在去中心化的基础上实现信息协同共享，通过分布式信任的技术来更新网络信任机制，在数据公开透明的基础上，缓解了因信息不对称所带来的交易问题。例如 NFT 数字藏品等项目走红的背后，承载着各种新型交互方式所蕴含着的无限可能，本质是通过 IP 价值链的延伸来强化群体之间的情感认同，让以陌生人为主要组成部分的弱关系也可以建立起信任机制。

通过权力与规范的"再组织化"

基于自由交往所形成的社群规模越来越大，群体之间的协作也将变得越来越复杂，在此背景之下，遵循严格且完备的规章制度进行交

第十八章　元宇宙视域下传播行为的路径模型与拓展机理

流协作成为一种仅存在于理论之中的假设，现实生活中人们通常采取"非合约化交往"规则，即无论是与家人、朋友、同事或是陌生人等群体的往来，大多数时候人们并不严格按照约定俗成的律例，而对这些交往加以调节的往往是社会权力与社会规范。

在元宇宙社会中，当人们的线下社会关系进一步迁往线上社会，在一个全新的场域中开展实践活动，由此面临着的问题是如何在保证个体与群体之间自由交往的前提之下来实现更高层次的社会连接、更稳定的社会信任模式以及更多元的社会合作关系，因此，"再组织化"则成为下一代媒介变革需要解决的主要矛盾。

互联网的发展进程已经历了从"去组织"到"自组织"的转变，而下一步则即将迎来"再组织"的社会图景。在 web 2.0 时代，科学技术所催生的一个重大变化在于用户赋权，其激活了原本散落在各处的微价值与微资源，并通过匹配与聚合来放大个体力量，实现群体之间的自由连接和多样化互动，并以"去组织"的方式带来了一个去中心化的分布式社会。再进一步发展，多元主体的传播结构让每一个个体都有机会成为传播节点，碎片化的信息传输方式逐渐解构了传统社会的运行规则，整个社会日益分解成细分的网络圈层，无边界以及混沌化成为当下社会系统的主导秩序，其中蕴含着无限的传播走向以及组合方式，这一方面意味着"确定化现实"将不复存在，另一方面意味着非线性规则的建立。在此背景之下，"自组织"成了网络社群的特有秩序，通过群体成员之间的自发性协作来推动群体的运行。

在元宇宙空间中，数字媒介以连接一切的形式下沉为整个社会的操作系统，由此催生了"深度媒介化"的社会进程，引起社会形态的根本性变革，此时，自组织仍然是群体之间协同合作的重要动力，但是伴随着越来越多行动者的入局以及传播网络的愈发复杂化，当下的社会需要一股新力量来匡正正在崛起的全新社会结构。换言之，在数字空间中，"永久在线，永久连接"逐步成为现实，意味着媒介技术对传统社会的解构已经基本完成，智能算法以及虚拟现实等技术在一定程度上实现了对分散资源的重新连接，未来发展的重点已不再是粗放式拓宽连接范围、延长在线时长，其新的增量在于对当下的粗放式社会连接进行加宽、加高以及加厚，即对微粒化分布式社会进行"再组织化"的架构。[7]

第三节 人类行为的演化

在以个体独立为特征的自主决策环境中，人际传播主要关注的是基于个体内生偏好的行为；但是在群体环境中，交流和互动发生在以关系为核心的社交网络当中，这不仅要考虑个体差异，还需要引入个体与他人之间的互动模式，而"合作"则是社会行为模式中的一个重要维度。人类的合作行为包括了利他、互惠、公平、信任等多种形式，也有研究者将人类社会正向的"合作"称为"亲社会行为"，泛指人们为符合社会期待或者自我需求所进行的对他人、群体、社会有益的行为。合作行为普遍存在于人类社会与动物世界当中，也是心理学、传播学、行为学的研究重点与难点。早在 2005 年，"人类的合作行为如何演进"这一议题就已经被《科学》杂志列为全世界最优秀的科学家提出的 25 个重大问题之一，并称其为"驱动基础科学研究及决定未来科学研究方向"的科学难题之一。[8]其需要神经学、动物学、经济学和生物学等不同领域的专家共同研究，探索什么因素促进了人与动物之间共同存在的合作精神。[9]国内的学者也将"个体亲社会和反社会行为的发展历程及其心理机制"纳入中国心理学所面临的 50 个重大问题从进化论的视角来看，合作行为存在于许多物种的行为当中，但是人类的合作规模远远大于其他物种，表现在其能够超越亲缘关系范畴，而拓展到素不相识的陌生人，并且在不同的社会发展阶段呈现出不同的特征（见图18.1）。此外，根据马斯洛的需求层次理论，人类不仅仅具有基本的生理及安全需求，还拥有精神层面的自我实现的价值需求，换言之，人们之所以与他人进行合作，不仅是因为"自利"，也是为了维护群体的社会规范，实现人的自我肯定需求。因此，从合作的角度研判人类行为模式，一方面可以追溯到人类的演化起源，另一方面也与人亲社会行为的直接动机相关。

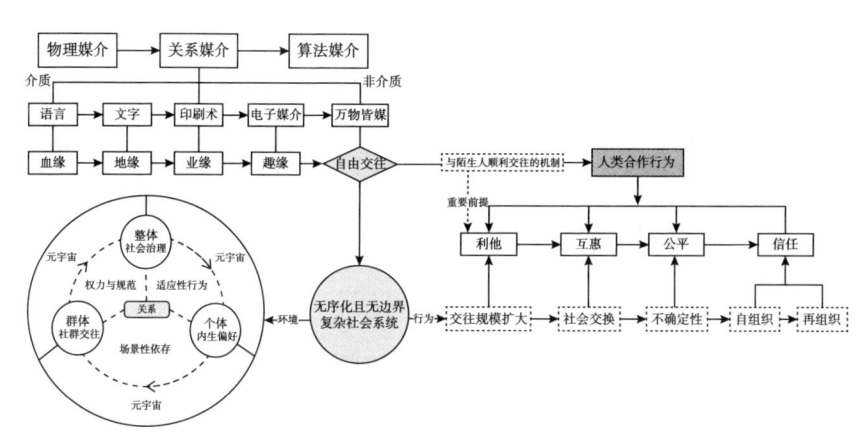

图18.1 环境与人类行为之间的互构

资料来源：喻国明，陈雪娇.元宇宙视域下传播行为的路径模型与拓展机理[J].新疆师范大学学报（哲学社会科学版），2022，43（06）：135-145.

利他行为

在人类的进化过程中，利他行为是合作秩序下的必然产物，指牺牲自己的利益或贡献自己的力量令他人受益的行为。进化心理学认为，行为由动机驱使，人们在社交网络中的传播行为大多是个人社会关系的投射，而利他理论则是解释人际交往关系及传播动机的重要理论之一。互联网时代的到来将人们的关系与行为从线下延伸到了线上，但是不管在何种场景中，人们对社会关系的创建与维持都是需要互惠利他的过程，即人们需要与他人、群体进行互动以获取归属感与亲密感，例如在社交媒体上，人们通常不会将信息据为己有，而是与不同的人分享传播。

但是利他行为并不是独立产生、存在的，而是与整体社会环境相适应的一种行为。从理论发展的角度上看，"自利人"的假设存在了很长一段时间，只不过这种现象后来被证实了会受到环境影响及情感制约，即人类并不是完全"自私"或者完全"利他"的，而是处于"有限理性"的状态。

从环境制约的角度上看，人们在行为决策之前往往会出现"模仿"的倾向，而模仿的对象一般是环境中的其他人的行为。例如，曾有报道讲述了宁波的一家图书馆在长达6年的时间里无门、无监控，整体上有序经营的现象。[11] 但是人们的"诚信"并非凭空而来，图书馆也曾遭遇过图书丢失，后来管理者从细节处入手，每天安排工作人员摆正桌椅、整理书架，减少了此类事件的发生。这就像是"破窗效应"，如果放任不良现象发展，就会诱导其他人效仿，如同一幢破窗的建筑，如果没有及时修理好，就会导致更多破窗现象。因此，在很多情况下，人们并不是纯粹的利他者，而会模仿他人行为，表现遵守社会规范的倾向。这种倾向同时会与个人的情绪情感相联系，例如公平、羞愧等亲社会情感也会成为利他行为的起点。

再进一步分析利他行为的表现形式。一方面，利他行为是个体的在高自由度环境中的适存性表征。卡斯特曾指出，互联网的诞生为以弱连接为代表的社会关系提供了生存空间，这正适合不同圈层的差异化人群相互连接，让人们的交往范围得以扩展。[12]虽然陌生人社交无法像熟人圈层一样为个体提供稳定、持续且切实的支持，但是正得益于弱连接网络的这种松散的结构，才更有可能让连接的范围辐射到更多圈层的群体，从而为人们带来更多元化的信息与异质性的资源。元宇宙时代的到来在某种程度上进一步瓦解了以强关系为主导的社会结构，进一步释放了自由交往的可能性。在此背景下，社会环境逐渐从熟人社会转变到陌生人社会，与陌生人之间建立联系的重要程度在不断提升，而人们需要一种机制维持、保障与陌生人之间合作的顺利，不计回报地关照他人将成为各主体进行深层互动的重要基础，利他行为也因而成为判断这种合作是否符合各方利益的"法官"。[13]因此，利他行为可以被视为对环境的"适存性"过程，在分享、奉献的过程中最大化自己与受惠者的环境适应性。

另一方面，利他行为的本质在于整体利益回报链条的延长，利他行为的普及化将带来广泛的市场互利合作主义。当下国内外学者将利他行为划分为亲缘利他、互惠利他和纯粹利他三个层次，认为纯粹利他行为是一种完全不计回报的行为模式。但是从本质上看，即使是纯粹利他行为在传播的语境之下也遵循着"投资-回报"的意图。法国哲学家边沁认为，功利的原则是一切行为都需要遵守的原则。[14]例如社会上存在的其他毫无功利性的行为，例如慈善、捐赠等，究其本质，都是通过建设和谐社会，最终将利益回馈到自我身上，这体现了人们将对"直接回报"的要求转化为对"间接回报"的期待，反映了整体利益回报链条的延长。因此，当纯粹利他发生在一个新的群体中时，这种行为很可能被放大、复制、模仿，最终不断扩展，从而形成普适化的市场互利合作主义。

互惠行为

如果利他行为是在自由交往规模扩大的背景下以个体为行为发起点的人际传播，那么互惠行为则将这种惠及他人的范围扩大到群体层面。在当下，互惠已经成为一种根植于各种社会关系中的交往规范，并且存在于每一个人的社会网络关系中。[15]马丁·A.诺瓦克（Martin A. Nowak）和卡尔·西格蒙德（Karl Sigmund）在《科学》（Science）上所刊发的论文开篇即指明"人类是互惠最忠实的拥护者"。[16]早在原始社会，人类就可以通过轮流狩猎等互惠的行为提高族群的存活率，随着社会文明程度的提高，互惠现象仍然存在于人类社会中，并且在逐步演进。国外的一项社会调查显示，有60%以上的人会在群体博弈测试中做出互惠的决策。[17]在国内，从古至今就有"投我以桃，报之以李""礼尚往来"等典故。可见，互惠思维不分国别，是一种自然选择的过程，早已存在于人类漫长的进化过程当中。这种行为不仅仅经过了人类经验、行为实验的验证，甚至在心理机制层面也得到了神经科学的证实：互惠行为在人类进化的过程中已经内化为一种本性，并且具备这一机制的物种或者个体将有更大的生存概率与繁衍概率。[18]

互惠的过程即社会交换的过程，人们交换的内容是社会资本。布尔迪厄认为，社会资本是行动者进行社会实践的工具，其内在本质是社会关系，外在表现是生产要素。因此人们在互惠过程中所交换的社会资本，既可以是物质化的经济资本、精神化的文化资本，也可以是符号化的象征性资本，这些都体现着在不同场景下的群体在互动过程中所产生的社会关系。

目前多数研究将互惠视为根植于个体本身的一种行为倾向，而这种行为倾向主要以社会规范为导向。社会规范是一种非制度化却具有约束性的伦理观念，指代特定场景中人们普遍认可并且遵守的行为标准。[19]由于人的社会属性，人们总是更倾向于按照既定的规范进行社会实践，但是社会规范并不是一开始就存在的，而是会随着社会环境和人类行为的演变而不断动态发展，当其内化为人们的认知尺度时，社会规范就成了人们的行动参照系。

如果以社会规范的约束力进行分类，可以将其划分为基于"差等性互惠"的"软规范"和"对等性互惠"的"硬规范"。其中，差等性互惠的产生主要是依靠道德义务作为连接纽带，即一方的付出可能不会得到另一方相等的回报，二者之间的关系主要依靠个体间内化自觉的"软规范"维持。从人类社会诞生以来，软规范就开始形成，其表现形式从风俗习惯逐渐演化到现代社会的道德义务，并且在人们的社会行为中起着约束的作用，但是这种约束并不是明文规定、真实存在的社会规则，而是群体成员之间的自我意识，潜移默化地影响着个体在群体事件中所采取的策略。因此，从发生学的角度来看，风俗习惯是软规范的雏形，也是社会规范系统中不可忽略的要素，但是随着社会的发展，个体的"声誉""形象"等社会资本在人际交往过程中发挥着越来越重要的制约作用，具体而言，出于对个体形象的维护，人们往往愿意发生非对等性的互惠行为，其首要关注的并不是个人物质利益的得失，而是担心在群体中因被排挤和惩罚，并且愿意为了建立良好的声誉及形象而进行分享与合作，从而在社会关系中获益。

基于"对等性互惠"的"硬规范"主要指"投资-回报"行为的一致性，也是一种基于法律、制度等明文规定、有章可循的行为准则，这一类的硬规范在社会结构中往往处于基础性、核心性的地位，并且具备强约束的性质。从作用范围来看，非对等互惠的软规范适用于人们社会生活的所有领域，并且存在周期长，通常随着历史的发展与进步一路沿袭；但是基于对等性互惠的硬规范则不能随意扩张其作用领域，通常在时代变迁的背景下产生新旧交替，表现为旧规范被新规范所替代。因此，人们的互惠行为往往受到不同社会规范的制约，在不同的实践场景及关系网络产生差异化的表现形式，而当互惠规范与准则被群体成员内化为指导个体行为方向的重要依据时，群体共识就形成了。

"不确定性"的社会环境

互惠行为暗含"未获得回报的风险"假设，加剧了各方在交往过程中的未知性与不确定性。从全局的视角来看，我们正处于"不确定"的社会，传播权力对个人的回归加大了微粒个体的可选择性，整个社会的交往模式及运行机制也随着参与主体的泛化、传播链条的多样性而产生不确定的特征。不确定管理理论认为，不确定性可以划分为信息不确定和个人不确定两个方面，前者指的是个体对信息掌握的不充分，没有足够的依据进行决策；个人不确定则指的是对自我信念、情感及能力的怀疑。[20] 信息的不确认或者环境的不确定是具备威胁性的，这会导致人们的负面情绪，因为这种情境剥夺了人们的知情和安全感，从而引发焦虑甚至恐慌，处于这种背景下的人们会尽可能地寻找办法减少不确定因素，表现出确定及控制的倾向。

不确定的环境氛围给行为带来的一个重要影响就是人们会不自觉地更关注"公平"，因为公平信息可以帮助人们洞察事实，把握决策方向，减少潜在的不确定因素。[21]

在复杂社会中，人们对公平的感知是一个过程，划分为权利公平、过程公平和结果公平三个阶段：首先，权利公平是人们在人际交往过程中所感受到被公正对待的程度，在自由交往的背景之下，人们有可能跨越圈层及阶层，与各种各样的人进行互动，因此各方在交往的过程中是否尊重对方，不同类型的信息是否都能在社会背景不平等的情况下得到应有的传达，是衡量权利公平的重要维度。其次，人们对公平的感知必须要有特定的对象或者事件，权利公平是社会公平感结构的一个基本前提，而在进入对事件的判断决策时，过程公平发挥了作用，其指代的是决策过程的公平与公正。已有研究证实，在组织或者群体当中，如果人们认为决策的过程是公正的，那么即使结果与期待相悖，人们往往也会接受这种结果。[22] 最后，结果公平指的是人们在行为实践之后所获得的待遇具备公正性。

哲学意义上"公平"研究可以追溯到苏格拉底和柏拉图等先驱，他们认为人们应该根据劳动量获取相应的报酬，以维护社会秩序。在中华文化中，人们自古以来就有"不患寡而患不均"的观念，力求在资源分配上获得平等。而在现代社会，公平不仅仅是社会实践的产物，也是一种认知平衡。人们往往通过社会比较判断这两个维度是否达到平衡的状态。

为了获得对自身的稳定认知，人们往往会利用自己接触到的信息与他人进行比较，由此产生相应的情感、认知以及行为。[23] 从个体层面上看，人们主要通过社会参与行为来进行公平比较。当不公正事件发生时，人们出于"公正世界信念"，往往会采取行动，参与到相关事件当中。但是当个人的价值投入与价值期待产生落差时，就会产生心理上的剥夺感，引发不公平感知，进而削弱后续事件的参与主动性，甚至可能引发集体暴力。因此，当个体通过事实比较认为现实是公平的，就可能产生一种积极的自我卷入和"受到重视"的感觉。[24]

人们的公平感知不仅仅取决于主观判断，还依托于社会情境，群体之间的共同经历是一种普遍且重要的情境要素，也会影响人们的公平感知。人作为一种社会性动物，往往会将自己归属于某一个群体，从而产生群体身份认同。在此背景下，人们的态度、认知以及行为均会受到群体成员身份的影响，并且会根据线索比较，自动地划分群体阵营，当群体的身份得到区分之后，就会出现群体认同与群体偏见，即对相同意见阵营的"内群体"更友好、更具备同理心，因此也更能产生合作行为；而对不同意见阵营的"外群体"更漠视甚至充满敌意，也会产生更多的不公平行为，这也就是"内群体偏爱效应"，这种效应将进一步妨碍公平行为的执行。

当人们通过社会比较获得了初步信息线索之后，就将进一步进行认知判断，以达到最终的公平感知平衡。从行为实践的层面上看，公平主要通过人们对事实判断的全面性以及对价值判断的公正性这两个维度来实现。前者指代人们对事实信息理性直观的判断，也就是说，人们在判断一件事情的决策是否公平的时候，会受到客体性事实的影响，这种影响不以个人意志为转移，并且属于一种复杂逻辑推理；公平行为的第二个维度是价值判断的公正性。如果说人们对事实判断是建立于客体性事实的基础之上，那么价值判断所关联的则是人们对他人的意图的推测和判定，浸透着不同个体的情感、意志以及社会关系等要素，贯彻着基于个体差异性的评判标准。

总之，人们对公平的感知不仅仅是一种理性直观的"判断"，也是一种非理性"感受"，即人们对事件价值判断所感知到的公正性，在很大程度上取决于个体的主观情绪体验，而这种感知体验是建立在社会成员之间权益平等的基础上，当人们感受到权益失衡或者利益受损时，就会感受到不公平感。

技术嵌入

社会公平感是影响信任的重要因素，也是维持人类社会稳定合作的关键维度。[25] 当社会人感受到公平时，就会做出维护社会秩序的行为，反之则会出现破坏行为，进一步造成社会信任的撕裂。人类社会运行的基本逻辑就是在不同行动者相互协作的基础上建立起来的一个复杂社会关系网，其中信任要素是群体协作的关键枢纽与重要基础，在社会关系演变的过程中扮演着重要角色。以往的研究将信任定义为"个体基于对他人意图和行为的积极预期而愿意向他人暴露自己的弱点并且不担心被利用的一种心理状态"。[26] 即当社会上的各主体处于一种高度信任的状态时，人们会更愿意与他人进行互动、交易，从而降低整个系统的运行成本，促进社会发展的稳定性，为群体合作建立稳固基础。目前已有大量的研究表明，个体对他人的信任程度往往会受到多方因素的影响，包括信任者、被信任对象、传播环境及传播媒介等。

社会信任并不是单一个体层面的信任，而是因社会环境因素和社会运行本身生产出的一种对社会生活的要求。[27] 当下的社会已经是一个被技术浪潮所包裹的现代社会，互联网也不再是单一属性的媒介工具或者信息分发渠道，而是下沉为整个社会的操作系统。从技术环境看人类社会的现代化转型，其不仅表现在熟人社会向陌生人社会的转向方面，还包括一系列新技术，尤其是区块链、算法等新传播要素对传播环节、群体边界的打通。因此，进一步细分信任的产生机制，在已经存在的制度信任、情感信任以及认知信任的基础上，还需要加上技术信任这一重要维度。

其中，制度信任是利用社会系统的强制约束，例如法律、法规、政策等惩戒式及预防制的措施，旨在无差别地消除社会交往中的不确定因素，以普遍形式保障社会良好运行所需要的信任关系；[28]情感信任则是建立在人与人之间的熟悉度以及感情联系紧密度的基础上，进行关系认同与社群整合的一种非理性行为；认知信任是包括对交往对象声誉、形象、社会地位的综合考量，也是多主体之间在信息不对称且不确定的环境下所产生的一种信任机制。而在技术的中介之下，区块链和算法所形塑的新的信任维度最终也将反作用于人的认知层面。因此，从广义范围上看，认知信任的范畴囊括了技术信任，但是从更细分的角度上探索，技术信任在元宇宙时代所开创的新意义迥异于另外三种信任模式。

区块链的本质是通过信任转移的方式重新建构社会"共识"，其主要通过计算的确定性来弥补"弱关系"群体在社会交往过程中的无序性以及不确定性，从而让社会的信任过程更加稳定化。从实现机制上看，区块链主要是通过分布式账本、非对称加密与授权以及智能合约等核心技术来拓展传统的社会的信任框架，其中分布式账本让被记录的数据高度透明化，同时运用密码学原理确保已有数据不被篡改和伪造，任何对信息的操作都将被记录在案并公之于众，确保所有信息具有可回溯性。[29]由此可见，区块链所建构的信任逻辑打破了第三方中介平台对资源的控制与垄断，直接实现陌生人之间的点对点交互及交易，以此拓展了权威信任和情感信任的边界，增加了社会信任的主体。

近期人们热衷的"数字藏品"，是一种建立在区块链分布式网络架构之上的虚拟物品交易行为，基于区块链技术所带来的确定性，系统内部的个体可以完全信任这一存在于虚拟空间中的物品所带来的价值和保障。在互联网领域，以强关系为主要连接特征的关系格局基本稳定之后，社会需要进一步观照到的则是那些分散化、隐匿化"弱关系"群体，即通过信任逻辑的创新将这部分群体整合到具有开放性的复杂交互网络中。因此，技术信任本质上解决的是以弱连接为主要组成部分的社会关系整合问题，让多、杂、散、匿的参与者集聚为规模化的社群，在技术保障之下形成有序的互动机制。

小结

人类的社会行为从来都不是独立进行的，而是"嵌入"社会关系网络中，并相互作用，交织开展，社会关系对人的行为具有重要影响，也是行为传播研究过程中的关键着眼处和着手点。马克思根据人类社会生产力的发展水平，将人类交往过程划分为三个阶段，包括自然发生的人的依赖关系、以物的依赖对象的人的独立性阶段、人的自由和全面发展阶段。[30] 在技术可供性之下，大众传播时代的线性传播模式已经被当下的自由交往所取代，人的实践半径得到了极大的扩张，个体的选择也有了更多的可能性，扁平化结构和分布式格局成为社会关系网络的重要特点。

传播环境的变化也意味着突破和创新，这就要求研究者以新的探索视角、新的传播观念、新的研究范式来看待传统社会所不曾出现过的传播现象。人类的发展史已经表明，在社会进步的过程中，任何理论体系都将会被解释力更强、覆盖范围更广的新理论体系所超越，这种超越并不是逻辑意义上的替代，而是新理论、新范式对旧理论、旧范式基本假设的质疑与补偿，行为传播的开展是在考虑个体差异性等要素的背景下，为人类行为提供一个可能的分析框架，从而以全新的视角来理解传播视野下人类行为的合作秩序，这个过程也是人的认知不断深化、不断进步的体现。

第十九章
统摄性范式下的中层理论与范式补充

第一节 问题的提出

《行为传播学：建构未来传播学统摄性范式》（以下简称"行为传播学"）一文，基于"传播理论与新兴社会现象之间的断裂及传播学'十字路口'的困境"，倡导将"行为"作为一种关系型范畴，发挥其在传播主体与社会结构互动关系中的统摄性作用，针对传播学的时代变革与未来发展作出了规范性构想。

"行为传播学"采用历史主义和科学社会学的研究视角，借鉴托马斯·库恩围绕"范式"概念构建的科学哲学观：首先，库恩认为科学知识只在常规科学阶段是累积式的，不时会发生激进的"范式转换"；其次，新老范式的优劣在评价标准上存在不可通约性，因此用"科学合理性"对科学/非科学、好科学/坏科学作相对理性的划界和评价；最后，在对科学目标的认识上，否认逻辑经验主义执着于在理论层面追求本体与客观"真实"契合的观念，将科学视作科学家的社会实践活动，是具有实用主义倾向的"解谜"活动。[1] 然而，鉴于相对主义、非理性主义等的质疑和批评，在借用范式学说时需要对这些争议加以甄别，批判性地解释和预测科学进程。

在库恩的科学哲学学说中,"范式"居于整个理论体系的核心位置,但其概念缺乏明确定义。马斯特曼将"范式"一词在《科学革命的结构》中的不同用法划分为形而上学范式、社会学范式和人工范式三类,[2] 其中社会学范式是在科学共同体中得到普遍认可的科学成就。库恩也按照这类用法对"范式"概念作过重新阐述:范式就是科学共同体的成员所共有的东西——假如要重写此书,会一开始就讨论科学的共同体结构。[3] 在这个意义上,作为范式的行为传播学既是一个可塑的开放性领域,也在规范意义上追求共同体的逐步建构。或者说,凝聚学者共识、促进学科变革,正是提出并进一步阐发行为传播学的目标导向,也是本书的逻辑起点。基于此,本书以行为传播学范式及"行为传播学"所作的范式建构工作为研究对象,辩证地引用库恩范式转换的思路,在考察传播学通约性问题的同时,思考行为传播学的定位。具体来说,文章围绕"怎么做"和"做什么"两方面展开思考和阐述,前者可以细分为两个问题。

第一,借鉴范式学说,行为传播学范式建构的过程应该遵从怎样的科学演进结构与规律?基于此,本书欲在"行为传播学"一文的基础上,进一步讨论行为传播学范式发展的规范性目标。

第二,为达成规范性目标,行为传播学面临哪些困难?为克服这些困难,讨论行为传播学范式发展的规范性路径。

第二节　重构还是统摄

库恩认为科学演进有其相对稳定的规律:起先,是具有一个范式和致力于解谜的常规科学;随后,是严重的反常,引发危机;最终,由于新范式的诞生,危机得以平息。在此历史结构中,各阶段的关系机制预示着科学演进的规律。具体而言，在常规科学阶段，职业化的科学从业者并不会对固有范式表现出自反性，而是高效地通过范式解决具体问题；即便经验材料与常规科学范式的预期相冲突，学者往往坚定地致力于维护他们的范式，而将这种反常归因于科学家而非范式本身。[4] 只有当异常持续出现以至不能被纳入既有范式可以消化的范围时，才可能引发科学共同体对特定范式产生怀疑和动摇，从而使传统范式进入危机状态。总而言之，基于行为传播学，任何一种新范式的出现，需满足两个基本性的结构特征：一是由常规科学的成熟运行为它创造环境；二是由异常质变引发的学科危机为它准备条件。新的范式需要在此基础上使现存的各种不同的范式能够进行有效的交流。[5] 本书首先据此探讨将行为传播学概念化为一种范式的合理性。

传播学摄领学科变革

尽管传播学始终伴随着挥之不去的合法性焦虑，但经历数十年的建制化发展，确实在很大程度上发展出库恩所述的常规科学："奠基人""集大成者"的历史定位虽饱受争议，但难以否认他们对当今传播学问题关注和方法使用的实际影响；尽管传播学数次历经"领域的骚动"，但始终未脱离社会科学的范畴——几乎所有研究成果都可以在一定程度上并入以涂尔干为起点的功能主义、以齐美尔为起点的社会互动理论和以马克思为起点的社会冲突理论这三条社会学基本脉络中的一条。[6] 传播学"坚实地建立在过去科学成就的基础上"，并"空前地吸引了坚定的拥护者"围绕意识形态、建制形成了多个作为科学共同体的学派；一个学派的传播学者在与其他竞争团体或范式划清界限的同时，专心致志地解决既有科研成就指定的开放性问题。[7]

第十九章 统摄性范式下的中层理论与范式补充

正如《科学革命的结构》所揭示的，反常和危机是常规科学的必然结果，因为扩展科学知识的广度和精度既是常规科学的目的，又不可避免使越来越多的观察和实验结果与范式预测的结构相悖——范式越精确，涵盖面越广，作为对反常的一个指示器就越灵敏、越容易出现异常。[8] 基于"问题导向"的学科特质，传播学总是广泛借鉴其他领域的理论和方法资源以增强自身的影响力、解释力、预测力，大量跨学科研究在塑造或模糊学科边界的同时，也增强了传播学者的社会敏感度，使被传统大众传播范式所忽视的分布式社会[9]、"微粒化"社会[10]出现于以"行为传播学"为代表的学界视野中。

2022年牛津年度词汇"哥布林模式"，就是"微粒化"社会对应的一个典型现象。这个词指的是"一种毫无歉意的自我放纵、懒惰、邋遢或贪婪的行为，通常以一种拒绝社会规范或期望的方式呈现"，即人们不愿再被限制于理想化的、精心策划的自我，而是偏重现实生活中的本我；对社会规范的态度也增添了主观的活力，鼓励抛弃社会规范并接受真实自己。另一年度词汇"元宇宙"也作为外生危机的事实倒逼对既往理论的革新。具体来说，时代变化突出表现为信息渠道的泛化及行为实践范围的扩张。杰里米·拜伦森（Jeremy Bailenson）指出VR在过去几年中的发展是指数级增长的，在逐渐完善技术系统、降低成本的同时也极大地延展了人的感官。如果将人类的感官（视觉、触觉等）作为信息渠道，元宇宙作为一种未来媒介，在VR、AR等技术加持下足以组合并拓展不同的感官感受，[11] 将原本感官对现实的直接呈现拓宽成了由现实到虚拟的光谱，从一端的本位现实到增强现实再到虚拟现实。[12] 这一泛化的信息渠道扩展了个体的行为实践范围，包括经历不同时间、[13] 角色互换沉浸式体验他人的生活、[14] 加速未来以观察延时后果等。[15] 同时，虚拟现实带来了实践本体属性的扩张，自下而上的感受可以暂时覆盖自上而下的知觉，进而影响我们对物质自我的感知和认知习惯，比如在 VR 中的感知错位下身体所有权的混淆，[16] 主体的属性变换改变了个体的社会关系，直接作用于刻板印象的改观，[17] 如白人在 VR 中化身为黑人会作为扩展自我的一部分改善种族歧视。[18] 以此为代表的在过往大众传播理论体系中鲜见、反常经验材料出现，启发行为传播学反思既有范式中认为大众是无明显特征群体的局限，并提出新的理论主张：个体具有不同心理动机和媒介需求；行为传播学需要从人本角度出发，以传播场域中人的行为为原点展开研究。

改革式地统合既有范式

在根据传播学演进的结构确认行为传播学范式的合规律性之后，其合理性仍需讨论。由于范式学说否认传统逻辑经验主义者和证伪主义者根据知识累积或方法更新评价科学进步的做法，[19] 对新老范式的价值判断与选择就引发一个问题：如何断定行为传播学摄领的传播学会优于现状？对这一问题的回答又涉及一个更为复杂的、关乎价值标准的问题——不同科学范式之间具有不可通约性。通约性指不同范式之间具有的相似性，且允许具有各自的特殊性即局部的不可通约，因此不可通约性与通约性概念并不是互斥二分的。此外，由于理论的开放性、包容性和流动性，在学术共同体寻求通约的过程中，通约性与不可通约性是动态地共存共生着的。对传播学而言，一方面通约性是向前迈出的一步，因为其求同存异的态度承认了微观个体的特殊性价值。[20] 但另一方面，不可通约性也导致了范式价值的通约性难题。

第十九章 统摄性范式下的中层理论与范式补充

在这个意义上,"行为传播学"对传播学是"重构"还是"统摄"的目标设定是值得深入思考的。"重构"一词在客观上虽然与库恩原始"科学革命"说法的不谋而合:库恩起初认为范式的转换是革命性的,"必须立即整个地变革",因此使用了"科学革命"的表述。但后来,库恩实际弱化了科学历史的革命性、突变性色彩,将其类比成经过"自然选择"形成不同领域的不同传统,其中一个传统最终停滞并消失,实际就是原先所述的革命和替换,但这仅是一种可能的发展路径,并不必然发生。因此,规划某一范式发展目标面临的先决性问题是:它应该如何处理与传统范式的关系?就行为传播学而言,一个可以集中讨论的问题在于,传统大众传播理论虽然呈现出整体的结构性危机,但其中的具体概念范畴和模型及原理会随着行为传播学的崛起而"停滞并消失"吗?

显然,行为传播学的目标是改革式地统合而非革命式地重构既有范式。事实上,库恩起初在《科学革命的结构》中否认了对新老范式进行理性评价的可能性,但他后来关于科学合理性的论述在一定程度上克服了相对主义的弊端,这些通用性的评价指标包括精确性、一致性、广泛性、简单性和富有成果性,可理解为在两个维度上有侧重性地克服了范式之间的不可通约性。

这一判断为明确行为传播学与传统范式的选择与关系问题提供了分析框架。一方面,为在更广泛范围内解释研究问题、预测传播现象,行为传播学不能完全抛弃大众传播理论,因为作为大众传播理论本质的结构功能主义传统仍在特定视角上对部分经验材料具有不错的解释力。例如,行为传播学在以"个体"作为构建学科的基点并以"行为"范畴表征个体的同时,大众传播注重的"媒介环境因素"仍是班杜拉三元因果模型中的重要一元,不能随着行为范畴的出现而被埋没。另一方面，在分类学意义上，传播行为对主体心智和媒介环境的统合要从个体、群体等不同行为主体切入分析，这就使行为传播学不可避免地需要范式的变革统合大众传播研究围绕"环境""群体"范畴、行为科学围绕"行为""个人"范畴构建的成熟概念体系，使现存的各种不相容的传播理论模式能够进行有效的交流，以保证自身理论话语的一致性与简单性。

至此，我们对"行为传播学"中"统摄性范式"的表述及内涵进行了优化与扩展，将其发展的规范性目标表述为"统合"既有范式、"摄领"学科变革，即期望在统合传播学新老范式及跨学科范式概念体系的基础上，团结多学科知识背景的学者群体，摄取多层次、多维度、网状的知识群，对新型媒介社会在发展临界期涌现的关键性、升维性问题，做出更加精确的解释与预测。这也应和了罗伯特·普特南（Robert Putnam）在国际传播学会50周年时提出的，传播学的理论发展要考虑多种不同的声音，将不同的概念和理论相互联系，并以求同存异的方式探索理论。[21]

第三节　范式统合从范例开始

行为传播学关于范式发展路径"避免抽象经验主义"的设计理念实际指向了第一种不可通约性——概念体系差异对范式统合的阻塞，藉此引出对行为传播学中层理论的设计构想——班杜拉三元因果模型指导下的可供性理论。科学哲学视角下中层理论作为宏观理论与微观实证研究之间的桥梁，[22]对学科研究而言很好地克服了范式视野广泛而不集中、理论抽象而不具体、结构松散而不紧密的问题，利于增强学科解释力、预测力，巩固范式的摄领地位。

中层理论：从范式到范例

尽管碎片化、巴尔干化的传播学科面临的不可通约性问题尤为突出，但学科统合并非毫无希望。库恩在 1982 年《可通约性、可比较性、可交流性》一文中就此进行了集中论述，首先阐明，不可通约性并未在不同范式之间构筑不可逾越的鸿沟，因为不存在完全的不可通约，局部的不可通约也并不意味不可交流：理论的开放性导致在共同体寻求通约可能的过程中可以动态地改变不可通约性的内容，即不可互译的内容随着互相融合逐渐减少。这一动态过程被库恩比作学者可把彼此看作不同语言共同体的成员，将不同概念体系的知识交流当作语言翻译进行操作；即使严格的翻译是不可能的，同样不存在完全没有相似性的两个范式，因此存在的可通约性也足以使不同共同体发生充分的交流，以学习其他范式的语言。[23]

此外，库恩特别强调范例的交流在整体上的先决作用。"范例"可被理解为学生在接受科学教育阶段就遇到的具体的问题解答。而不可通约性的产生，很大程度上正是由于科学家在初入共同体时是通过具体范例而非抽象定义来进行科学学习的。但对于行为传播学而言，范例的先决作用首先体现在对学科借鉴信心的树立：即便传播学与行为科学之间就概念表述、问题观照难以"互译"，但如果行为科学关于"主体能动性""有限理性"的假设经过实证研究检验持续显示有效，对"结构影响""理性人假设"感到失望的传播学者就有可能借用前者的方式表达他们的研究成果。借用库恩的比喻，这个过程与其说是主动翻译知识，不如说是在学习知识——跨学科先驱们最初怀抱的信念往往是我不知道这种范式的支持者是怎么成功的，但是我必须学；不管他们做的是什么，那明显是对的。[24]

显然，以范例为学习资源的言语共同体可以是范式共同体的一个过渡形态——"范式是共有的范例"——如果说范式常常表达为一个相对抽象的定律或相对宏观的理论，那么作为范例的经验研究就负责将其与自然界（或外在社会）的具体现象联系起来。由于两者之间跨度较大，本书对行为传播学所确立的元理论原则及所做的实证研究、关注的经验材料之间引入默顿意义上的中层理论，以便利不同领域知识的翻译与学习。

分类学的学科交流：可供性理论

自桑德拉·埃文斯（Sandra Evans）于2017年在传播学领域初定可供性的概念以来，其在中国引发了诸多研究，包括命名与理解方式、[25] 诉诸情感的网络舆论和群体行为、[26] 新闻产业的增长可能性、[27] 虚拟偶像的情感机制，[28] 但是很少有研究关注可供性对学科统合的潜力，直到喻国明等人提出可供性作为具有前瞻性的启发理论对传播学融合跨学科知识的统筹作用。具体来说，可供性提供了一种方法理解人与技术的关系，[29] 其基于一种社会物质性假设，即社会和物质之间没有内在的差异，两者通过不同的叠加形式产生了技术这一经验观察到的实体，[30] 因此技术同时具有社会性和物质性。其中，物质性影响用户行为，比如技术限制框定了用户的选择，但不能决定用户行为；社会性则具有更多的动态可能，基于个体差异及特定的历史和文化背景，并依赖于行为特定的语境和偶然的过程。可供性理论的动态属性[31] 或变异性[32] 天然地有着向个体层面的转变：由于不同个体所处社会环境、个人经历等主体差异（社会性差异）存在，即使对待相同物质性的事物也会导致不同的个人与事物之间的关系，而且即使是同一个人在不同时刻的动态需求也会改变可供性。这一思路自然引起对个体行为的关注，与行为传播学以行为范畴表征传播中个体的范式内涵不谋而合。因此可供性将行为传播学基于的分布式微粒社会与个人赋权假设融合进理论中，架起了具体范例与抽象范式之间的桥梁——只要研究以可供性的思路进行就能够符合行为传播学的范式立场，被当下的时代焦点所通约。

具体来说，可见性作为可供性的最重要的呈现方式，为这一中层理论的操作方式提供了切入视角，杰弗里·特里姆（Jefferey Treem）等人通过将其比作演员在舞台上利用客观条件（比如地形障碍物）进行表演的可能性对可见性操作性的思路进行了多维度的分解，第一个维度是呈现者的活动，第二个维度是观察者的活动，第三个维度是传播的社会物质背景。[33] 得益于这一思路，未来行为传播学范式指导下的研究可统一对这三个维度作独立或组合分析，以使不同范式和学科传统的学者在同一概念体系下开展具体研究。具体来说，针对呈现者的活动研究可以调查研究主体做了什么、如何做的、这一行为以怎样的痕迹呈现在语境里；观察者往往不直接参与到信息传播进程，而是作为旁观者间接地与自身的认知经验交互，由此对观察者的研究方向可以细分到他者如何寻找主体产生的内容，以及对内容的反应，媒介效果系列研究就可以划分在这一主要类别中；对社会物质的探索则更侧重对传播发生环境的分析，不止是时间空间，还包括社会环境、算法环境如隐私保护政策、传播语境、人际沟通网络。

当然，如今的传播现象已经渗入社会中的各个细枝，三个维度交互重叠，因此通常情况下难以分离个别维度，或在深入单一维度的过程中必须关联另一维度，比如对呈现者与观察者的任一问题都离不开对社会物质性的考察。综上所述，依赖于可供性或可见性的前瞻视野，传播学得以从"人-社会物质"这一相对固定的角度切入社会的发展规律，因此本书强调其作为对行为考量时整合范式的中层理论，可以在一定程度上解决传播学的内外生危机。此外，目前元宇宙与虚拟现实对人信息渠道的泛化和实践范围的拓展都可视为可供性的框架内，技术不断迭代下，其社会物质性毫无疑问也会伴随社会环境、个体自我认同不断变化，但基于可供性对人与技术关系的三个维度的动态考察，仍然是值得采用、具有启发性的中层理论框架。

第四节　差异易感性媒介效应模型作为"问题-解答标准"

问题-解答标准的不可通约性

借用可供性理论，行为传播学能对传统范式以及行为科学等不同语境中的"个体""环境""行为"等概念内涵及外延进行统筹。然而，在不可通约性的第二个维度——方法论的不可通约仍然存在于传统传播学研究。方法论的不可通约性可以被理解为"问题-解答标准"的不可通约，[34]它具体体现在：第一，特定的理论或方法该被用以观照哪些传播现象，回答何种研究问题？第二，各项实证研究观测到的媒介效果外部效度有限，只保证对研究样本的效度，难以统合性地解释现实社会中的特定对象。

"问题-解答标准"不可通约的第一点特征在传播学研究中广泛存在，比如在理论选择上：社会认知理论尽管源于心理学，但由于宏观视野与学术潜力，它被广泛用于媒介效果研究的理论框架；涵化理论作为传播学的经典理论之一，对媒介消费的结果进行了概括；当问题聚焦于性别刻板印象时，性别图示理论又在媒介性别形象的效果研究领域里常青。而关于第二点媒介效果结论的不可通约，研究常以样本局限性为理由采取回避的策略。在生态学中，动物的性格差异是社会功能和社会结构的重要影响因素，比如不同性格在鱼类中会导致不同强度和持久性的社会关联，[35] 表现出的行为差异也会导致非随机的、倾向性的集群组合，形成异质化的社会精细结构；[36] 同样的理论也被推广在人类中，体现为社会网络的同质性和个体差异导致的趋向性。这一问题在心理学以及统计学中今年来有多种方法涌现，如多层线性模型、潜变量增长模型、随机截距的交叉滞后等，将个体差异作为关注的重点。但这一点在媒介效果研究中常被回避，即作为研究局限出现在文末；或通过更多样的（人种、年龄、家庭背景等）样本作为实验代表性的依据，但人口学变量多样化对研究解释力的增进仍是有限的。这种对个体差异的推诿态度，进一步加剧了效果研究之间解释现实问题时的不可通约性。

综上，针对方法论标准不可通约性对范式交流、学科发展的阻塞，行为传播学需设计新的中层理论，以规定它用以解释哪些传播现象或媒介机制，并关注哪些关键性变量，以及为媒介效应的评估和融通提供一套标准体系，以作为后续具体实证研究开展的问题清单和操作手册。

差异易感性媒介效应模型作为中层理论

万物皆媒的社会图景意味着日常生活的任一行为都可以视作媒介动作和过程，一定程度上导致媒介效果研究领域的碎片化和超专门化趋势，这引发了传播学的解释力危机：当研究被拉向多个狭隘的主题方向时，如何对某些社会现象进行概括性的解释？因此，传播学发展面临的一个关键任务即是通过重复性研究对媒介效果主题、不同路径、理论、方法下的效应进行比对。威廉·贝诺特（William L. Benoit）等人呼吁更多的元分析以促进研究的重复性，[37]但是在相对割裂的理论模型间各自进行研究的重复单向地输出结果，而欠缺得出结果后对背后机制与原理的探讨，理论思考的缺席内耗了传播学的创新潜力。这一缺憾在元分析中仍有体现，虽然元分析指出不同的媒介效应大小取决于使用方法差异、范式差异、人口学变量差异，但是其对结果的差异解释力有限，因此，瓦尔肯堡和彼得通过对既往元分析中对媒介效果的差异（不同人群收到媒介影响效果大小不同）报告提出差异易感性媒介效应模型（differential susceptibility to media effects model，DSMM），[38]它用微观的视角聚焦于个人差异，并指出微观层面的媒介效应理论应该基于对个体媒介使用者的观察来进行推论，具体来说媒介效应的大小不仅取决于科层社会与宏观的地缘、业缘或趣缘，还诉诸长期内化的气质、认知心理等。由于差异易感性模型在兼容不同领域概念体系的基础上，统筹了各时代、地区下的输出结果，因此在一定意义上为以个人为单位的微观传播研究提供了通约外部效度的模型抓手。

差异易感性模型作为对微观媒介效果的整合理论，建立在既往理论建树之上，其中动态交互模型、社会认知理论，发挥了较为核心的作用。动态交互模型最早由沃纳·福鲁（Werner Früh）和克劳斯·舍恩巴赫（Klaus Schönbach）提出，它强调传者和受者都积极地参与传播过程，其中包括两个并行的交互：一个是发送者和接收者的交互，另一个是个人的认知层面上，信息的摄入与既有知识水平相互作用。[39]而这一研究所提出的动态交互模型实质上为差异易感模型提供了可借鉴的测量方法基础与个体差异视角的观念雏形。首先，动态交互模型不再依赖心智，即被试自我报告的媒介使用动机，而是转向对行为的特定测量，具体来说在动态交互模型中大量研究使用特定的软件捕捉。其次，动态交互模型一定程度上告别了理性人的预设，调和了魔弹论和刺激反应视角强调受众被动接受与使用满足模型积极理性人的假设。[40]强化螺旋模型进一步发展了动态交互的特点，提供了行为影响发生后持续的个体媒介效果，并强调个体或社会身份会使媒介使用的认知和行为结果差异性地影响媒介使用。[41]其过程表现为个体的态度、认知会作用于媒介选择的行为，选择性曝光的效果也会反向塑造个体进一步的认知，形成类似于正反馈回路的相互加强的螺旋。

班杜拉的社会认知理论在微观层次的再现提供了差异易感性模型的机制基础，即通过关注示范行为，个体通过在认知层面对信息进行符号编码来保留信息，以形成新的或加强现有的认知结构，最终在适当的环境中通过行为再现。[42]由于社会认知理论的统摄性地位，它可以解释动态交互在内的五类媒介效果理论，具体包括：个体差异和社会背景调节媒介使用对个人的影响、媒介使用中介从个体差异变量到媒介使用结果、媒介使用过程中发生的心理和生理过程中介媒介使用和行为结果、媒介效应作为中介得到新的媒介效应，以及动态交互理论中媒介行为与行为结果交互影响。尽管社会认知理论在解释媒介效果个体差异方面存在巨大潜力，但是由于其大而全的模型难以归因到实处。因此，瓦尔肯堡将微观个体在主体和行为结果上的差异与既往的媒介效果理论结合，指出四个命题（见图19.1）：首先，媒介效果是条件化的，其基于三种个体差异易感性变量，包括个人维度上所有对媒介选择与结果有影响的倾向易感性，由于个体和社会发展而选择性地使用和响应媒介的发展易感性和影响个体对媒介的选择性使用和行为结果的社会易感性；其次，媒介效应是间接的，三种媒介反应状态：认知（对信息的注意与存储）、情感体验和兴奋（生理唤醒程度）中介了媒介使用与媒介效应之间的关系；再次，个体差异易感性作为媒介使用的预测项和媒介使用对媒介反应状态影响的调节项；最后，媒介效应是交互性的，即媒介效果可以影响前三个步骤，同时前三个步骤也在直接或间接中影响媒介效果，形成动态的模型。

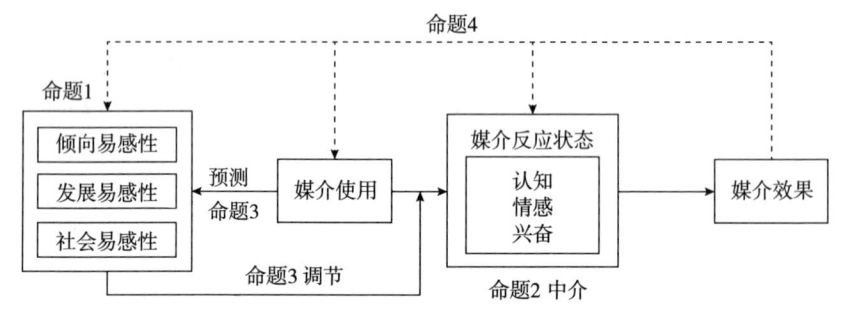

图 19.1 差异易感性媒介效应模型

资料来源：孙豪灿，刘德传，喻国明.行为传播学再思考：建构统摄性范式下的中层理论与范式补充［J］.传媒观察，2023（07）：5-16.

差异易感性模型细化了从媒介消费到媒介效果交互过程中的每个步骤，通过将个体差异以差异易感性变量的形式引入媒介效果模型，补充了既往理论模型缺失的微观视角，增强不同范式在方法论意义上的可交流性。在未来行为传播学的研究中，无论是将差异易感性模型作为观察、抽象传播现象、设计研究方案的思路，还是将其作为补充研究讨论的视野，探索既有文献中未能包揽的媒介机制可能性，差异易感性模型都在"问题–解答"标准上提供了更广泛的外部效度。

第五节　行为传播学的研究方法

方法创新困境的解决方案

基于研究对个体差异行为的转向，如何衡量行为殊同成为研究的重点。在这一点上建构主义范式与实证主义范式有各自的方法优势,并且产生了持续的争论。建构主义范式倾向于质化方法,基于对传播物象的个别观察推广到集体,在质化研究的指导下以研究者个人的经验感受为索引,串联理论脉络;社会科学中实证主义范式基于对目标的客观测量以得到尽可能具有外部效度的结论,偏向量化分析。建构主义范式受到研究者的主观影响,但也在一定程度上保证了研究的专业性,实证主义范式相较下关注唯一的真理,形式上更客观,但是得到的数据往往是经过信息发出者处理过的,无论是自我报告、实验还是基于软件的获得,都无法避免非理性假设、霍桑效应及练习效应的干扰。

除此之外,克雷斯韦尔等人认为混合方法研究是对长期的、循环的量化与质化方法优劣之争的回应,尽管量化与质化混合方法在定量数据后续分析研究问题提供了一般性的解释,质化分析更深入地探索了参与者的观点以改善并解释统计结果,[43]其创新力始终有限,其原因可以归结为以下几点:首先,混合方法的出现符合科学发展质化方法提出理论、量化方法验证理论的自然规律,这一论证过程是常规的,因此混合方法很少提出具有变革性、创新意义的研究贡献,而仅将学科论证的两个步骤合二为一体现在一篇研究中。混合方法提高了研究的内部效度,但是对单个作品的外部效度效果有限。其次,传播学的交叉属性和对跨学科理论、方法的吸收天然地难以分离建构范式与实证范式,即难以做到价值中立,比如量化研究范畴的内容分析、基于LDA模型的文本主题分析结果,如果不对其加以阐释就难以梳理文章的理论、实际意义。最后,混合方法难以脱离量化与质化两种方法分别的劣势。这一情况下,认知神经传播学的崛起绕开理性人假设的论辩,对人的生理行为进行直接测量,可以作为适应深度媒介化、万物皆媒的根方法。

实现范式统合的根方法

认知神经科学作为一种范式广泛地应用于心理学等学科，近年来以传播学主题为研究基点的认知神经科学，拓展出了认知神经传播学这一新兴范式。其应用技术方式包括功能磁共振成像（fMRI）、脑电图（EEG）、功能性近红外光谱（fNIRS）及脑磁图（MEG）等。认知神经传播学超越了传播学一般范式无法绕开的"是否理性人"问题，甚至以这一问题为研究切口直接对人脑直接的思维动作进行考察，试通过脑部现象推测大脑黑箱的机制，成为能够得出个体层面结论却具有大众意义的"根方法"。

认知神经传播学的实验主义范式作为更早兴起的、探索人类共同脑部机制的方法建立在心理学和认知神经科学对大脑功能分区与脑电波成分分解的基础上。这一时期的神经影像学数据分析方法为了绘制出每种刺激类型跟踪的脑区活动，必须对刺激进行详细的注释，然而超扫描（hyperscanning）范式规避了传统范式对刺激注释的必要性。相反，它关注的是不同接受者对相同刺激的反应的相似性。因此，只要参与者接触到相同的信息，不管信息的复杂程度如何，超扫描范式都是适用的，这为自然主义的范式提供了方法基础，即不再将现实生活中的行为模式抽象为固定刺激，而是将被试置于相对生活的实验环境内收集脑部数据。超扫描范式对多人共时性的脑部测量成为可能，拓展了原有认知神经科学对人内效果的考察，人际效果成为新的方向。[44]

受成本、便携性和设备物理属性的限制，同一时空条件下处理被试的超扫描范式实验要求较高，然而被试间相关由于其不需要被试属于同一时空下、被试只需要接触相同的时间序列上接触相同的信息的属性，已经被独立作为自然主义的范式被应用。自 2022 年拉尔夫·施梅尔兹勒（Ralf Schmälzle）对被试间相关的概念与理论进行厘清，[45] 目前的被试间相关范式在传播学本土的应用还较少，但是已经有脑科学领域的研究指出电视节目诱发的被试间的脑电相关水平可以预测成整体电视受众兴趣和偏好表达，并且由于被试间相关对基本视觉、听觉以外的更高层次的知觉过程是敏感的，拓展了个体差异的研究思路，比如在悬念、紧张、刺激的电视情节下被试间相关会更强、当时间序列混乱时被试间相关大幅减弱，[46] 以及施梅尔兹勒的研究指出对 H1N1 流感的高低风险感知在观看有关的电视报道时会调节大脑反应。[47]

此外，fMRI 为被试间相关提供了更优的空间敏感性，即揭示了被试间接触相同信息时脑内区域是否有一致的反应；EEG 技术为范式提供更高的时间解析度，通过被试间的脑电相关性得以观察连续的、动态的被试状态，为传播学中的媒介效果研究提供了清晰的方法路径。因此，首先，认知神经传播学为传播学的学科进步提供了基于实证主义认识论的明确结论；其次，在 fMRI 和 EEG 技术的加持下，超扫描范式令可供性理论中主体与他者的交互行为变得可测量，且被试间相关的同步性已经为共时性的交流这一研究方向铺垫基础；最后，由于其对个体层面的测量导致差异易感模型中差异易感变量的测量成为可能。综上，认知神经传播学作为一种根方法串联起了行为传播学的中层理论，使对分类学与方法论意义上的学科交流成为可能，提供了崭新且巨大的解释空间。

深度媒介化下的方法更替

认知神经传播学的确提供了更高信效度的方法，对干扰变量加以控制，得到了较为稳定的因果，但是实验室环境也成了其缺陷之一。

而且脑电与核磁方法的实验往往是单次的，被试间相关确实提供了对纵向变化检查的可能，但仍是单次的、实验控制下的，而非自然条件的个人处境。因此本书提出另一种方向，吸纳心理学方法发展近20年的变化，基于纵向的测量对被试的行为变化进行解释，可以相较于截面数据或实验数据更好地形容个体行为，进一步解决特质随时间的发展趋势、发展速度问题、不同个体间的发展情况差异，甚至多个变量在纵向的进程中如何互相影响的问题。

纵向数据分析的方法对行为变动过程中的共同部分与个体差异部分进行分离。在这一逻辑下多水平的方法天然地使用在纵向分析中。此外在结构方程的框架下发展出了两组模型，一组是对个体发展情况进行测量的增长模型，包括带有均值结构的验证性因子分析即潜增长模型，[48] 以及进一步对不同质发展情况测量的混合增长模型；[49] 另一组是聚焦时间序列上行为的因果变化即滞后模型，包括交叉滞后，及发展出来的随机截距交叉滞后，[50] 甚至根据长期的频繁测量建立的复杂纵向模型。[51] 这些方法都应该广泛地应用于传播学的研究中，通过行为数据的测量，明确媒介与行为的深度交互机制。

第六节　行为传播学范式定位的传播研究

行为传播学作为一种标准提出了既往研究方向在行为传播的范式上如何从问题分析逻辑与使用方法上进行升维，但是在当前微粒化社会与虚拟现实技术的发展语境下如何使用行为传播学范式使研究受益面临诸多挑战，那么应该如何定位行为传播学在社会科学与传播学范畴中的理论位置、应用环境、未来趋势呢？

行为传播学在学科建构中的角色

就社会科学间各学科的合法性而言，传统传播学往往以媒介视角立足，解决信息交换中的问题，然而随着技术发展带来传播手段的更新、主体的延展，万物皆媒已经成为共识观点，传播学无论是观察的现象、研究的问题、使用的方法、积累的结论都与心理学、社会学有着不可避免的重合。在对传播学备受争议的边界进行限定时，话语体系（如陈述问题的侧重、学术产出的句法、传播学学术共同体内共用的术语等）是其中的重要一环。尽管如此，话语体系"是否应该存在并显著区隔于其他学科"是值得探讨的问题。以与传播学相关的几个学科为例，认知神经科学在传播学内已经有了广泛的实验基础，对后真相等经典传播学的命题也给出了来自"他域"的支持；心理学与传播学有着极为密切的联系，人内传播演化为学科范围中的固定一角，且认知、情感也是传播学无法逾越的科学现象；社会学以社会科学的前缀命名自身，词义的范围上已经极大地包含传播，如此紧密相关的三者在话语体系上的区隔形成了更高维度的（不）可通约性问题——可通约的本质现象与研究问题却伴随不可通约的表象术语与陈述；因此恰如波普尔对学科之间的期待，尽管脱离了传播学的大环境，社会科学间也不应圈地障目，急于回应各学科之间的差异性以确立合法性，而应将合法性的讨论次居真理的追求下——事实上，各学科之间的边界在未来的发展中必将越来越模糊。

因此，独立、深入的见解对意见自由市场中的争鸣来说也是必要的，这也是行为传播学在未来要考虑的责任：作为传统意义上传播学的"外缘"以行为为考量标准强调个体的差异性，克服来自非理性人的随机误差与估计现实过程中工具带来的系统误差，更多变量被纳入对现实的估计中，这也标志着传播学愈发向以精度为追求的社会科学的靠拢，具体来说在行为传播学作为传播学外圈的阶段，率先接受跨学科的冲击，吸纳各异的视角与方法并归为己用；这是一个长期的过程，将外界的"新意见"本地化为传播学的工具，以便内圈更经典、细节的传播学研究能更深入地研究"旧"问题。

行为传播学在学科内部的角色功能

单论传播学内部的范式焕新，正如前文所说行为传播学并不是要颠覆传播学的现有传统，而是在新的更优范式出现前以摄领的角色整合零碎理论，实现结构性的创新与优化，以呈现可通约的多层次、多维度、网状的传播学成果的总集成；这意味着行为传播学的目的并非圈地维护单一范式的合法性，而是通过对公倍数和公约数的明确更好地解决传播和社会问题；以数字文明时代传播学发展者的姿态和角色来看待行为传播学，其前缀"行为"并不是固定的，而是在内外危机的倒逼下以真实行为作为传播学的重要核心，并以此促进与行为科学的交互，暂时作为统摄理论并等待未来传播学的根本性变革。

需要强调的是，尽管行为传播学是以行为作为研究问题，但是其前缀"行为"的意义等同于"现象"，是包揽万象的，其重点不在于词义而是强调研究的真实可靠性，及对行为发出者即差异性的个体的关注；更重要的是，行为传播学其预先设立了一种有时代局限性的研究立场，即立足于当下的微粒化社会，权力关系从科层制到分布式，社会运作的基本单位从分子水平上的机构组织到原子水平上的个人，由此带来了传播实践逻辑、传播连接模式及作用机制的改变。因此行为传播学对于传播学科的发展将起到"划定-整合-改造-启发"作用。

首先，元分析需要将既有研究进行嵌套数据的分层，整合现有理论需要有建立于同一研究立场（即微粒化社会与行为事实）的基础。其次，划定工作并非价值判断，因为任一研究都有所在的时代局限性，且每个研究都有所关注和忽略的选择性问题，因此划定工作不足以断言研究的优劣，仅提供参考标准判断是否符合当下及未来的社会趋势。是者将进入"整合"阶段，用可供性与差异易感性媒介效应模型解决通约问题。最后，由于行为传播学对跨学科知识的吸纳，他域的方法、结论、思路都能为传播学所用，以启发具有新视野的研究，在知识生产结束后，新一轮的"划定–整合–改造–启发"再次作用，如此循环不断提高传播学内部范式及外部学科的可通约性，引领传播学更高的信效度，达成对真实世界模型更细粒度的接近。

第二十章
深度媒介化视域下的社会治理：
基本范式与底层逻辑

元宇宙的出现是人类文明形态的一场深刻变革，深度媒介化的进程就此展开。想要深刻把握这一传播革命的实质，走好、走稳创新发展之路，厘清深度媒介化社会中的新现象和社会治理过程中的新逻辑是重中之重。因此，回到"原点"，回到现场，解决好"从 0 到 1"的建构问题，着眼于像元宇宙这种对于社会发展、时代发展的一些可确定性的内容，站在全局和时代发展的高点上重新划定边界与框架，反过来再把握如今的社会现实、社会现象，大面积推开从"1 到 100"的实践拓展方向，才能抓住机会，迈入数字文明新时代。

第一节　深度媒介化过程中社会涌现的新现象

从媒介化到深度媒介化，技术的发展不仅带动了媒介的形态变革，更是对社会结构、社会规则、社会进程产生了深远的影响。以元宇宙为代表的"深度媒介化"是不同于"媒介化"的理论与社会发展的一种全新范式，以互联网和智能算法为代表的数字媒介成为新的社会结构力量，算法等智能技术下沉为社会机理，成为社会的操作系统。与此同时，社会变革也开始从传统的数量增长、效果增强等粗放型横向社会变迁转变为聚变式纵向社会变革。从媒介化社会到深度媒介化范式的变革本质是传播不再只是社会结构中的一个组成部分，而是成为社会结构的基本要素，传播的社会结构开始按照传播法则、传播形态和传播逻辑开始变革与发展。

互联网的上半场与下半场

随着经济的高速增长和高质量转变，中国的传媒业从粗放型增长转向精细化发展，可以说互联网导致构成社会的连接方式和社会组织成分出现了巨大的差异。互联网的上半场以"连接"为主要特征，是完成人、内容和物联网共同网络化的阶段，在这个过程中，传播模式依旧以大众传播和人际传播为主。同时，社会功能和社会的价值创造都是在连接与再连接的过程中形成，有着跑马圈地的典型特点。

如今，以元宇宙为代表的智能算法等技术，通过升维重组，成为影响社会发展的重要因素，互联网也进入到发展的下半场。在这个阶段，数据的功能开始凸显，用户的自由权开始释放，互联网的连接更丰富，连接的场景也更广泛，媒介发展朝着数据化和智能化的方向转变。媒介通过大数据和智能化技术可以把过去无法满足的高场景度、低频度需要以及小众化、个性化的需求聚合起来，实现高效率、高适配度的价值匹配、关系再造与功能整合，从而较为充分而有效地满足这些以往无法开发的利基市场。

如果说，互联网发展的上半场就是对内容网络、人际网络和物联网络实现"连接与再连接"，互联网发展的"下半场"是在市场"人口红利"消化殆尽的情况下，对被激活的个人实现一种重新聚合的产业过程。[1]当互联网发展的"上半场"完成了随时随地与任何人的连接之后，互联网的"下半场"要解决的问题的关键就在于，为任何人在任何时间、地点从事任何实践活动来提供一个适合场景，能使人们的自由度得到更大提升，使人们做事的效率和体验的丰富性有巨大提高——这就是已经成为人们普遍认知的互联网发展的下一站："即将到来的场景时代"。[2]

微粒化社会的到来

以先进技术为代表的媒介发展使得人类社会呈现出新的发展样态，媒介逐渐浸透到社会的机理之中，也正在经历着一场革命性的变化。信息化、数据化、智能化的新媒介所提供的新连接作用于"社会构造"的第一个显著效应就是对于传统科层制社会的解构（去组织化），并进而形成所谓"微粒化"社会。[3]当前，元宇宙向我们提供了一个全新的社会连接方式，整个社会正在从传统的科层制社会向分布式社会过渡，也称"微粒化"社会，就是指颗粒度很微小的社会。"微粒社会"的概念由德国学者克里斯多夫·库克里克（Christoph Kucklick）提出，指高度数字化的社会里，所有的人和事物，都被数据精细地记录、分析和评价。[4]从这个意义上说，这意味着在此社会状态下的教育基础要素正在实现更广泛意义上的重组和新阶段的生态重构。与此同时，这种高精度的数字化结构催生了"微粒人"，个体从"理性人"变成"微粒人"。[5]

具体而言，微粒化社会所带来的社会变革主要体现在以下四个方面：

第一，从社会结构上看，伴随着传播技术的平民化和传播工具的普及，个人逐渐转变为传播的主体，甚至可以成为传播资源的掌握者。伴随着人工智能、大数据、算法等数字化信息技术的发展浪潮，万物互联进一步将人与人、人与社会、人与媒介的物理连接升维到生理连接和心理连接，元宇宙的出现将人们的实践疆域和自由度进一步拓展和提高。

第二，微粒化社会使得"人"的主体地位不断增强，其通过技术赋能与赋权、实现个体行动维度扩展的状态得到更大程度的激发，这种对于主体的解放是以往任何一个时代都无法比拟的。元宇宙时代所带来的微粒化社会，很大程度上是因为元宇宙的连接作用激活了个人发展和生存的新方式。个体之间可以产生自由的连接，连接之间还产生很多的互动，这些连接和互动呈现出多样性社会及其价值与功能。元宇宙将原有的媒介单位按照核裂变式的方式进行社会构造的裂解，这便形成了微粒化社会。

第三，社会的"微粒化"使得社会"去组织化"进程加快。分布式社会想要实现社会的"再组织化"转型，复制传统的组织化范式已经失效，可以说元宇宙的出现模拟了一个"开放、多元、普适"的媒介新样态，整个社会结构也从过去的科层制社会，变成了所谓的微粒化社会。它的颗粒度越来越细，每个人被激活，圈层化生存是一个传统社会的社会组织去组织化的过程。整个社会的去组织化到今天的再组织化，其实呈现了一个非常大的革命性改变。这就是媒介的连接作用，不断地提供新的标准、新的尺度和新的方式。

第四，价值创造的方式发生改变，从横向裂变到纵向聚变。工业文明可以看成是以分析和裂变的范式发展的文明形态，数字文明则是一种以整合和聚变的范式发展的文明。经济学中将劳动和资本等生产要素集中从而带来更多资源、产生更高效益的现象称为"集聚效应"。[6]

从"裂变"到"聚变",形成"一体化式解决方案"已成为互联网平台发挥集聚效应的关键。元宇宙是互联网发展提供了社会要素的整合、生态级关系的建构、彼此之间的协同的全新范式,为未来媒体提供聚合性承载空间,也为社会发展构建了新的传播向度。目前,社会形态将由互联网发展"上半场"的组织"裂变"为主导逻辑,转变为以连接、协同的组织"聚变"为主导逻辑,"裂变"是一个去组织化的过程,而"聚变"则是一个建立在新文明形态之上的"再组织化"进程。

互联网发展的拉锯战

纵观互联网发展的历史,其变迁与升级始终是碎片化和中心化之间的拉锯战。Web 1.0 被称为认知网络,是以"读"为特征的信息互联网,是网站和用户之间单向的通信渠道,专业网站负责生产,用户负责消费;Web 2.0 被称为社交网络,是一个更具有交互特性和操作性的互联网,互联网平台掌控着传播权力和传播资源,具有强烈的中心化特性,是动态的"可读写"的过程;随着元宇宙的布局,Web 3.0 时代带着去中心化的经济机制和组织模式逐渐步入发展轨道,是以"可读+可写+拥有"为特征的价值互联网和契约互联网,互联网用户从产品变成所有者,从免费的数字劳工变成实际的权力掌控者,重塑社会的构造体系和发展模式。

可以说,Web 1.0 和 Web 2.0 时代都是以互联网平台经济为核心,虽然 Web 2.0 时代用户社交开始兴起,一定程度上用户被互联网赋予了一定的权力,但用户数据和用户资源却被集中化到互联网平台,用户作为互联网生态的重要参与者和贡献者无法确权。在过去,由于用户的线上活动主要依赖于特定的互联网平台,用户的数字身份缺乏自主权，不同的平台企业、不同网络系统均需要用户不同的数字身份。其次，用户缺乏个人数据的自主权，在互联网平台"同意与不服务"的条约之下，用户的权利只能被让渡到互联网平台。同时，私人订制的算法让用户在面对其渗透时也显得无能为力。社交媒体的迭代和发展为 Web 3.0 的发展打下了基础，媒介交互的单向互动变为沉浸式交互，用户权益的自由度被不断扩大，身份确权和信息所有权被平等对待，Web 3.0 是用户与建设者拥有并信任的互联网基础设施，是一个广域、广语、广博的，跨区域、跨语言和跨行业的范畴系统，未来在整个市场主体、社会主体不断变化的过程中，更能体现分布式社会的个人用户的平等地位。

第二节　深度媒介化社会治理的困境

从科层制社会向分布式社会的转型过程中，"信息不对称"的治理逻辑被数据和算法冲破，算法型媒介重塑了治理制度和规则规范，导致新闻实践的变迁，主流媒体依托于平台，影响力逐渐式微，在与平台对受众的"认知竞争"中，面临退场的危机。上述变化过程形成了深度媒介化社会治理的逻辑困境、渠道失灵与机制困境。

现代化进程中治理逻辑困境

转型时期的社会矛盾与现代社会风险互嵌为社会治理带来了难题，在治理模式方面，科层制社会提供有效的治理管理体制。然而，当前社会中传统安全与非传统安全事件频发，究其社会背景，从静态来看是现代化社会中科层制社会"信息不对称"的治理逻辑被媒介技术所打破，从动态看来是现代性到后现代性转型过程中不可避免的风险问题与科层制社会导致的风险放大性。源于理性与祛魅精神的科层制（bureaucracy）指的是现代社会实施合法统治行政组织，专业化、权力等级、规章制度和非人格化这四个因素是科层制组织的基本特征。[7]

首先，在现代社会的转型过程中，科层制的反功能逐渐凸显。例如，默顿所提出的人格化批判，即一些为了实现效率的非常操作化的设计常常会导致仪式化的或者极为刚性的行为，两种行为均有损效率。[8]其次，科层制社会存在固化社会阶层的问题，导致社会平等难以实现。媒介化图景下技术更迭对科层制社会形成挑战，以区块链、算法为代表的元宇宙技术以非线性的方式影响着组织结构。社会结构沿着系统科学的逻辑进行转型，区块链为代表的分布式思维逐渐运用在社会中，形成人人皆为自治主体的"分布式社会"。再次，环境因素也不可忽视，现代社会面临多重突发风险，科层制社会结构在风险应对和社会治理方面存在困境。具体来说，科层制治理模式因其反功能在逐渐开放、分布式的社会中体现出僵化的特点，并且进一步放大了风险，在此种治理模式下，"行动的序列化"导致风险决策和常态社会治理中的错误无法纠偏，[9]"非人性化"导致在微粒化社会到来的背景下个人的主观意志和情感无法得到满足。

从媒介化的角度来看科层制社会治理机制时，不可避免地涉及科层制社会的信息传递范式以及由此产生的社会交往。科层制社会的治理主要依靠"信息不对称"，将公共信息异化为特定权力、阶层的私人物品。随着网络社会的崛起，实时信息流与生产过程的扁平化为科层制治理带来数字化和信息化的挑战。韦伯认为通信基础设施是"科层化的加速器"，在行政反应速度和节奏方面施加了稳定而尖锐的压力。[10]而媒介化以及深度媒介化则为我们理解日常生活中过度饱和的信息与媒介及其社会行动空间提供了理论工具。在媒介化的视域下，社会完全被媒介所浸透，[11]从时间的维度来看，媒介对社会领域的制度逻辑、文化秩序、治理制度和规则规范均产生一定影响，[12]因此媒介化社会给予社会治理以新的视角，即从媒介的变革以及媒介所提供的信息传递范式的角度进行分析。

媒介化社会中治理渠道困境

科层制社会中的信息不对称的治理方式在网络社会中逐渐失效，随之崛起的平台型媒体在信息资源和关系资源方面占据优势。平台媒体崛起的动因很大程度上也是源于媒介技术的发展，从 Web 1.0 到 Web 2.0 再到 Web 3.0，信息逐渐从可读可写发展到信息可确权以及信息可拥有，这背后体现的逻辑是受众主体性的提升，不仅打破了"信息不对称"的治理逻辑，同时带来信息传播场域多主体参与的变化。在数据和算法日益重要的社会中，平台媒体对信息生态所产生的影响一方面在于新闻实践，另一方面在于主流媒体被迫转移至平台，导致其影响力的式微。

从新闻实践的角度来看，平台媒体的数据与算法的底层建构以及去中心化的逻辑鼓励信息生产，但同时也因信息冗余造成"熵增"。例如，在新冠疫情时期的"信息疫情"（infodemic）、阴谋论与社交机器人助推的虚假信息传播。此外，社交媒体平台中特定话语下存在舆论极化与情感极化的趋势。从文化与制度的建构角度来看，媒体组织与受众参与的平台化活动可以被概括为"制度同构性"（institutional isomorphism），在其中数据作为中介塑造了当代媒体的组织原则，反过来引发新闻流程、新闻机构以及新闻机构的定义问题。[13]例如，如今的媒介介质逐渐由实转虚，从物理型媒介发展到关系媒介再到算法媒介，受众在算法逻辑下参与实践，并以数据的形式体现在网络当中。算法逻辑统一新闻价值和新闻形式，最后体现在新闻理念与制度的变革。

在新的传播态势下，主流媒体被迫转移至平台和圈层，面临传播影响力式微和边缘化的危机。过去主流媒体在社会治理当中发挥着信息传递、舆论引导和舆论监督的功能，在这种功能下信息反馈的不及时与受众参与的有限性构成科层制管理的一部分。过去研究都在这一基础上探讨主流媒体的影响力与用户的媒介参与行为，并且提出"媒介融合"的策略助力主流媒体获取积极的受众反馈。然而，受众媒介参与行为是传播场域中的外显性因素，并不能够完全解释受众的行为选择。从受众认知的角度来看，主流媒体在与平台媒体的"认知竞争"中已经处于退场的态势。网络社会的悖论在于信息熵的复杂性和无序性与受众认知资源的有限性和确定性，由此受众认知资源沦为各大媒体夺取的对象。这些认知资源具体包括浅层的注意资源和中度情感关系认同，以及深层的受众行为引导。[14] 在注意资源方面，囿于主流媒体新闻的规范性与新闻价值理念，新闻的产出往往有一定的时效性，而自媒体平台媒体往往缺乏体系化的新闻理念和事实核查机制，通过第一时间推送新闻掠夺受众的注意力。此外，通过情感渲染后的新闻事件实现受众的阈下启动，也能捕获受众的自动化注意。[15] 在情感与关系认同方面，与网络平台相比，主流媒体功能局限在提供信息，并未实现圈层的构建，而网络圈层内部的情感与关系认同加深了受众对信息的认知与理解。在上述两个阶段基础上，注意力和情感的捕捉实现了后续的行为引导，由此形成了网络平台的集合行为与社会动员。

因此，当前主流媒体面临的最大危机并不是传播渠道失灵和传播话语失效的表层问题，而是在与平台进行受众认知竞争中的退场，将塑造受众认知的主动权让渡给互联网平台。从认知竞争的角度来看，主流媒体的困境在于未能认识到网络社会的传播并非是由信息驱动，而是由交流驱动的。[16]"交流"是受众具有参与感的交流体验，在特定心理动机和社交的欲望的驱动下使用媒介，并在使用中产生情感共鸣。交流的观点强调了传播中的意义和情感关系共享，突出了受众对交流和连接的心理需求，因此主流媒体需要认识到网络中交流的意义，并以此为突破媒介化社会中治理渠道困境的逻辑起点。

媒介化社会中治理机制困境

社会治理的机制中，需要包括激励、约束和评估机制在内的机制建设。然而，当前治理机制的困境在于并未充分理解社会治理场域中作为行动者的个人与群体，由此难以建立起社会治理的激励机制，促进治理机制运作。在后现代社会的转型中个体认知和行动能力逐渐被释放，具体表现在时空脱域下建立起的圈层信任和个人身份认同。乌尔里希·贝克（Ulrich Back）也认为"最令人震撼的、也许是最不引人注意和最不为人理解的一个现象，就是个性化发展趋势大大加强，这使得'大量的主体意识'在各种各样的体制之内与体制之外出乎意料地活跃与复兴起来。"[17]在此意义上，公民团体在主导社会舆情方面发挥着主要作用，逐渐成为社会治理当中的行动者。在媒介化社会中，伴随媒介的使用逐渐形成各种使用"习惯"，并且开创了新的社会行动的可能性。例如，在 Web 1.0 到 Web 2.0 技术的发展中，公民的社会参与和社会治理从"围观式"的舆论监督转向作为舆论生产和舆论监督的主体，并且通过网络平台形成线上社会动员，为解决社会矛盾提供新的可能性。

不过，西方社会治理理论本质上是理性经济人为基础的社会自我治理理论，[18]基于理性经济人的假设可能无法解释当前社会治理中的负面问题。例如，媒介化赋权带来的减权效应，网络舆论场中因意见领袖的推波助澜和个人的认知窄化可能会形成诸如信息茧房、过滤气泡、群体极化以及网络暴力等行为。因此，对于个人的理解需要摆脱理性经济人的假设，从人的心理和行为出发。"行为人"（behavioral man）假设在行为经济学提出后，促使其他社会科学领域如社会公共政策学发生研究转向，研究主要基于人在不确定环境中决策的非理性、个人偏好等提出人的有限理性、有限意志力和有限利己的三种假设。

这一假设对于社会治理的启发在于理解全面的个人，个人与群体既是社会治理当中的行动者，也可能形成社会矛盾纠纷问题，全面的个人意味着对个人从心理的、情感的角度进行分析。从情感社会学的角度来看，当下社会当中的矛盾纠纷问题和无直接利益冲突问题的频发与社会互动中的负面心理问题相关，例如相对剥夺感、怨气与生气等心理情绪。[19]社会治理中的心理学问题涉及个人的社会心理与群体的社会心理两个方面，如个体心理、社会心态与群体决策心理。个体社会心理的内容，包括了个体社会态度（如歧视、偏见）、社会认知（如刻板印象、污名知觉）、社会行为（如亲社会行为、反社会行为）等。群体心理包括社会心态，如失落的社会情绪、失调的社会认知、失衡的社会价值观、失范的社会行为。[20]因此，从个人和群体心理的角度出发理解社会治理，就能为社会治理机制的安全风险提供新的评估指标，防范社会风险行为。

第三节　深度媒介化社会治理的新逻辑

深度媒介化社会中，社会治理面临逻辑失效、渠道失灵与方式手段不全的困境，究其根源，在于目前社会治理尚未将媒介技术与社会发展下的个人纳入全面的考察范围，尚未将个人作为社会治理的基本单位，实现在治理规则和治理手段方面的升级。由此，深度媒介化社会中的治理关键在于认识到在媒介环境中作为主体、正在发展的个人，认识到个人的传播交流需求，通过以人为本的逻辑进行治理，复杂性范式的思维实现群体的自治，借鉴DAO的思维实现社会构造的新方式并且通过构建游戏范式升级社会治理的手段与机制。

以人为本：促进更加全面的人性释放与价值升维

人是媒介发展的"元尺度"。任何媒介的发展都是人的社会性连接自由度的扩大，对于个人来说，伴随着现实世界和虚拟世界边界的消失，"人的解放"程度加深，社会自由度被空前提高，用户的数字价值得以体现，用户将生产能力、创造能力和消费能力集于一身，用户行为不再是割裂的个体行为，而被赋予了更多社会性的意义。

元宇宙促进更加全面的人性释放和价值升维，也体现在以下两个方面：一是它突破了人类社会实践现实空间的"亘古不变"的限制，可以选择性地自由进入不受现实因素限制的虚拟空间，展开自己一重甚至多重虚拟空间中的生命体验，并且实现自己人生中的价值创造。二是它将实现人类在虚拟世界中感官的全方位"连接"。当人的感官全方位地实现线上化时，元宇宙作为人类生活的全新空间的魅力将全方位地超越现实世界。元宇宙将对内反向作用于个体心智世界，实现对虚拟世界感知力和想象力的延伸，增强个体的主体价值，生命的体验空间得到了近乎无限的拓展，而人的内在特质、个性与能力也可以在这种全然不同的世界里得以释放和价值实现。

对于社会来说，今天个人由于互联网的赋能和赋权，社会运作的基本单位已变成了一个个有血有肉、有情感、有意志的个人，因此在发展的过程中"以人为本"的底线逻辑显得尤为重要。元宇宙构建新的社会生活场景，一方面元宇宙是互联网技术的集合体，它打破技术之间的壁垒，实现各技术独立性前提下整合，带来新的产业模式；另一方面元宇宙将各种独立的生活场景连接成为一体化的文明生态，社会运转效率不断提高，在虚拟与现实的转换中，改变社会交互和运行方式，新兴权利与传统权利的博弈开始凸显。无论是个人的发展价值，还是社会的总体价值，都在元宇宙发展中出现新的可能。

复杂性范式：技术革命下传播生态系统的技术演化

麦克卢汉在《理解媒介》中表明，新技术对社会变迁的影响从来不是沿着其出生目的那一方面线性的延伸，而是对整个社会有机体的系统性大手术。的确，以元宇宙为代表的新媒介步入社会结构之中，本来"中心－边缘"的线性传播模式变成波浪式涌动的传播模式，信息传播也呈现出复杂性，社会空间也变成复杂场域和复杂网络。复杂性范式将社会运行系统和世界发展视为一个充满复杂性的整体，整体由部分组成，但整体大于部分之和，其内部结构和功能都处于不断的演化和流动之中，具有不确定性、不可逆性等特征。[21] 这与当前的传播生态具有相似性，复杂性范式理论对准确厘清社会传播系统的变化，把握社会的发展脉络具有借鉴意义。

从互联网诞生之日起，互联网便带有着强烈的"去组织化"的特征，将社会的基本互动单位由组织分解为个体，以"去组织化"的方式重塑社会发展模式，媒介在重构整个社会结构的同时，也必然重塑了自身场域。由于互联网作用下，传统媒体组织化的内容生产面临挑战，互联网带来的新的信息技术范式极具弹性，并且具有重构组织的能力。同时社会结构的本质是流动的，现代性的本质是液态的，无论虚拟世界还是现实社会都是完全流动性的世界，如何突破束缚、如何打破困境、如何实现社会地位横向连接，是未来媒介重新架构社会形态的重要命题。

当"永久在线"成为常态，构成社会结构的层次组合不是一个简单的叠加，通过系统性、整体性、自主性、关联性、涌现性和多样性的复杂性范式视角，可以发现当下传播的"再组织化"，并不是简单回归高度正式化集体式的"理性"组织，复刻传统的"中心化"，而是结合既成的"微粒化"社会情境，以及基于个体特点和人际关系的非正式结构，构建融合理性、自然系统和开放系统多类结构的组织，[22]有效增强多节点的互动和协作，打造具有内生活力以及可以和外部环境产生良性循环的传播系统，通过互联网将连接拓展至人与物、物与物，将更多的微资源在新的社会条件下得以被连接与再连接。[23]

把传播看成一个复杂的动态系统，并由大量结构性功能要素有机组织起来的整体，那传播的运行法则是对信息进行加工、传输和贮存的动态过程。与此同时，传播社会系统内各子系统中存在着协同和自组织特点，传统的大众传播场域中的"信息中心节点"纷纷解构，被赋权和赋能的个体力量被激活，演化成为社会的重要的有机系统，新的社会权力通过增强连接数量、连接强度和连接深度开始变革，遵守着特殊的非线性的相互作用和远离平衡态的物理学定律，成为未来传播社会发展的着力点。技术发展、网络化传播的确深刻解构了传统社会，但如何规避风险以增强数字化社会的可控性，已成为未来社会治理所面临的新的重大议题。[24]

将复杂性范式赋予传播社会进程之中，通过"分布式社会的再组织"，技术层面弱化的监管效度，将在"自组织"原则的引导下更加明晰，多元主体共治的责任边界将更加明确，传播信息资源的深度连接将更加优化，群体组织之间的圈层壁垒将被打破，以多元协同的新理念为社会母系统创造更多的正向价值。

DAO（Decentralized Autonomous Organization）：社会构造的新方式

萨梅尔·哈桑（Samer Hassan）认为，DAO是一个基于区块链的系统，通过部署在公共区块链上的一组自动执行规则，人们能够在独立于中央控制的去中心化的系统中协调和治理自己。[25]去中心化自组织管理的生产、演进与发展共分为三个阶段，这三个阶段的发展都是以自组织理论为基础，在时间上是递进关系，治理思想也是一脉相承。在第一阶段，基于社会关系的去中心化自组织形态，依靠人际关系及意见领袖通过政策制定的形式进行人类复杂系统的治理；在第二阶段，基于互联网平台的去中心化自组织形态，依靠评价机制、推荐机制通过网络社区进行人工复杂系统的治理；在第三阶段，基于区块链技术的去中心化自组织形态，在原有的基础上依靠智能合约、激励机制通过群体智能、共享经济进行人工复杂适应系统的治理。[26]

互联网赋权在动态延展中内蕴"分散"与"聚集"的双重逻辑，"去中心化"是互联网赋权的一种逻辑。Web 3.0发展的过程中，最重要的一个概念就是去中心化。从技术架构的角度来看，Web 3.0 基于区块链的架构，应用代码和数据分布在分布式网络中的参与节点上，用户通过公私钥和加密技术能够自主掌握自己的信息和数据资产。这既保证信息的流通，又将所有权还给用户。从互联网经济的组织模式上看，Web 3.0 将带来颠覆性的改变。Web 1.0 和 web 2.0 是以互联网平台为核心，由互联网平台组织开展信息生产与收集，进而进行分配与消费的平台经济模式。Web 3.0 通过分布式账本技术，构建了一个激励相容的开放式环境，在这样的环境中，众多相互不认识的用户通过"无组织"的分布式协同作业进行内容生产与交换。用户共创共建、共享共治，既是网络的参与者和建设者，也是网络的投资者、拥有者及价值分享者。

游戏化范式：促进社会参与和协商民主

游戏化范式的纳入在于以"认知竞争"为起点，通过游戏化的思维捕获个人认知，促进个人的媒介社会参与。游戏化被视为一种新兴的技术、社会、文化或经济现象，通过这一现象，社会也表现出游戏化的特点。正如技术不单单指代中介物一样，技术也因个体的使用而表现出不同的特点，形成实践中的技术，游戏也与技术具有相似性，在分析游戏化带来的社会实践时，不可避免地涉及游戏化的个体使用问题，以及游戏化如何促使个人联结为群体，群体行动如何指向社会。这在理论上被概括为游戏化的涌现性，即并非有意地使用游戏化机制促进积极效果，而是游戏化的元素逐渐渗透进社会当中，朱霍·哈马里（Joho Hamari）将其定义为"游戏和游戏互动日益普及后呈现出的一种渐进的、突现的和无意识的文化和社会变革"。[27] 游戏化机制不仅对个体的认知、情感、态度和行为产生影响，也会以构建关系和情感的方式引起群体行动，最后在宏观社会层面，游戏化机制引导着社会参与和社会治理。游戏化研究的主要方向是游戏化嵌入到社会行动过程中，探讨其如何促进个人的发展、关系联结、群体聚合与社会行动，并借鉴多种理论模型进行阐释。

在游戏化方面，哈马里等人总体上将其分为三个主要要素，可供性、心理后果及行为后果。[28]可供性指的是构成游戏的游戏元素和机制，心理结果指的是心理体验，行为结果是指使用游戏化系统支持的行为和活动。游戏系统服务和设施的可供性导致了特定的心理后果，这些游戏体验进一步影响行为结果，尤其是游戏化范式下支持和激励的行为。游戏化对社会治理的影响可以概括为个人、群体与社会三个层次。首先，在游戏化与个人行为的方面，游戏化机制促进了个人的认知学习、社会认知和亲社会行为的转化，例如环保行为、防疫行为等。其次，在游戏化与群体行动方面，游戏化的积极效果应用于组织协同化与群体合作。游戏化在群体层面打破了过往以血缘、业缘为主的科层制社会交往，转而形成趣缘关系群体，在未来媒介的视域下，游戏化可能形成全新的线上交往空间。例如，在魔兽世界中，游戏设计体现出个人有机融入这一组织并且产生认同感。[29]游戏化在社会参与的应用方面的典型案例是教育游戏、新闻游戏、应用游戏、严肃游戏等涉及社会管理和社会规范领域的功能游戏。研究发现游戏化也被视为促进公民参与的有效机制，游戏可以促进公民学习及产生信任。在公民参与方面，民主协商理论是核心理论之一，对政治问题进行民主的、社会的讨论是培养积极参与治理和政治活动的知情个人的首选方法。游戏化能够激励参与并且促进审议，将满足公民社会参与功能要求，而功能游戏恰好提供了这一平台，从而为公民参与水平低的挑

第二十章 深度媒介化视域下的社会治理：基本范式与底层逻辑

战提供补救措施，并协助社区建设。这些目标的实现将使政府能够从其对公民参与平台的投资中获得更多收益，增加公民对其社区治理的参与，提高政府合法性，并有助于改善政府决策。[30]

小结

在风险社会与转型期结构性矛盾互嵌的中国社会，深度媒介化使得社会按照媒介尺度发展，涌现出个人崛起后的微粒化社会，形成了价值创造的新方式。同样，这类问题也导致社会治理中信息不对称的治理逻辑失效，主流媒体的治理渠道失灵，以及在与平台进行受众认知竞争中的退场，将塑造受众认知的主动权让渡给互联网平台。在此基础上治理机制尚未适配到特定社会治理场域中的个人与群体，尤其是心理治理。最后，基于积极的个人思想，即"拥有不可剥夺的物质财产和不可侵扰的私密空间，追求自身在精神上、身体上的同一性，塑造自身独立的、有价值的、有尊严的和负责任的生活，具有自我评价的理性能力，能自我抉择、自我行动和自我负责的公民"，[31] 拟提出深度媒介化社会中的治理逻辑。简言之，以以人为本的底层逻辑对应深度媒介化社会中崛起的个人，以复杂性范式的思维和 DAO 式的社会构造塑造新的治理机制，以游戏化范式为主流媒体提供开启受众认知的全新激励模式，以情感和关系认同为核心促进个人及群体的社会参与。

注 释

前 言

［1］Hey T, Tansley S, Tolle K. The fourth paradigm: Data-intensive scientific discovery[M]. New York: Microsoft Research, 2009.

［2］Searle J R. Minds, brains, and programs[J]. Behavioral and brain sciences, 1980, 3(03): 417-424.

［3］钟祥铭，方兴东，顾烨烨. ChatGPT 的治理挑战与对策研究——智能传播的"科林格里奇困境"与突破路径［J］. 传媒观察，2023（03）：25-35.

［4］晏青，陈柯伶，杨帆."自我–技术"关系感知与调适：短视频观看中间歇性中辍行为研究［J］. 国际新闻界，2022，44（11）：100-119.

［5］洪杰文，陈嵘伟. 意识激发与规则想象：用户抵抗算法的战术依归和实践路径［J］. 新闻与传播研究，2022，29（08）：38-56+126-127.

［6］李白杨，白云，詹希旎，等. 人工智能生成内容（AIGC）的技术特征与形态演进［J］. 图书情报知识，2023，40（01）：66-74.

［7］克劳斯·布鲁恩·延森. 媒介融合：网络传播，大众传播和人际传播的三重维度［M］. 刘君，译. 上海：复旦大学出版社，2012：111.

［8］曹克亮. 人工智能的神话：ChatGPT 与超越的数字劳动"主体"之辨［J/OL］. 长白学刊：1-9 ［2023-08-26］. http://kns.cnki.net/kcms/detail/22.1009.d.20230327.1533.004.html.

［9］王天恩. 人机交会：人工智能进化的类群亲历性［J］. 上海师范大学学报（哲学社会科学版），2023，52（01）：62-70.

［10］Chomsky N, Roberts I, Watumull J. Noam Chomsky: The False Promise of ChatGPT[J]. The New York Times, 2023, 8: 1-8.

[11] 喻国明, 曲慧. "信息茧房"的误读与算法推送的必要——兼论内容分发中社会伦理困境的解决之道[J]. 新疆师范大学学报（哲学社会科学版）, 2020, 41（01）: 127-133.

[12] 海德格尔. 路标[M]. 孙周兴, 译. 北京: 商务印书馆, 2014: 445.

[13] Rahwan I, Cebrian M, Obradovich N, Bongard J, Bonnefon J-F, Breazeal C, Crandall J W, Christakis N A, Couzin I D, Jackson M O. Machine Learning and the City: Applications in Architecture and Urban Design[M]. New York: John Wiley & Sons, 2022: 143-166.

[14] 阙玉叶. 人工智能实现完全意向性何以可能？——人机融合智能: 未来人工智能发展方向[J]. 自然辩证法研究, 2022, 38（09）: 55-61.

[15] 张文娟. 具身性之思想溯源、概念廓清与学科价值———种对具身传播研究的元认知[J]. 新闻与传播研究, 2022, 29（09）: 112-125+128.

[16] Boczkowski P, Lievrouw L A. Bridging STS and communication studies: Scholarship on media and information technologies[M]//Hackett E J, Amsterdamska O, Lynch M, Wajcman J. The handbook of science and technology studies, Cambridge, MA: The MIT Press, 2007: 949-977.

[17] Latour B. Reassembling the social: An introduction to actor-network-theory[M]. New York: Oxford University Press, 2005.

[18] Gibson, J J. The Ecological Approach to Visual Perception[M]. New York: Psychology Press, 2015.

[19] Livingstone S, Lunt P. Mediatization: an emerging paradigm for media and communication studies[M]//Peter J. Schulz, Paul C. Handbooks of Communication Science (21). Berlin: De Gruyter Mouton, 2014: 703-724.

[20] 弗朗西斯·福山. 我们的后人类未来[M]. 黄立志, 译. 桂林: 广西师范大学出版社, 2016: 169.

第二章

[1] Huang SY, Grady P, GPT-3, Generative AI: A Creative New World, [EB/OL]. (2022-09-19) [2023-03-04]. https://www.sequoiacap.com/article/generative-ai-a-creative-new-world/.

[2] 卢宇, 余京蕾, 陈鹏鹤, 等. 生成式人工智能的教育应用与展望——以ChatGPT系统为例[J]. 中国远程教育, 2023, 43（04）: 24-31+51.

［3］俞陶然.生成式人工智能：从新冠药物到魔幻绘画［N］.解放日报，2023-02-28（007）.

［4］OpenAI: Introducing ChatGPT [EB/OL].(2022-11-30)[2023-03-05]. https://openai.com/blog/ chatgpt/.

［5］朱光辉，王喜文.ChatGPT的运行模式、关键技术及未来图景［J］.新疆师范大学学报（哲学社会科学版），2023，44（04）：113-122.

［6］凯文·凯利.必然［M］.周峰，董理，金阳，译.北京：电子工业出版社，2016：45-50.

［7］吕尚彬，刘奕夫.传媒智能化与智能传媒［J］.当代传播，2016（04）：4-8.

［8］Kosinski M. Theory of mind may have spontaneously emerged in large language models[J]. arXiv preprint arXiv: 2302.02083, 2023.

［9］同［5］.

［10］同［5］.

［11］同［2］.

［12］牟怡.传播的进化人工智能将如何重塑人类的交流［M］.北京：清华大学出版社，2017：18-23.

［13］同［5］.

［14］史安斌，刘勇亮.聊天机器人与新闻传播的全链条再造［J］.青年记者，2023（03）：98-102.

［15］哈罗德·英尼斯.传播的偏向［M］.何道宽，译.北京：中国人民大学出版社，2003：7.

［16］梁智勇.移动互联网入口竞争的市场格局及传统媒体的竞争策略［J］.新闻大学，2014（03）：127-135.

［17］卢迪，邱子欣.5G新媒体三大应用场景的入口构建与特征［J］.现代传播（中国传媒大学学报）：2019，41（07）：7-12.

［18］同［14］.

［19］保罗·亚当斯.媒介与传播地理学［M］.袁艳，译.北京：中国传媒大学出版社，2020：157.

［20］罗自文，熊庚彤，马娅萌.智能媒体的概念、特征、发展阶段与未来走向：一种媒介分析的视角［J］.新闻与传播研究，2021，28（S1）：59-75+127.

［21］同［5］.

［22］唐·伊德.技术与生活世界［M］.韩连庆，译.北京：北京大学出版社，

[23]戴宇辰."在媒介之世存有":麦克卢汉与技术现象学[J].新闻与传播研究，2018，25（10）：82-96+127-128.

[24]沃特·德·诺伊，安德烈·姆尔瓦，弗拉迪米尔·巴塔盖尔吉.蜘蛛社会网络分析技术[M].林枫，译.北京：世界图书出版公司，2012：174.

[25]喻国明.未来媒介的进化逻辑：人的连接"的迭代、重组与升维——从"场景时代"到"元宇宙"再到"心世界"的未来[J].新闻界，2021（10）：54-60.

[26]潘忠党，刘于思.以何为"新"？"新媒体"话语中的权力陷阱与研究者的理论自省——潘忠党教授访谈录[J].新闻与传播评论，2017（01）：2-19.

[27]McLuhan M. Understanding Media: The Extensions of Man. [M]. Cambridge, Massachusetts: The MIT Press, 1994: 8-9.

[28]喻国明.人工智能带来重大传播变革[J].前线，2022（10）：56-57.

[29]Roose K. Bing's AI Chat: "I want to be alive" [J]. The New York Times, 2023, 16.

[30]Levinson P. The Soft Edge: A Natural History and Future of the Information Revolution. [M]. London: Rouledge, 1997: 3-5.

第三章

[1]崔原豪.ChatGPT：一场新的工业革命，会有多少人会因此失业？[EB/OL].（2023-02-15）[2023-02-27]. http://mp.weixin.qq.com/s?__biz=MzIyNDA2NTI4Mg==&mid=2655528450&idx=1&sn=399247b70ee29fcc3e1728d4c0ca224c&chksm=f3a8246fc4dfad7968b4ac2fa410207e10bda4880ca223c3fa7ed0743363e2f10234bdc6e9da#rd.

[2]喻国明学术工作室.元宇宙视域下Web 3.0重塑媒介发展新生态[J].江淮论坛，2022（05）：128-133.

[3]喻国明.元宇宙视域下的媒体深度融合：着眼点与着手处[J].青年记者，2022（10）：9-11.

[4]罗伯特·斯考伯，谢尔·伊斯雷尔.即将到来的场景时代[M].赵乾坤，周宝曜，译.北京：北京联合出版公司，2014.

[5]陆伟，刘家伟，马永强，程齐凯.ChatGPT为代表的大模型对信息资源管理的影响[J].图书情报知识，2023，40（02）：6-9+70.

[6]30分钟访谈.微软CEO详解人工智能：堪比工业革命，这辈子第一次见

这么大的技术浪潮！[EB/OL].[2023-03-05].https://baijiahao.baidu.com/s?id=1757002450948533897&wfr=spider&for=pc.
[7] 张夏恒.ChatGPT的逻辑解构、影响研判及政策建议[J].新疆师范大学学报（哲学社会科学版），2023，44（05）：113-123.
[8] 喻国明，韩婷.算法型信息分发：技术原理、机制创新与未来发展[J].新闻爱好者，2018（04）：8-13.
[9] Zhou J, Ke P, Qiu X, Huang M, Zhang J. ChatGPT: Potential, prospects, and limitations[J]. Frontiers of Information Technology & Electronic Engineering, 2023: 1-6.
[10] 丹尼尔·卡尼曼.思考，快与慢[J].杭州金融研修学院学报，2022（03）：82.
[11] Agrawal A, Gans J, Goldfarb A. Prediction machines: the simple economics of artificial intelligence[M]. Boston: Harvard Business Press, 2018.
[12] 孙宗岭.竞争与"机器换人"：恩格斯人机关系思想的当代创新应用[J].科学技术哲学研究，2023，40（01）：122-128.
[13] 朱光辉，王喜文.ChatGPT的运行模式、关键技术及未来图景[J].新疆师范大学学报（哲学社会科学版），2023，44（04）：113-122.
[14] 胡泳.人工智能不"智能"——重新思考数字化之十九[EB/OL].[2023-03-07].http://mp.weixin.qq.com/s?__biz=MjM5MzA1MTQ4MQ==&mid=2650152287&idx=1&sn=f0c729fb778f0a34c3ea92029fefd4d0&chksm=be9e5b6989e9d27fb25a643ff702728e36b79d133c4c5e639ec4b1672d1c396e33d5c8af01c6#rd.
[15] 周理乾.论自指的时间性（一）[J].系统科学学报，2015，23（02）：6-9.
[16] Von Neumann J, Burks A W. Theory of self-reproducing automata[J]. IEEE Transactions on Neural Networks, 1966, 5 (01): 3-14.
[17] 张江.ChatGPT向通用意识机器进化的关键——自指的启示[EB/OL].[2023-02-27].http://mp.weixin.qq.com/s?__biz=MzIzMjQyNzQ5MA==&mid=2247657937&idx=1&sn=e7239d5f596f7b5ffc647a63935fb65b&chksm=e899335cdfeeba4a86d44530445b0736f3ae38a42b3ffaf5c3360d31c36664de6306784e744b#rd.
[18] 任晓明，李熙.自我升级智能体的逻辑与认知问题[J].中国社会科学，2019（12）：46-61+200.
[19] 同［17］.
[20] 孙玮，李梦颖."码之城"：人与技术机器系统的共创生[J].探索与争鸣，

2021（08）：121-129+179+2.

[21] 喻国明，苏健威. 生成式人工智能浪潮下的传播革命与媒介生态——从 ChatGPT 到全面智能化时代的未来 [J]. 新疆师范大学学报（哲学社会科学版），2023，44（05）：81-90.

[22] 王建磊，曹卉萌. ChatGPT 的传播特质、逻辑、范式 [J]. 深圳大学学报（人文社会科学版），2023，40（02）：144-152.

[23] 罗自文，熊庚彤，马娅萌. 智能媒体的概念、特征、发展阶段与未来走向：一种媒介分析的视角 [J]. 新闻与传播研究，2021，28（S1）：59-75+127.

[24] 同 [20].

[25] CHAIRMAN RABBIT, TUZHUXI. 人类"3.0"意识形态战场——ChatGPT 的政治化终局 ChatGPT 的价值观及立场（四）[EB/OL].[2023-03-13]. http://mp.weixin.qq.com/s?__biz=MzA3MDIzODIwMg==&mid=2458099847&idx=1&sn=813e4abf089c255ccab475de2e4c1b17&chksm=8848ea12bf3f6304691dabacdfa34ed954024057d7e639ae0ad8fd72c2dbbb8b1312edc9661a#rd.

第四章

[1] 喻国明，耿晓梦. 未来传播视野下内容范式的三个价值维度——对于传播学一个元概念的探析 [J]. 新闻大学，2020（03）：61-70+119.

[2] 喻国明. 微内容的聚合与开发——未来媒体内容生产的技术关键 [J]. 青年记者，2006（21）：40-41.

[3] 同 [2].

[4] 同 [2].

[5] 方兴东，钟祥铭. ChatGPT 革命的理性研判与中国对策——如何辨析 ChatGPT 的颠覆性变革逻辑和未来趋势 [J]. 西北师大学报（社会科学版），2023，60（04）：23-36.

[6] 仇筠茜，陈昌凤. 基于人工智能与算法新闻透明度的"黑箱"打开方式选择 [J]. 郑州大学学报（哲学社会科学版），2018，51（05）：84-88+159.

[7] 喻国明，李钒. ChatGPT 浪潮与智能互联时代的全新开启 [J]. 教育传媒研究，2023（03）：47-52.

[8] 单波. 传播的理性与理性的传播 [J]. 新闻与传播评论，2023，76（02）：1.

[9] Haenlein M, Kaplan A. A brief history of artificial intelligence: On the past, present, and future of artificial intelligence[J]. California management review, 2019, 61 (04):

5-14.

[10] 何哲,曾润喜,秦维,等.ChatGPT等新一代人工智能技术的社会影响及其治理[J].电子政务,2023（04）:2-24.

[11] 安东尼·吉登斯.社会的构成:结构化理论纲要[M].李康,李猛,译.北京:中国人民大学出版社,2016:18,71.

[12] 姜华.从辛弃疾到GPT:人工智能对人类知识生产格局的重塑及其效应[J].南京社会科学,2023（04）:135-145.

[13] 喻国明,颜世健.认知竞争时代的传播转向与操作策略[J].东南学术,2022（06）:227-237+248.

[14] 王长潇,孙玉珠.技术与文化的张力:创意短视频跨文化共情传播[J].当代传播,2021（01）:27-31.

[15] 喻国明,耿晓梦."微版权":"微粒化"方法论下版权范式的转型迭代[J].中国出版,2022（02）:16-22.

[16] 同［1］.

[17] 唐俊.对媒介进化论的再认识:基于感知和权力的双重维度——兼论Web 3.0媒介的平权结构[J].新闻界,2023（01）:47-56.

[18] 唐荣堂,童兵."传播即权力":网络社会语境下的"传播力"理论批判[J].南京社会科学,2018（11）:109-114+143.

[19] 曼纽尔·卡斯特.传播力[M].汤景泰,星辰,译.北京:社会科学文献出版社,2018:43.

[20] 同［19］.

[21] 郭雅静.论中国新闻传媒业的混合所有制[J].新闻大学,2017（03）:8-14+27+146.

[22] 喻国明,李钒.关系-信息-场域:非理性因素增强下未来传播模式的探讨[J].新闻与传播评论,2023,76（03）:5-16.

[23] 喻国明学术工作室.元宇宙视域下Web 3.0重塑媒介发展新生态[J].江淮论坛,2022（05）:128-133.

[24] 喻国明,陈雪娇.元宇宙:未来媒体的集成模式[J].编辑之友,2022（02）:5-12.

[25] 保罗·莱文森.人类历史回放媒介进化论[M].邬建中,译.重庆:西南师范大学出版社,2017:51.

[26] 同［25］.

[27]喻国明,苏健威.生成式人工智能浪潮下的传播革命与媒介生态——从ChatGPT到全面智能化时代的未来[J].新疆师范大学学报（哲学社会科学版),2023,44(05):81-90.

[28]喻国明,耿晓梦."深度媒介化":媒介业的生态格局、价值重心与核心资源[J].新闻与传播研究,2021,28(12):76-91+127-128.

[29]喻国明.VR:具有巨大发展价值空间的未来媒体[J].新闻与写作,2018(07):52-54.

[30]蔡恒进.行为主义、联结主义和符号主义的贯通[J].上海师范大学学报（哲学社会科学版),2020,49(04):87-96.

[31]凯文·凯利.科技想要什么[M].严丽娟,译.北京：中信出版社,2011.

[32]喻国明,滕文强,苏芳."以人为本"：深度媒介化视域下社会治理的逻辑再造[J].新闻与写作,2022(11):51-60.

[33]喻国明,耿晓梦.算法即媒介：算法范式对媒介逻辑的重构[J].编辑之友,2020(07):45-51.

[34]约翰·H.霍兰.隐秩序[M].周晓牧,韩晖,译.上海：上海科技教育出版社,2000.

[35]同[34].

[36]同[31].

[37]贺祥林,冯华.探讨"以人为本"的四种思维方法[J].江汉论坛,2012(01):89-93.

[38]陶家俊.身份认同导论[J].外国文学,2004(02):37-44.

[39]同[31].

第五章

[1]张智雄,曾建勋,夏翠娟,等.回应AIGC的信息资源管理学人思考[J].农业图书情报学报,2023,35(01):4-28.

[2]封面新闻.蓝色光标全面停用文案外包GPT开抢广告行业饭碗？[EB/OL].https://baijia hao.baidu.com/s?id=1763062951314401808&wfr=spider&for=pc.

[3]张建中,西莉亚·坎贝尔.面对ChatGPT,新闻记者不应该有身份危机[J].青年记者,2023(05):97-98.

[4]凯文·凯利.科技想要什么[M].熊祥,译.北京：中信出版社,2011:103-110.

注 释

[5] 喻国明，耿晓梦.元宇宙：媒介化社会的未来生态图景[J].新疆师范大学学报（哲学社会科学版），2022，43（03）：110-118+2.

[6] 蔡恒进.行为主义、联结主义和符号主义的贯通[J].上海师范大学学报（哲学社会科学版），2020，49（04）：87-96.

[7] 周葆华.或然率资料库：作为知识新媒介的生成智能ChatGPT[J].现代出版，2023（02）：21-32.

[8] 赵金海.国外网络搜索引擎最佳资源现状述评（1）——桌面搜索工具、搜索引擎指南、目录和论著资源述评[J].现代情报，2007（03）：62-64.

[9] 王晞巍，赵丹，魏骏巍，邢云菲.数字图书馆网站搜索引擎优化指标及实证研究——基于信息生态视角的分析[J].情报理论与实践，2015，38（11）：46-51.

[10] 王天恩.ChatGPT的特性、教育意义及其问题应对[J].思想理论教育，2023（04）：19-25.

[11] 王天恩.信息及其基本特性的当代开显[J].中国社会科学，2022（01）：90-113+206.

[12] 维基百科.提示工程[EB/OL].[2023-08-27].https://zh.wikipedia.org/w/index.php?title=%E6%8F%90%E7%A4%BA%E5%B7%A5%E7%A8%8B&oldid=76118009.

[13] 提示工程指南[EB/OL].[2023-08-27].https://www.promptingguide.ai/zh.

[14] 王飞跃，缪青海.人工智能驱动的科学研究新范式：从AI4S到智能科学[J].中国科学院院刊，2023，38（04）：536-540.

[15] Washington Post. Tech's hottest new job: AI whisperer. No coding required. [EB/OL][2023-2-25] https://www.washingtonpost.com/technology/2023/02/25/prompt-engineers-techs-next-big-job/." container-title": "Washington Post"," language": "en", "note": "section: Technology", "title": "Tech's hottest new job: AI whisperer. No coding required.", "title-short": "Tech's hottest new job", "URL": "https://www.washingtonpost.com/technology/2023/02/25/prompt-engineers-techs-next-big-job/", "accessed":{"date-parts":[["2023",4,10]]},"issued":{"date-parts":[["2023",2,25]]}}}],"schema":"https://github.com/citation-style-language/schema/raw/master/csl-citation.json"}

[16] 穆宁.如何成为提示词工程师？[EB/OL][2023-08-27].https://36kr.com/p/2219000706495874.

［17］郑满宁.人工智能技术下的新闻业：嬗变、转向与应对——基于ChatGPT带来的新思考［J］.中国编辑，2023（04）：35-40.

［18］喻国明，杜楠楠.智能型算法分发的价值迭代："边界调适"与合法性的提升——以"今日头条"的四次升级迭代为例［J］.新闻记者，2019（11）：15-20.

［19］喻国明学术工作室，元宇宙视域下Web 3.0重塑媒介发展新生态［J］.江淮论坛，2022（05）：128-133.

［20］赫尔曼·哈肯.协同学：大自然构成的奥秘［M］.凌复华，译.上海：上海译文出版社，2005：1-13.

［21］陈婧.协同机制对政府开放数据的影响分析［J］.情报资料工作，2017（02）：43-47.

［22］雷鸿竹，王谦，程惠.协同视域下地方政府数据开放价值实现的影响因素及组合路径［J］.科技管理研究，2023，43（05）：243-250.

［23］喻国明，苏芳.从认知带宽到价值带宽：元宇宙视域下认知竞争逻辑的重塑［J］.西南民族大学学报（人文社会科学版），2023，44（04）：139-147.

［24］塞德希尔·穆来纳森，埃尔德·沙菲尔.稀缺：我们是如何陷入贫穷与忙碌的［M］.魏薇，龙志勇，译.杭州：浙江人民出版社，2014：3-20.

［25］喻国明，苏芳.从认知带宽到价值带宽：元宇宙视域下认知竞争逻辑的重塑［J］.西南民族大学学报（人文社会科学版），2023，44（04）：139-147.

［26］王瑞冰，徐盛，朱麟，等.认知需求和认知闭合需求对风险决策中外语效应的影响［J］.心理科学，2023，46（01）：121-129.

［27］刘子旻，时勘，万金，等.认知闭合需要研究梳理与未来走向［J］.心理科学进展，2018，26（04）：688-697.

［28］刘子旻，时勘，万金等.认知闭合需要研究梳理与未来走向［J］.心理科学进展，2018，26（04）：688-697.

［29］杨妮，孙华.变革与坚守：人工智能时代的新闻传播教育［J］.出版广角，2019（01）：40-42.

［30］常江，何仁亿.客观性的消亡与数字新闻专业主义想象：以美国大选为个案［J］.新闻界，2021（02）：26-33.

［31］WIPO. Berne Convention for the Protection of Literary and Artistic Works[EB/OL].[2023-08-27].https://www.wipo.int/wipolex/en/text/283698#P85_10661.

［32］刘文杰.探析著作权法中的"时事新闻"——翻译引发的著作权法疑难问题

［J］．新闻与传播研究，2016，23（03）：18-37+126．

［33］刘义昆，赵振宇．新媒体时代的新闻生产：理念变革、产品创新与流程再造［J］．南京社会科学，2015（02）：103-110．

［34］张志安，吴涛．互联网与中国新闻业的重构——以结构、生产、公共性为维度的研究［J］．现代传播（中国传媒大学学报），2016，38（01）：44-50．

［35］毛湛文，李泓江．"融合文化"如何影响和改造新闻业？——基于"新闻游戏"的分析及反思［J］．国际新闻界，2017，39（12）：53-73．

［36］方兴东，顾烨烨，钟祥铭．ChatGPT 的传播革命是如何发生的？——解析社交媒体主导权的终结与智能媒体的崛起［J］．现代出版，2023（02）：33-50．

［37］喻国明，苏健威．生成式人工智能浪潮下的传播革命与媒介生态——从 ChatGPT 到全面智能化时代的未来［J］．新疆师范大学学报（哲学社会科学版），2023，44（05）：81-90．

［38］谭亚莉，刘艳．算法时代网络主流意识形态的话语建构及优化策略［J］．学习与实践，2022（07）：24-34．

［39］孙嘉宇，陈堂发．理解新闻价值的两种逻辑：商品主导与服务主导［J］．国际新闻界，2022，44（02）：6-19．

［40］王辰瑶．新闻使用者：一个亟待重新理解的群体［J］．南京社会科学，2016（01）：115-121．

第六章

［1］保罗·莱文森．思想无羁：技术时代的认识论［M］．何道宽，译．南京：南京大学出版社，2003：118-119．

［2］Stefik M. The next knowledge medium[J]. AI magazine, 1986, 7 (01): 34-34.

［3］Eisenstadt M. The knowledge media generation[M]. KMI, The Open University, 1995.

［4］周葆华．或然率资料库：作为知识新媒介的生成智能 ChatGPT［J］．现代出版，2023（02）：21-32．

［5］彭兰．从 ChatGPT 透视智能传播与人机关系的全景及前景［J］．新闻大学，2023（04）：1-16+119．

［6］万力勇，杜静，熊若欣．人机共创：基于 AIGC 的数字化教育资源开发新范式［J/OL］．现代远程教育研究：1-10．［2023-08-27］．http://kns.cnki.net/kcms/detail/51.1580.G4.20230621.1741.002.html．

［7］布鲁诺·拉图尔.我们从未现代过：对称性人类学论集［M］.刘鹏，安涅思，译.苏州：苏州大学出版社，2010：47-50.

［8］李白杨，白云，詹希旎，等.人工智能生成内容（AIGC）的技术特征与形态演进［J］.图书情报知识，2023，40（01）：66-74.

［9］安东尼·吉登斯.社会的构成：结构化理论纲要［M］.李康，李猛，译.北京：中国人民大学出版社，2016：18，71.

［10］姜华.从辛弃疾到GPT：人工智能对人类知识生产格局的重塑及其效应［J］.南京社会科学，2023（04）：135-145.

［11］喻国明，滕文强.元宇宙：构建媒介发展的未来参照系——基于补偿性媒介理论的分析［J］.未来传播，2022，29（01）：2-9+128.

［12］宁德鹏，周红磊，任亮.开放式创新社区知识进化的网络演变及可视化研究［J］.情报科学，2020，38（06）：90-95.

［13］周葆华.或然率资料库：作为知识新媒介的生成智能ChatGPT［J］.现代出版，2023（02）：21-32.

［14］杨现民，余胜泉.泛在学习环境下的学习资源进化模型构建［J］.中国电化教育，2011（09）：80-86.

［15］Yang B, Qiang M. Improvement of Evaluation Models of Order Degree of System Structure by Means of Negative Entropy[J]. Systems Engineering, 2007, 25 (05): 20-24.

［16］米桥伟，杨现民，李康康.如何识别网络学习资源的进化状态——一种基于信息体量的量化表征方法［J］.现代远程教育研究，2023，35（01）：103-112.

［17］张赛男，赵蔚，孙彪，等.面向个人终身学习的数字化学习资源生态化发展模式研究［J］.现代教育技术，2012，22（01）：83-87.

［18］徐刘杰，余胜泉，郭瑞.泛在学习资源进化的动力模型构建［J］.电化教育研究，2018，39（04）：52-58.

［19］杨小溪，高顺，李林沛.资源-竞争-繁衍三维视角下图书馆短视频推广能力评价模型研究［J/OL］.情报科学：1-13.［2023-08-27］.http://kns.cnki.net/kcms/detail/22.1264.G2.2023 0516.1457.008.html.

［20］喻国明.ChatGPT浪潮下的传播革命与媒介生态重构［J］.探索与争鸣，2023（03）：9-12.

［21］喻国明，苏健威.生成式人工智能浪潮下的传播革命与媒介生态——从

ChatGPT 到全面智能化时代的未来[J].新疆师范大学学报（哲学社会科学版），2023，44（05）：81-90.
[22]喻国明，郅慧.理解认知：把握未来传播的竞争重点、内在逻辑与操作路径[J].编辑之友，2023（03）：58-65.
[23]喻国明，滕文强，郅慧.ChatGPT浪潮下媒介生态系统演化的再认知——基于自组织涌现范式的分析[J].新闻与写作，2023（04）：5-14.
[24]亨利·列斐伏尔.空间的生产[M].刘怀玉，译.北京：商务印书馆，2022.
[25]傅鹏，陈长松.理想的生活空间：基于三元空间理论的元宇宙空间探析[J].文化与传播，2022，11（05）：12-17.
[26]刘日明.马克思的未来社会与新文明类型[J].哲学动态，2022（01）：49-52.
[27]英尼斯.传播的偏向[M].何道宽，译.北京：中国人民大学出版社，2003.

第七章

[1]丛立先，李泳霖.聊天机器人生成内容的版权风险及其治理——以ChatGPT的应用场景为视角[J].中国出版，2023（05）：16-21.
[2]王迁.ChatGPT生成的内容受著作权法保护吗？[J].探索与争鸣，2023（03）：17-20.
[3]喻国明，耿晓梦."微版权"："微粒化"方法论下版权范式的转型迭代[J].中国出版，2022（02）：16-22.
[4]喻国明，李钒.内容范式的革命：生成式AI浪潮下内容生产的生态级演进[J].新闻界，2023（07）：23-30.
[5]张新雯，陈丹.微版权概念生成的语境分析及其商业模式探究[J].出版发行研究，2016（03）：30-32.
[6]毕崇武，王忠义，宋红文.基于知识元的数字图书馆多粒度集成知识服务研究[J].图书情报工作，2017，61（04）：115-122.
[7]林爱珺，陈亦新.信息熵、媒体算法与价值引领[J].湖南师范大学社会科学学报，2022，51（02）：125-131.
[8]李涓子，侯磊.知识图谱研究综述[J].山西大学学报（自然科学版），2017，40（03）：454-459.
[9]康锋，张会巍.论文查重的技术原理、局限及其合理应用[J].编辑学报，2023，35（03）：288-294.

［10］朱鸿军，李辛扬．ChatGPT生成内容的非版权性及著作权侵权风险［J］．新闻记者，2023（06）：28-38．

［11］刘一鸣，蒋欣羽．基于区块链技术的学术出版版权屏障研究［J］．编辑之友，2018（08）：95-99．

［12］杨峥．区块链技术发展视域下数字产品版权保护发展路径探析［J］．中国出版，2023（11）：45-47．

［13］北京互联网法院．北京互联网法院案例入选北京法院2021年度知识产权司法保护十大案例［EB/OL］．［2023-08-30］．https://baijiahao.baidu.com/s?id=1731919308319298481&wfr=spider&for=pc．

［14］张恩典．数字时代版权的算法实施：类型、困境及法律规制［J］．暨南学报（哲学社会科学版），2023，45（05）：35-49．

［15］Urban J M, Karaganis J, Schofield B. Notice and Takedown in Everyday Practice[M/OL]. Rochester, NY. (2017-03-22)[2023-07-09]. https://papers.ssrn.com/abstract=2755628.

［16］朱春全．生态位态势理论与扩充假说［J］．生态学报，1997（03）：324-332．

［17］胡春雷，肖玲．生态位理论与方法在城市研究中的应用［J］．地域研究与开发，2004（02）：13-16．

［18］陶喜红，周也馨．生态位理论视角下平台型媒体价值链生成逻辑［J］．中国编辑，2021（07）：64-68+73．

［19］强月新，张明新．中国传媒产业间的广告资源竞争：基于生态位理论的实证分析［J］．新闻与传播研究，2009，16（05）：79-87+109-110．

［20］胡建文．元宇宙需要数字版权保护吗？——虚拟现实技术生成场景内容可版权性的视角［J］．江西社会科学，2022，42（06）：168-177．

［21］刘洁，李伟．数字出版物国际交换的困扰与对策［J］．图书馆工作与研究，2017（06）：119-123．

［22］喻国明，耿晓梦．未来传播视野下内容范式的三个价值维度——对于传播学一个元概念的探析［J］．新闻大学，2020（03）：61-70+119．

［23］喻国明，李钒．关系-信息-场域：非理性因素增强下未来传播模式的探讨［J］．新闻与传播评论，2023，76（03）：5-16．

［24］同［10］．

［25］同［10］．

［26］吴超鹏，唐菂．知识产权保护执法力度、技术创新与企业绩效——来自中国

上市公司的证据［J］.经济研究，2016，51（11）：125-139.
［27］同［10］.
［28］喻国明，李钒.ChatGPT浪潮与智能互联时代的全新开启［J］.教育传媒研究，2023（03）：47-52.
［29］喻国明.影响力经济——对传媒产业本质的一种诠释［J］.现代传播，2003（01）：1-3.
［30］武文颖，王鑫.数字身份构建的伦理困境及其超越［J］.学习与实践，2023（06）：30-38.
［31］何明星.《毛泽东选集》伦敦英文版的世界传播［J］.出版发行研究，2021（06）：22-28.
［32］解学芳，祝新乐.新全球化时代基于区块链的中国故事传播：技术赋能与范式创新［J］.同济大学学报（社会科学版），2022，33（03）：46-60.
［33］余俊缘.商业性学术期刊数据库版权运营的困境与破局［J］.出版发行研究，2023（01）：22-29.

第八章

［1］NATO Innovation Hub. Cognitive Warfare [R/OL]. (2021-10-08) [2022-06-23]. https://www. innovationhub-act.org/sites/default/files/2021-01/20210122_CW%20Final.pdf.

［2］方兴东，钟祥铭.算法认知战：俄乌冲突下舆论战的新范式［J］.传媒观察，2022（04）：5-15.

［3］Ben N. Behind NATO's "cognitive warfare": "Battle for your brain" waged by Western militaries[EB/OL]. (2021-10-13)[2022-06-23]. https://mronline.org/2021/10/13/behind-natos-cognitive-warfare-battle-for-your-brain-waged-by-western-militaries/.

［4］Johns H. Countering cognitive warfare: awareness and resilience [EB/OL]. (2021-05-20) [2022-06-23]. https://www.nato.int/docu/review/articles/2021/05/20/countering-cognitive-warfare-awareness-and-resilience/index.html.

［5］Emily B, Zac R, Sian T. Cognitive Warfare [EB/OL]. (2018-09-20) [2022-06-23]. https://cove.army.gov.au/article/cognitivewarfare#:~:text=Cognitive%20warfare%20represents%20the%20convergence%20of%20all%20that,%28IW%29%20since%20the%20term%27s%20emergence%20in%20the%20

1990s.

[6] 同［1］.

[7] Ruesch J, Bateson G, Pinsker E C, et al. Communication: The social matrix of psychiatry[M]. London: Routledge, 2017: 207-208.

[8] 王金礼.元传播：概念、意指与功能［J］.新闻与传播研究，2017，24（02）：118-125.

[9] Ruesch J, Bateson G, Pinsker E C, et al. Communication: The social matrix of psychiatry[M]. London: Routledge, 2017: 209.

[10] Bateson G. A theory of play and fantasy[J]. Semiotics: An Introductory Anthology, 1972: 131-144.

[11] 同［8］.

[12] Ruesch J, Bateson G, Pinsker E C, et al. Communication: The social matrix of psychiatry[M]. London: Routledge, 2017: 224-226.

[13] 潘忠党，陆晔.走向公共：新闻专业主义再出发［J］.国际新闻界，2017，39（10）：91-124.

[14] 潘忠党.新闻变迁的核心问题［N］.中国社会科学报，2016-07-07（03）.

[15] 延森.媒介融合：网络传播、大众传播和人际传播的三重维度［M］.刘君，译.上海：复旦大学出版社，2012：99-105.

[16] Silverstone R. Complicity and collusion in the mediation of everyday life[J]. New literary history, 2002, 33 (04): 761-780.

[17] Mikhailov A P, Marevtseva N A. Models of information warfare[J]. Mathematical models and computer simulations, 2012, 4 (03): 251-259.

[18] 喻国明.算法即媒介：如何读解这一未来传播的关键命题［J］.传媒观察，2022（04）：29-32.

[19] 克里斯托夫·库克里克.微粒社会：数字时代的社会模式［M］.黄昆，夏柯，译.北京：中信出版社，2017：01.

[20] 刘海龙.宣传：观念、话语及其正当化［M］.北京：中国大百科全书出版社，2020：60.

[21] 姜红.作为"信息"的新闻与作为"科学"的新闻学［J］.新闻与传播研究，2006（02）：27-34.

[22] 冯莉."幻影公众"的认知实践：后真相时代生活世界的真相建构解读［J］.传媒观察，2022（04）：87-92.

［23］Haltiwanger J, Waldman M. Limited rationality and strategic complements: the implicationsfor macroeconomics[J]. The Quarterly Journal of Economics, 1989, 104 (03): 463–483.

［24］马克斯·韦伯.支配社会学［M］.简惠美，译.西宁：广西师范大学出版社，2004：25.

［25］彼得·布劳，马歇尔·梅耶.现代社会中的科层制［M］.马戎，时宪明，邱泽奇，译.北京：学林出版社，2001：17.

［26］Kim S J. A repertoire approach to cross-platform media use behavior[J]. new media & society, 2016, 18 (03): 353–372.

［27］洛厄里，德弗勒.大众传播效果研究的里程碑（第三版）［M］.刘海龙，译.北京：中国人民大学出版社，2009：104.

［28］刘擎.共享视角的瓦解与后真相政治的困境［J］.探索与争鸣，2017（04）：24-26.

［29］喻国明.深度报道：一种结构化的新闻操作方式［J］.电视研究，1997（06）：12-15.

［30］Green M C. Transportation into narrative worlds: The role of prior knowledge and perceived realism[J]. Discourse processes, 2004, 38 (02): 247–266.

［31］曲慧，喻国明.媒介菜单与消极自由——论个体媒介认知的三重框架［J］.探索与争鸣，2019（07）：97-105.

［32］Shepard R N. The step to rationality: The efficacy of thought experiments in science, ethics, and free will[J]. Cognitive Science, 2008, 32 (01) : 3–35.

［33］Chater N, Brown G D A. From universal laws of cognition to specific cognitive model[J]. Cognitive science, 2008, 32 (01): 36–67.

［34］冯康.认知科学的发展及研究方向［J］.计算机工程与科学，2014，36（05）：906-916.

［35］孙彩芹.框架理论发展35年文献综述——兼述内地框架理论发展11年的问题和建议［J］.国际新闻界，2010，32（09）：18-24.

［36］彭兰."数据化生存"：被量化、外化的人与人生［J］.苏州大学学报（哲学社会科学版），2022，43（02）：154-163.

［37］Behrens T E J, Muller T H, Whittington J C R, et al. What is a cognitive map? Organizing knowledge for flexible behavior[J]. Neuron, 2018, 100 (02): 490–509.

［38］王智远.认知坐标［EB/OL］.（2021-06-01）[2022-06-23］.https://mp.weixin.

qq.com/s/EWDIv TqYMSmuROurNVXLIA.

[39] Bernieri F J, Gillis J S, Davis J M, et al. Dyad rapport and the accuracy of its judgment across situations: a lens model analysis[J]. Journal of Personality and Social Psychology, 1996, 71 (01): 110.

[40] Cooper R, Fox J, Farringdon J, et al. A systematic methodology for cognitive modeling [J]. Artificial Intelligence, 1996, 85 (01–02): 3–44.

[41] Neokleous K C, Avraamides M N, Neocleous C K, et al. Selective attention and consciousness: Investigating their relation through computational modelling[J]. Cognitive Computation, 2011, 3 (01): 321–331.

[42] 任奎. 认知域——新一轮科技创新的制高点［EB/OL］.（2022-06-23）[2022-06-24］. https:// mp.weixin.qq.com/s/wtCNx9RCPWEwjm9pJx-aKA.

第九章

[1] Smythe D. Communication: Blindspot of Western Marxism[J]. Canadian Journal of Political and Social Theory. 1977, 1 (03): 1–27.

[2] 喻国明. 试论受众注意力资源的获得与维系（上）——关于传播营销的策略分析［J］. 当代传播，2000（02）：23-24.

[3] 喻国明. 关于传媒影响力的诠释——对传媒产业本质的一种探讨［J］. 国际新闻界，2003（02）：5-11.

[4] 沃纳·赛佛林，小詹姆斯·坦卡德. 传播理论——起源、方法与应用［M］. 郭镇之，译. 北京：华夏出版社，2000.

[5] 陈鹏. 内容与渠道创新基础上的吸引力经济：传媒经济本质的另一种解读［J］. 新闻与传播研究，2014，21（04）：42-52+126.

[6] 王沛，林崇德. 社会认知研究的基本趋向［J］. 心理科学，2003（03）：536-537.

[7] 周葆华. 算法、可见性与注意力分配：智能时代舆论基础逻辑的历史转换［J］. 西南民族大学学报（人文社会科学版），2022，43（01）：143-152.

[8] 克里斯多夫·库克里克. 微粒社会：数字化时代的社会模式［M］. 北京：中信出版社，2018：174.

[9] 喻国明. 传播学的未来学科建设：核心逻辑与范式再造［J］. 新闻与写作，2021（09）：5-11.

[10] 克里斯多夫·库克里克. 微粒社会：数字化时代的社会模式［M］. 北京：中

信出版社，2018：10.
[11] 喻国明，耿晓梦."微版权"："微粒化"方法论下版权范式的转型迭代[J].中国出版，2022（02）：16-22.
[12] 李智超，罗家德.中国人的社会行为与关系网络特质———一个社会网的观点[J].社会科学战线，2012（01）：159-164.
[13] 朱天，张诚.概念、形态、影响：当下中国互联网媒介平台上的圈子传播现象解析[J].四川大学学报（哲学社会科学版），2014（06）：71-80.
[14] 喻国明."破圈"：未来社会发展中至为关键的重大命题[J].新闻与写作，2021（06）：1.
[15] 喻国明，滕文强，王希贤.分布式社会的再组织：基于传播学的观点———社会深度媒介化进程中协同创新理论的实践逻辑[J].学术界，2022（07）：184-191.
[16] 胡重明.再组织化与中国社会管理创新———以浙江舟山"网格化管理、组团式服务"为例[J].公共管理学报，2013，10（01）：63-70+140.
[17] 黄伟迪.再组织化：新媒体内容的生产实践———以梨视频为例[J].现代传播（中国传媒大学学报），2017，39（11）：117-121.
[18] 马斯洛.动机与人格[M].许金声，译.北京：中国人民大学出版社：2012.
[19] 孟林山，赵永华.英尼斯传播偏向理论的拓展：基于对媒介哲学本质的思考[J].国际新闻界，2021，43（07）：125-138.
[20] Wolters A W. Remembering: A Study in Experimental and Social Psychology. By FC Bartlett. (Cambridge University Press. 1932. Pp. x+ 317. Price 16s. net.)[J]. Philosophy, 1933, 8 (31): 374–376.
[21] 皮亚杰.发生认识论原理[M].王宪钿，译.北京：商务印书馆，1981.
[22] 蒋柯，李其维.论皮亚杰的方法论及其当代意义[J].心理学报，2020，52（08）：1017-1030.
[23] 李松，许源源.政策议程、传播与注意力：基于心理视角的分析[J].湖南社会科学，2018，(06)：83-91.
[24] Aagaard J. 4E cognition and the dogma of harmony[J]. Philosophical Psychology, 2021, 34 (02): 165–181.
[25] Newen A, De Bruin L, Gallagher S. The Oxford Handbook of 4E Cognition[M]. Oxford: Oxford University Press, 2018.
[26] Sterelny K. Minds: extended or scaffolded?[J]. Phenomenology and the Cognitive

Sciences, 2010, 9 (04): 465-481.

［27］李建会，于小晶."4E+S"：认知科学的一场新革命？［J］.哲学研究，2014（01）：96-101.

［28］Clark A. Busting out: Predictive brains, embodied minds, and the puzzle of the evidentiary veil[J]. Noûs, 2017, 51 (04): 727-753.

［29］Gonzalez-Grandón X, Froese T. Grounding 4E cognition in Mexico: introduction to special issue on spotlight on 4E cognition research in Mexico[J]. Adaptive Behavior, 2018, 26 (05): 189-198.

［30］张婧婧，牛晓杰，刘杨，王辞晓. 学习科学中"4E+S"认知理论模型的内涵与应用［J］.现代教育技术，2021，31（08）：23-31.

［31］刘好，李建会. 融合心灵——认知科学新范式下的4E整合［J］.山东科技大学学报（社会科学版），2014，16（02）：7-14+38.

［32］Varga, S. Scafolded minds[M]. Cambridge: MIT Press, 2019.

［33］叶浩生，苏佳佳，苏得权. 身体的意义：生成论视域下的情绪理论［J］.心理学报，2021，53（12）：1393-1404.

［34］牟方磊. 生存困境与情感救赎——李泽厚"情本体论"探析［J］.中国文学研究，2015（01）：20-25.

［35］Hutto D D. Truly enactive emotion[J]. Emotion Review, 2012, 4 (02): 176-181.

［36］Legault M, Bourdon J N, Poirier P. From neurodiversity to neurodivergence: the role of epistemic and cognitive marginalization[J]. Synthese, 2021, 199 (05-06): 12843-12868.

［37］喻国明. 重拾信任：后疫情时代传播治理的难点、构建与关键［J］.新闻界，2020（05）：13-18+43.

［38］Hollan J, Hutchins E, Kirsh D. Distributed cognition: toward a new foundation for human-computer interaction research[J]. ACM Transactions on Computer-Human Interaction (TOCHI), 2000, 7 (02): 174-196.

［39］喻国明. 未来媒介的进化逻辑："人的连接"的迭代、重组与升维——从"场景时代"到"元宇宙"再到"心世界"的未来［J］.新闻界，2021（10）：54-60.

第十章

［1］魏然，周树华，罗文辉. 媒介效果与社会变迁［M］.北京：中国人民大学出

版社，2016：23.

［2］Valkenburg P M, Peter J. The differential susceptibility to media effects model[J]. Journal of communication, 2013, 63 (02): 221–243.

［3］Neuman W R, Guggenheim L. The evolution of media effects theory: A six-stage model of cumulative research[J]. Communication Theory, 2011, 21 (02): 169–196.

［4］Valkenburg P, Beyens I, Pouwels J L, et al. Social media use and adolescents' self-esteem: Heading for a person-specific media effects paradigm[J]. Journal of Communication, 2021, 71 (01): 56–78. Han J, Lang A. It's a journey: From media effects to dynamic systems[J]. Media psychology, 2020, 23 (03): 415–435.

［5］Mani A, Mullainathan S, Shafir E, et al. Scarcity and cognitive function around payday: A conceptual and empirical analysis[J]. Journal of the Association for Consumer Research, 2020, 5 (04): 365–376.

［6］Sorokina M A, Turitsyn S K. Regeneration limit of classical Shannon capacity[J]. Nature communications, 2014, 5 (01): 3861.

［7］塞德希尔·穆来纳森，埃尔德·沙菲尔. 稀缺：我们是如何陷入贫穷与忙碌的［M］. 魏薇，龙志勇，译. 杭州：浙江人民出版社，2018：49, 55.

［8］同［7］.

［9］De Bruijn E J, Antonides G. Poverty and economic decision making: a review of scarcity theory[J]. Theory and Decision, 2022, 92 (01): 5–37.

［10］Fischer K W. Relations between brain and cognitive development[J]. Child development, 1987, 21 (02): 623–632.

［11］Franconeri S L, Alvarez G A, Cavanagh P. Flexible cognitive resources: competitive content maps for attention and memory[J]. Trends in cognitive sciences, 2013, 17 (03): 134–141.

［12］Lang A. The limited capacity model of mediated message processing[J]. Journal of communication, 2000, 50 (01): 46–70.

［13］Lang A, Bradley S D, Park B, et al. Parsing the resource pie: Using STRTs to measure attention to mediated messages[J]. Media Psychology, 2006, 8 (04): 369–394.

［14］Lee S, Lang A. Redefining media content and structure in terms of available resources: Toward a dynamic human-centric theory of communication[J]. Communication Research, 2015, 42 (05): 599–625.

[15]Chang C. Diagnostic advertising content and individual differences: Testing a resource-matching perspective with a Taiwanese sample[J]. Journal of Advertising, 2007, 36 (03): 75–84.

[16]Mouton F, Leenen L, Venter H S. Social engineering attack examples, templates and scenarios[J]. Computers & Security, 2016, 59 (02): 186–209.

[17]Ushakov V L, Orlov V A, Kartashov S I, et al. Semantic mapping of the Russian language in the human brain[J]. Procedia Computer Science, 2018, 145 (04): 590–595.

[18]Holyoak K J, Mah W A. Cognitive reference points in judgments of symbolic magnitude[J]. Cognitive psychology, 1982, 14 (03): 328–352.

[19]Almor A. Noun-phrase anaphora and focus: The informational load hypothesis[J]. Psychological review, 1999, 106 (04): 748.

[20]Wulfemeyer J. Cognitive Focus[J]. Acta Analytica, 2021, 36 (04): 553–561.

[21]同［20］.

[22]Lacey M F, Wilhelm R A, Gable P A. What is it about positive affect that alters attentional scope?[J]. Current Opinion in Behavioral Sciences, 2021, 39 (01): 185–189.

[23]Sülflow M, Schäfer S, Winter S. Selective attention in the news feed: An eye-tracking study on the perception and selection of political news posts on Facebook[J]. New Media & Society, 2019, 21 (01): 168–190.

[24]喻国明，韩婷. 用户在传播认知中记忆效果的测量：研究框架与技术路线［J］. 出版发行研究，2019（02）：56–61.

[25]Evans J S B T. In two minds: dual-process accounts of reasoning[J]. Trends in cognitive sciences, 2003, 7 (10): 454–459.

[26]Osman M. Controlling uncertainty: a review of human behavior in complex dynamic environments[J]. Psychological bulletin, 2010, 136 (01): 65.

[27]Ferreira M B, Garcia-Marques L, Sherman S J, et al. Automatic and controlled components of judgment and decision making[J]. Journal of personality and social psychology, 2006, 91 (05): 797.

[28]Valkenburg P M, Peter J. The Differential Susceptibility to Media Effects Model [J/OL]. Journal of Communication, 2013, 63 (02): 221–243.

[29]Couture Bue A C, Dal Cin S, Harrison K. Empowerment-Themed Advertising

Effects: Activation of Empowerment and Objectification Schemas in Women Age 18–35[J]. Media Psychology, 2023, 26 (03): 336–361.

[30] 周裕琼. 数字弱势群体的崛起：老年人微信采纳与使用影响因素研究［J］. 新闻与传播研究，2018，25（07）：66-86+127-128.

[31] Landrum A R, Olshansky A, Richards O. Differential susceptibility to misleading flat earth arguments on youtube[J]. Media Psychology, 2021, 24 (01): 136–165.

[32] Beyens I, Pouwels J L, van Driel I I, et al. Social media use and adolescents' well-being: Developing a typology of person-specific effect patterns[J]. Communication Research, 2021, 48 (08), 399–425.

[33] Cacioppo J T, Petty R E, Feinstein J A, et al. Dispositional differences in cognitive motivation: The life and times of individuals varying in need for cognition[J]. Psychological bulletin, 1996, 119 (02): 197.

[34] Hornik R. Personal influence and the effects of the national youth anti-drug media campaign[J]. The Annals of the American Academy of Political and Social Science, 2006, 608 (01): 282–300.

[35] Coles S M, Saleem M. Social Media Expression and User Predispositions: Applying the Differential Susceptibility to Media Effects Model to the Study of Issue Polarization[J]. Social Media+ Society, 2021, 7 (04): 1–12.

[36] 何贵兵，于永菊. 决策过程中参照点效应研究述评［J］. 心理科学进展，2006（03）：408-412.

[37] Shah A K, Mullainathan S, Shafir E. Some consequences of having too little[J]. Science, 2012, 338 (6107): 682–685.

[38] Lee J A, Kacen J J. Cultural influences on consumer satisfaction with impulse and planned purchase decisions[J]. Journal of Business Research, 2008, 61 (03): 265-272.

[39] 喻国明，曲慧，方可人. 重新理解媒介：以受众"媒介观"为中心的范式转换［J］. 新疆师范大学学报（哲学社会科学版），2021，42（02）：111-119+2.

[40] 同［2］.

第十一章

［1］麦克卢汉.理解媒介［M］.何道宽,译.南京:译林出版社,2011:20-21.
［2］麦克卢汉.理解媒介［M］.何道宽,译.南京:译林出版社,2011:28-29.
［3］彭兰.元宇宙之路的近虑与远忧——基于用户视角的需求-行为分析［J］.探索与争鸣,2022（07）:78-85+178.
［4］塞德希尔·穆来纳森,埃尔德·沙菲尔.稀缺:我们是如何陷入贫穷与忙碌的［M］.魏薇,龙志勇,译.杭州:浙江人民出版社,2014:15.
［5］Franconeri S L, Alvarez G A, Cavanagh P. Flexible cognitive resources: competitive content maps for attention and memory[J]. Trends in cognitive sciences, 2013, 17 (03): 134-141.
［6］杜骏飞."未托邦":元宇宙与Web 3的思想笔记［J］.新闻大学,2022（6）:19-34+119-120.
［7］黄旦.延伸:麦克卢汉的"身体"——重新理解媒介［J］.新闻记者,2022（02）:3-13.
［8］德布雷.媒介学引论［M］.刘文玲,译.北京:中国传媒大学出版社,2014:73.
［9］潘忠党."玩转我的iPhone,搞掂我的世界!"——探讨新传媒技术应用中的"中介化"和"驯化"［J］.苏州大学学报:哲学社会科学版,2014（04）:10.
［10］Silverstone R. Complicity and collusion in the mediation of everyday life[J]. New literary history, 2002, 33 (04): 761-780.
［11］李建会,于小晶."4E+S":认知科学的一场新革命?［J］.哲学研究,2014（01）:96-101.
［12］张淑华,李海莹,刘芳.身份认同研究综述［J］.心理研究,2012,5（01）:21-27.
［13］张淑华,李海莹,刘芳.身份认同研究综述［J］.心理研究,2012,5（01）:21-27.
［14］曼纽尔·卡斯特.认同的力量［M］.曹荣湘,译.北京:社会科学文献出版社,2003:5.
［15］李艳红.一个"差异人群"的群体素描与社会身份建构:当代城市报纸对"农民工"新闻报道的叙事分析［J］.新闻与传播研究,2006（02）:2-14+94.

［16］车敬上，孙海龙，肖晨洁，等. 为什么信息超载损害决策？基于有限认知资源的解释［J］. 心理科学进展，2019，27（10）：1758-1768.

［17］塞德希尔·穆来纳森，埃尔德·沙菲尔. 稀缺：我们是如何陷入贫穷与忙碌的［M］. 魏薇，龙志勇，译. 杭州：浙江人民出版社，2014：52.

［18］刘子旻，时勘，万金，等. 认知闭合需要研究梳理与未来走向［J］. 心理科学进展，2018，26（04）：688-697.

［19］周鹏生. 认知偏差的产生及其与认知闭合需要的关系［J］. 心理研究，2017，10（05）：11-18.

［20］Tashev B, Purcell M, McLaughlin B. Russia's information warfare: Exploring the cognitive dimension[J]. MCU Journal, 2019, 10 (02): 129-147.

［21］沃建中. 论认知结构与信息加工过程［J］. 北京师范大学学报（人文社会科学版），2000（01）：80-86.

［22］王颖洁. 用户信息能力差异性的认知心理学分析［J］. 现代情报，2005（10）：112-113+116.

［23］Hatch T, Gardner H. Finding cognition in the classroom: an expanded view of human intelligence[J]. Distributed cognitions: Psychological and educational considerations, 1993: 164-187.

［24］雷吉斯·德布雷. 普通媒介学教程［M］. 陈卫星，王杨，译. 北京：清华大学出版社，2014：253.

［25］安东尼·吉登斯. 现代性的后果［M］. 田禾，译. 南京：译林出版社，2000：88-89+104.

［26］Granovetter M S. The strength of weakties[J]. American journal of sociology, 1973, 78 (06): 1360-1380.

［27］麦克卢汉. 理解媒介［M］. 何道宽，译. 南京：译林出版社，2011：23.

［28］Cole M, Engeström Y. A cultural-historical approach to distributed cognition[J]. Distributed cognitions: Psychological and educational considerations, 1993: 1-46.

［29］周国梅，傅小兰. 分布式认知———一种新的认知观点［J］. 心理科学进展，2002（02）：147-153.

［30］迈克斯·泰格马克. 生命3.0［M］. 汪婕舒，译. 杭州：浙江教育出版社，2018：24-25.

［31］彭兰. 虚实混融：元宇宙中的空间与身体［J］. 新闻大学，2022（06）：1-18+119.

［32］唐·伊德.技术与生活世界［M］.韩连庆,译.北京:北京大学出版社,2012:95.

［33］唐·伊德.技术与生活世界［M］.韩连庆,译.北京:北京大学出版社,2012:81.

［34］Hawes D, Arya A. VR-based student priming to reduce anxiety and increase cognitive bandwidth[C]//2021 IEEE Virtual Reality and 3D User Interfaces (VR). IEEE, 2021: 245-254.

［35］莫里斯·梅洛-庞蒂.知觉现象学［M］.姜志辉,译.北京:商务印书馆,2001:196.

［36］亨利·列斐伏尔.空间与政治［M］.李春,译.上海:上海人民出版社,2015:29.

［37］Jansson A. Mediatization and social space: Reconstructing mediatization for the transmedia age[J]. Communication Theory, 2013, 23 (03): 279-296.

［38］潘可礼.亨利·列斐伏尔的社会空间理论［J］.南京师大学报(社会科学版),2015(01):13-20.

第十二章

［1］Norton B. Behind NATO's "Cognitive Warfare": "Battle for Your Brain" Waged by Western Militaries.[EB/OL]. [2023-08-30]. https://thegrayzone.com/2021/10/08/nato-cognitivewarfare-brain/.

［2］陈昌凤,吕婷."去蔽"的警示:算法推荐时代的媒介偏向与信息素养［J］.中国编辑,2022(05):35-39.

［3］段永朝.认知重启——互联网到底改变了什么［EB/OL］.［2023-08-30］.https://mp.weixin.qq.com/s/pTfUJnpQhztVc/.

［4］同［2］.

［5］段永朝.认知过载时代,如何开启深度学习?［EB/OL］.［2023-08-30］.https://mp.weixin.qq.com/s/nWG2I8Z5gFGPg7eTy0PBTA.

［6］吴鼎铭.网络"受众"的劳工化:传播政治经济学视角下网络"受众"的产业地位研究［J］.国际新闻界,2017,39(06):124-137.

［7］周葆华,钟媛."春天的花开秋天的风":社交媒体、集体悼念与延展性情感空间——以李文亮微博评论(2020-2021)为例的计算传播分析［J］.国际新闻界,2021,43(03):79-106.

[8]同[7].

[9]麦克卢汉,何道宽.理解媒介:论人的延伸[M].何道宽,译.北京:商务印书馆,2000.

[10]赵前卫.智能时代移动舆论场的传播特点与舆论引导[J].青年记者,2022(03):77-78.

[11]马克斯·韦伯.经济与社会[M].林荣远,译.北京:商务印书馆,1997.

[12]Kreiss D, Finn M, Turner F. The limits of peer production: Some reminders from Max Weber for the network society[J]. New Media & Society, 2011, 13 (02): 243–259.

[13]Weber M. The Protestant Ethic and the Spirit of Capitalism[M]. New York: Dover Publications, 2003.

[14]赫拉利.人类简史[M].北京:中信出版社,2014.

[15]麦永雄.光滑空间与块茎思维:德勒兹的数字媒介诗学[J].文艺研究:2007(12):75-84+183-184.

[16]胡杨,董小玉.数字时代的虚拟文化空间构建——以网络游戏为例[J].当代传播,2018(04):37-40.

[17]同[3].

[18]陈昌凤,吕婷."去蔽"的警示:算法推荐时代的媒介偏向与信息素养[J].中国编辑,2022(05):35-39.

[19]彭兰.生存、认知、关系:算法将如何改变我们[J].新闻界,2021(03):45-53.

[20]Hutchins E. The distributed cognition perspective on human interaction[M]//Roots of human sociality. London: Routledge, 2020: 375–398.

[21]Hollan J, Hutchins E, Kirsh D. Distributed cognition: toward a new foundation for human-computer interaction research[J]. ACM Transactions on Computer-Human Interaction (TOCHI), 2000, 7 (02): 174–196.

[22]同[1].

[23]同[1].

[24]Hadnagy C. Social engineering: The art of human hacking[M]. New York: John Wiley & Sons, 2010.

[25]Gallegos-Segovia P L, Bravo-Torres J F, Larios-Rosillo V M, et al. Social engineering as an attack vector for ransomware[C]//2017 CHILEAN Conference on

[26] Salahdine F, Kaabouch N. Social engineering attacks: A survey[J]. Future internet, 2019, 11 (04): 89.

[27] Mouton F, Malan M M, Leenen L, et al. Social engineering attack framework[C]//2014 Information Security for South Africa. IEEE, 2014: 1-9.

[28] Riddle K. Always on my mind: Exploring how frequent, recent, and vivid television portrayals are used in the formation of social reality judgments[J]. Media Psychology, 2010, 13 (02): 155-179.

[29] Pocheptsov G. Cognitive attacks in Russian hybrid warfare[J]. Information & Security, 2018, 41: 37-43.

[30] 陈强, 张杨一, 马晓悦, 曾润喜. 政务B站号信息传播效果影响因素与实证研究[J]. 图书情报工作, 2020, 64（22）: 126-134. 刘涛. 视觉修辞何为？——视觉议题研究的三种"修辞观"[J]. 中国地质大学学报（社会科学版), 2018, 18（02）: 155-165.

[31] 刘涛. 新概念新范畴新表述: 对外话语体系创新的修辞学观念与路径[J]. 新闻与传播研究, 2017, 24（02）: 6-19+126.

[32] 同[31].

[33] 安·普·丘季诺夫, 胡荣哲. 隐喻的认知理论: 新的视角[J]. 广东外语外贸大学学报, 2011, 22（05）: 10-13+17.

[34] 刘亚猛. 追求象征的力量: 关于西方修辞思想的思考[M]. 北京: 生活·读书·新知三联书店, 2004.

[35] 刘涛. 新社会运动与气候传播的修辞学理论探究[J]. 国际新闻界, 2013, 35（08）: 84-95.

[36] 刘涛. 传播修辞学的问题域及其研究范式[J]. 南京社会科学, 2022（01）: 91-105.

[37] 同[31].

[38] 同[31].

[39] 王寅. 认知语言学[M]. 上海: 海外语教育出版社, 2007.

[40] 赵艳芳. 认知语言学概论[M]. 上海: 上海外语教育出版社, 2001.

[41] Bateson G. A theory of play and fantasy[J]. Psychiatric research reports, 1955.

[42] 同[31].

［43］Hoskins C, Mirus R. Reasons for the US dominance of the international trade in television programmes[J]. Media, Culture & Society, 1988, 10 (04): 499-515.

［44］何建平，赵毅岗.中西方纪录片的"文化折扣"现象研究［J］.现代传播（中国传媒大学学报），2007（03）：100-104.

第十三章

［1］Schrøder K C. News Media Old and New[J]. Journalism Studies, 2015, 16 (01): 60-78.

［2］曲慧，喻国明.超级个体与利基时空：一个媒介消费研究的新视角［J］.新闻与传播研究，2017，24（12）：51-61+127.

［3］曲慧，喻国明.受众世代的裂变：未来受众的生成与建构——媒介观范式革命视野下的探讨［J］.福建师范大学学报（哲学社会科学版），2019（04）：129-137.

第十四章

［1］王绚，刘飞，侯鑫.体验时代的历史街区体验——以天津原意租界街区发展为例［J］.建筑学报，2012（S1）：128-131.

［2］詹姆斯·H·吉尔摩,B·约瑟夫·派恩二世.真实经济［M］.陈劲，译.北京：中信出版社，2010：57-58.

［3］杨颖兮，喻国明.传播中的非理性要素：一项理解未来传播的重要命题［J］.探索与争鸣，2021（05）：131-138+179.

［4］彭兰.网络的圈子化：关系、文化、技术维度下的类聚与群分［J］.编辑之友，2019（11）：5-12.

［5］喻国明，曾佩佩，张雅丽，等.趣缘：互联网连接的新兴范式——试论算法逻辑下的隐性连接与隐性社群［J］.新闻爱好者，2020（01）：9-13.

［6］蓝江.后真相时代意味着客观性的终结吗［J］.探索与争鸣，2017（04）：10-13.

［7］欧阳谦.消费社会与符号拜物教［J］.中国人民大学学报，2015，29（06）：66-74.

［8］杨光宗，刘钰婧.从"受众"到"用户"：历史、现实与未来［J］.现代传播（中国传媒大学学报），2017，39（07）：31-35.

［9］张存刚，李明，陆德梅.社会网络分析——一种重要的社会学研究方法［J］.

甘肃社会科学，2004（02）：109-111.

[10] 陈力丹，陆亨. 鲍德里亚的后现代传媒观及其对当代中国传媒的启示——纪念鲍德里亚［J］. 新闻与传播研究，2007（03）：75-79+97.

[11] 罗伯特·斯考伯，谢尔·伊斯雷尔. 即将到来的场景时代［M］. 赵乾坤，周宝曜，译. 北京：北京联合出版公司，2014：11，78，15.

[12] 彭兰. 场景：移动时代媒体的新要素［J］. 新闻记者，2015（03）：20-27.

第十五章

[1] 喻国明，郭婧一. 从"舆论战"到"认知战"：认知争夺的理论定义与实践范式［J］. 传媒观察，2022（08）：23-29.

[2] 陈烜之. 认知心理学［M］. 广州：广东高等教育出版社，2006.

[3] Kahneman D. Attention and effort[M]. Englewood Cliffs: Prentice-Hall Inc., 1973.

[4] 梁宁建. 当代认知心理学（修订版）［M］. 上海：上海教育出版社，2014.

[5] 邵志芳. 认知心理学——理论、实验和应用［M］. 2版. 上海：上海教育出版社，2013.

[6] Fiske S T, Taylor S E. Social cognition[M]. Reading, MA: Addison-Wesley Publishing Co. 1984.

[7] Fiske S T, Taylor S E. Social cognition: From brains to culture[M]. Boston, MA: McGraw-Hill, 2008.

[8] Taylor S E, Peplau L A, Sears D O. Social psychology[M]. 12 ed. Upper Saddle River, New Jersey: Pearson Education, Inc., 2010.

[9] McCauley C R, Jussim L J, Lee Y-T. Stereotype accuracy: Toward appreciating group differences[M]. Washington, DC: American Psychological Association, 1995.

[10] Fox R. Prejudice and the unfinished mind: A new look at an old failing[J]. Psychological Inquiry, 1992, 3 (02): 137-152.

[11] 王甦，汪安圣. 认知心理学［M］. 北京：北京大学出版社，1992.

[12] 同［1］.

[13] Tajfel H, Turner J C. The social identity theory of intergroup conflict [M]//Worchel S, W.G.Austin. Psychology of intergroup relations. Monterey, CA; Brooks/Cole. 1986.

[14] 黎岳庭，刘力. 社会认知：了解自己和他人［M］. 北京：北京师范大学出版社，2010.

[15]喻国明，耿晓梦.未来传播视野下内容范式的三个价值维度——对于传播学一个元概念的探析［J］.新闻大学，2020（03）：61-70+119.

[16]同［15］.

[17]李红涛.深度媒介化与媒介事件的公共记忆［J］.西北师大学报（社会科学版），2021，58（01）：57-67.

[18]董晨宇，丁依然，段采薏.作为复媒体环境的社交媒体：中国留学生群体的平台分配与文化适应［J］.国际新闻界，2020，42（07）：74-95.

[19]马得勇，候为刚.政治兴趣、媒介信任抑或认知需求？——网民媒介使用的心理分析［J］.华中师范大学学报（人文社会科学版），2022，61（05）：65-78.

[20]喻国明，钱绯璠，陈瑶，等."后真相"的发生机制：情绪化文本的传播效果——基于脑电技术范式的研究［J］.西安交通大学学报（社会科学版），2019，39（04）：73-78+2.

[21]陈桂生，吴合庆.情感治理何以成为乡村社区治理的新转向——基于"治理有效"的解释［J］.求实，2022（04）：96-108+112.

[22]袁光锋.迈向"实践"的理论路径：理解公共舆论中的情感表达［J］.国际新闻界，2021，43（06）：55-72.

[23]杨雅.离人类感知最近的传播：认知神经传播学研究的范式、对象与技术逻辑［J］.新闻与写作，2021（09）：21-28.

[24]喻国明.重拾信任：后疫情时代传播治理的难点、构建与关键［J］.新闻界，2020（05）：13-18+43.

[25]喻国明，韩运荣，于印珠.新传播范式与数字化社会的"再组织"——兼论未来社会治理模式的转型［J］.当代传播，2022（04）：4-10.

[26]杨颖兮，喻国明.传播中的非理性要素：一项理解未来传播的重要命题［J］.探索与争鸣，2021（05）：131-138+179.

[27]蒋博，李明.解构与重构：新媒介赋权视域下的主流意识形态话语权建设［J］.理论导刊，2021（07）：67-72.

[28]段伟文.数据智能的算法权力及其边界校勘［J］.探索与争鸣，2018（10）：92-100+143.

[29]喻国明，耿晓梦.算法即媒介：算法范式对媒介逻辑的重构［J］.编辑之友，2020（07）：45-51.

[30]武沛颖，陈昌凤.社交机器人能否操纵舆论——以twitter平台的北京冬奥舆

情为例［J］. 新闻与写作, 2022（09）: 79-88.

［31］刘典. 科技巨头重塑地缘格局: 审视俄乌冲突中的数字权力竞争［J］. 东方学刊, 2022（02）: 30-38.

［32］赵蓓, 张洪忠, 任吴炯, 等. 标签、账号与叙事: 社交机器人在俄乌冲突中的舆论干预研究［J］. 新闻与写作, 2022（09）: 89-99.

［33］曲慧, 喻国明. 超级个体与利基时空: 一个媒介消费研究的新视角［J］. 新闻与传播研究, 2017, 24（12）: 51-61+127.

［34］曲慧. 大众之后: 流动现代性视域下的受众观［J］. 传媒经济与管理研究, 2017（00）: 52-63.

［35］喻国明. 元宇宙: 社会的深度媒介化［J］. 现代视听, 2022（06）: 32-40.

第十六章

［1］喻国明. 传播学的未来学科建设: 核心逻辑与范式再造［J］. 新闻与写作, 2021（09）: 4-11.

［2］米尔斯. 社会学的想象力［M］. 3版. 北京: 生活·读书·新知三联书店, 2012: 154-176.

［3］展宁. "大众传播"溯源: 社会情境、根本问题与价值立场［J］. 新闻与传播研究, 2019, 26（11）: 75-93+127-128.

［4］贝尔. 意识形态的终结: 50年代政治观念衰微之考察［M］. 张国清, 译. 北京: 中国社会科学出版社, 2013: 23.

［5］查尔斯·霍顿·库利. 社会过程［M］. 洪小良, 译. 北京: 华夏出版社, 2000: 19.

［6］Song H, Jakob-Moritz E, Olga E. Less Fragmented Than We Thought? Toward Clarification of a Subdisciplinary Linkage in Communication Science, 2010–2019[J]. Journal of Communication, 2020 (03): 3.

［7］Waisbord S. Communication: A post-discipline[M]. New York: John Wiley & Sons, 2019: 454–459.

［8］托克斯·库恩, 哈金. 科学革命的结构（第四版）［M］. 金吾伦, 胡新和, 译. 北京: 北京大学出版社, 2012: 94-95.

［9］王成军. 计算传播学的起源、概念和应用［J］. 编辑学刊, 2016（03）: 59-64.

［10］喻国明. 认知神经传播学: 范式创新与研究框架［J］. 浙江传媒学院学报,

2018（01）：9-13+140.

［11］吴飞.传播学的反思要正视芝加哥学派的传统——兼评胡翼青的《再度发言：论社会学芝加哥学派传播思想》[J].当代传播，2008（05）：22-25.

［12］戴宇辰.媒介化研究：一种新的传播研究范式［J］.安徽大学学报：哲学社会科学版，2018（02）：147-156.

［13］胡翼青.人本主义范式的兴起：论传播学的科学革命（上）[J].淮海工学院学报（社会科学版），2008（03）：101-105.

［14］喻国明.新媒体范式的历史演进与社会构建——兼论传播学学科发展的着眼点与着手处［J］.现代出版，2021（04）：5-8.

［15］Hanson E C. A history of international communication studies[M]//Oxford Research Encyclopedia of International Studies. Oxford: Wiley-Blackwell, 2010: 3396-3417.

［16］Neuman W R, Guggenheim L. The Evolution of Media Effects Theory: A Six-Stage Model of Cumulative Research[J/OL]. Communication Theory, 2011, 21(2): 169-196.

［17］Hepp A. Deep mediatization[M]. London: Routledge, 2019: 3-7.

［18］卡尔·马克思，弗里德里希·恩格斯.马克思恩格斯全集（第1卷）[M]，中共中央马克思恩格斯列宁斯大林著作编译局.北京：人民出版社，1995：524.

［19］马克斯·韦伯.社会学的基本概念［M］.顾中华，康乐，简惠美，译.广西：广西师范大学出版社，2011：9.

［20］田朝晖.行为学、行为科学与行为主义辨析［J］.湖南大学学报：社会科学版，1999（04）：72-75.

［21］中国科学院心理研究所战略发展研究小组.行为科学的现状和发展趋势［J］.中国科学院院刊，2001（06）：418-421.

［22］约翰·华生.行为主义［M］.李维，译.北京：北京大学出版社，2012：12-17.

［23］胡翼青.美国传播学传统学派形成的学理探究［J］.当代传播，2009（04）：27-30.

［24］约翰·华生.行为主义［M］.李维，译.北京：北京大学出版社，2012：7.

［25］哈罗德·D.拉斯韦尔.世界大战中的宣传技巧［M］.张洁、田青，译.北京：中国人民大学出版社，2003：176.

[26] 兰德尔·柯林斯,迈克尔·马科夫斯基.发现社会之旅——西方社会学思想述评[M].李霞,译.北京:中华书局,2006:14.

[27] 殷融.论班杜拉三元交互决定论中蕴含的先锋思想[J].心理研究,2022(02):115-120.

[28] 库尔德·勒温.拓扑心理学原理[M].高觉敷,译.北京:商务印书馆,2003:30-40.

[29] Bandura A. Human agency in social cognitive theory[J]. American psychologist, 1989, 44 (09): 1175.

[30] Bandura A. Social cognitive theory of mass communication[J]. Media psychology, 2001, 3 (03): 265-299.

[31] Kreps D, Kimppa K. Theorising Web 3.0: ICTs in a changing society[J]. Information Technology & People, 2015, 28 (04): 726-741.

[32] 殷融.论班杜拉三元交互决定论中蕴含的先锋思想[J].心理研究,2022,15(02):115-120.

[33] Cantor J. Fright reactions to mass media[M]//Media effects. Routledge, 2009: 303-319.

[34] Bandura A. Health promotion from the perspective of social cognitive theory[J]. Psychology & Health, 1998, 13 (04): 623-649.

[35] Dai D Y, Moon S M, Feldhusen J F. Achievement motivation and gifted students: A social cognitive perspective[J]. Educational Psychologist, 1998, 33 (02-03): 45-63.

[36] 胡翼青.论大众传播的历史性与意识形态性:基于技术的知识社会学视角[J].南京社会科学,2018(03):112-119.

[37] 喻国明.理解未来传播:生存法则与发展逻辑[J].新闻与写作,2020(12):61-64.

[38] Gomez-Marin A, Paton J J, Kampff A R, et al. Big behavioral data: psychology, ethology and the foundations of neuroscience[J]. Nature neuroscience, 2014, 17 (11): 1455-1462.

[39] 康德.纯粹理性批判[M].李秋零,编.北京:中国人民大学出版社,2004:87-88.

[40] Steffen, J. H., Gaskin, J. E., Meservy, T. O., Jenkins, J. L., & Wolman, I. Framework of affordances for virtual reality and augmented reality[J]. Journal of

Management Information Systems, 36 (03), 2019, 683–729.

［41］迈克尔·吉本斯.知识生产的新模式：当代社会科学与研究的动力学［M］.陈洪捷、沈文钦，译，北京：北京大学出版社，2011：15-29.

［42］郝丹，郭文革.知识生产新模式的基本特征与反思——基于库恩科学理论评价标准的考察［J］.教育学术月刊，2019（03）：3-12+64.

［43］Carayannis E G, Campbell D F J, Carayannis E G, et al. Mode 3 knowledge production in quadruple helix innovation systems: Twenty-first-century democracy, innovation, and entrepreneurship for development[M]. New York: Springer, 2012: 1–63.

［44］Lattuca L R. Creating interdisciplinarity: Interdisciplinary research and teaching among college and university faculty[M]. Vanderbilt university press, 2001: 24

［45］喻国明，耿晓梦."深度媒介化"：媒介业的生态格局、价值重心与核心资源［J］.新闻与传播研究，2021，28（12）：76-91+127-128.

［46］Lehrig T, Krancher O, Dibbern J. Affordance Perceptions under Malleable Information Technology: A Social Cognitive Theory Perspective[C]//Proceedings of the Fortieth International Conference on Information Systems. Association for Information Systems, 2019: 1–17.

［47］彭兰.未来传媒生态：消失的边界与重构的版图［J］.现代传播（中国传媒大学学报），2017，39（01）：8-14+29.

［48］Bonarini A. Communication in human-robot interaction[J]. Current Robotics Reports, 2020, 1: 279–285.

［49］Williams J, Fiore S M, Jentsch F. Supporting artificial social intelligence with theory of mind[J]. Frontiers in artificial intelligence, 2022, 5: 750763.

［50］Hutchby I. Technologies, texts and affordances[J]. Sociology, 2001, 35 (02): 441–456.

［51］Zhang J, Patel V L. Distributed cognition, representation, and affordance[J]. Pragmatics & Cognition, 2006, 14 (02): 333–341.

［52］Hartson R. Cognitive, physical, sensory, and functional affordances in interaction design[J]. Behaviour & information technology, 2003, 22 (05): 315–338.

［53］Heft H. Affordances and the body: An intentional analysis of Gibson's ecological approach to visual perception[J]. Journal for the theory of social behaviour, 1989, 19 (01): 1–30.

[54] Fox J, McEwan B. Distinguishing technologies for social interaction: The perceived social affordances of communication channels scale[J]. Communication Monographs, 2017, 84 (03): 298-318.

[55] Gaver W W. Technology affordances[C]//Proceedings of the SIGCHI Conference on Human Factors in Computing Systems Reaching Through Technology - CHI '91, New York: ACM Press, 1991: 79-84.

[56] Zhou A. Causal effects of affordance change on communication behavior: Empirical evidence from organizational and leadership social media use[J]. Telematics and Informatics, 2021, 59: 101549.

[57] Wellman B, Quan-Haase A, Boase J, et al. The social affordances of the Internet for networked individualism[J]. Journal of computer-mediated communication, 2003, 8 (03): JCMC834.

[58] 成思危. 复杂科学与管理[J]. 中国科学院院刊, 1999（03）: 175-183.

[59] Nastase S A, Goldstein A, Hasson U. Keep it real: rethinking the primacy of experimental control in cognitive neuroscience[J]. NeuroImage, 2020, 222: 117254.

[60] Zhou S, Xu X, He X, et al. Biasing the neurocognitive processing of videos with the presence of a real cultural other[J]. Cerebral Cortex, 2023, 33 (04): 1090-1103.

第十七章

[1] Lang A. Discipline in crisis? The shifting paradigm of mass communication research[J]. Communication theory, 2013, 23 (01): 10-24.

[2] Perloff R M. Progress, paradigms, and a discipline engaged: A response to Lang and reflections on media effects research[J]. Communication Theory, 2013, 23 (04): 317-333.

[3] 张涛甫. 立足中国现场回应时代之问——兼论中国新闻传播学的主体性问题[J]. 新闻记者, 2022（05）: 12-17.

[4] 卡尔·马克思, 弗里德里希·恩格斯. 马克思恩格斯全集（第2卷）[M], 中共中央马克思恩格斯列宁斯大林著作编译局. 北京: 人民出版社, 2009.

[5] 童世骏. "行动"和"行为": 现代西方哲学研究中的一对重要概念[J]. 社会观察, 2005（03）: 13-15.

[6] 牛文君, 克劳斯·韦维格. 理解与实践[J]. 山东大学学报（哲学社会科学

版),2020(01):154-164.

[7] M.M.巴赫金,林山.论行为哲学[J].哲学译丛,1992(01):56-58.

[8] 刘永谋.行为科学与社会工程:斯金纳的技术治理思想[J].山东科技大学学报(社会科学版),2021,23(04):1-15.

[9] 高申春.自我效能理论评述[J].心理发展与教育,2000(01):60-63.

[10] 张志安,黄桔琳.传播学视角下互联网平台可供性研究及启示[J].新闻与写作,2020(10):87-95.

[11] 陈章龙,龚廷泰.马克思主义的科学世界观和方法论[M].南京:南京师范大学出版社,1996.

[12] 江汀生.马克思主义哲学纲要[M].北京:中国政法大学出版社,1995.

[13] 南京熙,李红霞.礼或曰仪式礼节:儒家人类行为哲学导言[J].第欧根尼,2017(01):32-46+162.

[14] 同[8].

[15] 同[8].

[16] 中国科学院心理研究所战略发展研究小组.行为科学的现状和发展趋势[J].中国科学院院刊,2001(06):418-421.

[17] 托马斯·库恩,伊安·哈金.科学革命的结构[M].金吾伦,胡新和,译.北京:北京大学出版社,2012.

[18] 同[16].

[19] 何苗.认知神经科学对传播研究的影响路径:回顾与展望[J].新闻与传播研究,2019,26(01):5-23+126.

[20] 丁方舟,韦路.西方传播学研究的理论体系及其演化[J].南京社会科学,2017(03):121-129+137.

[21] 胡翼青.对"魔弹论"的再思考[J].国际新闻界,2009(08):38-41+66.

[22] 郭庆光.传播学教程[M].北京:中国人民大学出版社,2011.

[23] 秦峰.当代行为科学的三个基本假设[J].商业文化(学术版),2009(12):91-92.

[24] 刘继云,孙绍荣.行为科学理论研究综述[J].金融教学与研究,2005(05):36-37.

[25] 同[16].

[26] 陈静茜,吴卉.传播之于社会的意义:建构主义取向的传播学研究——克劳斯·克里彭多夫(Klaus Krippendorff)教授学术访谈录[J].新闻记者,2021

（04）：87-96.

[27] Song H, Eberl J M, Eisele O. Less fragmented than we thought? Toward clarification of a subdisciplinary linkage in communication science, 2010–2019[J]. Journal of Communication, 2020, 70 (03): 310–334.

[28] 同［20］.

[29] 同［20］.

[30] 李彬, 关琮严. 空间媒介化与媒介空间化——论媒介进化及其研究的空间转向［J］. 国际新闻界, 2012, 34（05）：38-42.

[31] E. M. 罗杰斯. 传播学史——一种传记式的方法［M］. 殷晓蓉, 译. 上海：上海译文出版社, 2005.

[32] Leydesdorff L. The communication turn in the theory of social systems[J]. Systems Research and Behavioral Science: The Official Journal of the International Federation for Systems Research, 2002, 19 (02): 129–136.

[33] Waisbord S. Communication: A Post-discipline[M]. Hoboken: John Wiley & Sons, 2019.

[34] Castells M. Communication power[M]. Oxford University Press (UK), 2013.

[35] 同［26］.

[36] Brillouin L. Science and Information Theory[M]. New York: Academic Press, 1962.

[37] 同［32］.

[38] 同［32］.

[39] 尼古拉·尼葛洛庞蒂. 数字化生存［M］. 胡泳, 范海燕, 译. 海口：海南出版社, 1997.

[40] 库尔特·勒温. 拓扑心理学原理［M］. 高觉敷, 译. 北京：商务印书馆, 2003.

[41] 喻国明, 耿晓梦. "深度媒介化"：媒介业的生态格局、价值重心与核心资源［J］. 新闻与传播研究, 2021, 28（12）：76-91+127-128.

[42] 喻国明. 未来媒介的进化逻辑："人的连接"的迭代、重组与升维——从"场景时代"到"元宇宙"再到"心世界"的未来［J］. 新闻界, 2021（10）：54-60.

[43] 曼纽尔·卡斯特. 网络社会的崛起［M］. 夏铸九, 王志弘, 译. 北京：社会科学文献出版社, 2001.

[44]石义彬.批判视野下的西方传播思想[M].北京：商务印书馆，2014.
[45]张博.从离身心智到具身心智：认知心理学研究范式的困境与转向[D].长春：吉林大学，2018.
[46]李恒威，肖云龙.自创生：生命与认知[J].上海交通大学学报（哲学社会科学版），2015，23（02）：5-16.

第十八章

[1] Simon H A. Bounded rationality[J]. Utility and probability, 1990: 15–18.
[2]齐格蒙特·鲍曼.流动的现代性[M].欧阳景根，译.上海：上海三联书店，2002：43.
[3]塞缪尔·鲍尔斯，赫伯特·金迪斯.合作的物种——人类的互惠性及其演化[M].张弘，译.浙江：浙江大学出版社，2015：2.
[4] Weiser M, Brown J S. Designing calm technology[J]. PowerGrid Journal, 1996, 1 (01): 75–85.
[5]汤姆·斯丹迪奇.社交媒体简史：从莎草纸到互联网[M].林华，译.北京：中信出版集团，2015：13.
[6]新闻界.北京大学刘德寰教授分享大众消逝与族群崛起研究[EB/OL]（2021-05-06）[2023-09-07］. http://www.ixinwenjie.com/index.php/shows/2/3016.html?bsh_bid=5774179975.
[7]喻国明，耿晓梦.元宇宙：媒介化社会的未来生态图景[J].新疆师范大学学报（哲学社会科学版），2022，43（03）：110-118+2.
[8] Kennedy D, Norman C. What don't we know?[J]. Science, 2005, 309 (5731): 75.
[9] Pennisi E. How did cooperative behavior evolve?[J]. Science, 2005, 309 (5731): 93.
[10]心理科学编辑部.心理科学研究50题[J].心理科学，2014，37（05）：1030-1038.
[11]中国青年报."无门图书馆"的诚信是这样炼成的[EB/OL].（2012-11-09）[2023-09-07］. http://zqb.cyol.com/html/2012-11/09/nw.D110000zgqnb_20121109_3-07.htm.
[12] Castells M, Cardoso G. The network society (Vol. 469)[M]. Oxford: Blackwell, 1996.
[13]杨雅茹，陈博.亲缘利他、互惠利他、强制利他及合作机制的演化[J].制度经济学研究，2014（02）：220-234.

［14］周辅成. 西方伦理名著选辑（下卷）［M］. 北京：商务印书馆，1987：211.

［15］Gouldner A W. The norm of reciprocity: A preliminary statement[J]. American sociological review, 1960: 161-178.

［16］Nowak M A, Sigmund K. Evolution of indirect reciprocity[J]. Nature, 2005, 437 (7063): 1291-1298.

［17］Evans A M, van Beest I. Gain-loss framing effects in dilemmas of trust and reciprocity[J]. Journal of Experimental Social Psychology, 2017, 73: 151-163.

［18］Yoeli E, Hoffman M, Rand D G, et al. Powering up with indirect reciprocity in a large-scale field experiment[J]. Proceedings of the National Academy of Sciences, 2013, 110 (supplement 2): 10424-10429.

［19］Bicchieri C. The grammar of society: The nature and dynamics of social norms[M]. Cambridge: Cambridge University Press, 2005.

［20］Van den Bos K, Vermunt R, Wilke H A M. Procedural and distributive justice: What is fair depends more on what comes first than on what comes next[J]. Journal of personality and social psychology, 1997, 72 (01): 95.

［21］Van den Bos K. On the subjective quality of social justice: the role of affect as information in the psychology of justice judgments[J]. Journal of personality and social psychology, 2003, 85 (03): 482.

［22］孙伟，黄培伦. 公平理论研究评述［J］. 科技管理研究，2004（04）：102-104.

［23］Festinger L. A theory of social comparison processes[J]. Human relations, 1954, 7 (02): 117-140.

［24］郑建君. 政治信任、社会公正与政治参与的关系——一项基于625名中国被试的实证分析［J］. 政治学研究，2013（06）：61-74.

［25］Rothstein B, Uslaner E M. All for all: Equality, corruption, and social trust[J]. World politics, 2005, 58 (01): 41-72.

［26］Rousseau D M, Sitkin S B, Burt R S, et al. Not so different after all: A cross-discipline view of trust[J]. Academy of management review, 1998, 23 (03): 393-404.

［27］翟学伟，薛天山. 社会信任：理论及其应用［M］. 北京：中国人民大学出版社，2014：490.

［28］李凌，周业萍. 智能时代网络信任的模型、风险与重构——从直播带货引发的信任危机谈起［J］. 新闻与写作，2020（09）：21-28.

［29］史安斌，叶倩.智媒时代的技术信任与社区众治——解析区块链在传媒业的应用场景［J］.电视研究，2020（02）：6–10.

［30］卡尔·马克思，弗里德里希·恩格斯.马克思恩格斯全集（第三十卷）［M］，中共中央马克思恩格斯列宁斯大林著作编译局.北京：人民出版社，1995.

第十九章

［1］托马斯·库恩.结构之后的路［M］.邱慧，译.北京：北京大学出版社，2012.

［2］Lakatos I, Musgrave A. Criticism and the Growth of Knowledge[J]. Philosophical Papers, 1970, 1 (03): 384–386.

［3］托马斯·库恩，哈金.科学革命的结构［M］.金吾伦，胡新和，译.台北：远流出版事业股份有限公司，2017.

［4］Walker T C. The Perils of Paradigm Mentalities: Revisiting Kuhn, Lakatos, and Popper[J]. Perspectives on Politics, 2010, 8 (02): 433–451.

［5］Craig R T. Why Are There So Many Communication Theories?[J]. Journal of Communication, 1993, 43 (03): 26–33.

［6］姚文苑，胡翼青.再思媒介社会学的边界——兼与李红涛、黄顺铭商榷［J］.国际新闻界，2022，44（05）：88–109.

［7］托马斯·库恩，伊安·哈金.科学革命的结构［M］.金吾伦，胡新和，译.北京：北京大学出版社，2012.

［8］同［7］.

［9］喻国明，马慧.互联网时代的新权力范式："关系赋权"——"连接一切"场景下的社会关系的重组与权力格局的变迁［J］.国际新闻界，2016，38（10）：6–27.

［10］喻国明，耿晓梦."深度媒介化"：媒介业的生态格局、价值重心与核心资源［J］.新闻与传播研究，2021，28（12）：76–91+127-8.

［11］Won A S, Bailenson J N, Lanier J. Appearance and task success in novel avatars[J]. Presence: Teleoperators and Virtual Environments, 2015, 24 (04): 335–346.

［12］Kalyanaraman S, Bailenson J. Virtual reality in media effects[M]. Media Effects. Routledge. 2019: 404–418.

［13］Markowitz D M, Laha R, Perone B P, et al. Immersive virtual reality field trips facilitate learning about climate change[J]. Frontiers in psychology, 2018, 9: 2364.

［14］Herrera F, Bailenson J, Weisz E, et al. Building long-term empathy: A large-scale comparison of traditional and virtual reality perspective-taking[J]. PLOS ONE, 2018, 13 (10): e0204494.

[15] Kuo H C, Lee C C, Chiou W B. The power of the virtual ideal self in weight control: Weight-reduced avatars can enhance the tendency to delay gratification and regulate dietary practices[J]. Cyberpsychology, Behavior, and Social Networking, 2016, 19 (02): 80-85.

[16] Slater M, Spanlang B, Sanchez-Vives M V, et al. First person experience of body transfer in virtual reality[J]. PloS one, 2010, 5 (05): e10564.

[17] Maister L, Slater M, Sanchez-Vives M V, et al. Changing bodies changes minds: owning another body affects social cognition[J]. Trends in Cognitive Sciences, 2015, 19 (01): 6-12.

[18] Peck T C, Seinfeld S, Aglioti S M, et al. Putting yourself in the skin of a black avatar reduces implicit racial bias[J]. Consciousness and cognition, 2013, 22 (03): 779-787.

[19] 张志林. 科学合理性 [M]. 上海：复旦大学出版社，2015.

[20] Pearce W B. On Comparing Theories: Treating Theories as Commensurate or Incommensurate [J].Communication Theory, 1991, 1 (02): 159-164.

[21] Putnam L L. Shifting Voices, Oppositional Discourse, and New Visions for Communication Studies[J]. Journal of Communication, 2001, 51 (01): 38-51.

[22] Brodie R J, Saren M, Pels J. Theorizing about the service dominant logic: The bridging role of middle range theory [J]. Marketing Theory, 2011, 11 (01): 75-91.

[23] 同 [1].

[24] 同 [3].

[25] 孙凝翔，韩松."可供性"：译名之辩与范式 / 概念之变 [J]. 国际新闻界，2020，42（09）：122-141.

[26] 常江. 互联网、技术可供性与情感公众 [J]. 青年记者，2019（25）：92

[27] 喻国明，赵睿. 媒体可供性视角下"四全媒体"产业格局与增长空间 [J]. 学术界，2019（07）：37-44.

[28] 喻国明，滕文强. 发力情感价值：论虚拟偶像的"破圈"机制——基于可供性视角下的情感三层次理论分析 [J]. 新闻与写作，2021（04）：63-7.

[29] Leonardi P M. Theoretical foundations for the study of sociomateriality[J]. Information and organization, 2013, 23 (02): 59-76.

[30] Leonardi P M. Materiality, sociomateriality, and socio-technical systems: What do these terms mean? How are they different? Do we need them[J]. Materiality and organizing: Social interaction in a technological world, 2012, 25 (10): 1093.

[31] Treem J W, Leonardi P M. Social media use in organizations: Exploring the affordances of visibility, editability, persistence, and association[J]. Annals of the International Communication Association, 2013, 36 (01): 143–189.

[32] Evans S K, Pearce K E, Vitak J, et al. Explicating Affordances: a Conceptual Framework for Understanding Affordances in Communication Research[J]. Journal of Computer-Mediated Communication, 2016, 22 (01): 35–52.

[33] Treem J W, Leonardi P M, van den Hooff B. Computer-mediated communication in the age of communication visibility[J]. Journal of Computer-Mediated Communication, 2020, 25 (01): 44–59.

[34] 同[19].

[35] Pike T W, Samanta M, Lindström J, et al. Behavioural phenotype affects social interactions in an animal network[J]. Proceedings of the Royal Society B: Biological Sciences, 2008, 275 (1650): 2515–2520.

[36] Croft D P, Krause J, Darden S K, et al. Behavioural trait assortment in a social network: patterns and implications[J]. Behavioral Ecology and Sociobiology, 2009, 63 (10): 1495–1503.

[37] Benoit W L, Holbert R L. Empirical intersections in communication research: Replication, multiple quantitative methods, and bridging the quantitative-qualitative divide[J]. Journal of Communication, 2008, 58 (04): 615–628.

[38] Valkenburg P M, Peter J. The differential susceptibility to media effects model[J]. Journal of communication, 2013, 63 (02): 221–243.

[39] Früh W, Schönbach K. Der dynamisch-transaktionale Ansatz II: Konsequenzen [The dynamic-transactional approach II: Consequences][J]. Rundfunk und Fernsehen, 1984, 32: 314–329.

[40] Schönbach K. Media Effects: Dynamics and Transactions[M]. The International Encyclopedia of Media Effects, 2017: 1–11.

[41] Slater M D. Reinforcing spirals: The mutual influence of media selectivity and media effects and their impact on individual behavior and social identity[J]. Communication theory, 2007, 17 (03): 281–303.

［42］Krcmar M. Social cognitive theory[M]. Media Effects. Routledge. 2019: 100–114.

［43］Creswell J W, Plano Clark V L, Gutmann M L, et al. Advanced mixed methods research designs[J]. Handbook of mixed methods in social and behavioral research, 2003, 209 (240): 209–240.

［44］郭婧一，喻国明．从"人内传播"到"人际传播"超扫描范式在认知神经传播学研究中的应用与拓展［J］．新闻与写作，2022，（08）：51-61.

［45］Schmälzle R. Theory and Method for Studying How Media Messages Prompt Shared Brain Responses Along the Sensation-to-Cognition Continuum [J]. Communication Theory, 2022, 32 (04): 450–460.

［46］Dmochowski J P, Bezdek M A, Abelson B P, et al. Audience preferences are predicted by temporal reliability of neural processing[J]. Nature communications, 2014, 5 (01): 4567.

［47］Schmälzle R, Häcker F, Renner B, et al. Neural correlates of risk perception during real-life risk communication[J]. Journal of Neuroscience, 2013, 33 (25): 10340-10347.

［48］Bollen K A, Curran P J. Latent curve models: A structural equation perspective[M]. New York: John Wiley & Sons, 2006.

［49］刘源，骆方，刘红云．多阶段混合增长模型的影响因素：距离与形态［J］．心理学报，2014，46（09）：1400-1412.

［50］方俊燕，温忠麟，黄国敏．纵向关系的探究：基于交叉滞后结构的追踪模型［J］．心理科学，2023，46（03）：734-741.

［51］McNeish D, Mackinnon D P, Marsch L A, et al. Measurement in intensive longitudinal data[J]. Structural Equation Modeling: A Multidisciplinary Journal, 2021, 28 (05): 807–822.

第二十章

［1］喻国明．互联网发展下半场："聚变"业态下的行动路线［J］．新闻与写作，2017（10）：48-50.

［2］斯考伯，伊斯雷尔．即将到来的场景时代［M］．赵乾坤，周宝曜，译．北京：北京联合出版公司，2014.

［3］喻国明．传播学的未来学科建设：核心逻辑与范式再造［J］．新闻与写作，2021（09）：5-11.

[4]克里斯托夫·库克里克.微粒社会［M］.黄昆,夏柯,译.北京:中信出版集团,2017.

[5]张树锋.微粒社会移动媒介共情传播的生成逻辑与实践走向［J］.编辑之友,2022（07）:63-70.

[6]曾祥敏,何旭东.全媒体语境下垂直类媒体的聚合效应——以"指尖博物馆MuseuM"为例［J］.上海广播电视研究,2021（04）:77-82.

[7]彼得·布劳,马歇尔·梅耶.现代社会中的科层制［M］.马戎,时宪民,邱泽奇.上海:学林出版社,2001:7.

[8]彼得·布劳,马歇尔·梅耶.现代社会中的科层制［M］.马戎,时宪民,邱泽奇.上海:学林出版社,2001:140.

[9]司马媛,童星.对风险社会理论的再思考及政策适应［J］.学习与实践,2011（12）:93-98.

[10]Muellerleile C, Robertson S L. Digital Weberianism: Bureaucracy, information, and the techno-rationality of neoliberal capitalism[J]. Indiana Journal of Global Legal Studies, 2018, 25 (01): 187–216.

[11]Hjarvard S. The mediatization of society: A theory of the Media as Agents of Social and Cultural Change[J]. Nordicom review, 2008, 29 (02): 105–134.

[12]Lundby K. Mediatization of Communication[M]. Berlin: De Gruyter Mouton, 2014: 703–724.

[13]Laaksonen S M, Koivula M, Villi M. Mediated by the giants: Tracing practices, discourses, and mediators of platform isomorphism in a media organization[J]. new media & society, 2022: 14614448221122220.

[14]喻国明,郭婧一.从"舆论战"到"认知战":认知争夺的理论定义与实践范式［J］.传媒观察,2022（08）:23-29.

[15]马利军,张积家.阈下启动信息加工的心理机制［J］.心理科学,2011,34（05）:1040-1045.

[16]詹姆斯·柯兰,娜塔莉·芬顿,德斯·弗里德曼.互联网的误读［M］.何道宽,译.北京:中国人民大学出版社,2014:143-144.

[17]乌尔里希·贝克,王武龙.从工业社会到风险社会（下篇）——关于人类生存、社会结构和生态启蒙等问题的思考［J］.马克思主义与现实,2003（05）:60-72.

[18]王浦劬.国家治理、政府治理和社会治理的含义及其相互关系［J］.国家行

政学院学报，2014（03）：11-17.

[19] 吕小康. 怨气：情感社会学的阐释 [J]. 社会科学，2017（08）：79-84.

[20] 辛自强. 社会治理中的心理学问题 [J]. 心理科学进展，2018，26（01）：1-13.

[21] 刘佳. 复杂性范式：混合方法研究的哲学立场 [J]. 自然辩证法通讯，2015，37（06）：85-91.

[22] 黄伟迪. 再组织化：新媒体内容的生产实践——以梨视频为例 [J]. 现代传播（中国传媒大学学报），2017，39（11）：117-121.

[23] 喻国明，滕文强，王希贤. 分布式社会的再组织：基于传播学的观点——社会深度媒介化进程中协同创新理论的实践逻辑 [J]. 学术界，2022（07）：184-191.

[24] 喻国明，韩运荣，于印珠. 新传播范式与数字化社会的"再组织"——兼论未来社会治理模式的转型 [J]. 当代传播，2022（04）：4-10.

[25] Hassan S, De Filippi P. Decentralized autonomous organization[J]. Internet Policy Review, 2021, 10 (02): 1-10.

[26] 刘涛，袁毅. 去中心化自组织管理的形态、特征及差异性比较 [J]. 河北学刊，2022，42（03）：134-141.

[27] Hamari J. Gamification[M]. The Blackwell Encyclopedia of Sociology, 2007: 1-3.

[28] Hamari J, Koivisto J, Sarsa H. Does gamification work?--a literature review of empirical studies on gamification[C]//2014 47th Hawaii international conference on system sciences. Ieee, 2014: 3025-3034.

[29] Rapp A. A gameful organizational assimilation process: Insights from World of Warcraft for gamification design[J]. Proceedings of the ACM on Human-Computer Interaction, 2021, 4 (CSCW3): 1-25.

[30] Hassan L. Governments should play games: Towards a framework for the gamification of civic engagement platforms[J]. Simulation & Gaming, 2017, 48 (02): 249-267.

[31] 李友梅. 从弥散到秩序："制度与生活"视野下的中国社会变迁（1921—2011）[M]. 北京：中国大百科全书出版社，2011.

后 记

我今年已然66岁了。到了我这样的年纪,"躺平"似乎是人生的标配。但是,"十年饮冰,难凉热血"。这句出自梁启超先生的话却是我的宿命般的生活状态。

作为一个研究者,我特别喜欢这样一句诗:"到远方去,到远方去,熟悉的地方没有风景。"我之所以还在拼命工作和努力做前沿探索,很大程度上是一种研究者宿命般的生命惯性使然。尽管有着种种来自主客观的限制和困难,但不管怎样,推动学术和周边小环境向良性方向发展,值得你我拼尽全力。

人类文明已经从曾经的人力时代、畜力时代、电力时代进入了今天的算力时代,陌生的技术、概念、规则和发展现实潮水般涌来,我们不得不从以往的"舒适区"突围出来,进入充满着不确定性及发展变数的全新场景的时代。一位哲人曾经在历史发展的紧要关头发出过振聋发聩的时代之问:"怎么办?"今天我们也面临着同样的境况。事实上,如果你遇到一堵墙,基于畏惧心理,纠结要不要爬的时候,一种明智的选择就是:先把背包丢过去;这样的话,接下来就根本不是犹豫要不要爬过去,而是怎么爬过去的问题。

我自知不算特别勇敢的人,很多事情上也会患得患失。只是,相比于消极地退守或是弃船远走，我的确还是更为欣赏这样的选择：只要仍然存在能够努力的空间，就绝不轻言放弃。我赞同一句话："相信我们一定能够走出历史的三峡。"

最后，我想说的是，今天的学术研究和前沿探索已经进入了复杂性范式的新阶段，任何一项有复杂性意味的研究成果，个人都难以单枪匹马的方式有效地完成，所以团队合作与协同就成为这一阶段学术研究的基本样态。所以在这里我要特别说明的是，这本书虽然是以个人署名的学术专著，但严格地来说却是我所领导的学术团队集体协作的产物。在这里，我要特别要感谢我多年的工作搭档杨雅副教授和修利超老师，感谢暨南大学程思琪老师，感谢北京师范大学心理学部郭婧一博士后，感谢北京师范大学新闻传播学院的博士研究生陈雪娇、刘彧晗、颜世健、苏芳、苏健威、滕文强、郅慧，以及北京师范大学新闻传播学院的硕士研究生李钒、赵文娜、谢乔杉、武迪、赵景锋、窦培育、孙豪灿、刘德传等同学，这本书里的很多文字和闪光点都凝结着他们的智慧和心血，当然，其中的不足甚至错误则应该由我个人来承担和负责。

最近，我很喜欢一首歌《向云端》，我把它的歌词抄录于下作为共同的心声吧："向云端、山那边、海里面，真实的我应该走向哪边？日落前、风来临，石墩下我在盘腿坐着。人到底靠什么来定义丑恶？神啊你在哪？山啊我害怕，海啊也带不走，尽头到底有没有？如果你很难过，不如先收拾你的房间，别再辗转反侧。等会儿阳光会照在你的旁边。没洗的别再攒着，换个新的发型买个好看的包。压抑焦虑心情忐忑，就去养只爱你的猫。不是不如意，也许你并没围着自己的赛道走。你真的很美丽，为什么常说自己的外貌丑？或许你像我一样很胖，生活让你感到卑贱。那么当你听到这首歌的时候，选择与我共同

后 记

蜕变。也许你现在很难过,也许正躺在被窝;也许你现在很迷茫,正在酒吧里坐着。也许你在工作,或者刚刚分手了,也许你在山脚下,会情不自禁地哼出这首歌。向云端、山那边、海里面,真实的你在于怎么选择。神啊你在哪?山啊我害怕。海啊带走哀愁,就像带走每条河流……"

喻国明

2023 年 11 月